21世纪高职高专规划教材
电子商务系列

Digital New Media Marketing

数字新媒体营销

主　编◉林　波
副主编◉康晓伟　刘鸿铭　王　娟

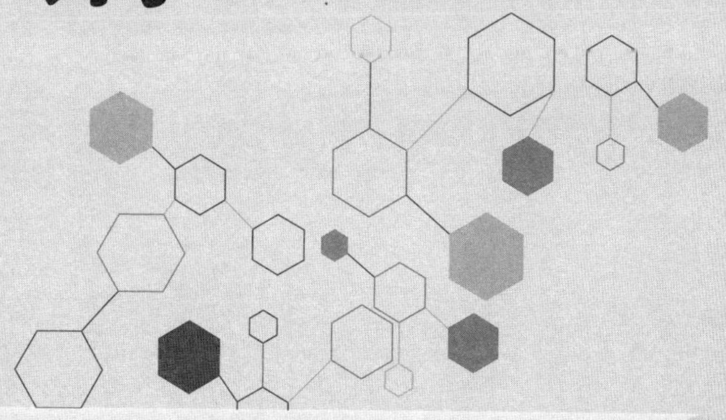

中国人民大学出版社
·北京·

媒体营销基础理论，得到更加全面与综合的能力培养及技能锻炼，更好地满足数字新媒体营销课程的教学需要。

本教材坚持改革创新的教学理念，体现高职高专理实结合的教学特色，由从事教育工作多年、具有丰富教学经验的教师和在企业从事新媒体营销相关工作的运营人员联合编写，能够较好地体现“以市场发展、行企需求及教学动态为导向，以职业能力和职业道德素养培养为本位，理论知识传授与职业能力培养相互协调”的编写原则。本教材由深圳信息职业技术学院林波主编，参加编写的成员有北京理工大学康晓伟，兰州工业学院王娟、周月媛，深圳市影子文化传媒有限公司刘鸿铭，优思创享（深圳）文化传媒有限公司黎杰武，深圳信息职业技术学院郑泽彬、林圳豪等。

在编写本教材过程中，编者参阅了国内外大量文献资料，也得到了学校与诸多合作企业的大力支持，在此对有关专家、学者表示衷心的感谢！由于编写时间仓促，编者自身水平有限，书中不当与疏漏之处在所难免，敬请读者谅解、指正！编者决心继续提升自身学养与境界，将本教材打造成为推进教育创新、深化教学改革的精品教材。

编　者

2019 年 9 月

目　录

第1章 数字新媒体概论

学前提示

移动互联网促进了传统媒体转型，也催生了新型的媒体形式。现今，数字新媒体迅速发展，各行业开始采用新的营销手段提升自身影响力。本章主要介绍数字新媒体概况与发展机遇，通过学习，需要从实践角度抓住数字新媒体的价值、理解数字新媒体运营的特点和从事运营工作的要求、了解数字新媒体运营的常用思维和基本策略、整合不同媒体以达到最佳传播效果，为成为合格的数字新媒体运营者奠定基础。

案例导入

社会化媒体时代，海底捞还能这么吃

前些年，互联网上突然出现了许多赞扬海底捞优质服务的段子，如服务员送贺卡、送鲜花、代打游戏等，这些段子通过微博、微信等社会化媒体传播成了“海底捞体”。“人类已经无法阻止海底捞”的口碑神话在新媒体上越传越广，这句话像病毒一样在网络上迅速扩散并逐渐成为一种风潮，好事儿的网友们编出了各种海底捞惊奇服务，出现了各种版本的海底捞服务传奇，从而引发了海底捞在数字新媒体上的传播热度。海底捞无疑是利用社会化媒体完成了一次典型的口碑营销，组织了一场互联网营销狂欢。从海底捞“不可阻挡”的信息源头看，当口碑营销借势互联网社会化媒体扩散后，信息的传播如虎添翼。在数字新媒体平台上，一条信息能在几天之内引发几百万人浏览，众多网友在原有信息基础上进行二次加工并主动传播。微博上的“大V”用户对海底捞服务进行体验，主动转化传播，产生了信息的巨大能量。

海底捞利用互联网宣传品牌和丰富的产品线，根据消费者痛点，让其能轻松自制更实惠的美食，享受在家吃饭的轻松自在。例如：海底捞拍摄了调味料系列不同方向的小视频，并分别在优酷、乐视等主流视频App中置顶。视频对海底捞调味料风格把握到位，根据不同产品呈现不同画风，让产品特点在截然不同的风格中更具差异化，解决了吃货选择困难症的痛点问题。海底捞病毒视频结合微博发布的#深夜发吃回馈社会#话题引发网友讨论，打破了消费者对调味料传统固守的品牌印象，提升了其品牌好感度及印象。

2017年，海底捞画风突变。抖音，当年最火爆的短视频App，带火了一大批美食博主，而其中一半都是在海底捞诞生的。抖音视频上曝光了一系列海底捞网红吃法，各种新吃法层出不穷，一下子刷爆了朋友圈和微博，网友们纷纷感觉海底捞都快被抖音玩坏了……各路网友脑洞大开、现场亲测，在网络上形成各种版本的海底捞吃法终极攻略。

短短一星期，“海底捞番茄牛肉饭”已经成为到店顾客的接头暗号。“吃穷海底捞”的方式并不是刚刚发明出来的，它一直在美食论坛上常换常新，而这一次忽然受到了全国吃货的一致关注和追捧，作为传播平台的抖音功不可没。随着更多网络社交软件的问世，人与硬件间的交互飞跃式发展，抖音上大量的视频内容给人以真实、亲近、有冲击力的感觉，其互动性和社区性更上台阶，通俗地讲就是“接地气”。抖音一时间变成了“舌尖上的抖音”，这为餐饮品牌提供了极具营销价值的天然土壤。

在“海底捞番茄牛肉饭”等产品走红之后，立刻有部分海底捞门店要求前厅人员在顾客到店、提供服务时主动告知它们的“抖红款”。线下反哺线上，海底捞引爆连锁反应的“二次套路”，在门店服务员的“安利”下，到店客人的兴趣和创造力被全面激发，海底捞“抖红款”的隐藏菜单正在越变越长，不但有抖红蘸料，还有抖红海鲜粥。服务员对于这些“抖红款”的心领神会，成为一种奇妙的默契感。

除此之外，抖音上还流传着许多高难度操作，例如：塞了鸡蛋、虾滑和香葱的油面筋，塞了虾滑、海鲜酱的酿豆腐。不管尝试成功还是手残失败，对于消费者而言，都是一种独特的参与感。当下，对于由线上营销引入的流量，利用线下的特定流程和话术，可以促进其反流至线上，制造更多连锁反应，不断延长传播的持续热度。如果你完成了所有高难度网红吃法动作，你的传奇故事将在整个海底捞流传……

1.1 数字新媒体的概念与内涵

今天，数字新媒体作为新的媒体形态应运而生，它不仅对传统媒体产生了巨大冲击，也为其他行业的发展提供了新的营销平台。理解数字新媒体的概念与内涵是把握当今商业发展态势的重要切入点。

【课堂讨论】

你认为表1-1中哪些是数字新媒体？请在你认同的选项后打钩，并说明原因。

表1-1　数字新媒体类型辨析

类型	原因	类型	原因
门户网站	□	手机短信	□
电子邮件	□	专业论坛	□
个人博客	□	手机杀毒软件	□
微博	□	个人微信朋友圈	□
微信公众号	□	手机新闻客户端	□

1.1.1　数字新媒体的概念

表1-1所示类型都可以称为数字新媒体，回顾其发展过程能够发现，数字新媒体属于相对概念，伴随着媒体的诞生和发展而不断变化。科学技术在发展，媒体形态也在发展，如手机杀毒软件，过去仅是工具软件，但当其具备装机软件推荐、自动弹窗等功能后，就具备了媒体传播特性。

人们常常混淆“媒介”与“媒体”的概念，尽管两词有时可以通用，但其含义具有区别。“媒介”更强调传播介质属性，而“媒体”通常有两种用法：一是强调传播主体，即传播机构；二是强调介质的大众传播属性。现阶段对于数字新媒体的界定尚无定论，而本教材涉及的数字新媒体主要指数字化时代出现的各种媒体形态。凡是利用数字技术、网络技术，通过互联网、宽带局域网、无线通信网等渠道，以及计算机、手机、数字电视等数字或智能终端，向用户提供信息和服务的传播形态，都可视为数字新媒体，如电视属于传统媒体，但经过数字化改造的数字电视成为新媒体，传统报纸升级为数字报刊后也是新媒体。

对数字新媒体概念的理解应把握其要点，即数字新媒体基于动态进化过程，主要包括以下方面：从狭义来看，数字新媒体是继报纸、广播、电视等传统媒体后，于近年发展起来的一种新的媒体形态，主要包括网络媒体、手机媒体、数字电视等，它是相对于传统媒体而言的；从广义来看，数字新媒体是指在各种数字技术和网络技术支持下，通过计算机、手机、数字电视机等各种网络终端，向用户提供信息和服务的传播形态，其特点是一种媒体形态的数字化。与传统媒体相比，数字新媒体更偏重于为受众提供个性化服务，在注重个性化的同时，也为传播者和受众提供了可以交流的平台。本教材不限于数字新媒体概念的学术辨析，侧重从实务角度出发，针对主流新媒体提供营销实战技能。

1.1.2　数字新媒体与自媒体

现今，随着数字新媒体的不断发展，很多行业都会运用这类新平台展开营销之战，但也有诸多商家利用自媒体平台进行宣传推广。自媒体属于个人媒体，是利用电子媒介向他人或特定某人传递信息的媒体形式，是人们发表自身所见所闻的主要渠道，包括微博、微信、贴吧、论坛等，企业或商家可以利用这些渠道进行宣传推广，从而进行自媒体营销。

自媒体具有私人化、平民化等特点，在快速发展中呈现出三种趋势：第一，价值飙升。随着自媒体价值的不断提升，许多企业特别是风投企业瞄准该领域，看重自媒体可以利用多种方式变现。第二，实现网红营销。企业纷纷利用网红，如淘宝麻豆、游戏竞技解说等进行营销，“网红＋电商”已成为营销重要趋势。第三，版权保护。近年，很多行业产品版权受到法律保护，而随着自媒体间的竞争加剧，相关版权也必将受到保护。

移动互联构建了加速度时代，也促生了新的物种形态——IP（Intellectual Property）。当下社会，造就 IP 化表达成为商业应用场景中全新的社会连接符号和商业生存方式。判断 IP 最简单的标准，即是否具备独特的内容能力、自带话题的势能价值、持续的人格化演绎、新技术的整合善用和更有效率的流量变现，由此演绎生成自媒体 IP 路径——自我定位聚焦、包装打造形象、内容创造输出、渠道分发传播、聚集粉丝运营、打造个人品牌，最终以用户思维为核心，增加粉丝黏度、扩大个人品牌影响力、实现持续盈利变现。

阅读知识

IP 连接已经成为如今势能运营的核心，下述例子均通俗展现了 IP 连接能力：香奈儿主动革新走秀形式是时尚内容的原创力量驱动；e 袋洗让邻里的连接感骤增，唤起用户的是陌生又熟悉的情怀温度；恒大进入体育产业，它的多元化品牌形象由体育新闻造就；王健林鬼畜摇滚力压乌叔、王思聪成为中国第一网红，均是跟帖、微博评论和朋友圈使然；罗辑思维成为垂直知识电商，是微信和优酷红利；《魔兽世界》也推陈出新，在 2016 年用大电影致敬。

作为企业或商家，只有对数字新媒体与自媒体有所了解，才能够选择更加适合自身的方式。数字新媒体与自媒体的区别主要表现在以下两个方面：第一，被动与主动。一般来说，对于用户而言，数字新媒体部分传播信息处在被动接受的位置，但自媒体却可以化被动为主动，实现对信息的个性化传播。第二，自主选择。相比数字新媒体来说，自媒体拥有更多的话语权和自主选择权，不仅可以对社交平台进行个性化的构建，还可以在传播信息时张扬个性。正是因为自媒体的自由性，才使其成为人们表现自我的平台。

1.2 数字新媒体的特征与类型

移动互联网技术不断更新，曾被人们视为传统媒体的载体重新成为热点媒体，曾被看作新形式的媒体却似乎已不再是主流。当数字新媒体从传统的静态网站信息进化到带有社交传播属性、大数据智能推荐等特征时，数字新媒体的内涵和形式也在快速进化。

1.2.1 数字新媒体的特征

依赖于互联网技术上的突破，数字新媒体在技术、运营、产品、服务等商业模式上更具创新的可能，这使数字新媒体具备了相对于传统媒体更加明显的优势特征，也使得数字新媒体边界持续发生变化，不断融合传统媒体创造出新的玩法。

1. 优质媒体的特征

着眼于应用角度，面对层出不穷的媒体形式，企业只有在充分了解媒体特征的基础上，才能够准确把握目标人群，选择适合自身的传播媒体。

（1）不同媒体覆盖人群不同。企业首先需要了解媒体在人群覆盖上的特点，才能明确将广告投放到哪里才更有针对性。例如：报纸媒体对于政府官员、国企或事业单位更有影响力，电视媒体对于中老年人更有影响力，而广播电台越来越多关注私家车主和专车司机，每类媒体都有对应人群到达的有效半径。

（2）不同媒体覆盖场景不同。即便拥有同样的人群覆盖，不同媒体对人群传播的效果也不尽相同，这是由于不同媒体产生转化的场景不同。例如：对于习惯走路上下班的人，眼睛要观察路况，就不能太分心看手机，那么依赖手机到达的媒体就不太适合这类上班族。选择媒体前，企业先要仔细分析影响目标人群的到达场景有哪些细节、会经过哪些流程环节，才能设计合适的媒体传播路径。

（3）不同媒体风格调性不同。选择媒体时，不仅要考虑所覆盖的人群和场景，还要考虑本身的内涵是否与人群价值观、生活习惯相契合。人们接纳某个媒体影响，实际上是因为认可这个媒体在运营过程中所传递的媒体形象。媒体通过持续运营，打造了自身的公信力，从而说服其目标群体信任媒体传播的广告内容。

【课堂讨论】

如果要给在校学生投放专升本广告，请在表1-2中选择你认为效果最好的三个专升本广告投放渠道，并说明你选择的理由。

表1-2　专升本广告可投放的渠道

媒体	投放优先级	媒体	投放优先级
百度专升本吧		微信专升本号	
百度搜索		微博名师号	
专升本论坛		大学生杂志	
门户教育频道		优酷教育频道	
QQ聊天窗广告		户外大幅广告	

企业选择媒体投放类型时，需要考虑媒体传播的有效到达率。与受限制的传统媒体相比，数字新媒体一般都能实现跨时空的互动信息传播，受众可以随时通过数字新媒体在电子信息覆盖的区域接收信息。

2. 数字新媒体的显著特征

数字新媒体现已成为集公共传播、信息服务、文化娱乐、交流互动于一体的多媒体信息终端。在由以传播者为中心转向以受众为中心的过程中，数字新媒体展现出以下五个显著特征。

（1）传播方式双向化。数字新媒体传播的方式是双向传播，它改变了传统媒体单向发布、被动接受的状态，使每个受众既是信息接收者，又同时扮演着传播者的角色，这样更便于信息的互动、增强传播效果。

（2）接收方式移动化。数字新媒体是在移动互联网的基础上发展而来的，因此，受众在接收信息时带有明显的移动化特性，从而在一定程度上摆脱了固定场所的限制。

(3) 传播行为个性化。从微博、微信等常见数字新媒体的传播方式可以看出，人人都具备双重角色，不管是传播者还是受众，每个人都可以自由地发表个人观点与传播信息，根据自己的个性化需求定制节目，也可以利用数字新媒体享受其他的个性化服务。

(4) 传播速度实时化。在互联网技术的支持下，数字新媒体的信息覆盖范围更广，传播速度相比于传统媒体更加迅速，普遍可以实时接收信息，从而及时为受众做出相应反馈。

(5) 传播内容多元化。数字新媒体呈现出多元化的特点，能够支持文字、图片、视频等同步传播。新媒体传播内容的多元化不仅增加了传播内容的信息量，也在一定程度上扩大了传播内容的深度和广度。

1.2.2 数字新媒体的类型

企业运营人员不仅要了解数字新媒体的形态，也要熟悉形态演化的过程，从而明确数字新媒体营销的优劣势，进一步整合不同形式的媒体以达到最佳传播效果。

1. 微网站

现时期的微网站源于第一代数字新媒体——门户网站。门户网站即互联网的入口，只要通过该网站，就可以获取所需的所有信息或到达任何期望的网站。

(1) 门户网站营销。互联网在中国广泛为人所知，始于 1998 年的门户网站建设热潮。许多门户网站起初仅提供搜索服务和网站目录服务，后期这些门户网站纷纷快速拓展各种新的业务，如电子邮件、在线调查、论坛、博客等，网站功能趋于全面、架构日益复杂。

根据获取信息不同，门户网站分为综合型门户网站和垂直型门户网站，新浪、搜狐、网易、腾讯属于国内典型的综合型门户网站；依据网站内容和定位，门户网站可以分为导航式门户网站、综合门户网站、地方生活门户网站、垂直行业综合门户网站及组织门户网站。

(2) 移动门户营销。从门户网站结构来看，首页传播效果最好，一般将投放在首页的广告称为横幅（Banner）广告。随着智能手机的普及，移动互联网时代到来，人们更多地喜欢在移动终端获取信息，为此，许多门户为了适应手机阅读，针对性地设计了手机门户，由此出现了微网站概念。

(3) 门户网站与微网站阅读习惯的区别。微网站适应移动互联网特性，信息展现形式更多样，更适合碎片化时间阅读，但其与门户网站巨大的区别在于微网站首页能够展示的有效信息量较少，所以用户在门户网站和微网站上的阅读习惯具有较大差异。

在门户网站上，一次性弹出信息量很大，人们习惯将感兴趣的内容一次点开，等待页面刷新，依次阅读后逐个关闭。门户网站首页会放置很多弹窗广告、文字链接广告、图片链接广告，这些强制曝光的广告如今只能吸引很少的人关注，更多用户是因为手滑而误点开，这也正是门户网站阅读的特点：每个页面上都有各种诱导用户误点击或者分散注意力的链接，让用户很容易顺着各种超链接意外跳出阅读。

在微网站上，人们的阅读习惯是看到感兴趣的内容才会点击打开阅读。手机屏幕很难支持多个页面切换，所以阅读多是层层进入。人们一旦打开某个页面，在相对短的时间内很少受到无关信息干扰，反而可以获得相对更为专注的阅读体验。

2. 电子邮件营销

现时期的电子邮件营销源于第一代沟通工具——电子邮件。电子邮件（E-mail），指由寄件人将信息发送给个人或多人，即通过互联网或其他电子通信系统书写、发送和接收信件。

（1）电子邮件。通过电子邮件，用户可快速与世界上任意角落的网络用户联络，电子邮件内容可以是文字、图像、声音等各种多媒体信息，这是传统信件难以相比的。使用简易、投递迅速、收费低廉、易于保存、全球畅通无阻的特点，使得电子邮件被广泛应用。早期的电子邮件用扩大容量存储更多的信件、支持更大附件发送、进行更严格的垃圾邮件删除方式，吸引人们使用付费邮箱，并在一段时间内被看作互联网企业的盈利之道，但很快越来越多的互联网网站将大容量电子邮箱作为免费服务推出，直到今天，电子邮箱仍是人们办公、生活必不可少的工具。

（2）电子邮件营销。随着电子邮箱的普及，人们进一步利用电子邮件媒体的传播特性，从邮件中挖掘出一种新的营销手段——电子邮件营销（E-mail Direct Marketing，EDM）。许多机构推出免费或付费订阅的新闻邮件、专题邮件，再加上邮件信息搜索，逐渐成为最早的互联网广告形式载体。

与经常收到不受欢迎的垃圾邮件（SPAM）不同，电子邮件营销是在用户事先许可的前提下，以电子邮件方式向目标用户传递有价值信息的一种网络营销手段，两者区别见表1-3。

表1-3　许可邮件营销和垃圾邮件营销的区别

类型/异同	许可邮件营销	垃圾邮件营销
事先许可	是	否
发送对象	潜在目标用户	广泛群发
发送内容	有价值的信息	广告甚至诈骗信息
交互方式	允许退订	文件改名诱导下载、图片诱导跳转

（3）邮件营销策划。从发送方发送邮件、接收方打开阅读邮件，再到用户反馈或产生购买行为，这是一次成功邮件营销的主要过程。如果企业拥有大量消费者，又存在持续服务的需求，那么借助邮件营销就可以构建一种低成本且达到率较高的营销方式。邮件营销具有如下好处：推广周期短，营销见效快；用户查看不受时空限制，转发传播快；通过发送给事先经过许可、有需求的目标用户，针对性强，这就为各行业商家通过电子邮件进行节假日营销、事件营销提供了有利条件。但也要注意，邮件营销存在局限性：无节制群发会变成垃圾邮件，易导致企业邮件服务器被电子邮件运营商封杀；未经精心设计的邮件发送致使可信度不高，易引起用户反感从而影响品牌美誉度等，反而降低了邮件的营销效果。

3. 问答搜索

现时期的问答搜索源于第一代社区——论坛，这属于早期搜索引擎的迭代产品。论坛（Bulletin Board System，BBS），又名网络社区，是网络上的一种电子信息服务系统。搜索引擎的原理是在互联网上自动抓取海量网页信息，提取索引存储到数据库中，通过特殊算法将相关性最好的结果瞬间呈现给搜索者。

（1）论坛营销。论坛的主要功能是用户可以自由发表主题和回复帖子，内容多变且具有极强的交互性。中文论坛的火爆与中国互联网繁荣近乎同步，为了争取用户、获取流量，论坛开始走向细分道路，由此出现了手机领域的“手机之家”等大量专业论坛。论坛营销是企业利用网络交流平台，通过文字、图片、视频等方式，发布企业产品服务信息，从而让目标客户产生兴趣，最终达到宣传品牌、带动购买的目的。

（2）搜索引擎营销。人们通过网络分享自己的知识、情感和见闻，使互联网上的内容日益丰富，搜索引擎收录变得无所不包。通过搜索引擎获取信息潜移默化地改变了人们的思考方式和行为，搜索引擎成为互联网必备应用之一。搜索引擎营销（Search Engine Marketing，SEM）是用户使用搜索引擎时，在搜索结果页面植入营销信息，诱导目标用户点击。

搜索引擎营销通常包括搜索引擎优化（Search Engine Optimization，SEO）、付费排名和收录、大数据精准广告等。搜索引擎优化是通过对网站结构调整、内容建设、代码优化及站外链接优化等，让符合用户需要的网站出现在关键词自然搜索结果中且排名靠前。由于搜索引擎优化显示自然结果，因此不需要向百度付费，但在实践中要维护好搜索引擎优化排名，企业必须和其他同行网站进行排名优化竞争，需要付出大量人力和精力。

（3）知识问答服务。随着互联网的迅速发展，搜索引擎逐代更新，也在探索其他内容呈现形式，如百度搜索推出中文互动问答平台“百度知道”，吸引了数亿人参与答题，平均每秒有超过 9 000 人获取问题答案。

面对网络问答可靠性下降、用户难以获得高质量信息的现实需求，产生了让人们眼前一亮的问答论坛社区——知乎。知乎的设计非常适合移动端阅读，简单、方便、快捷，更易赢得用户喜爱。知乎营销的基本思路是先在知乎发起一个讨论帖，邀请知乎相关专家对该问题进行专业回答、产生深度内容，引起用户围观，然后再通过微信朋友圈等其他渠道进行二次传播。在这个过程中，把知乎当作话题引爆点、找到高水准专家回复、组织用户点赞让高质量回复置顶和扩散，是整个知乎营销过程的关键环节。

知乎的用户体验优于中文论坛和网络搜索平台，这是由于：第一，知乎是真实的网络问答社区，更容易形成实名社区的氛围，培养友好与理性沟通的文化。第二，知乎的运营策略是“先精英、后大众”，起初联系各行业精英入驻，形成高质量问答氛围，然后带动普通用户分享彼此的知识、经验和见解，理性沟通文化得到传递和扩散，持续创造高质量的问答信息。第三，从话题管理模式上看，知乎的信息筛选机制比普通论坛更为先进。知乎直接引入关键词搜索模式，贴合网民习惯使用搜索的特点，保留点赞、回复功能，同时控制结果、淘汰垃圾内容，强化了对低质量内容的屏蔽。第四，知乎表面是问答，背后则引入了社交网络服务（SNS），知乎鼓励网友邀请最适合的人回答最合适的问题，用户获得靠谱答案的机会增大便更加乐于分享，社区力量得到验证和增强，渐渐成为良性循环。第五，知乎打破自我封闭性，鼓励网友转发话题到微博等为社区导流，扩大影响力，吸引更多网友前往知乎交流。

当产生问题时，人们开始会寻求搜索、免费获得答案。面对复杂或特定问题的情况，2016 年，果壳网旗下“在行”在微信公众号上上线了一款更为激进的付费语音问答——分答。用户在分答平台上，可以自我介绍或描述擅长的领域，设置付费问答的价格，其他用户感兴趣就可以付费向其提问，对方用 60 秒时长回答。问答环节结束后，“游客”若感兴趣，可以继续花钱收听，所付的钱将由提问者和回答者平分。

从网络问答演变过程可以看出，互联网已经发展到越来越多的人需要个性化付费服务的阶段，诸如分答这样的数字新媒体平台提供给用户的答案相对更专业，回答形式更有亲和力，而通过“偷听”收入分配机制和社交传播又可以进一步增加碎片化知识的传播，使之成为一种知识服务的零售平台。

【实战训练】

思索一个你近期关心的问题，通过搜索引擎查找答案，再通过知乎、分答寻找专业人士提出你想知道的问题，对比它们之间的差异。

4. 微博

现时期的微博源于第一代自媒体——博客（Blog）。博客是以网络作为载体，由个人管理、张贴新文章内容、图片或视频的网站或在线日记，用来记录、抒发情感或分享信息，带有知识集合链接的出版方式。

（1）博客营销。博客将互联网上的社会化媒体推进了一大步，早期人们在博客上分享所见所闻、知识技能、思考感悟等，容易引发大家的认可和关注阅读，而个人博主相对于企业博客而言更具有影响力，为此，企业常常通过博客网站邀请具有影响力的作者撰写博文，借助其个人品牌促进商品品牌或活动传播。

具体而言，博客营销工作内容主要包括：在博客门户或频道中投放广告，广告设计需要考虑博客读者偏好，争取与博主长期分享的话题有内在联系，才会有较好的广告效果；邀请优质博主发表文章，即软文，通过生动的故事情节，让用户体会到产品功能和卖点；打造博客团队、发布有影响力的博客推广企业商业活动，以此影响主流媒体报道；通过监测博客网站，及时发觉当前用户谈论最多的话题特别是负面话题，为潜在危机公关做准备。

案例分享

2006年6月，具有“中华第一博”美誉的著名演员徐静蕾，正式成为全球知名微处理器商（Advanced Micro Devices，AMD）大中华区移动计算技术品牌形象代言人。微处理器商开展博客营销就是希望通过小众传播影响大众传播。徐静蕾博客的网络读者大多是一批素质高、文化知识水平高同时具有一定小资气质的人士，而这批人正是微处理器商所要影响的消费群。选择徐静蕾博客进行营销推广，则更为精准地圈定了一批特定消费群。

（2）微博营销。微博是基于用户社交关系的信息分享、传播及获取平台，用户可以通过微博平台发表信息并实现即时分享。微博逐步取代博客影响力，除了更适应移动终端外还有如下原因：1）入门简便。表达长度大大降低了写作和分享门槛，受到普通用户的青睐。编辑微博无须离开个人首页，只需在文本框内输入文字即可，发表过程也更为迅速。2）碎片时间。用户可充分利用碎片化时间写作和阅读，加快了交流速度，降低了交流成本。3）互动性强。微博具有关注功能，用户关注其感兴趣的人之后，可以选择随时更新的信息转发或评论，而原作者又能通过提醒功能查看其他人的留言和评论，及时回复消息或回答问题，强化了人与人之间的即时互动交流感。4）社交传播。随着微博用户数量的不断增长，微博所能发挥的效用也越来越大。

微博营销与博客营销的最大区别在于：企业更多通过自建微博展开营销，这是由于在微博上可以轻易实现流量导流。企业自建微博吸引粉丝开展活动，能够直接引导消费者在线支付和购买，打造购物闭环非常便捷。从人性化的角度来看，企业品牌微博本身就可以将自己拟人化，从而更具亲和力，如小米公司在新浪开通微博，通过明星代言等各种微博活动吸引大量用户转发，为产品宣传带来了积极的正面影响。

5. 微信

现时期，微信与腾讯 QQ、阿里旺旺等均属于即时通信（Instant Messaging，IM）软件。即时通信，是一种让使用者在网络上进行私人聊天交流的实时通信服务。通常，即时通信软件服务会在使用者通话清单（类似于电话簿）上的某人连上即时通信软件时，发出信息通知使用者，使用者便可与此人通过互联网进行图文、语音或视频等多种形式的实时通信。

（1）QQ 和微信的区别。QQ 和微信分别是适应 PC 时代和移动互联网时代的即时通信软件工具。在 PC 时代，QQ 无疑是国内最具效率的即时通信工具，围绕 QQ 还衍生出了以 Q 币为支付基础的电子商品消费体系，然而在移动互联网时代，用户更喜欢在手机上就能完成各种交流互动。虽然 QQ 也有移动端，但手机 QQ 是 PC 端版本的延伸，而微信是针对智能手机等移动平台量身定做的，所以其智能移动端属性更强。

QQ 和微信都有个人空间，即 QQ 空间与朋友圈，它们在分享内容和隐私策略方面大不相同：朋友圈分享内容主要是碎片化的场景内容；QQ 空间分为两块，手机 QQ 空间分享内容呈碎片化，与朋友圈类似，但浏览内容相对丰富，包括 PC 端 QQ 空间日志、说说、相册等。朋友圈基于更为私密的关系链，其隐私权限更为严格，如微信朋友圈只能看到互为好友产生的评论、回复，而 QQ 空间可以看到任何人对自己好友的评论、回复。尽管 QQ 与微信间存有一定的竞争性，但存在更多的是相互支持关系。

（2）微信营销。微信是时下中国最火的数字新媒体平台，如何借助微信平台展开营销活动也成为诸多商家考虑的首要问题。目前，微信营销主要包括四种模式：1）微信公众号模式。企业或个人都可以开通微信公众账户推送文章、提供用户需要的服务。企业微信公众账户直接针对自身客户进行精准的信息推送，大大提高了用户运营管理水平。2）微信朋友圈模式。在微信里经常会看到朋友分享的内容，所以很多人通过加好友在朋友圈发软文做推广，通过朋友圈发送导购信息、转入微信私聊、进入微店成交。3）微店模式。微信鼓励和支持企业商家在微信平台开店，使用微信完成支付，所以通过微信构建消费服务的企业非常多，同时还可以通过公众号推广、微信群营销、微信朋友圈营销导流。4）微信广告模式。微信针对中小企业主推出广点通业务，即开通账户后可在公众号文章底部插入用户广告链接。

【实战训练】

背景：你是小米公司市场部的一名营销策划专员，公司即将上市一款价位在 699 元～799 元的红米手机。次日，部门将开会讨论该款手机是选择在 QQ 空间渠道还是微信朋友圈渠道投放广告。你需要思考选择投放哪个渠道，以及为什么投放这个渠道。

6. 直播

现阶段流行的直播是随着视频网站产生的新鲜事物。视频网站是能够让互联网用户在线发布、浏览和分享视频作品的网络媒体。网络视频行业虽然诞生时间不长，但发展非常迅速，特别是近年流行的以秒拍、抖音为代表的短视频，受到年轻人的喜爱。

（1）视频网站营销。视频网站早期主要运营模式是发动网友上传和分享视频，在短时间内聚集大量人气和流量。视频网站培养了不少属于自己平台的草根名人，像“西单女孩”等都曾通过优酷、酷 6 网等视频分享平台赢得了广泛关注。近几年，优酷、爱奇艺等视频网站出品了大量原创爆款影视剧，大批观众为了追剧纷纷成为视频网站的用户，甚至成为付费用户（付费用户享有跳过广告的特权）。

视频网站营销主要有两个模式：1）投放贴片广告模式，其本质是电视广告。新一代年轻人更喜欢在网络上看节目，因此电视广告商自然将广告投放在视频媒体上。2）网剧植入模式，直接在视频网站拍摄的原创网剧里植入自己的产品品牌，或者采用创意中插方式，即在正片之外，每集由剧中人物推出 30～45 秒的广告情景短剧，广告与剧情融为一体、诙谐自然。如在播放量超 20 亿的原创热剧《白夜追凶》里，钱站与爱钱进两家网络借贷平台（P2P）敏锐瞄准网剧背后的年轻化受众，创意中插配合整个剧情发展此起彼伏（见图 1－1）。

图 1－1　原创热剧《白夜追凶》的创意中插

（2）直播营销。2015 年以来，网上最热的数字新媒体无疑是网络直播，“国民女神”刘涛直播与粉丝互动，仅 5 分钟就导致网络瘫痪。网络直播是一群人同一时间通过网络在线观察真人互动节目，如今的直播平台已进入“随走、随看、随播”的移动视频直播时代。网络直播最大的特点是可以让用户与现场实时连接，具备最真实、最直接的体验。

如今的网络直播通过一部手机便能实现，大大降低了传播门槛。直播营销受到越来越多的企业青睐，究其原因在于：1）极强的实时互动性。直播过程中，商家可根据受众喜好和建议做出实时反馈，使广告效果最大化。2）获取精准用户。企业可通过设定直播话题，在某一特定时间锁定忠诚用户，减少无效流量流入，降低运营成本。3）实时产生转化。直播不仅能够让企业看到用户的覆盖面和粉丝的增长等数据，还可以实现用户边看边买，或配合促销活动导流相应的电商平台购买，直接从关注实现转化，即实现产品的立即销售。

1.3　数字新媒体运营工作内容

企业或商家要进行数字新媒体运营，必然要选择适合这些岗位的专属人才。现时期，越来越多的企业关注数字新媒体运营岗位，重金招聘数字新媒体运营专员，这就需要对数字新媒体运营工作职能和从业人员应具备的基本素质进行相应的了解。

1.3.1　数字新媒体运营工作职能

移动互联网时代，数字新媒体运营对于企业市场开拓、品牌树立意义深远，在一定程度上牵动着企业发展的整体规划和布局。数字新媒体运营团队应当具备能够随时随地驾驭产品推广策划的战略思维，充分利用互联网技术手段为企业提供创新营销策略。

1. 数字新媒体运营团队构成

企业在拓展数字新媒体业务时，都会成立相应的数字新媒体部门。作为运营团队，每个人工作职责相对明确，团队成员间分工合作，目的是实现数字新媒体价值、促进企业长远发展。通常来说，在企业数字新媒体运营团队中，主要有文案、美编、销售、运营经理四个角色。

（1）文案负责内容制作。数字新媒体文案专员主要负责企业历史资料的收集和整理，对外宣传文字的斟酌与润色。文案专员文字功底深厚，可以使用通俗易懂的文风表达及时捕获复杂热点；善于捕捉产品亮点，对产品创意进行深入发掘和提炼，根据产品特点和宣传策略，结合企业调性规划平面、网络的创意与文案撰写；有效洞察用户心理，以创意方式吸引用户，实现文案创意要求与整体宣传策略的匹配。

（2）美编负责图文排版。数字新媒体美编专员主要负责企业新媒体平台视觉效果、风格界面的设计与制作，以及宣传图文的编辑、创意排版与完稿。数字新媒体美编专员能熟练运用现代排版技术和图文处理软件，采取容易理解、整洁有序、重点突出、内涵丰富的最佳呈现方式，准确无误地输入、输出文案专员交付的文稿，使文案内容能够更准确地传达企业意图，为阅读者带去愉悦、舒适的视觉享受和美感体验。

（3）销售负责引流吸粉。数字新媒体销售专员主要负责企业移动互联网自媒体平台的日常运营及推广；深入用户市场，收集用户反馈，挖掘和分析用户的使用习惯、情感及体验感受，根据用户需求及时调整新媒体运营内容；通过有效的运营手段增加粉丝数量，为粉丝策划与提供优质、有高度传播性的内容；与粉丝进行日常互动交流，善于维护和粉丝之间的关系，提高粉丝关注度和活跃度，有效地对产品进行推广和销售。

（4）运营经理负责商业变现。数字新媒体运营经理主要负责新媒体营销的整体规划与统筹协调；开展新媒体渠道数据分析，通过数据分析发现问题，并提出可行性解决方案；负责数字新媒体运营策略的制定以及自媒体平台相关内容的策划、选题、执行、出稿等整体规划和运营管理，把握整体风格及发展方向，提升用户的拉新、复购和社会化传播力度；关注新媒体传播的趋势和变化，定期提出创新推广方案并进行实践。

数字新媒体运营一般是通过线上线下的配合来完成的。线上运营者主要负责内容制作、吸粉、互动、营销推广等内容，而线下工作人员则负责线下的推广活动，如海报宣传、线下活动、商业合作等。很多企业都会利用数字新媒体平台来对产品或服务进行O2O（Online To Offline，线上线下一体化）式的营销。就数字新媒体的配合流程来看，它主要体现出的特点是线上线下配合的密切性，但线上线下工作的优先级是根据具体情况来定的。线上的推广需要线下的一些地推才能实现，然而有时候，在线下的营销推广之前，也需要利用新媒体平台预先发布信息，提前告知用户相关情况。

2. 数字新媒体运营业务职能

从数字新媒体运营团队构成及职责来看，无论企业产品是何种形态，都需要建立在内容基础之上；拥有足够大基数的用户，企业就会有强大的衍生能力；企业靠产品实现盈利，而渠道、活动等则是推广产品的手段。为此，企业新媒体运营主要包含产品、内容、用户层面的运营，并配合整体活动的协调。

（1）产品运营。产品运营是从内容建设、用户维护、活动策划层面连接用户和产品，并产生产品价值和商业价值的数字新媒体手段。互联网时代，用户需求不断变化，产品需要通过持续的迭代完善才能满足用户需求，产品运营能够让产品持续产生产品价值和商业价值。产品运营是从产品设计、产品上线到产品迭代的再设计。产品和产品阶段不同，产品运营日常工作会存在差异，运营者需要根据岗位角色梳理对应的工作思路。产品运营是企业数字新媒体运营的价值体现。运营者除了关注活动人气、内容阅读量等数据外，还必须想方设法吸引用户购买产品，帮助企业实现营销目的。

（2）内容运营。在互联网中，内容运营是一种运营手段，也是一种职能分工，主要指通过原创、编辑、组织等手段呈现企业产品内容，其关键作用在于连接与产品价值观一致的用户、传递产品调性，以及让目标用户通过特定途径了解和使用产品。内容运营核心要解决的问题是围绕内容的生产和消费构建起一种良性循环机制，持续提升各类与内容相关的数据，如内容数量、内容浏览量、内容互动数、内容传播数等。作为内容运营，企业需要明确自身的内容定位、用户需求、产品调性等因素以确定内容的生产和流通机制，同时，不断监测运营数据变化，在实践中迭代运营策略和手段。

（3）用户运营。用户是产品的最终载体。用户运营是指以用户为中心，遵循用户的需求设置运营活动与规则、制定运营战略与运营目标、严格控制实施过程与结果，以达到预期所设置的运营目标与任务。用户运营要解决的核心问题是围绕用户的新增、留存、活跃、传播，以及用户之间的价值供给关系建立起良性循环机制，通过运营手段持续提升各类与用户有关的数据，如用户数、活跃用户数、精英用户数、用户停留时间等。运营的重要使命是连接用户和产品，企业对核心用户的信息掌控可以确保产品有活跃用户，保证产品的正常运转，更好地提升用户的忠诚度，也促进用户对外进行品牌传输。

活动运营贯穿整个运营过程，可以帮助企业达到吸引新用户、品牌曝光、回馈用户、提升用户活跃度等目的，其核心就是围绕着一个或多个活动的策划、资源确认、宣传推广、效果评估等系列流程做好全面的项目推进、进度管理和执行实施。在数字新媒体平台上开展活动，必须事先明确活动的目标并持续跟踪活动过程中的相关数据，做好活动效果的评估。

1.3.2 数字新媒体运营常用思维

在移动互联网时代，数字新媒体发展最重要的就是新媒体思维的运用。要想实现数字新媒体营销，就要创造出有价值的内容，只有这样才能更好地运营数字新媒体平台。数字新媒体运营的常用思维主要有四种：粉丝思维、平台思维、营销思维及病毒式传播思维。

1. 粉丝思维

粉丝思维主要体现在数字新媒体平台与粉丝间的互动上。传统意义的互动是指人们聚集在一起，通过脑力解决某个问题，而移动互联网时代的互动是指网络信息的双向互通。网络的特殊性改变了传统单向的信息流动方式，网络舆论的生成让企业可以看到用户内心的想法。每个人都是互动的主体，每个人都有属于自己的不同观点和意见，这些观点的交流和交融能够为数字新媒体运营带来全新的面貌。

2. 平台思维

平台思维是一种“打造精品内容”的思维，除内容外，还注重从排版、图片、文字等细节着手，通过优质、有价值的内容吸引用户、留住用户；同时，平台思维还包括平台内的资源运作，即当平台的粉丝量达到一定程度时，粉丝就可以成为一种资源，与平台成为利益共存体。这样的平台不仅能够留住粉丝，还能实现平台和粉丝的利益最大化。

3. 营销思维

移动互联网时代，用户喜欢任何具备娱乐性质的事物。企业在进行数字新媒体营销的过程中，也应利用各种娱乐化元素吸引用户目光、达到信息传播的目的，这就需要数字新媒体从业者充分发挥娱乐精神，用创意思维为用户创造轻松的环境，打造具备娱乐精神的营销活动；在营销内容上，避免以严肃、乏味的说教形式开展内容营销，而是通过制造好玩的事件让全民狂欢起来，进而得到密切的关注。

4. 病毒式传播思维

病毒式传播是由受众自发产生的一种发散式、激荡式、扩散式传播方式，这种思维方式有利于扩大辐射面、影响力，从而提高企业的知名度和美誉度。在现实环境中，长篇文章更容易被分享，为了达到病毒式传播的目的，企业应多发表篇幅较长、质量优良的文章；充满丰富感情的内容更容易实现病毒式传播，这不仅可以让受众产生共鸣以获得情感体验，对于企业而言，也是一种情感营销的良好方式。

1.3.3 数字新媒体专员基本素质

数字新媒体专员涉及的素质技能涵盖多面，不仅需要掌握产品、策划、宣传、公关、广告等基本知识，产生复合能量效应，长期面对用户数据分析、排版等枯燥乏味的工作时，还需要抵抗诱惑、抵制压力，具备平和良好的心态，这些都是对数字新媒体专员最基本的考验。

1. 理解产品

数字新媒体运营者要想俘获用户的心、发挥内容传播效率、促进产品销售，就必须首先熟悉自家产品，分析产品最吸引用户的爆点，思考目标用户的行为模式特点，预想不同类型用户在使用产品过程中经历的场景、遇到的问题以及产生的需求，撰写出激发用户购买欲望或者传播欲望的精彩文案，让企业品牌无形之中渗透到消费者心里。新媒体运营者应当深刻理解企业发展战略和自身产品关键点，聚焦社交平台产品舆论，发展与维护产品核心用户，致力于企业品牌形象提升和营销业绩转化。

2. 积累网感

网感就是对网络的感觉，这种感觉主要是数字新媒体运营者对网络信息的敏感度。敏感度会诱发灵感，使运营者具备能够快速抓住网络流行热点创造内容的能力。网感建立在了解互联网文化、懂得传播要素、长期对网络话题进行数据分析，以及注重优质内容的信息搜集渠道积累的基础之上。无论纯内容媒体还是企业的数字新媒体，对于网络热点、网民关注方向及网络发展趋势的把握都较为关键，均需要根据热点快速做出反应，做到与自身品牌的调性匹配，这就对运营者培养良好的网感提出了更高要求。

3. 整合资源

好的文案能够扩散，关键是要找到网络上能扩散有关内容的资源，更大限度地挖掘资源价值。资源既可以变现也可以交换，这就要求运营者不仅要整合网络上的各种文案素材，还要整合各种能帮助传播的优质资源：聚焦有共同认知的人，维护不同媒体平台的人际关系资源，建立互利互惠的长期合作关系；关注并定期分析、留意相关行业优质大号的活动形式及效果数据，争取与大号运营编辑建立直接联系、形成良性互动，在需要关键资源配合时整合资源进行品牌推广。

4. 内容策划

尽管数字新媒体运营形式在持续变化中，但有效策划新媒体优质内容、丰富活动的基本框架是相对稳定的。对于数字新媒体运营者来说，要对互联网产品和技术具备较强的理解能力，能够根据需要探寻吸引人性的传播点、设计好的传播形式、制定相应媒体方案并推动实施。运营者需要不断提升内容策划能力，应多与行业内部人士交流、多与工作团队进行思想碰撞，跳出思维约束、转化发酵灵感、擦出创意火花，学习和借鉴时下最为流行的活动策划玩法，保证企业数字新媒体传播形式保持鲜活的生命力。

【实战训练】

某主流智能手机厂商正在招聘数字新媒体运营编辑。请你通过网络搜索，为其设计一份数字新媒体编辑岗位招聘说明书。

1.4 数字新媒体发展趋势

移动互联网模式下的数字新媒体对传统媒体产生了越来越深刻的影响，尤其是传播方式的影响。部分影响仅仅是技术演化造成的，部分影响则是社会文化演化造成的，而技术演进也可以加速社会文化的演化。

1.4.1 数字新媒体发展时代趋势

时代发展瞬息万变，当前移动网络终端占据高地、社交应用持续火热、短视频大行其道、内容之争不绝于耳，VR/AR、人工智能等高科技层出不穷，传统媒体和互联网的融合与变革日益加速，数字新媒体的创新时代正悄然来临。

1. 注意力经济时代出现

信息阅读载体经历了岩画—书籍—报刊—计算机客户端—移动手机时期，其明显的变化趋势是阅读屏幕越来越小、阅读时间越来越短。更重要的是计算机与移动手机阅读都属于交互模式，人们可以自主点击选择阅读内容，这与图书静态沉浸式阅读模式完全不同。

交互阅读模式中存在“三秒原则”，即如果要花长时间等待感兴趣的内容，人们会渐渐失去耐心，若在三秒内内容无法刷出，阅读者会直接跳出阅读界面。在同样的带宽下，对于不同媒体，人们愿意接受的等待时间是有区别的。在设置数字新媒体内容时，要注意测试内容打开的正常速度是否在正常人等待预期内，否则就需要进行调整。为了让人们对阅读内容产生强烈的兴趣并能够保持注意力等待，媒体越来越倾向于选择更吸引人的标题，或将长文章分成若干小节，每节设置吸引人的阅读图片，减少阅读跳出的可能性。在这种趋势下，更强调排版的长文章阅读、轻松便利的图形化文章、趣味性的短视频、游戏性的交互式 H5 等新的阅读载体，比传统大幅文字更有吸引力，也成为数字新媒体从业者必须掌握的运营新武器。

2. 移动场景阅读时代产生

智能手机已经普及，人们习惯了用手机取代原来必须依赖计算机完成的工作，阅读进入移动场景下的碎片化模式，而移动社交媒体崛起也让用户的社交、沟通、阅读及分享等行为都逐渐走向移动化，在公交、地铁、餐馆等任何场合，人们可以随时沟通、阅读、分享、开展社交活动。但手机屏幕上单页显示的内容总是有限的，出现在首页上的内容很容易被海量的信息所淹没，于是在主流移动 App 上抢占首页内容成为竞争关键。如果企业信息时常出现在头条位置，则会增强品牌的传播力，进而占领消费者心智。

在计算机客户端时代，长尾理论发挥效应，即有了互联网搜索引擎，理论上就可以找到所有的商品，每种商品都可能有人选择和购买，那么无数销量较小的商品则会汇集成为庞大的市场。但在移动客户端时代，因为首页内容效应的存在，人们的注意力又进一步被集中到头条内容，大家讨论和分享的内容越来越同质化，于是又回到了二八法则模式。

3. 参与感时代到来

互联网时代，门户网站新闻能够做到实时更新、支持社交分享和在线评论，而在移动互联网时代，更是在此基础上增加了个性化内容推送。为了抓住潜在消费者的眼球，各类数字新媒体都在努力地提高内容设计水平和技术交互手段，如电视综艺节目交互方式经历了节目录播—现场直播—热线电话—短信投票—在线评论—在线弹幕的进化过程。弹幕技术的出现，使每个在线观看节目的观众都可以通过发送弹幕，成为直播节目内容创造的一分子，这时作为普通观众的参与感意识大大增强。

【课堂讨论】

如果要写一篇微信公众号文章，你认为哪些方式会让文章更有参与感？打开你的手机微信公众号，寻找擅长利用增强参与感手段的典型微信公众号，填写表1-4并进行交流与分享。

表1-4　增强参与感微信公众号案例文章

手段	案例文章名
有场景代入感的标题	
抓住萌点的配图	
跟上潮流的表情包	
有趣的话题投票	
插入对胃口的背景音乐	
发一段真人语音	
播放个性视频	

数字新媒体时代，人们的阅读载体发生变化、内容载体也发生改变、用户活跃性提高，每个用户都可以成为传播中心，在接收传播者提供的内容后加以改造创新，作为新的传播主体与其他人共享信息内容，并且不受时间与空间的限制。在媒体生产技术不断提高的今天，内容制作方式要全面适应从传播型设计到参与感设计的转变，未来将会有越来越多的人成为个体性内容的生产者，由用户自己参与制作的信息内容也将获得更多人的青睐。

4. 社会化传播时代降临

如今，互联网越来越强化人和人之间的直接连接，而不仅仅是人和组织、人和社会之间的连接，人和人的关系链逐步演化成社会化网络媒体最重要的组成部分。数字通信科技诞生后，媒体逐渐从高门槛的专业机构操作，变成越来越多的普通人自身发表信息、传播信息的工具。在社会化网络媒体中，高质量的流量新媒体往往是信任的人推荐的，谁拥有更多的用户信任，谁就掌握了网络流量的走向，进而获得商业回报。自媒体、网红就是人群中的“信任代理”，它们有意识强化个人品牌的标签识别度，不断曝光自己在某个领域的影响力，鼓励对该领域感兴趣的人通过社交媒体和自己互动，积累粉丝订阅数。

各大社交媒体及网络平台的崛起使自媒体得到了繁荣发展，但经过爆发式增长后陷入发展瓶颈，粉丝越来越多，但文章阅读量却在下滑，于是自媒体主动寻找未来出路。如今，社群和社群经济已得到广泛认可，而自带粉丝光环的自媒体天生就具有社群化的优势和获得持续的内容生产和变现能力。自媒体可以依靠专业的优质内容和品牌输出形成社群圈层，建立中心化的信任关系，依靠专业度建立信任感；依靠社交平台沉淀社群关系，做持续的原创专业内容产出，确保与积极群员的高频互动；让生产内容借助支持级用户的社交关系链传播并扩散到更大的互联关系网中，提供与受众人群属性匹配度高的产品、实现流量变现。

1.4.2　大数据下的数字新媒体机遇

每个时代的媒体都因为技术的发展而呈现出不同的传播特点。如今，数字新媒体技术日新月异，在大数据环境的推动下，数字新媒体传播视野将更为开阔。

1. 大数据时代的数字媒体新变化

数字新媒体以其形式丰富、互动性强、渠道广泛、覆盖率高、精准到达、性价比高、推广方便等特点在现代传媒产业中占据越来越重要的位置。数字新媒体积累了大量用户和用户行为数据，成为大数据用户分析的基础。大数据与新媒体之间是相辅相成的关系，数字新媒体的功能属性在于可以对社会进行解读及分析预判，而大数据则能通过挖掘、分析和使用数据，得到全面的社会信息并对其产生深刻的了解。

大数据已成为数字新媒体的核心资源，分析、解读数据，探索、得出为受众和用户提供个性化服务的运营方式，将成为数字新媒体在大数据时代竞争的趋势。新时期数字新媒体呈现出数据化、社群化、中心化等特点，大数据为数字新媒体带来新的变化。

（1）大数据促进数字新媒体快速发展。相对于传统的媒体传播，数字新媒体有去中心化的趋势，在大数据背景下这种趋势得以放大。正是因为大数据技术的支持，网络各种终端、平台才会层出不穷，使用户在意见表达和信息发布中开始占据一席之地，数字新媒体在整合社群化的同时，更加重视个性化及用户体验，新媒体传播领域也将更为广阔。

（2）云计算推动数字新媒体高效发展。云计算作为新兴技术，以其强大的计算能力、近乎无限的存储能力及低廉的成本，对提升、优化大数据、大信息的处理有着巨大的作用。数字新媒体业务的数据存储量庞大、处理繁杂、终端多样要求数据格式比较多元化、数据共享额外存储的需求突出，这些要求正是云计算的特长。云计算能够处理海量数据，更加方便地对业务系统进行升级扩展等管理，同时还能够对数据冗余进行处理，按照需要进行资源的配置、协同管理应用平台等，为数字新媒体发展提供稳定而高效的保障。

阅读知识

2016 年，今日头条对外宣布，其在里约奥运会开赛前一周研发出了一款写稿机器人，通过对接奥组委的数据库信息，实时撰写新闻稿件，能与电视直播几乎同步的速度发布稿件。在短短 6 天内，写稿机器人共生成了超过 200 篇简讯和资讯，平均每天产出 30～40 篇稿件，报道速度最快为 2 秒，单篇最高阅读量已达 5.5 万。写稿机器人可以瞬间完成海量阅读、海量分析，提高了新闻的时效性，同时节约了成本。写稿机器人可以根据互联网活跃点击量数据，瞬时筛选出下一个热点新闻，并通过后台的算法快速合成新闻。

（3）人工智能助力数字新媒体多元发展。在信息快速膨胀背景下，用户已不再满足于单一的信息传播方式，计算机视觉技术、语音及自然语言处理等技术，均可应用到数字新媒体运营推广、数据处理、广告营销、技术维护等领域，为传统媒体带来新颖的运营模式，使用户获得更好的阅读体验。

数字新媒体终端及其承载的内容都是以数据为基础的，终端的创新是为了更好地处理数据，并呈现给使用者更人性化的人机交互界面、平台；内容的改进实质上就是数据的优化组合，呈现给受众或丰富详尽、或言简意赅的信息，或大众、或个性的服务。因此，在大数据时代，数字新媒体的发展将对未来的媒体生态和发展格局产生深远影响。

2. 大数据下的数字新媒体营销价值

随着大数据的发展，许多企业适应现有发展需求开始纷纷进行大数据营销，获得诸多优势（见图 1-2）。基于大数据，企业可以更好地做精细化运营监控，其价值应用主要体现在如下方面：

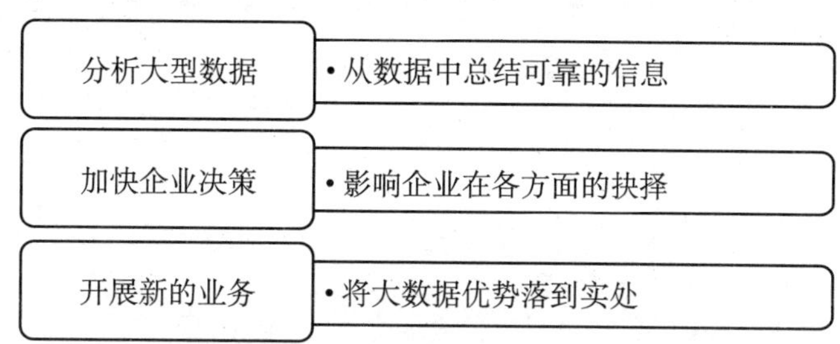

图 1-2　企业开展大数据营销优势

（1）通过基于大数据的方法进行用户细分。基于大数据，企业能够挖掘出更好的细分维度，对用户做良好区隔，以辅助产品运营人员做更加准确的用户细分，洞察每个细分人群的兴趣爱好和消费倾向，对每类用户分别开展有针对性的策划和运营活动。

（2）通过大数据方法实现不同渠道的效果评估。如果仅仅看表面数据，如广告点击率，难以衡量不同推广渠道的真正效果。如果把用户的渠道行为和后续产品行为（通过渠道获取的用户在产品上的各种使用行为）进行贯通跟踪，在此数据基础上构建渠道质量评估模型，将能够更好地知晓渠道质量，或者更直接地监测推广渠道的虚假流量。

（3）通过大数据进行有针对性的用户画像。通过用户画像数据、用户行为和偏爱，再结合个性化推荐算法，能够实现根据用户不同的兴趣和需求推荐不同的产品，实现推广资源效率和效果最大化。

现阶段，大数据对技术人员的要求更高、需求也更大，它将为自身创造出更多的价值并能够进一步保证信息安全。互联网产品需要不断运营、持续打磨。产品运营的目的是扩大用户群、提高用户活跃度、寻找合适商业模式并增加收入。对于企业来说，大数据营销可以说是目前最重要、最有效的营销方式之一，各大企业都应利用好大数据资源并发挥好这种优势，将企业营销推向一个新的高峰。

本章小结

通过阅读本章内容，读者初步了解数字新媒体概念与内涵、数字新媒体与自媒体之间的区别；熟悉数字新媒体的关键特征，掌握数字新媒体形态类型、优劣势与新媒体形态演化过程，对数字新媒体形成完整的认识；明确数字新媒体运营工作内容、理解开展数字新媒体运营活动常见思维模式，以及从事数字新媒体运营工作的基本素质技能要求，为成为合格的数字新媒体运营者奠定基础；从全局视角把握数字新媒体发展趋势，明晰移动媒体的发展机遇与挑战，从实践角度体会新媒体价值，树立整合各类数字新媒体以达到最佳传播效果的意识。

第 2 章 数字新媒体运营策略

学前提示

企业营销工作的关键是策略及顶层设计，而运营工作的关键是把控细节。多重结果导向性决定了企业开展精细化新媒体运营，必须做出准确的用户画像、采取差异化的产品策略、设计高转化率的内容。本章主要针对数字新媒体运营思维进行阐述，通过本章学习，需要掌握用户运营方法与模式、产品运营思路与重点、内容运营核心与技巧，并能够利用数据对数字新媒体运营效果进行评估和优化。

案例导入

瑞幸咖啡：这一杯，谁不爱

2018 年，有一家蔚蓝色调的新晋咖啡品牌以闪电突袭的姿态，迅速攻占一二线城市白领的视野。无论是写字楼电梯还是微信朋友圈，都能看见它的代言人——“国民女神”汤唯、“国民男神”张震，笑容可掬地向你传递着这家新零售咖啡的异类属性（见图 2－1）。

✓ 品牌是最稳定的流量池

瑞幸咖啡（luckin coffee）从 2018 年 5 月 8 日正式营业，目前已在全国开了 4 500 多家门店，销售出 9 000 多万杯咖啡。在瑞幸咖啡铺天盖地的广告宣传阵势和无现金 App 的点单做法背后，蕴藏着强烈的数字化基因。瑞幸咖啡 CMO 杨飞说，营销不要打太极拳，做得特别复杂，最好是军体拳，招式不要太多，但每招都非常实用、有价值，能打出效果。市场应当结合技术和数据，看似豪掷营销成本请代言、拓门店、玩裂变的背后，是基于成熟方法论——流量池思维的推演和迭代。流量思维和流量池思维是两个概念。流量思维是指获取流量后变现流量；流量池思维则是要获取流量并通过存储、运营

图 2-1　瑞幸咖啡代言广告

和发掘等手段，再获得更多的流量。两者的最大区别就是获取流量后的行为，流量池思维更强调借助老用户找到更多新用户。

瑞幸咖啡使用较低的成本迅速建立起品牌流量池，完成最终的效果转化，这一切的关键在于找准品牌定位。定位让品牌有了与众不同的目标、愿景和能够在市场上立足的基础。瑞幸咖啡是新零售、互联网咖啡，如果传统咖啡卖的是咖啡馆，卖的是一种线下体验、线下空间，那么瑞幸咖啡卖的就是一杯咖啡，回到咖啡本身，用数据、物流、社交方式和 App 去满足用户的咖啡需求。

✓ 符号化 VS 场景化

品牌本质就是打造符号、强化符号、保护符号。好的符号能刺激人的感知系统（视觉、听觉、嗅觉、触觉等），让人产生强烈的关联印象。瑞幸咖啡使用全蓝色杯，创造了与众不同的视觉符号。蓝色是波长最短的三原色之一，对肉眼冲击力极强，可以快速形成抢眼的视觉锤，让瑞幸咖啡品牌和小蓝杯在受众心智中构成强关联，大大降低记忆成本；另外，蓝色可以和大众熟知的“星巴克绿”形成鲜明对比，在咖啡市场中创立新符号。听觉符号是对视觉的补充，“这一杯，谁不爱”其实是一句充满挑衅的口号，很多用户的反应就是我不爱，这时候心理上会产生一种韵曲感。

相比传统咖啡品牌的“社交空间”，瑞幸咖啡更强调在移动互联网时代满足客户各种场景的需求（见图 2-2）。瑞幸咖啡将开设不同类型的门店满足用户多元化场景需求，有满足用户线下社交需求的旗舰店（Elite）和悠享店（Relax），有快速自提、服务商务人群的快取店（Pickup），还有满足客户外送需求的厨房店（Kitchen）。通过差异化的门店布局，瑞幸咖啡将实现对消费者日常生活和工作各种需求场景的全方位覆盖。

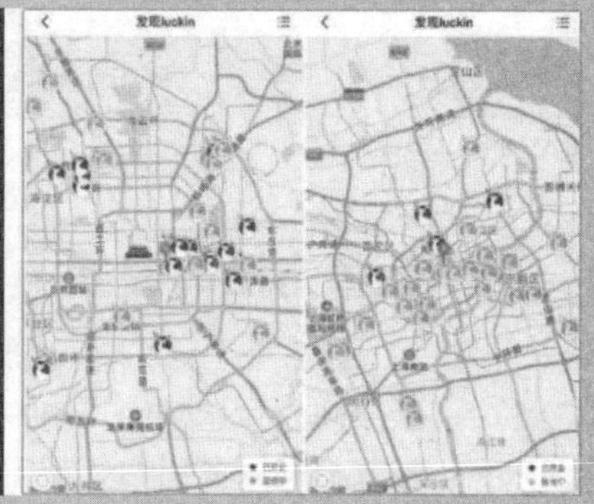

图 2-2　瑞幸咖啡“无限场景”战略

✓ 最低成本的获客之道

裂变营销是一种最低成本的获客方式。广告费用是在实际营销结果未知的情况下，就把钱付给广告公司，但是裂变是在已知情况下，把广告费用变成用户福利，是在已经获得用户的情况下再给用户补贴和福利。做好裂变营销，需要存量找增量、高频带高频。

存量找增量，即利用已有用户发展新用户。首先，发展出第一批老用户（种子用户），主要依赖广告投放、产品试用及前期其他推广方式；其次，存量用户基数越大，裂变分享的数量才会越大，因此，存量基础是裂变成功的关键。在存量和增量的不断转化中，新创品牌可以迅速引爆市场，其产品甚至成为现象级产品。

高频带高频，如果产品本身是高频使用的产品，如出行、外卖、社交等，那么与用户接触机会多、使用频次多，裂变可能性就大，企业往往只需要给一些较小福利，如发电子券、免费视听、游戏道具等，就能有大量用户裂变分享，带来新增用户（图 2-3）。

裂变成功需要具备三个重要因素：第一，种子用户选择。裂变目的是通过分享方式获得新增用户，所以必须选择影响力高、活跃度高的产品忠实用户作为种子用户。第二，福利补贴。若企业愿意将投放广告费用分批次回馈用户，让用户养成领取福利的习惯，会起到强大的流量转化作用。在福利诱导下，再加入创意作为分享催化，就会更容易撬动用户的社交关系，产生情感共鸣，从而获取社交流量。第三，分享趣味的满足。除了利益刺激，裂变本身的趣味性是决定其发酵程度的重要一环。

瑞幸咖啡彻底颠覆了用户对咖啡店的想象，带给国人一种全新的咖啡体验。在瞬息万变的世界里，一切产品皆要可裂变、一切创意皆要可分享、一切效果皆要可溯源。通过复制性、裂变性、执行性极高的模板化营销心法，瑞幸咖啡成功让品牌、产品触及企业用户、白领用户，以其他目标用户身边最核心的社交连接点最大限度地打通了用户整个关系网络，尽可能地用最小的创意投入做到最大的用户转化。

图 2-3 瑞幸咖啡用户裂变分享

2.1 用户运营方法与模式

数字新媒体运营中，用户是核心。企业不论是开发产品、设计活动还是策划内容，初衷都是服务用户，都需要围绕用户展开。企业进行用户运营时，要考虑用户能否从中获得价值或者是用户想要的极致体验，只有如此，才能对用户产生持久的吸引力。

2.1.1　用户运营概念与工作

用户运营是以用户为中心，搭建用户体系、开发需求产品、策划相关活动与内容，严格控制实施过程与结果，最终达到甚至超出用户预期，进而实现企业数字新媒体运营的目标。

1. 用户拉新与促活

拉新，即通过微博、微信、论坛、社群、线下等渠道进行推广，邀请新用户注册或试用，目的是采用有效的线上线下方式，以最低成本获取新用户，提升用户总体数量。拉新基于三种元素：（1）场景。任何产品都需要从场景出发，在不同场景下解决用户不同的痛点，在拉新过程中挖掘这些场景下的用户。（2）特征。企业获得种子用户后，积累了最早期的用户数据，可以利用数据分析找到最精准的潜在用户，通过分析已使用产品的用户特征和属性提炼关键指标、调优参数，触达核心用户、做到精准转化。（3）推荐。利用人性逐利互惠的心理集合群体力量拉新，或者利用圈层营销，先在小群体中引爆，而后传播波及其他人群。例如：瑞幸咖啡采取纯线上方式促进用户自增长，采取首杯免费、免费送好友咖啡之后各自得一杯、外送超时免费送一杯、买二赠一、买五赠五等花式促销方式，初期为瑞幸咖啡 App 带来大量注册用户。

促活，即通过友好的新用户教程、创意的用户活动等方式，让用户每天多次打开软件或进入自媒体账号，其目的是提升用户活跃度。提升用户活跃度同样需要采用利益点对用户进行激励，常见用户激励体系包括积分体系、勋章体系、成就体系等，这些体系的核心逻辑是用户在完成某个或者系列动作后，给予用户有形积分、无形勋章或成就作为激励回馈。

2. 用户留存与转化

留存，即通过企业后台分析用户数据，以策划活动、增加功能或发放福利等形式留住客户，其目的是提升用户留存率。产品订单量＝用户基数×消费频次，不同的产品和业务形态留存作用各不相同。产品处于快速发展期，用户基数不大，可采用单一指标用户分层，通过大量补贴快速获取用户；当产品发展到一定规模，老用户数据得以积累，此时应关注用户的精细化运营，维护好核心客户，根据产品特性筛选若干指标划分活跃与不活跃用户，活跃用户可适当降低补贴力度，不活跃用户可做好激活；与此同时，企业需要预判可能流失的用户，并在用户流失之前做好用户维系，延长用户生命周期。例如：瑞幸咖啡使用手机号码注册，方便用短信召回长时间未使用 App 的用户重新登录或提醒用户关注信息。

转化，即拥有一定活跃用户以后，尝试通过下载付费、会员充值等方式获取收入，目的在于提升转化率。大批新用户涌入之后，提高各页面和各环节的转化率是考验产品好坏的关键。对于新用户的推送内容主要为新人首单优惠，通过唤醒链接让用户进入产品首页，通过优惠刺激让用户冲动消费，持续优化页面转化率。当用户完成下单后，再通过展示其他活动和分享红包的方式，用最简单直接的方式做长远的复购引导。例如：用户点击好友发送的瑞幸咖啡赠送链接，关键词“送你一杯免费大师咖啡，请品鉴”，核心操作路径仅一条，即填写手机号码→点击免费领取，领取后引导 App 下载，路径短且是唯一指向。瑞幸咖啡通过免费方式获取新用户信任，再通过打折引导新用户成为付费用户，进而逐渐被培养成为瑞幸咖啡的忠实用户。

围绕拉新、促活、留存及转化，新媒体运营者可以展开大量用户运营工作，核心工作包括：绘制用户画像，为用户运营工作锚定方向；搭建用户体系，打牢用户运营基础框架；寻找目标用户，提高用户获取质量；设计用户玩法，提升活跃度并减少用户流失。

2.1.2 基于画像构建用户体系

借助用户画像标签化、信息化、可视化属性，企业可实现个性化推荐、精准营销。用户画像是数字新媒体运营工作的起点，新媒体运营者需继续细分用户并搭建用户体系，为不同用户设计差异化运营方式。

1. 绘制用户画像

用户画像，又称用户角色，是勾画目标用户、联系用户诉求与确定设计方向的有效工具，在各领域获得广泛的应用。绘制清晰的用户画像，需要注意提炼用户标签、绕开画像误区。

（1）提炼用户标签，用故事描述用户画像。提炼用户标签即利用若干关键词描述用户的基本特征。提炼用户标签实际上是针对如下问题的循环研究过程：Who（用户是谁），Where（用户在哪里），What（用户做什么）。因此，用户标签＝固定属性＋用户路径＋用户场景。

固定属性即用户基本特征，短时间内不会发生变化，包括用户年龄、性别、职业、地区等；用户路径即用户的互联网浏览喜好，包括打开频率较高的聊天软件、购物喜好平台等；用户场景即用户在某特定场合或时间的动作，如在上下班路上场景内，用户如何学习、娱乐等。研究用户固定属性、用户路径及用户场景后，提炼出关键词，就形成了一套完整的用户标签，运营者需要在此基础上进行细节化的描述。

阅读知识

咖啡的目标客户是谁？对于这个问题，几乎所有人的答案都一样——白领。不过，这个回答没有任何意义，因为绝大部分咖啡馆都可以说自己主打白领客户。瑞幸咖啡一样吗？不一样！进入瑞幸咖啡官网，除了首页大图，还会被菜单栏上的四个字——“企业用户”吸引。

没错，就是企业用户，不仅是官网，App首页也是如此。企业用户才是瑞幸咖啡真正的目标客户。按照惯常理解，白领仅仅是针对一部分人群：只要你是白领，不管上班还是下班、在公司还是在家、在A公司或B公司都是白领。而企业用户就不一样了，它暗含了更多信息：哪家公司的白领，并且它主要针对工作场景。如果其他咖啡馆是做2C生意，瑞幸咖啡采用的是2B模式，这才是它最与众不同的地方。

目前，瑞幸咖啡主要是利用App和微信小程序下单。利用App可以掌握更多用户数据，更容易增长和裂变。不过对于大部分消费者来说，App明显是一个不够友好的选择，要想让消费者接受，难度很大。虽然瑞幸咖啡要求每位消费者都下载App，但如果之后还要购买，完全不用再打开App，而是直接让企业平台里的管理员，如公司前台帮忙点单甚至付钱，但前提是先注册企业用户。瑞幸咖啡如何激励人们去注册企业用户？主要还是靠优惠，注册企业用户后会更加便宜；另外，它还能查询订单、管理账户和管理发票，这给企业用户提供了诸多便利。一旦将注意力聚焦在企业用户这四个字上，瑞幸咖啡的大部分行为和特征也就都具有了逻辑性和关联性。

（2）绕开画像误区，防止源头出错。使用不恰当的用户画像方法，不但无法获得准确的用户画像，反而会造成用户运营工作的整体偏离。因此，运营者需要绕开用户画像的误区。

误区一：提问式画像，即采用问答形式获取用户信息。提问式画像极有可能出现导向性问题，如果提问者设置的问题选项带有倾向性或过于封闭，回答者的回复将受到限制。此外，回答者的回复受其知识水平、过往经验的限制，未必代表其真实感受。

误区二：大数据画像，即通过百度指数等互联网大数据挖掘用户属性。对于生产数据的互联网企业本身，可以使用大数据进行用户画像，但对于非生产数据的企业，大数据不具备完整维度，行业大数据不代表企业大数据，每家企业的消费者都有其独特性，不能用全部网民的网络行为代表企业用户特征。

误区三：代入式画像，即新媒体运营者将自己或团队的日常行为进行系统分析，研究上网时间、浏览喜好、常用软件等，最终得到的只是运营者自身的画像而非用户画像。

2. 搭建用户体系

搭建用户体系时，运营者可以借助 RFM 模型设计管理层级，即通过最近一次消费（Recency）、消费频率（Frequency）、消费金额（Monetary）指标组成矩阵，评估用户价值状态，划分用户级别（见图 2-4）。利用模型划分用户级别后，需要结合企业实际情况设计相应的用户体系，对不同用户进行差异化管理。

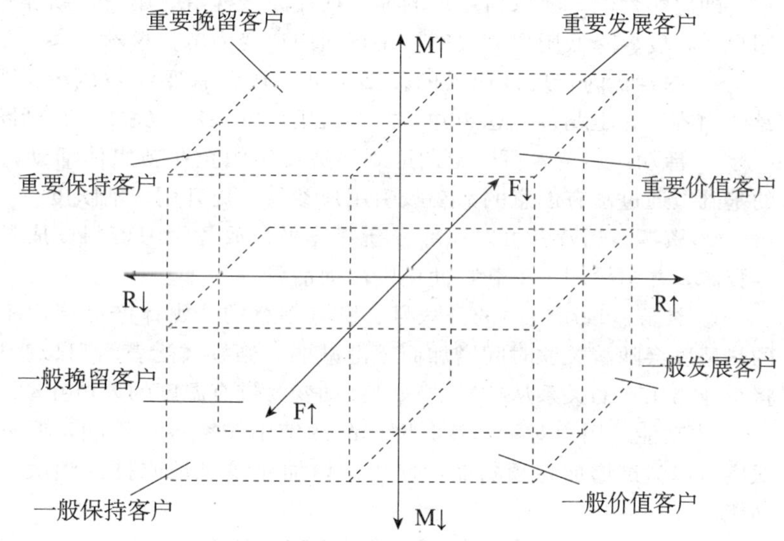

图 2-4　用户群体划分 RFM 模型

第一步，指标调整。对于不同的企业、不同的产品，“最近一次消费、消费频率、消费金额”三个指标需要进行相应变化（见表 2-1）。

表 2-1　不同企业产品下的用户体系指标

企业产品	三大指标
官方网站	最近一次登录、登录频率、浏览时间
企业 App	最后一次打开、打开频率、停留时间
官方店铺	最后一次下单、下单频率、订单金额

第二步，级别调整。RFM模型划分出八个用户级别，但多数企业会将用户级别简化。如京东用户分为注册会员、铜牌会员、银牌会员、金牌会员及钻石会员五个等级。会员级别由成长值决定，成长值越高，会员等级越高，享受会员权益越多。

第三步，分级运营。划分出不同的用户级别后，数字新媒体运营者需要进行精细化用户运营，特别是将重点精力投放在优质用户上。对于活跃度高、消费次数多或消费金额大的重要用户，可设置送优惠券、推送邮件等形式，尝试进行用户激活。

2.1.3 吸引用户增加粉丝

在新媒体不断发展的当下，用户思维、粉丝经济迅速崛起，数字新媒体运营者必须获取精准用户。第一步，识别用户渠道。通过用户画像公式中的用户路径，运营者可以识别出用户的活跃渠道，做好渠道布局。第二步，设计引入形式。识别出精准用户渠道后，需要在此渠道设计引入形式来引导用户关注公众号、进入网站或下载软件，常见引入方式包括硬广、软文、活动等，新媒体运营者可以结合渠道特点及产品特色，加入独特的创意吸引用户。第三步，给出引入理由。用户不会主动关注毫不相关的公众号或软件，运营者为精准用户设计引入方式后需要给出引入理由，如扫码下载资料、关注领取商家优惠券。

在互联网上，普通用户关注了企业微信公众号、转发过企业活动等有助于提升企业的品牌知名度，但无法产生实际的运营价值。有效运营价值来自深度接触用户，即忠实粉丝。获取新用户的成本往往高于挽留老用户，新媒体运营者必须提升用户活跃度、降低用户流失率，将普通用户变为忠实粉丝。

✓ 内容。内容是最稳妥的促活方式，运营者要注意内容的逻辑性和精致度，具体内容要有主题、有思想并且能够让用户感兴趣，完成用户活跃度的初始积累。

✓ 活动。运营者可以定期策划与适度组织企业新媒体活动，在充分了解用户的基础上通过富有创意的活动吸引用户参与，提升用户活跃度。

✓ 资源。运营者可以在部分新媒体平台放置学习资料、成长工具、工作素材等资源，并引导用户下载，使用资源促活。

✓ 社群。现阶段新的公众号、富有创意的新媒体产品层出不穷，用户对企业的热情度会随着关注时间增加而逐渐减弱。新媒体运营者可以尝试组建用户社群，将企业与用户的关系从冰冷的账号互动变为带有温度的人员互动。

✓ 功能。用户对不同互联网产品的使用频率各有不同，低频产品提升用户活跃度可以尝试增加高频功能，使用户增加在线时长或打开频次，如增加天气查询功能。

✓ 积分。新媒体运营者可以参考RFM模型，设计对应的用户层级并设置相应的积分体系，每个用户层级享受不同的用户待遇，用户必须保持一定的活跃度才能升为下一级别。

✓ 奖励。积分体系完成精神层面的奖励，满足用户尊荣感。此外，新媒体运营者也可以设置物质奖励，进一步提升用户活跃度，如累计荣誉值后可兑换物品。

✓ 投入。用户往往对已经付出时间或资金的产品更加忠诚。新媒体运营者在进行用户管理时，可以引导用户适当投入，以降低流失率，如利用QQ等级进行时间与资金的双引导。

✓ 提醒。当用户长时间没有打开软件或登录网站时，运营者可以尝试推送提醒引导其尽快打开，此类提醒信息必须做好细节，足够吸引用户：信息抓人眼球，如用户未打开信息前看到引起好奇心的标题；内容强调价值，如“今天有免费优惠券”；操作方便简洁，信息包含网址，用户点击后能够直接跳转。

2.2 产品运营思路与重点

产品运营是从内容建设、用户维护、活动策划层面连接用户和产品，并产生产品价值和商业价值的数字新媒体手段。互联网时代，用户需求不断变化，产品需要通过持续的迭代与完善才能满足用户需求。

2.2.1 产品运营概念及思路

产品运营是从产品设计、产品上线到产品迭代的再设计，产品和产品阶段不同，产品运营日常工作会存在差异，运营者需要根据岗位角色梳理对应的工作思路。

1. 产品运营概念

数字新媒体运营中，产品是根基。掌握产品运营概念，实际上就是理解产品、连接及价值等重要关键词的含义。狭义的互联网产品是独立开发的网站或软件，如手机软件、H5 等；广义的互联网产品更细化，企业入驻某平台后销售的商品或开发的功能都可以称为互联网产品，如微信小程序、网络课程等。产品运营者需要做好与用户、开发者、其他运营者的连接，其日常工作也围绕这三方角色展开（见表 2-2）。

表 2-2　产品运营者的日常工作

具体工作	连接对象	具体工作	连接对象	具体工作	连接对象
挖掘用户需求	用户	产品测试	开发者	推送产品软文	内容运营团队
		用户意见反馈		设计用户策略	用户运营团队
倾听用户反馈		产品升级		策划产品活动	活动运营团队

产品运营是企业数字新媒体运营的价值体现。运营者除了关注活动人气、内容阅读量等数据，还必须想方设法吸引用户购买产品，帮助企业实现营销目的。

2. 互联网企业产品运营变革

处于数字新媒体时代，新的商业模式和颠覆式创新不断涌现，产业边界日益模糊，所有企业都要积极进行数字化转型，这是从依赖数字技术到逐渐形成数字化思维的过程。

传统企业主要业务在线下，其借助新媒体实现简单的形象展示、产品展示、活动宣传等，因此，互联网产品主要指官方网站、官方微信公众号等。这类企业往往不需要招聘专门的程序员或工程师，开发工作外包给第三方公司。传统企业产品运营负责人需要独立完成网站或微信公众号开发的全流程统筹工作，第三方公司会围绕公司需求持续改进，一旦验收完成，第三方公司仅需负责产品稳定运行即可。

互联网企业的产品不仅包括基础的官方网站、官方微信公众号，还包括手机软件、电脑客户端、游戏等。互联网企业本身拥有网页开发工程师、产品UI设计师、软件开发工程师等岗位，此时产品运营负责人的工作主要是做好用户沟通、倾听用户反馈，与开发工程师一起做好产品迭代与升级工作。

阅读知识

企业合理的商业逻辑或者良好的推广手段，也必须为客户创造足够大的价值。瑞幸咖啡以优选的产品原料、精湛的咖啡工艺、创新的商业模式、领先的移动互联网技术，努力为广大消费者带来更高品质的咖啡消费新体验，推动咖啡文化在中国的普及和发展。

瑞幸咖啡的产品由“大师咖啡”转变为主打“专业咖啡新鲜式”（见图2－5），其服务主要针对企业用户，从咖啡的角度为企业解决问题。瑞幸咖啡基于App战略选择，能将顾客消费行为全部线上化，而线上消费行为能迅速积累精准的咖啡大数据。基于瑞幸咖啡自有的用户管理数据库（DMP），信息流、资金流都是通过移动信息化进行。从逻辑上看，这为瑞幸咖啡的运营和营销优化带来了巨大提升空间。

借助瑞幸咖啡一手且精准的咖啡数据，咖啡零售行业普遍面临的供应链、店面选址、复购率等难题，有可能获得高精度的解决方案；用户行为互联网数据可以记录和储存，进行用户的数据分析，实现用户消费行为画像。这些用户行为数据会让瑞幸咖啡的营销迭代速度、精度远远超过传统模式，凭借流量池思维运营不断带来新的用户裂变，低成本实现顾客增长。

图2－5　瑞幸咖啡产品卖点

2.2.2　产品类型识别与运营

数字新媒体产品运营，需要针对产品类型采取相应的运营模式。产品类别划分的方法多种多样，根据产品运营常用分类，重点探讨平台产品及入驻产品运营策略。独立产品和平台产品均属于需要开发与升级的互联网产品，可参照平台产品策略开展运营。

1. 平台产品运营策略

独立产品和平台产品运营具有大量相似之处。独立产品，即企业独立开发并且满足某项独立功能的产品，如墨迹天气、酷狗音乐等。平台产品是指本身不销售产品、依托平台生态系统连接用户及产品提供者的网站或软件，即平台方开发后需邀请企业或个体入驻的产品，典型平台包括淘宝、京东、喜马拉雅 FM 等。平台价值在于连接，而连接的基础是人气，只有持续获取新用户、吸引新入驻、鼓励入驻者发布新产品或内容，才能稳步增加平台人气。

（1）规则引导。运营规则是平台运行的总纲领，清楚的规则能友好地引导入驻者和用户行为，保障平台生态环境的稳定。例如：淘宝制定的平台运营规则，既包括消费者在购物过程中有可能遇到的问题的提前说明，也包括对商家开店、运行等相关规则的具体描述。

（2）活动统筹。虽然入驻平台的商家可以独立组织活动，但全平台所有商家的联动活动更容易引发网民和媒体的关注，更容易提升平台热度，因此，平台运营者可借助法定节假日或自创节日组织全平台活动，较为典型的平台活动包括天猫“双 11”、京东“618”、喜马拉雅“123 知识狂欢节”等。

【课堂讨论】

你还听说过哪些平台活动？请列出节日名称和活动内容。作为独立产品，请搜索瑞幸咖啡借助“双 11”热点举办的 2018 年首届“luckin 狂欢节”活动形式有哪些。

（3）渠道搭建。为了获取更多流量，平台运营者需要设计流量矩阵并搭建引流渠道。引流渠道包括官方自媒体、合作网站、付费广告投放等。例如：为了吸引更多流量，京东尝试过互联网、报纸、电视等多个渠道推广（见图 2－6）。对于企业而言，引流效果较快的是付费广告投放。

图 2－6　京东全方位渠道推广

2. 入驻产品运营策略

入驻产品是指在平台注册账号后上传到平台的产品。入驻产品可以进一步细分：实体类入驻产品，即通过淘宝、京东等平台销售的家电、书籍等；内容类入驻产品，即通过内容平台进行图文销售的产品，如网易云课堂课程等；应用类入驻产品，即通过应用市场下载的产品，如 App Store 软件、微信小程序等。入驻产品运营策略为排名优化和口碑传播。

（1）排名优化。平台关注流量，入驻更关注排名。平台运营团队专门投入资金与人力提升平台流量，而入驻类产品需要提升自身排名，将平台流量有效地引导至产品页面。各平台一般都有搜索功能，搜索产品排名越靠前，曝光效果越好。运营者需要进行排名优化，如在标题中加入用户搜索频率较高的关键词；产品详情描述增加关键词密度；通过粉丝社群助推销量；严格把控产品质量，保持用户高比例好评率。

（2）口碑传播。入驻平台的团队以中小企业甚至个人居多，在产品运营过程中，“口碑赢得用户”的形式优于“花钱买流量”的高成本推广方式。需要特别强调的是，现阶段部分平台不提供全站搜索入口，入驻无搜索入口的平台，排名优化便失去了意义，其运营重点是为产品持续引入流量。例如：自媒体品牌通过公众号按钮及文章“阅读原文”进行引流。

案例分享

瑞幸咖啡很重视与客户的沟通。2018 年 10 月，在北京市朝阳区工体附近，瑞幸咖啡北京汗水兑换工厂正式开业。一家开在健身房的咖啡店，对于运动达人来说，运动前后吸收适量咖啡因，不但能释放肾上腺素、提升运动效能，还可以刺激身体燃烧脂肪。

世界杯期间，瑞幸咖啡联合网易新闻客户端玩了一场＃非正常球迷研究院＃。借势世界杯热点，利用用户对新闻客户端的信任，进行暗示：球迷都好这一杯。在与个体用户的沟通中，瑞幸咖啡更是主动通过社交暗示，告诉用户：你关注的明星、网红很心水瑞幸咖啡，你要不要一起？借助社交平台的力量，在内容、福利的驱动下，引发关注培养兴趣、欲望，进而引发行动，如以代言人汤唯、张震为原点，瑞幸咖啡请来网红、明星持续做了系列街拍，营造出一种自然而然的需求场景——有瑞幸咖啡就有时尚感。

2.2.3 产品运营重点调整策略

几乎所有的互联网产品都会经历从诞生到衰落的过程，这个过程被称为互联网产品生命周期，即互联网产品从进入市场开始，直到最终退出市场为止所经历的市场生命循环过程。产品运营者需要在产品生命周期的不同阶段抓住不同的运营重点。

1. 验证阶段：产品模型、内部验证

没有用户需求的产品一般市场表现不尽如人意，在产品正式上市之前，必须先进行产品验证，防止出现浪费时间与资源的产品开发。在此阶段，运营者需要联合产品开发者用最短的时间开发出产品模型，即最小化可行产品。例如：开发一套在线视频课程之前，先开发 1～3 节试听课。最小化可行产品开发完成后，运营者需要邀请用户试用并收集用户反馈，对于用户有需求的产品，进一步根据用户的反馈进行优化调整；对于毫无用户需求的产品，可以在内部组织二次讨论，决定是否继续开发。

2. 启动阶段：产品优化、口碑传播

互联网产品启动阶段关注产品完成最初版本开发并上线的过程。启动阶段需要产品运营者重点完成如下工作：第一，产品优化。上线产品并不十分完美，产品运营者必须全面接触用户，收集用户反馈并发送至开发者尽快做出调整。第二，口碑传播。对处于启动阶段的“不完美”产品进行大规模推广，很容易导致用户大量流失，为此，该阶段需要运营者设计传播环节，引导用户自发推荐给好友。例如：设计生成推荐海报，用户可以将推荐内容直接转发到朋友圈或分享给好友。

3. 增长阶段：事件策划、渠道发力

经过验证阶段和启动阶段的验证与优化后，产品开始被正式推广，进入增长阶段。增长阶段需要运营者想方设法获取新用户。一方面，围绕产品策划相关事件，进一步提升产品知名度、提升人气；另一方面，在多渠道发力，扩大产品用户基数。增长阶段的事件策划是指运营者围绕产品策划相关实践，引起媒体和消费者关注，以求提高产品知名度；渠道发力是指充分挖掘可以为产品引流的渠道，增加产品曝光量。

【课堂讨论】

2018 年 5 月，瑞幸咖啡发布致星巴克的信，指责星巴克采取不正常手段排挤打压竞争对手，限制和妨碍市场竞争，涉嫌违反《中华人民共和国反垄断法》有关规定。瑞幸咖啡表示将就此向法院提起民事诉讼，并向国家反垄断行政执法机构提起投诉。瑞幸咖啡创始人直言："超越星巴克，确实是我们这个团队创业的目标。"这一次更是直接将战事升级，引发了不少争议。星巴克则回应称，中国的咖啡市场体量巨大、竞争充分，自己无意参与其他品牌的市场炒作，欢迎有序竞争。请谈谈你对此次事件的看法。

4. 稳定阶段：促进活跃、提高转化

增长阶段的重点工作是拉新，而稳定阶段的重点工作变成了促活、转化，具体方法之前章节已有阐述。需要注意的是，在互联网时代，忠实粉丝成为推动商业发展的核心因素之一。在移动社交时代，粉丝对时间和空间的要求较高，且在内容、频率上表现出碎片化特征，粉丝间的互动性也越来越频繁；企业与粉丝间的互动只有建立在信任的基础上，才能增强彼此的关系强度，要实现与粉丝的长期互动，企业就要建立相应的平台和体系，在服务和协作方面加强互动。

5. 衰落阶段：产品转型、用户导流

产品进入衰落阶段，可能由两个原因引起：一是产品本身更新迭代慢，用户过新鲜期后放弃使用；二是由于互联网技术升级，整个行业出现衰落。进入衰落阶段，运营者不能无动于衷，而需要采用积极的手段减少损失。如果在现有产品基础上能够进行开发与调整，则可以尝试做产品转型，迎合网民新需求；如果原有产品形态已无法继续开发，则需要开发新款产品，将现有产品的用户引导到新产品或新平台上。

用户导流可以采用五种方式：(1) 发消息。运营者可借助站内信、邮件、短信等形式，直接邀请用户点击进入新产品或新产品下载页面。(2) 做活动。可以使用类似"我们搬家啦"等趣味形式，鼓励用户参加活动使用新产品。(3) 发福利。运营者可以在新产品或新平台上设计"诱饵"，如现金红包、免费资料等，引导用户使用新产品。(4) 做内容。运营者可以利用图文或视频形式，坦诚地告诉用户目前的产品情况，用产品理念、开发历程、创业者故事等内容打动用户，实现导流。(5) 做排名。对于严重依赖搜索引擎流量的产品，运营者需要先开发好新产品并做好搜索引擎优化，随着新产品排名提升，实现用户逐步迁移。

2.3　内容运营核心与技巧

作为运营者需要熟悉内容运营的框架和流程，明确内容定位、用户需求、产品调性等因素，确定自身的内容生产和流通机制，在此基础上，不断监测运营数据变化，在实践中迭代运营策略和手段。

2.3.1 内容运营概念与核心环节

内容运营的关键作用在于建立连接，让用户通过特定途径了解产品和使用产品，同时也向用户输出产品特定的价值观，从而吸引目标用户使用产品。

1. 内容运营概念及作用

内容运营是指运营者借助新媒体渠道，使用文字、图片或视频，将企业信息友好地呈现在用户面前，并激发用户参与、分享、传播的完整运营过程。“内容”具有两层含义：一是内容形式，如文章、海报、视频或音频等。二是内容渠道。用户浏览互联网内容，一般通过微信公众号、今日头条、微博等渠道，运营者需要将内容布局在内容渠道，与用户的内容浏览习惯相匹配。内容运营中的“运营”则是指系统的运营工作，包括选题规划、内容策划、素材整理、内容编辑、优化及传播等。

内容运营工作需要体系化的思路和完整的运营流程，这对数字新媒体运营效果具有重要影响：（1）有助于提升产品知名度。用户使用产品前，只能通过企业官网或微信公众号等浏览产品介绍、品牌新闻、用户反馈等内容进而了解产品，因此，内容运营可以让更多用户接触产品信息，提升产品知名度。（2）有助于提升营销质量。企业数字新媒体运营最终是为了转化，让用户愿意付费，在撰写高转化率的文章或策划高参与度的活动之前，需要进行更多铺垫，建立在长期、扎实的日常内容运营工作之上。（3）有助于提升用户参与感。设计具有话题性、创新性的媒体内容会引导用户参与互动、提升用户参与感，如“双 11”前夕，@天猫微博发出：“天气那么好～大家一起来晒……订单……看看你们都买了啥。”微博发出后，粉丝们纷纷晒出自己的订单，与@天猫微博展开互动，此条微博获得了百条评论与转发。

案例分享

“故宫淘宝”是故宫博物院运营的一家以故宫为主题的文创类网店，其微信公众号“故宫淘宝”前期尝试传统运营方式，发布与故宫相关的《故宫饮食》《清宫御药房》等介绍性文章，阅读量不足 1 000 次。2014 年 8 月 1 日，“故宫淘宝”撰写了《雍正：感觉自己萌萌哒》，将风格改为夸张、搞怪、幽默的年轻化内容风格。该篇文章成为“故宫淘宝”微信公众号第一篇阅读量超过 10 万次的文章。

2. 内容运营核心环节

学习内容运营，需要熟悉整体环节并把握各个环节的重点。企业数字新媒体内容运营共包含七个核心环节：选题规划、内容策划、形式创意、素材整理、内容编辑、内容优化和内容传播。

（1）选题规划。新媒体领域受人关注的“10 万＋”文章内容，大都建立在扎实的日常运营基础之上；偶尔性的高阅读量文章会由于日常内容积累少、口碑积累缺失，影响到后续的转化效果。内容运营者必须进行选题规划，策划出下一阶段的主要内容形式和选题等（见表 2－3），作为下一阶段的内容运营总纲。

表 2－3　美食微信公众号每周选题示例

星期	内容形式	推送时间	内容选题	暂拟标题
一	文章	17:00	美食 DIY	《5 步教你蒸蛋羹》
二	文章	17:00	旅行美食	《江南有美景，江南有什么美食?》
三	文章	17:00	美食盘点	《盘点：7 种超省时间的早餐做法》
四	文章	17:00	健康美食	《为什么要劝你多吃洋葱?》
五	图片	17:00	挑选食材	《萝卜怎么分品种?》
六	图片	21:00	宵夜推荐	《深夜小食堂：泡面的创意吃法》
日	文章	21:00	下周吃啥	《冬至，据说吃这些不冻耳朵!》

（2）内容策划。相对于选题规划，内容策划是更为具体的内容设计。在撰写微信文章或创作产品广告之前，内容运营团队需要进行兴脑风暴，探讨如下细节并完成内容策划。

✓ 制作本次内容的目的是什么？推广新品、宣传品牌还是其他？

✓ 内容投放渠道在哪里？微信公众号、微博、知乎还是其他？

✓ 该渠道的用户是谁？大学生、职场新人还是其他？

✓ 内容制作周期是多久？内容传播周期预计多久？

✓ 内容主题和风格如何设计？……

（3）形式创意。内容策划完成后，运营者需要思考对应的形式。用户总是对新鲜、有创意的形式更感兴趣。如果某个账号的内容形式一成不变，用户活跃度会逐渐降低。每次发文章或者做海报之前，运营者需要思考以下内容：可以写成一个故事吗？可以做成一张长图吗？可以做成一个植入广告信息的小测试吗？

（4）素材整理。内容形式敲定后，需要进行素材搜集与整理。运营者需要养成随手记录素材的习惯，尽可能多地搜集并完善自身素材库。素材包括内部素材和行业素材两种类别：内部素材包括企业产品图、产品理念、活动流程、过往照片、过往数据等；行业素材包括行业数据、网民舆论、近期热点等。

（5）内容编辑。内容编辑实际就是常规意义的写文章、做海报等，属于内容运营的执行工作。如果上述步骤都完整执行，这一步会相对轻松，直接按照已有策划进行设计即可。

（6）内容优化。内容编辑完成后不能立即发布，需要测试、反馈及优化。如果转化率低或反馈不好，需要进行内容优化与调整。常见的测试与反馈方式有：文章预览直接转到粉丝群、报名网址分享在朋友圈、微博发布设置为好友圈、内容海报仅部分人可见。

（7）内容传播。内容运营需要在发布微信文章或微博后继续推广与传播，以期获得更好的内容效果。特别是粉丝较少的账号，传播效果有限，运营者需要设计传播模式及便于传播的内容，引导粉丝将内容转发到朋友圈、微信群或更多渠道。

2.3.2　数字新媒体内容创作与优化

内容的产生和适宜传播的能力是数字新媒体运营推广中最重要的能力，也是知名网络账户成功的根本保障。没有优质的内容生产能力，就无法谈及新媒体运营，企业所做的一切工作只能是花钱换流量。

1. 创作优质新媒体内容

优质数字新媒体内容，即常说的走心内容，是指通过精心设计的文字、图片、视频等打动用户，使用户自发点赞、转发或直接下单。虽然通过物质奖励或产品促销等形式也可以影响一部分用户转发或下单，但是其转化率及传播效果远远不如走心的内容。设计走心的数字新媒体内容通常具有如下 5 个步骤：

（1）渠道用户画像。不同的数字新媒体渠道用户不同，其需求自然也不相同，运营者需要首先分析渠道用户并进行用户画像，再根据用户画像创作该渠道专属的新媒体内容。用户画像的具体方法不再赘述。

（2）用户场景拆解。研究用户画像后，运营者需要继续了解用户在尚未使用企业产品时的场景，并按步骤拆解场景，以流程图或工作表的形式进行记录。例如：喜马拉雅 FM 构建有车一族的用户场景时，先假设："如果没有使用喜马拉雅 FM，路上怎么听广播？" 然后它拆解出用户场景（见表 2 - 4 第二列）。

（3）用户痛点挖掘。运营者可以根据以上场景拆解，寻找用户痛点，即挖掘用户操作不方便、不喜欢的环节（见表 2 - 4 第三列）。

（4）解决方案描述。针对用户痛点，运营者需要用企业产品进行匹配，看企业产品分别能够解决用户的哪个痛点、如何解决。例如：喜马拉雅 FM 打算利用智能硬件随车听解决以上痛点，产品解决方案填写在对应位置（见表 2 - 4 第四列）。

表 2 - 4　有车一族收听广播场景拆解与痛点挖掘

步骤	动作	痛点	解决方案
第一步	打开汽车收音机	汽车上路才打开，不方便	汽车点火发动即播
第二步	调到喜欢的频道	经常找不到喜欢的频道	海量有声内容，实时更新
第三步	广播结束，切换频道	开车中切换电台，不安全	旋钮调台，无须低头
第四步	到达目的地，关闭汽车收音机	/	/

（5）内容细节打磨。通过以上步骤，运营者可以提炼出符合用户痛点的解决方案，这是走心新媒体内容的核心。围绕核心，运营者需要打磨细节，如设计海报、撰写软文等，如喜马拉雅 FM 随车听针对各个痛点，设计出系列数字新媒体内容（见图 2 - 7）。

图 2 - 7　喜马拉雅随车听针对用户痛点设计海报

2. 策划长内容、提升转化率

狭义的转化页面是指淘宝页、网站商品页等；广义的转化页面，可以是一篇文章、一封邮件甚至一张图片，只要写明描述且用户能够一键付费，都可称为转化页面。新媒体运营者需要从如下要素入手，优化转化页的内容并提高转化率。

（1）简明介绍。网民对新媒体内容的耐心逐步丧失，更多人喜欢打开文章或网页后，能够第一时间了解内容及与自己的关系。运营者在设计转化页面时，首先需要在开头用最简练的语言讲明创作意图。

（2）场景设计。开头简明介绍通常只是企业官方语言的提炼，但是为了打动用户，必须引入适当用户现实场景，让读者自动进入。

（3）具体参数。对具体参数的描述也是高转化页面的必备要素。不同行业或不同产品的参数框架会有不同，如一款数码相机的具体参数包括屏幕参数、曝光控制、性能参数等，而一次培训课的具体参数包括课程时间、课程安排等。

（4）产生信任。企业对自家产品或账号的描述难免会具有较强的主观性，此时，需要在转化页中放入其他用户的好评或晒单，加强用户的信任感。

（5）付费刺激。类似“付费请点击此按钮”等语言若出现在转化页，用户有可能不会点击。在引导用户付费过程中，需要增加刺激点，给用户付费的理由如“仅限100个”“有效期3天”等。

（6）放心售后。高转化页面通常还需要放心售后要素，减少用户后顾之忧。放心售后根据产品性质设定不同：课程转化页面需要留下客服微信并保证畅通，服装转化页面需要强调物流与快递打包等细节，外卖转化页面则需进行外卖速度与食品新鲜度的承诺等。

阅读知识

关于瑞幸咖啡的目标受众，大多数讨论都停留在了白领人群层面上，但忽视了瑞幸咖啡官网上极其重要的细节——企业用户。一个由诸多白领构成的企业与单个白领个体，瑞幸咖啡需要做的沟通场景绝对不同。在营销活动上，瑞幸咖啡主动出击，与话题度、社会关注度最高的，体量、知名度最大的新锐企业，按照细分需求针对性地进行品牌联动，在关键场景建立关键据点，引发用户裂变。

✓ 企业福利。“别人家公司的福利”一直是朋友圈的热门话题，瑞幸咖啡玩转了这个话题。2018年4月，虽试营业却已登上热搜榜的瑞幸咖啡趁热出击，前往深圳腾讯大厦开了家快闪店，以#这一杯，QQ爱#为主题，联合腾讯给程序员小哥哥发福利，其间既有让程序员各种扎心的文案杯创意玩法，也有特别对程序员口味的黑科技，更有在抖音上一呼百应的滑板小姐姐递上的咖啡。

✓ 企业庆功。不论对于企业还是白领，庆功都是咖啡强需求场景。在2018年上半年为社会所关注的上市庆功会上，瑞幸咖啡成了咖啡服务担当。6月29日，猎聘港交所上市，瑞幸咖啡作为庆功咖啡，打入猎聘内部、积极参与庆功活动。20多天之后，小米上市刷屏。瑞幸咖啡快闪店现身小米办公区，联合小米有品以“这一杯，敬热爱”为创意主题，庆祝小米上市。

✓ 创业激励。全民创业时代，每家企业都觉得自己是创业公司，这是一种精神，无关企业规模。瑞幸咖啡快速捕捉到了这个点，以杯套为创意载体与企业玩得不亦乐乎。有对创业这件小事吐槽的，如“见投资人比三观更重要的是五官”；也有借用大师金句来打气的，如“有多少天性力量，做多少反思”。

✓ 延伸办公场景。2018年9月，瑞幸咖啡入驻北京奔驰总部。对于奔驰来说，总部大楼有一家专属咖啡店贴心服务，无疑是最好的对内公关玩法，而对于瑞幸咖啡来说，入驻奔驰总部则是其具备延伸办公场景实力的最好体现，对于后续拓展企业用户是实力背书。

3. 设计短内容、优化运营效果

在内容运营过程中，短内容更多扮演锦上添花的角色。例如：好的标题、摘要将会直接影响文章阅读量、邮件点击量等数据，最终影响用户转化率。

（1）设计标题，使用户产生点击冲动。设计内容标题需要进行四个步骤：第一，用 8～15 个关键词概括内容要义；第二，按照用户关注点进行排序，选择前两三个关键词，这步通常由新媒体部门内部讨论或组建小范围粉丝群，由粉丝投票并排序；第三，将用户关注的关键词串接成初步标题；第四，使用标题技巧优化标题，优化方法将在本教材文案创作章节详细叙述。

【实战训练】

如果你需要撰写一篇文章介绍你的学校，请按照上述方法拟定文章标题。

（2）撰写摘要，增加用户阅读量。除标题与封面图外，用户能够看到公众平台的图文摘要，摘要作用仅次于标题，好的摘要有助于提升文章阅读量。运营者必须利用有限的文字，让读者产生点击的冲动。

ⅰ. 补充法。标题字数有限，可以借助摘要部分进行内容补充，通过“标题＋内容”的形式，阐述文章概要。例如：“人民日报”微信公众号发表《祝贺！61 位新增中科院院士》一文，在摘要部分补充了院士的年龄信息“新当选院士平均年龄 54.1 岁，最小年龄 46 岁”。

ⅱ. 解释法。运营者可以撰写“自问自答”形式的标题与摘要。标题提出问题，摘要部分做出回答。例如：运营者在标题中提出“马上‘双 11’，该如何跟老婆申请预算”，在摘要中直接进行了问题解释：三大法宝送给你——询问期待、尊重兴趣、表达坦诚。

ⅲ. 提问法。与解释法相反，运营者可在摘要部分提出问题，引导读者点击文章并寻找答案。例如：运营者推荐新书，在摘要部分提出“看看大家想法是否和你一样”，鼓励读者带着问题看文章并互动。

ⅳ. 概括法。在摘要部分用精练的语言概括正文内容。例如：一篇关于新疆自驾游攻略文章，摘要概括出文章基本内容：“这是一份 23 000 字、300 多张照片的、超详细的新疆自驾游攻略，路程超过 5 500 千米。”

ⅴ. 直白法。摘要写出需要用户完成的动作，防止部分用户不愿意点击文章，导致转化效果差。例如：某微课招生文章，将“在公众号发送‘WKBM’报名”作为摘要内容，用户无论是否进入，都可以参与报名。

ⅵ. 刺激法。摘要部分可以写略带挑衅的文字，如“本文太烧脑，请谨慎打开”“本文过于感人，请备好纸巾”等，激发用户兴趣，提高点击率。例如：为了吸引用户点击，运营者在摘要部分增加“前方高能，本文很有可能颠覆你的过往阅读观念”。

ⅶ. 引用法。运营者可以将名人名言、古诗词等引用至摘要，吸引用户主动点击。例如：运营者撰写书单推荐时，引用“外物之味，久则可厌，读书之味，愈久愈深”为内容加分。

【实战训练】

如果你打算撰写一篇《新媒体时代，大学生如何快速提升自我》的微信公众号文章，分享借助互联网管理时间、拓展人脉等方法，这篇文章的摘要应如何设计？

(3) 撰写转发语，提升传播效果。为提升软文或海报的宣传效果，运营者需要持续宣传、增加内容曝光度，常常要发动粉丝的力量，引导粉丝将文章或海报转发到微博、微信朋友圈、微信群、QQ 群等渠道。

为了扩大宣传效果，粉丝转发语包括四大要素：一是第一人称“我”。网民浏览朋友圈时，如果发现生硬的广告，点击打开的可能性会变小。转发语需以第一人称体验出发，以“我用了某产品”“我打算学习某课程”等语句作为开头。二是一句话描述。浏览者的时间有限，必须对产品、服务等进行一句话概括性描述。三是价值点呈现。网民通常不会花时间了解与自己无关的内容，转发语中需要写明使用产品后的好处，如“使用这款面膜，半小时让你皮肤更紧致”。四是稀缺性强调。对于无限量供应的产品，网民通常不会珍惜，转发语中必须明确地告诉网民“测试期仅提供 50 个名额”等信息，表示其稀缺性。

2.3.3　数字新媒体内容传播模式

良好的传播能够增加内容发酵时间并提升数字新媒体运营效果。传统传播方式以广告形式居多，但由于互联网广告费用逐年上涨，容易导致企业新媒体运营整体成本增加。运营者应当想方设法策划“自传播”模式，分析用户与企业连接的整体流程，并结合场景设计传播。

1. 建立连接、开展传播

用户与企业的连接，发生在售前、销售、交付、服务、推荐五个场景，运营者需要结合上述五个场景分别设计传播模式（见图 2－8）。

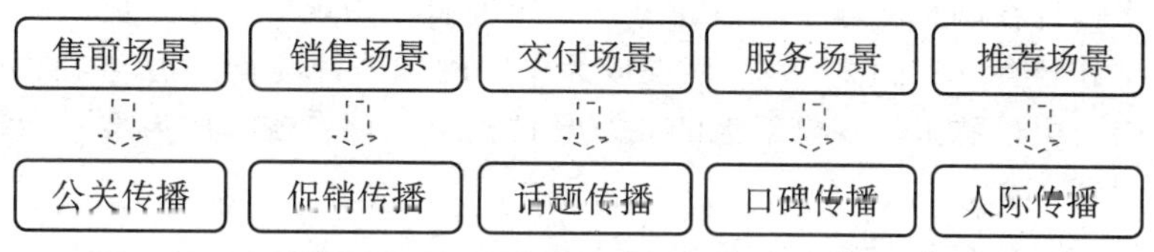

图 2－8　用户与企业连接场景及传播模式

(1) 结合售前场景，设计公关传播。公关传播是通过企业自媒体、行业网站等渠道，塑造品牌形象，提升品牌知名度、美誉度和信任感，帮助企业取得用户心理上的认同。用户购买产品前均处于售前场景，其对产品的认知仅停留在看过相关信息或读过相关内容层面，运营者需要在自媒体平台发出专业内容，树立专业形象，还需要借助软文、新闻源等形式，让更多用户接触到企业品牌、文化、技术等相关信息。

(2) 结合销售场景，设计促销传播。促销传播是指通过鼓励对产品和服务进行尝试或促进销售等活动而进行品牌传播的一种方式。利用新媒体进行促销传播，主要通过赠送虚拟购物券、价格满减、转发送红包等形式。部分用户对企业产品暂无需求时会处于观望状态，如关注企业公众号、收藏企业产品页面等，运营者需要设计促销策略，并利用海报、文章等内容形式触达用户，以期获得更好的销售反馈。

(3) 结合交付场景，设计话题传播。话题传播是结合互联网的力量及用户口碑，让企业产品或服务成为一段时期内网民谈论的话题，以达到传播效果。用户对企业产品的第一印象极其重要，设计精良的产品通常会引发用户主动晒单，帮助企业增加互联网话题内容，企业新媒体传播能力会随着产品交付而提升。

(4) 结合服务场景，设计口碑传播。口碑传播即用户使用企业产品或享受服务后，出于认可而主动分享使用心得，协助企业完成传播。对于铺天盖地的互联网广告轰炸，网民更愿意相信其他用户的评论，行为上表现在翻看企业店铺评论、浏览大众点评页面等，与之对应，运营者需要提前设计出打卡海报等内容，方便使用者分享，打造品牌口碑。

(5) 结合推荐场景，设计人际传播。人际传播是人与人间的直接沟通，人际传播具有两个重要特点：一是直接传播。当用户主动询问身边同学或好友时，对方可以直接将购买网址或店铺网站发给该用户。二是快速决定。与企业及其他网民相比，人们更乐于信任身边好友，好友推荐后人们更易快速做出购买决定。运营者需要特别设计推荐海报、推荐标题、推荐摘要、推荐封面图等内容，优化人际传播的转化效果。

2. IP 联合开发营销

传播是营销的灵魂。IP 是能够仅凭自身吸引力、挣脱单一平台的束缚、在多个平台上获得流量，进行分发传播的内容。对于品牌商家而言，IP 营销带来的巨大红利及长期潜力已达成共识，并成为品牌营销的主流趋势。IP 属于品牌逻辑，所有接触点都是传播点，所有的推广活动都具有传播价值。多个品牌联合 IP 做营销，即 IP 联合开发营销。IP 联合开发营销具有话题性和传播性，具有庞大的粉丝基础和市场，是一种可以产生裂变传播的新型营销方式，这种营销方式对于快消品企业来说，具有一定参考作用。

2018 年，中国网球公开赛组委会宣布瑞幸咖啡成为其官方指定咖啡品牌。瑞幸咖啡在国家网球中心搭建了三家快闪店，为现场工作人员、运动员、球迷提供咖啡和轻食（见图 2-9）。而在成为中国网球公开赛官方指定咖啡品牌前不久，在国内历史最悠久、规模最大的北京马拉松上，瑞幸咖啡成为唯一指定的咖啡饮品（见图 2-10）。

图 2-9　中国网球公开赛官方指定咖啡品牌

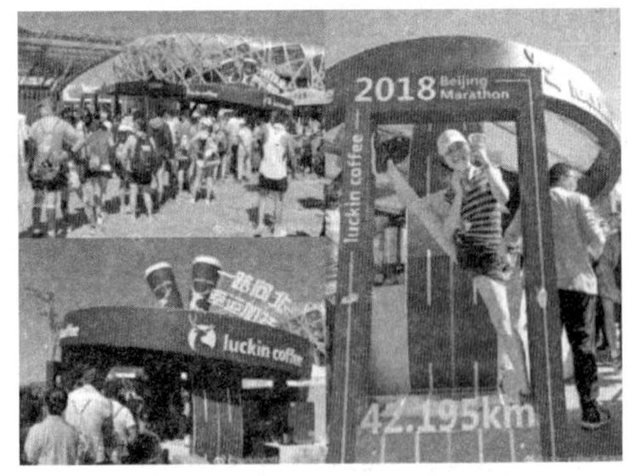

图 2-10　北京马拉松唯一指定咖啡饮品

瑞幸咖啡除了坐拥顶级赛事资源之外，更玩出了许多互联网企业的脑洞创意，开展 IP 品牌联合、置换资源，借用场景做营销。

(1) 向优质 IP 借背书。在第八届北京国际电影节闭幕式上，瑞幸咖啡成为咖啡饮品指定服务商，来自世界各地的影视大咖人手一杯瑞幸咖啡。产品即广告，借助这样的场景融入，瑞幸咖啡不仅获得了优质人群的接触点，更为品牌赢得了口碑背书。瑞幸咖啡迅速复制与平台级 IP 联合营造场景的营销打法，快马加鞭地与各类高端会展、体育赛事进行合作，如为了避免参展观众就餐排队，瑞幸咖啡成为北京车展首次引入的互联网就餐平台。

（2）向话题 IP 借声量。近两年来，故宫也是营销界的网红，话题本身不断，再加上《甄嬛传》《延禧攻略》《如懿传》等宫廷热播剧更增加了故宫热度。其间，瑞幸咖啡“奉旨入宫”，将新店开进紫禁城，国庆前又掀起一波小高潮。在话题、流量都极其亮眼的中国国际数码互动娱乐展览会上，瑞幸咖啡也打破次元壁入驻，与角色扮演者愉快玩耍的样子自然深得二次元拥趸的心。

（3）向科技 IP 借姿势。作为行业颠覆者，瑞幸咖啡对科技感有着天然关联需求，机器人外卖、AI 咖啡、刷脸下单等黑科技，瑞幸咖啡玩了个遍：百度 AI 开发者大会上秀人脸识别下单；在世界机器人大会上，借助猎户机械臂平台磨豆、冲泡、打奶沫、奶油拉花，瑞幸咖啡联合猎豹移动，玩起了 AI 操作。

（4）向热门 IP 借人气。瑞幸咖啡通过热门影视植入、主创背书、联合事件等方式，分阶段与热门 IP 合作，借势换人气。瑞幸咖啡作为产品本身进行场景融入，借助名人、大咖的背书，其使用场景被很好地展现了出来；另外，对于这些 IP 来说，围绕它们本身就有海量的媒体传播，借助深度的场景融合，瑞幸咖啡也巧妙地截获了诸多公关资源。

2.4　新媒体运营数据分析处理

数据分析是企业运营、产品生产等方面不可或缺的决策手段。每天，互联网上都会产生大量烦冗的数据。对于企业而言，数据是优化新媒体运营的关键所在，能更好地推动运营策略和工作的开展。若企业期望提升新媒体平台运营效果，数据分析就成为必不可少的驱动工具。

2.4.1　数字新媒体运营数据价值

大数据使新媒体发展日新月异，具有针对性的海量数字新媒体运营数据整合分析，可以对用户行为展开有效描述，为企业打造全方位的数字新媒体矩阵、实现产品销售及精准高效的品牌化发展之路提供各种各样的决策与指引。

1. 新媒体数据分析意义

互联网进入中国后，越来越多的企业开始尝试借助互联网推广自身产品或打造品牌。现时期，新媒体营销已经开启精细化运营模式，只有通过数据驱动运营的企业才有可能脱颖而出。

（1）了解运营质量。数字新媒体运营的日常工作是否存在价值、是否能够有效实现企业营销目标，都需要通过数据进行了解和判断。对于数字新媒体运营质量数据，不同的平台关注点各不相同。目前，企业通常需要关注的运营数据，主要包括网站流量数据、微信公众号粉丝数据、微博阅读数据、今日头条内容数据、活动转发与评论数据等。

（2）预测运营方向。分析网民数据有助于判断数字新媒体内容、活动、推广是否与网络热点相贴合。现阶段，百度、腾讯等大型互联网企业已开放大量数据，网民可以直接登录网站查看，常见的行业相关数据源包括百度指数、新浪微指数、微信指数、头条指数等。

（3）控制运营成本。企业开展数字新媒体营销不仅要关注销售额增长与品牌价值提升，也要时刻关注运营成本。若企业新媒体广告投放缺乏精准的方向，极有可能浪费广告费用，为此，数字新媒体团队需要分析用户的地理分布、购买或阅读时间、常用 App、惯用机型等数据，每次广告投放前，需要综合近期投放情况进行调整与优化以控制成本。

（4）评估营销方案。企业营销方案是新媒体团队根据前期经验和市场调查制定的工作规划。开展营销方案评估可以反推方案目标的可行性；分析过程数据可以及时发现执行中遇到的问题，为下阶段营销方案的制定提供借鉴。营销方案评估常用的数据包括目标达成率、最终销售额、过程异常数据、失误率等。

2. 新媒体数据类别与来源

不同数字新媒体平台的数据存放形式、分析方式或统计方法均存在差异，企业需要在工作中有针对性地选择和使用。新媒体数据包括数值型及图文型两种类别。数值型数据主要由数字组成，通过对大量数字进行统计分析，可以总结、评估营销效果。常见数值型数据包括阅读数据、粉丝数据、网店销售数据、网站浏览数据、活动参与数据等。图文型数据主要通过问卷调查、结构化比较、分析汇总等形式获得，研究目的在于寻找运营方向。常见图文型数据包括网站栏目分类、账号粉丝分类、消费者反馈等。

根据现阶段平台划分，在进行新媒体数据分析时，使用频率最高的是微信朋友圈数据、微信公众号数据、微博数据、今日头条数据及网站数据等。

（1）微信朋友圈数据。一般而言，使用微信个人号作为主要推广平台的数字新媒体团队，常以“社群运营＋朋友圈运营”方式进行品牌宣传或产品推广，因此，微信朋友圈通常需要分析好友增长数量、朋友圈点赞数量、朋友圈购买数量、导购文案转化率等。

（2）微信公众号数据。微信公众号数据对于微信公众号运营具有极强的指导意义，如通过分析后台粉丝数量的增减，运营者可以分析出活动推广的有效性。微信公众号数据包括新增/取消关注数、新增用户来源、单篇图文阅读量、全部图文阅读量、微信菜单点击数等。

（3）微博数据。数字新媒体运营者可在网页端登录微博，单击“管理中心”进入“数据助手”了解微博数据。常用微博数据包括阅读数、主页浏览量、粉丝来源、新增粉丝数、取消关注粉丝数等。

（4）今日头条数据。作为新兴内容平台，今日头条后台具有更强的数据统计功能，数字新媒体运营者可以对双标题效果、内容、推荐、阅读、评论等数据进行系统分析。

（5）网站数据。虽然微博与微信成为新媒体团队进行品牌推广或产品销售的主要阵地，但作为新媒体平台中的重要环节，网站运营作用不容小觑。网站数据通常包括网站流量、跳出率、搜索来源、来路页面等。

3. 新媒体数据组合模式

企业开展数字新媒体营销旨在提升销量与宣传品牌。对于提升销量，数字新媒体团队需要通过互联网渠道对企业产品进行推广，引导网民线下消费，提升销售业绩；对于宣传品牌，数字新媒体团队需要借助网民的传播力量，让更多人通过互联网接触企业信息、了解企业品牌、对企业产品进行好评，而宣传品牌又可继续细分为提升品牌美誉度、知名度及忠诚度。不同营销目的对应不同的数据组合，进行数据挖掘或分析前，必须明确营销目的并设计出数据组合，避免最终数据无法对营销目的产生指导意义。

（1）提升销量。企业数字新媒体销售通常来自不同的平台，包括淘宝、京东、微店、独立网站等，为借助数据分析销售计划或评估销售结果，必须围绕用户购买或消费行为逐层分析，包括页面浏览量、用户访问时长、用户浏览页面数、店铺/网站转化率等。

（2）提升品牌美誉度。品牌在互联网上的美誉度是指网上粉丝或顾客对企业友好的评价，好评越多或评价内容质量越高，则美誉度越高。利用数据分析企业美誉度的提升效果，企业需要围绕口碑展开，包括百度口碑、大众点评星级、网店评价等。

（3）提升品牌知名度。在网络上，知道企业的网民越多、关注企业公众号的人越多、阅读企业文章的人越多，则企业知名度越高。借助数据分析、评估企业知名度提升效果时，企业需要挖掘与分析的数据包括微博粉丝数、微信用户数、今日头条粉丝数等。

（4）提升品牌忠诚度。粉丝数或订阅数只能作为品牌知名度的考量因素，而用户对品牌做出的响应才能真正体现其对企业品牌的忠诚度。为评估用户对品牌的忠诚度，企业可以统计分析包括二次购买顾客数、主动转发的粉丝数、老客户访问比例、留言频次高的用户数等。

2.4.2　新媒体运营数据分析基础

数据分析目的在于为企业新媒体工作提供支撑，需对数据进行全方位挖掘与整理。通过研究企业内部数据、同行运营数据及行业趋势数据，发现内部规律、寻找运营问题，利用数据驱动新媒体团队提升。

1. 新媒体数据分析步骤

面对互联网每天产生的大量数据，数字新媒体团队必须有目的、有方法地挖掘与分析数据，使数据真正为新媒体营销服务。新媒体数据分析通常包含如下五个步骤。

（1）设定目的。新媒体数据分析是为了帮助数字新媒体团队更为科学地制定计划、更精准地评估效果。模糊的数据分析需求会降低数据分析的有效性，因此，数据分析人员需要在数据分析需求中提炼出要解决的具体问题，找到问题关键点，接着提炼出分析目的。

（2）挖掘数据。不同目标对数据的需求有所不同，在此环节，数字新媒体团队需要围绕第一步中设定的目标，有针对性地挖掘数据。对于网站或第三方数据分析工具已有的数据，数字新媒体团队可以直接在后台选择；对于无法直接获取的个性化数据，需要数字新媒体团队手动统计。

（3）数据处理。挖掘数据环节得到的数据通常属于原始数据，需要进一步处理后得到可被分析的数据。数据处理通常包括数据剔除、数据合并、数据组合，无意义的字符或与目标不相关数据可在数据处理环节进行剔除；相近数据需要进行数据合并；过程数据需要进行组合，借助公式设计出更适合分析的数据。

（4）数据分析。只有经过处理的新媒体数据才有分析价值：1）流量分析。通过对访问量、访问时间、跳出率等流量数据分析，评估网站运营基本情况。随着智能手机的普及，现阶段流量分析的重点是移动端流量数据分析。2）销售分析。针对互联网下单数量、二次购买比例等进行分析，寻找当前互联网销售问题，消费者通过线上预订后在线下消费，也算作销售分析范畴。3）内容分析。针对数字新媒体内容平台的发布情况统计评估，包括微信公众号阅读量、微博头条转发量、今日头条文章推荐量等。4）执行分析。针对团队成员的日常执行工作统计与评估，包括文章撰写速度、客服响应效率、软文发布频率等。

（5）数据总结。新媒体运营情况、同行新媒体运营状态、行业新媒体趋势等数据，对企业营销具有指导意义。数据分析完成后，企业需要及时总结，一方面便于内部沟通，另一方面便于分析结果或规律应用。

2. 常用数据分析工具

使用工具可以有效提升数字新媒体运营效率。与人工手动分析相比，数据分析工具是达到、完成或促进新媒体运营效果的有力武器。现阶段，常用的数据分析工具分为四类，包括网站分析工具、自媒体分析工具、第三方分析工具及办公系统Excel工具。

（1）网站分析工具。网站分析工具包括百度统计、Google Analytics等，主要为网站运营者提供数据支持。网站站长可以在上述第三方站长工具平台注册账户，随后即可在第三方工具平台查看分析数据。

（2）自媒体分析工具。对于运营者而言，自媒体分析工具具有完整的统计功能并且难度较低。利用后台自带分析工具，数字新媒体运营者无须掌握分析函数或代码，便可以直观地看到一键生成的用户增长、互动等数据。常见的自媒体分析工具及功能见表2-5。

表2-5　常见的自媒体分析工具及功能

平台	自带统计功能
微信公众号	用户分析、图文分析、菜单分析、消息分析、接口分析、网页分析
今日头条	文章分析、头条号指数、粉丝分析、热词分析
微博	粉丝分析、内容分析、互动分析、相关账号分析、文章分析、视频分析
大鱼号	文章分析、视频分析、用户分析、大鱼星级
百家号	文章分析、百家号指数、粉丝分析
网易号	订阅数据、内容数据、网易号指数

（3）第三方分析工具。此类工具为非官方平台自带的、需要官方平台授权后才可以使用的数据分析工具，一旦授权完毕，后续操作与自媒体分析工具类似，通过网站即可直接查看。对于精细化数据，往往需要借助第三方分析工具，常见的第三方分析工具包括新榜数据、西瓜助手等。

（4）办公系统Excel工具。对于具有一定办公软件操作基础的数字新媒体运营者，可以借助Excel进行数据分析：利用Excel处理人工统计数据，包括文章发布数、后台评论类别、同行口碑分析、行业标杆拆解等。当自媒体工具及第三方分析工具无法满足个性化数据分析时，运营者需要使用Excel处理后台导出数据并进行时间分析、趋势分析等个性化分析。

2.4.3 新媒体运营数据加工处理

数据驱动业务发展，新媒体数据经过挖掘、处理及分析后，才能够得到较为完整的数据结果，团队成员通过数据查找、分析制定相应运营策略并通过继续观察数据不断优化。

1. 新媒体数据挖掘与处理

为使新媒体数据分析更为精准、有效，被分析数据必须通过科学渠道及方法进行挖掘与整理。不同的分析目的对应不同的数据来源，挖掘数据需要首先进行来源设计（见表 2-6）。

表 2-6　常见新媒体数据来源设计

分析目的	对应数据
确定最适合推广的互联网渠道	销售页面日均浏览量、不同渠道流量、渠道转化率等
寻找网页转化率漏洞	用户浏览时间、网页跳出率、跳出位置等
敲定最适合网上销售的产品	产品页面浏览量、产品销量、产品评价数据等
寻找微信公众号推广失误环节	粉丝来源数据、粉丝取消关注数据、推广渠道增加粉丝数据等

（1）新媒体数据挖掘。数据来源设计完成后，分析人员需进行新媒体数据挖掘，优先顺序为：第一，后台数据获取。如果需要数据已在新媒体平台后台中，则直接在后台复制或下载数据即可。目前，可直接获取的数据包括微信公众号用户数据、微博阅读数据、天猫店铺销售数据等。第二，第三方数据获取。在后台无法对某项数据进行统计时，可以借助第三方工具在授权后进行数据挖掘与获取。目前，可获取的第三方数据包括网站点击数据、访问来源数据、用户属性数据、微信评论采集数据等。第三，手动统计。数据无法利用后台或第三方数据获取，则需要分析人员手动统计，一般包括百度口碑、多平台阅读总量数据等。

（2）新媒体数据加工与处理。各网站后台通常只具备数据查阅功能，为此挖掘出有效数据后，新媒体数据人员需要经过观察与对比，继续完成数据合并、数据修正、公式计算等数据的加工与处理，对数据进行优化。数据合并一般是在 Excel 表格中进行第一行表头合并，用于规范下方数据；数据修正主要包括异常剔除、缺失增补，防止干扰与影响其他数据；常用公式计算包括数据求和、计算平均数/比例/标准差稳定性、条件计算等，避免原始数据仅代表唯一属性的单调性，大大降低数据分析难度。

2. 新媒体数据分析方法

商业数据的分析目标是利用庞大数据为企业做出迅捷、高质、高效的决策，提供规模化解决方案。运营者对新媒体数据进行分析在于创造商业价值，驱动企业业务增长。常见的新媒体数据分析方法如下：

（1）直接评判法，即根据经验直接判断数据的好坏，通常用于内部往期运营状况评估。直接评判法有两个必要条件：一是运营者具有一定的新媒体运营经验；二是数据足够直观，可以直接代表某项数据的好坏，如进行公众号推广活动后，粉丝数量明显增加。

（2）对比分析法，即对比两个或两个以上数据，分析差异、揭示规律，通常包括横向比较及纵向比较。横向比较，即同一时间内不同总体指标对比，如今日头条同领域作者文章阅读量对比；纵向比较，即不同时间内相同总体指标对比，如本月文章阅读量与上月文章阅读量对比。通过对比，优秀水平予以保持，薄弱环节予以加强。

（3）分组分析法，即遵循相互独立、完全穷尽原则，设立指标将对象统计分组并分析，深入了解对象的特征、性质及相互关系。相互独立，即分组间无交叉，组别具有明显差异，每个数据只能归属于某一组；完全穷尽，即分组中不遗漏任何数据，各组空间足以容纳总体所有数据，如按照年龄段划分粉丝数量。

（4）结构分析法，即在统计分组的基础上，将组内数据与总体数据之间进行对比。结构分析法分析各组部分占总体的比例，属于相对指标，如统计各地粉丝的占比情况。

（5）平均分析法，即使用平均数衡量总体在一定时间和地点条件下某数据的一般水平。平均数据比总量指标更具说服力，更能帮助运营者预测发展趋势和规律。

（6）矩阵分析法。以两个重要指标作为分析依据，由横纵坐标轴构成四个象限，找出解决问题的定性方法。例如：对餐饮企业大众点评评价进行矩阵分析（见图 2-11），经过梳理，重点处理“紧急且重要”事项。

（7）漏斗图分析法，即运用漏斗图对文章阅读量、产品购买量等情况进行逐层分析，展示整个关键路径中每步的转化情况（见图 2-12）。单一漏斗图难以衡量各个环节的好坏，运营者可结合对比分析法对同一环节不同时间进行对比，进而评估运营效果。

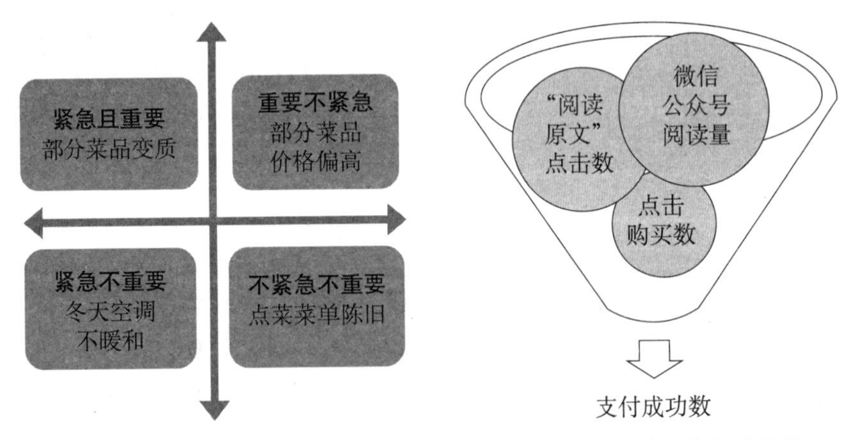

图 2-11　矩阵分析法示例　　**图 2-12　漏斗图分析法示例**

（8）雷达图分析法，即通过对数字新媒体账号内容质量、领域专注等不同维度计算得出客观评分，如运营者可以利用雷达图进行今日头条、大鱼号、百家号等指数对比。

（9）回归分析法，即通过研究事物变化因果关系、预测事物发展走势的定量预测方法，如对累计粉丝数进行一元线性回归分析，可以尝试预测某个时间的粉丝量。

完成新媒体数据分析后，需要将数据进行提炼与总结，运营者可以采用“提出问题、分析问题、解决问题”的思路，抛出问题后将数据分析过程中核心的表格予以呈现，并描述数据分析结果，最后利用分析结果进行趋势预测、效果评估或规律呈现。

本章小结

通过阅读本章内容，读者将了解用户运营的概念与工作内容，形成基于画像构建用户体系的思路，熟悉吸引用户增加粉丝的技巧与方法；能够进行产品类型识别与运营，掌握产品运营重点调整策略；知晓内容运营核心环节，能够开展数字新媒体内容创作与优化，基于良好的传播渠道增加内容发酵时间并提升数字新媒体运营效果；明确数字新媒体运营数据价值，建立数据驱动企业业务发展意识，对运营数据具有敏感度，具备新媒体数据挖掘、处理及分析能力，将新媒体数据分析作为企业运营不可或缺的决策手段。

第3章 数字新媒体营销策略

学前提示

在当今高速发展的时代，技术不断进步更新，营销模式也变得多样化，以各种新媒体为核心的营销模式慢慢被企业广泛应用，新媒体引发的营销创新对传统市场营销活动产生了不可低估的影响。本章主要介绍数字新媒体营销策略，通过本章学习，需要了解新媒体营销策划过程与注意事项，熟悉新媒体广告投放载体类型、投放策略及新型营销模式，掌握企业推广未来变化发展趋势。

案例导入

新媒体助力，可口可乐“瓶子”来袭

2013年夏季，可口可乐官方微博发布了22款昵称瓶图片，宣告声势浩荡的社会化营销正式展开。随后，可口可乐与新浪微博联手，在其官方微博上开始试用微钱包进行昵称瓶（定制版）营销推广，300瓶可口可乐在1分钟内被迅速抢光。昵称瓶帮助当季可口可乐独享装销量较上年同期增长20%。

2014年，可口可乐又推出歌词瓶，每句歌词都积极向上，很符合可口可乐的品牌特性。可口可乐财报显示，在歌词瓶助推下，其中国业务增长达到9%。除了销量增长，歌词瓶同样在这个创意乏味的时代引起了业界关注，许多人对歌词瓶的传播津津乐道。

2015年，“臣妾做不到啊”等耳熟能详的台词出现在了可口可乐瓶身上，共计49款。网友还可以个性定制独一无二的专属台词瓶，在“我们结婚吧”等经典台词的前面加上恋人的名字。以往的昵称瓶都是传统红色包装，但黑色包装的零度可口可乐也将首次加入这个活动中来。

2016 年，可口可乐在里约奥运营销中，再次引入个性标签元素即金牌点赞瓶，赋予其一次分享多种组合的特性。一瓶表明社交关系，另一瓶以热烈的网络热词表达赞扬，20 多种称谓配搭 10 多种赞美，混搭出近 400 种“点赞”，带来更加生动、有趣的表达和含蓄、创新的谢意，更加契合国人的情感表达方式。

2017 年，可口可乐推出共 37 款密语瓶，包括“今天星期五”“吃瓜群众”等词语，主张“让夏天更有聊”。可口可乐密语瓶首次尝试“LBS+AR”结合方式在线下进行推广。可口可乐鹿晗主题快闪店在上海 7-ELEVEN 限时开业，现场揭秘了密语瓶新品，并与消费者开展了多种形式的互动，传递“密语”的主题理念。密语瓶代言人鹿晗当期有热门综艺节目《奔跑吧》第五季和电视剧《择天记》播出，话题度极高。凭借鹿晗的超人气和众多粉丝，可口可乐收获了大批年轻群体。

营销理念和品牌定位一脉相承，从昵称瓶到密语瓶，可口可乐用实际行动宣告产品包装已然成为自媒体，不仅具有展示功能，更拥有社交属性。可口可乐始终秉持“快乐和分享”的品牌定位，塑造了个性化的统一品牌形象。可口可乐以新媒体为主要传播阵地，利用名人效应和粉丝效应，发动自媒体参与新媒体平台传播，充分发挥关键意见领袖的影响力，形成口碑传播；充分挖掘目标消费者的想法及感受，让用户创造内容，自主参与并帮助品牌扩大影响力，加强深度关系。

可口可乐实现了全媒体覆盖，结合热点有节奏地维持话题热度，同时开展跨界合作，线上线下整合形成营销闭环。从线上微博定制瓶子到线下消费者收到定制瓶，再通过拍照分享回到线上，O2O 模式让社交推广活动形成一种长尾效应，消费者完全参与到品牌的传播与塑造中，成为品牌的推广者。

3.1 数字新媒体营销发展

随着数字新媒体应用平台的丰富及用户数量的不断增加，数字新媒体除了其自身提供的服务外，对于企业与个人推广而言，数字新媒体平台又是良好的营销渠道，数字新媒体营销应运而生。

3.1.1 数字新媒体营销内涵

从字面上理解，可以将新媒体营销拆分成新媒体和营销，营销行业在社会大分工中已存在多年，新媒体营销则是在营销范畴内增加了新媒体使用环节，4P、4C、4R 等传统市场营销策略并未在新媒体营销上完全失效。进入新世纪，高科技企业、高技术产品与服务不断涌现，营销观念和方式也不断丰富与发展，出现 4V 组合、4I 组合等并形成独具风格的新型理念（见图 3-1）。

新媒体营销需要营销策划的知识体系作为理论指导，新媒体营销组合理论不仅是社会化媒体营销的实施理论基础，更是新媒体营销的突围方向。传统营销理论在数字新媒体营销平台实施时，需要根据新媒体平台的媒介特点进行优化改进。企业在新媒体平台开展覆盖面广、受粉丝欢迎、参与度高的营销活动时，需要学习与掌握心理学知识，明白用户参加营销活动的原因；对于活动策划，需要设置得既能吸

图 3-1 新媒体营销组合理论基础

引用户参加，又能引导用户转发；对于活动文案撰写，需要使用简单易懂的方式讲清楚活动规则；对于营销活动的推广和广告投放，需要找到合适的广告资源位和合适的意见领袖；对于画面海报设计，需要专业设计人员处理，甚至画面中的元素使用及颜色搭配等都会影响粉丝参加活动的意愿。

新媒体营销是一个系统工程，需要多个工作岗位共同配合完成。企业在策划新媒体营销活动时，需对各平台进行分析，找到适合企业自身的新媒体平台，根据平台运营机制和规则，基于产品或品牌的推广需求和目标受众喜好，策划满足推广目标的营销活动。

3.1.2 数字新媒体营销价值

如今，各行各业形形色色的用户在各种新媒体平台上发布着各类内容，新媒体平台逐渐发展成为互联网集市。人流量密集的地方存在商业机会，营销就是诸多商业机会中的一环。

企业在数字新媒体平台上做营销，可以充分发挥新媒体价值优势。(1) 信息公开透明。在新媒体平台上，每个用户都可以成为活动的策划者和参与者、热门信息的见证者和传播者，这些信息不仅免费，还可以很方便搜索到。(2) 丰富的数据信息。通过用户发布内容、注册资料等，可以判断用户的基本信息、喜好及购买力。对于企业而言，通过数据分析可以更精准地进行产品或品牌营销推广。(3) 双向互动。新媒体双向互动能够使企业在与用户日常的互动中，准确地了解用户需求、得到及时反馈。(4) 营销成本低。得益于新媒体平台运营机制，企业可直接与消费者产生连接，甚至让消费者成为营销活动的传播者，通过便利的新媒体分享功能进行多节点高频次传播，只需较低的营销策划、广告投放及物料制作费用。(5) 传播范围广。信息通过数字新媒体平台发送和分享，可以实现跨地域传播，及时、高效地将信息内容传递给用户。

从新媒体营销市场需求来看，越来越多的企业开始在新媒体平台布局，组建新媒体营销部门，加大对新媒体渠道的投入力度。对于传统企业而言，特别是面向大众消费者的企业，新媒体营销正逐渐成为其市场部的重要工作，如联想、中国邮政等的营销方式正在向新媒体延伸；新兴企业如三只松鼠、滴滴出行等，借助新媒体平台逐渐成为行业翘楚，新媒体营销正在成为企业市场营销工作中的重要元素。

从新媒体营销发展趋势来看，新媒体平台技术不断迭代，营销领域理论与实践也在持续更新。作为两者的结合体，未来的新媒体营销将会在技术与策划之间寻找平衡点，营销策划活动不仅包含洞察人心的创意，也会借助新媒体营销平台技术将创意恰当地呈现出来；同时，新技术的探索和发展将不断刺激营销策划创新，使之成为企业与消费者互动沟通的良好窗口。

3.1.3　新媒体营销与传统媒体营销差异

新媒体与传统媒体对于企业营销活动的开展各有千秋，企业对于新媒体营销及传统媒体营销的重视程度没有固定标准，两种营销方式分别由不同的媒体属性决定，这需要企业对自身产品及消费者行为习惯进行调查，以着重发展适合企业自身需要的营销方式。

1. 传播媒介

无论何种营销方式，营销活动的落地和传播都必须依托于媒介作为信息承载的渠道。传统营销媒介包含广播、电视、杂志等展示性强的媒体平台。传统媒体营销是媒介内容之间的单一沟通，传播范围具有较强的地域性；新媒体营销的传播媒介以互联网为核心渠道，如微博、微信、直播等具备传播属性的社交媒体平台。新媒体营销传播媒介的特点是重新构建人与人之间的沟通方式，实现信息的全网覆盖。

2. 传播方式

新媒体营销的传播方式具有双向性、互动形式多样化，每个人都可以对信息进行评论与转发等，信息发布方通过新媒体平台能够与对方高效沟通。双方的互动性有利于企业及时了解市场动向和消费者需求，以便及时调整市场策略。传统媒体营销的传播内容形式多样化，但传播方式较为单一，不利于企业与消费者之间的互动，但适合企业品牌和产品强曝光。

3. 用户管理

数字新媒体营销依托于互联网技术，通过新媒体平台的用户注册信息、消费记录、兴趣爱好、浏览轨迹等，可以进行全方位的用户信息梳理。有效信息越多，消费者画像越清晰，通过用户信息能够在新媒体营销平台开展更为精准的营销活动；传统媒体营销无法直接掌握消费者信息，对于消费者画像描述只能通过媒介渠道的地理位置、人流量信息、购买媒介信息等进行简单粗略估算，无法实现精准营销活动的开展。

4. 营销理论

适用于传统媒体营销的是AIDMA法则，即因广告功效而引导消费者产生心理变化的过程：引起注意（Attention）→产生兴趣（Interest）→培养欲望（Desire）→形成记忆（Memory）→促成行动（Action）。信息接收者没有及时畅通的渠道与信息发布方产生连接，形成了以媒体为核心，以引起注意为首要任务的营销策略，这种策略要求内容刺激性强、覆盖传播范围广，通过多次重复打开消费者意愿大门。

随着互联网社交媒体服务出现，适用于新媒体营销的AISAS法则出现，即引起注意（Attention）→产生兴趣（Interest）→主动搜索（Search）→付诸行动（Action）→口碑分享（Share）……分享结束并非意味着营销结束，通过分享仍可影响其他潜在消费者，引起注意进而产生兴趣，主动搜索甚至购买再分享。

对于企业而言，充分利用传统媒体营销和数字新媒体营销的优势，将两种营销方式配合使用，使两种方式相互补充、相互影响，最终达到企业的营销目标才是首要任务。

3.2 数字新媒体营销变革

新兴网络媒体的涌现为企业提供了新的契机，但也对新媒体营销推广提出了更高要求，即通过策划优质、高度传播性的内容和线上活动向客户推送消息，提高参与度和知名度，达到相应营销目的。

3.2.1 企业数字新媒体营销转变

现时期，消费者已经完全进入一个体验经济和手机个性化消费的时代。移动互联网时代给传统企业带来冲击，企业作为开展市场营销的主体，更应主动融入新媒体理念，以更加开拓的视野积极探索。

1. 数字新媒体备受企业关注

移动互联网深刻改变了现代人的生活模式，在多数场合，往往能看到消费者使用手机和外界联系与交流，其注意力已经慢慢从线下和计算机转移到了移动端。正是因为人们的注意力从线下转移到线上、从传统媒体转移到网络新媒体，要吸引消费者注意力，特别是消费能力更加旺盛的年轻人注意，企业广告投放也必须转移到互联网新媒体。不仅如此，移动互联网解放了人们使用网络的物理限制，使消费人群的生活习惯发生深刻改变。在移动化场景下，利用碎片化时间和社交关系传播、高频快速互动成为主流消费人群的新媒体使用模式，这样才能赢得更多消费者的青睐和使用。

在新媒体推广过程中，一些观点认为新媒体广告投放成本低、投放手段灵活、目标对象更为精准，可根据投放效果实时调整推广方案，相比传统媒体拥有更大优势。新媒体推广可以是图文、语言、视频、音频、交互式游戏等多种形式，这些传统媒体难以企及；同时，绝大部分新媒体都支持按访问时间、访问地区、人群特征、上网设备等要素进行投放，相对于传统媒体到达目标人群的精度大大提高；另外，策划得当的数字新媒体广告很方便地借助社交关系制造传播效应，一旦成为传播热点，就会带来爆发性扩散，迅速成为话题事件，带来额外的注意力红利。

任何媒体都有自己的渠道受众，强调精准一要考虑自己的投放渠道是否和目标人群匹配，二要确定自己追求的市场是否足够大。对于大众产品，企业通过广告增加品牌在大众心目中的曝光度是有必要的，这会让消费者真正进入消费模式时将该企业的产品列为选项之一；但精准广告会导致品牌淡化，从而间接影响销量，所以精准广告用在针对特定人群、特定事件、特定产品或作为品牌广告的相互支撑体系更为合适。

2. 系统策划新媒体运营方案

新媒体运营并非有流量就有效果。在碎片化阅读模式下，手机用户周边往往环境嘈杂，如果企业新媒体创意没有足够的吸引力，便很容易被信息流湮没，宝贵的流量推送就会白白浪费。越是拥有优质流量，越要精心策划爆款话题，形成口碑社交传播效应。数字新媒体策划团队必须认真在文案设计、图片选择、互动内容上精雕细琢，在正式推出之前，团队内部要进行客观地评估。评估主要围绕下述问题展开，这些问题都要反复研究，不断积累成功的经验，以便在后期企业各项活动策划中加以灵活运用。

✓ 针对目标人群，在对应的载体上使用什么形式效果更好？

✓ 怎样的话题才有针对性，能引发大家关注和交流的欲望？如何设计才能让大家自发传播？

✓ 如何把流量自然导入自己的产品推广中？

✓ 在什么时间段推送效果更好？是否要设计诱导评论？

✓ 能否借势植入热点话题？热点话题对品牌形象有无正面加分效应？

✓ 如果得到有效精准流量，如何引导用户进行更深入的咨询？提供在线咨询服务还是电话跟进？

✓ 每天流量转化效果如何？如何评估不同流量平台效果？如何动态调整运营策略以提高转化率？

✓ 在不同阶段，针对不同内容应该如何选择不同的合作平台？

3.2.2　数字新媒体营销推广渠道

企业应根据自身产品定位和实际情况选择不同的新媒体平台，通过玩转不同的平台渠道能够让同样的内容产生完全不一样的价值意义，帮助企业完成品牌塑造、产品营销和品牌曝光。

1. 区分内容自运营平台和推广渠道

传统企业转型新媒体平台通常具有两种模式：自建或投放。对于很多传统企业而言，首先必须明确运营新媒体的目的，不外乎三种，即品牌推广、产品销售、客户服务。如果是出于前两种目的，则自建和投放渠道都需要维护；如果是为了客户服务，当然只能考虑自建新媒体平台（见表3-1）。

表3-1　适合企业自建的新媒体平台

运营目的	简介
品牌推广	官网（包括移动版官网）、官方微博
产品销售	官方微店（包括淘宝、京东、微信商城等）
客户服务	官方微信、官方论坛、邮件

对企业来说，如果仅为了推广某款产品，且这款产品生命周期并不长久，那么围绕产品或目标人群建立新媒体账户加以运营并非必要。第一，企业尚未具备运营好新媒体账户的人才和资源；第二，企业产品具有市场节奏，未必有耐心等待新媒体运营到回馈时刻；第三，如果企业产品没有足够的美誉度，在自建媒体上做推广可能会带来大量潜在用户流失。企业运营新媒体平台时，并非全部推广都必须依赖自己的平台，借助其他的新媒体平台能量，选择合适的新媒体平台投放广告也是非常好的选择。

得体的官网是企业的门面。对于一家企业来说，拥有自己的正式官网并在诸如百度搜索引擎上拥有上佳的关键词搜索表现，是让潜在消费者建立信任的基础运营动作。微博是一个开放式平台，它最大的好处就是企业可以通过微博平台转发模式，自己开展活动策划，借助大号转发提升运营能量，有效进行品牌推广活动。微信公众号适合作为客户服务平台，因为微信公众号和受众是一对一沟通的，交流比较深入，还可以借助关键词实现系统自动回复；若用户出现不满意见和投诉，其内容不易被扩散，有助于企业控制负面舆论。如果企业产品比较复杂或用户群巨大，开设论坛让粉丝互相帮助也是不错的选择。

2. 建立新媒体渠道卡位意识

进行数字新媒体运营，特别是新媒体广告投放时，需要注意不要把关注点只限制在微博、微信等主流新媒体上，一定要对新媒体有全局性的把握，创造接触和建立合作的可能。

【课堂讨论】

《万达集团新媒体投放蓝皮书》详细列举了新媒体广告投放类型（见表3-2）。关于投放广告类型你知道多少？你有机会接触多少？

表3-2　万达新媒体广告投放类型

投放渠道	简介
新闻客户端	各大新闻客户端
地方网络平台	城市范围的网络平台，含本地网站、App、微信公众号
社交媒体	项目微信、微博账户，微博、微信“大V”等
视频平台	各大视频平台
BAT平台	包括腾讯、阿里巴巴、百度下各种产品，如朋友圈广告、腾讯广点通、搜索引擎等
DSP平台	通过竞价方式进行广告投放的第三方平台
房地产网络平台	各房地产专业网络平台
跨界网络平台	包括旅游、汽车、理财等与客户匹配的平台
其他新媒体	包括最新出现的VR技术及可能出现的更多新媒体平台

《万达集团新媒体投放蓝皮书》是数字新媒体运营者良好的自我能力培养指南。企业要做好新媒体广告推广，需要对日新月异的新媒体平台都保持关注，注意不同新媒体平台上的热点爆发特点，并思考其能否和自身企业、产品及活动相结合；此外，还必须维护自身和不同新媒体平台的人际关系资源，开展合作、形成良性互动，这样在整合推广时才能获得关键优质资源。

3.2.3 数字新媒体营销注意事项

越来越多的企业在新媒体营销平台开展营销活动，搭建与粉丝沟通的互动平台。企业在进行新媒体营销推广前，需要对各新媒体平台具有全面了解，并关注如下问题。

第一，人群年龄层属性。新媒体营销离不开媒体平台，而人群属性则决定了是否适合企业在新媒体平台上开展活动。新媒体平台主流人群为年轻人，从用户属性来看，企业消费群体需与新媒体平台人群有重合部分，营销推广才有可能获得可观的效果。

第二，人群地域属性。互联网不存在地域局限，但不同新媒体平台的人群分布具有地域差异，而企业产品对于不同地域的消费者也存在接受程度的差异。企业在做新媒体营销推广时，需要充分考虑新媒体平台的人群分布与企业产品消费者地域分布契合度，才能将企业营销信息有效触达目标消费者。

第三，企业产品所处产业链位置。数字新媒体营销平台的优势在于能够直接触达消费者、与消费者进行互动沟通。这一优势非常适合产品或品牌直接面向消费者的企业，产品消费频次越高，越适合做新媒体营销，通过新媒体与消费者直接接触，影响消费者购买决策，增加产品销量。

第四，企业营销目的。不同营销活动目的不同，对于新媒体营销平台的选择也不相同。以品牌宣传为主的营销活动，可以选择传播速度快、及时性强的新媒体平台；以销售为主的营销活动，可以选择商业模式比较完善的平台；以会员及社群为主的营销活动适合较为封闭、成员间连接比较紧密的平台。

3.3 数字新媒体广告载体

数字化的信息技术持续更新，广告产业作为主要以媒体为依托的产业形式，其发展与媒体传播息息相关。在新媒体时代背景下，广告传播载体发生了巨大变化。

3.3.1 数字新媒体广告付费模式

在传统媒体时代，频道、频率、版面等媒体资源价值就是广告的定价依据，媒体覆盖的广度就是广告资源质量和广告传播效果的评价标准。广告主每年都可以提前预算年度投放的广告支出，广告效果在一定程度上也是有预期、可量化的。但到了新媒体时代，广告玩法发生了变化。新媒体的不断涌现为广告主提供了直接向受众和消费者传播信息的新渠道，社交化传播效应又可以让新媒体广告效应得以倍增，数字化的新媒体技术为广告内容的表现提供了更为丰富的方式。

不管何种新媒体平台，企业投放新媒体广告的流程一般如下：(1) 确认投放新媒体广告的目的；(2) 结合企业定位及调性，分析受众人群，选择与之匹配的广告载体；(3) 确定创意及新媒体广告展现形式；(4) 获取广告投放入口，联系洽谈并投放；(5) 每天分析广告投入数据，实时进行广告策略优化调整。

在大数据支持下，数字新媒体广告主可通过分析用户信息，进行分众化、精准化的广告投放，从而大大提升广告的精准度。数字新媒体广告投放的主要付费模式有：千人曝光（Cost Per Mille，CPM），即在广告投放过程中，听到或看到某广告的每千人平均分担的广告成本，传统媒介多采用这种计价方式；点击量（Cost Per Click，CPC），即网络广告发生点击才产生费用，如搜索引擎关键词广告，展示不收费，只有点击才收费，网络广告媒体很多采用这种定价模式；转化效果（Cost Per Action，CPA），即按照已制定的行为指标进行计费，这个行为可以是注册新用户、咨询信息、放入购物车等。

广告公司和媒体公司常综合运用CPA、CPC、CPM衡量广告价格，从PC端到移动互联网，新媒体广告一直在追求精准营销的价值。如何帮助广告主将每分钱投入最应该到达的人群上、降低无效传播的损失，这对媒体平台来说既充满挑战，也蕴藏着巨大机会。

3.3.2 数字新媒体广告投放特征

随着媒介格局的变化，企业开始寻求媒体使用差异化战略。企业投放数字新媒体广告类型可供选择的空间越来越大，投放自由度越来越高，确定合理的投放策略也成为企业投放新媒体广告的重要运营内容。

1. 新媒体时代广告特点

企业在选择投放的新媒体之前，需要对新媒体广告类型和目标消费者的关联性进行多指标分析，在综合考虑媒体定位、受众结构、知名度、权威性、美誉度等指标后，再确定合适的投放媒体。为了适应数字新媒体时代的变化，企业需要了解新媒体时代广告特点。

（1）互动性。传统广告传播方式是由广告信息传播者向受众的单向传播，广告受众很难与传播者互动。新媒体打破了单向传播模式，广告受众可通过点赞、评论与广告发布者深入互动，也可以通过分享观点、截屏、弹幕吐槽等行为进行社交圈传播，带动更多人与新媒体广告发布者进行良性互动。

（2）多样化。新媒体广告表现方式多样化，可以将文字、声音、动画、超链接等相结合，带给受众多感官刺激；新媒体广告的受众层次多样化，企业设计与制作广告时，不再以大众群体的喜好为依据，还会兼顾小众群体的品位、特点，使广告信息传播更精准；新媒体广告的传播渠道呈现多样化特点。新媒体本身就是多种媒体形式的总称，仅视频类型就有网络视频、公交移动电视、楼宇电视等多种传播渠道。

（3）海量化。受传播媒介限制，传统广告信息传播的内容、版面和时段都是有限的，但数字媒体上的广告不仅突破了时间和空间的限制，也突破了具体形式的限制。新媒体改变了信息组合方式，它的魅力在于能够将分布于世界各地、图文并茂的多媒体信息，以超链接的方式组织在一起，在世界范围内实现广告信息的高效传播，广告主则主要考虑整合适合的广告媒体来定位受众，不断优化调整，达到传播效果最大化。

2. 新媒体时代广告传播特点

企业可预先对现有产品、业务进行相应的扩展和调整，以适应数字新媒体的传播和购买特点，同时也需要梳理企业广告投放策略、营销方式，在海量信息中精准抓住受众阅读偏好，达到传播目的。

（1）精准定位。针对受众移动性、多层级、个性化的生活形态，广告传播要能将受众特性与产品、品牌更好地匹配起来，针对不同特征的人群和其不同的生活轨迹，让广告主精确找到需求目标受众。例如，户外广告要覆盖消费者全生活场景，形成完整覆盖链条：走出家门的电梯平面广告，去上班路上的公车、候车亭和户外LED 广告，办公室电梯口的液晶电视广告，办公室内的互联网广告，晚上光顾休闲场所的液晶电视广告，卖场、超市的液晶电视广告，出差途中机场内的广告等，都应该纳入投放的考虑范围。

（2）内容为王。在数字新媒体平台上，广告企业对广告信息传播的控制力不断变弱，基本依靠广告自身的趣味性进行传播，因此，广告传播者必须改变传统的广告创意策略，通过创意将广告融入媒体，使广告看起来就像是媒体资讯或娱乐内容的一部分，让受众在愉快的体验中自发传播。

（3）整合传播。广告主投放广告时，通常会采用多样化的传播渠道，拓宽与消费者沟通的路径，传递统一的产品信息，树立稳定的品牌形象，最大化地满足消费者体验，实现广告信息的有效传递。从广告投放角度来看，未来整合营销、大数据营销将成为主要的广告投放方式，数字新媒体运营者应抓住社交网站、视频网站、App 等新兴数字接触点，注重多种传播方式的整合，通过新的营销方式将之融入广告投放全媒体战略中。

3.3.3　数字新媒体广告投放渠道

广告类型随着原生广告的发展不断进化，广告与内容之间的界限越来越模糊，广告主需要熟悉各网络平台广告的玩法，根据自身营销目标选择符合推广要求的广告形式，才能更好地实现裂变效应。

1. 网站平台

网站平台包括门户网站、行业网站、地方性网站、与品牌相关联的网站等，企业应根据所在行业进行针对性投放，达到新媒体广告投放的最大效果。网站平台新媒体广告的主要形式有横幅广告（a）、按钮式广告（b）、弹窗广告（c）、全屏广告（d）、对联广告（e）、导航广告（f）等（见图 3-2）。

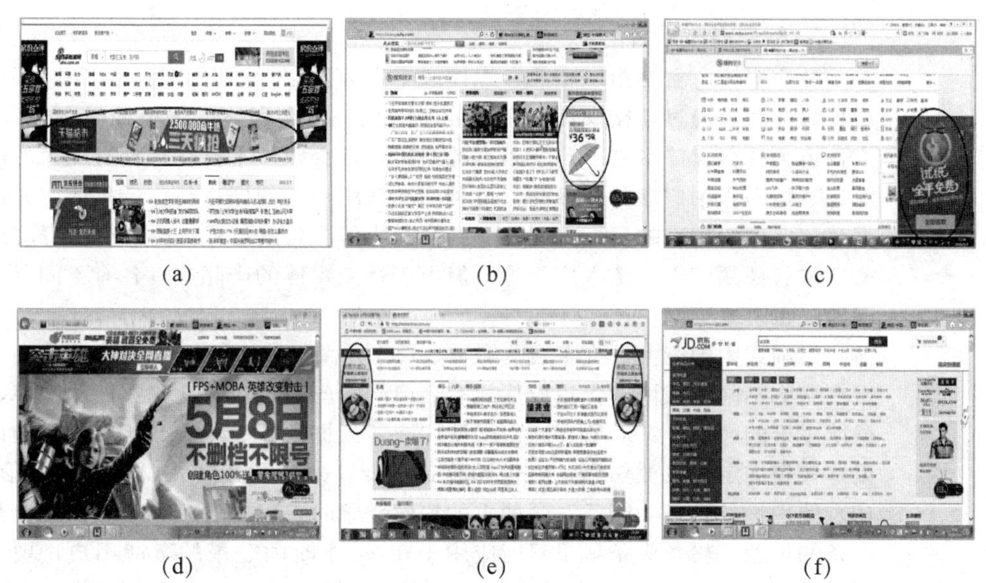

(a)　(b)　(c)

(d)　(e)　(f)

图 3-2　网站平台新媒体广告主要形式

网站平台广告首页推广费用较高，但受众人群范围广，有利于提升品牌的全国或本地知名度、拓展和吸引大量零售客户。网站平台人气主要集中在首页及各主流频道上，企业在进行广告投放时，一定要理性分析其广告位置的人气与性价比，确定最适合的广告位置和广告展示形式及内容。

2. 移动新闻客户端

移动新闻客户端满足了大众碎片化时间的需求，时效性强，迅速培养了用户新的阅读习惯，成为移动广告的重要投放阵地。目前，市场上比较主流、用户量众多的手机新闻客户端分为两类：精准定制类，根据每个人的阅读习惯定向推荐内容，如今日头条；常规新闻类，按照频道划分内容，如腾讯新闻等。

移动新闻客户端根据用户的阅读习惯，设定了开屏广告、信息流广告、内容详情页广告等广告展现形式，这三种类型一般均按点击量或千人曝光计费，定向精准，并且可以区分 iOS 与安卓系统。(1) 开屏广告。开屏广告即用户打开新闻客户端时会出现的几秒钟广告，这种广告的优势在于品牌效应强，缺点在于广告费用高。(2) 信息流广告。信息流广告即用户在读新闻时在新闻页中看到的广告，这种广告主要以图文、图片形式展现，看起来就好像是一篇推送的文章。(3) 内容详情页广告。内容详情页广告通常出现在文章末尾，主要以文字链接、图片、下载广告等形式进行展示。

移动新闻客户端以大数据挖掘为基础，广告投放朝着精准方向推进，除传统可以按照地域、时间、手机类型进行投放外，还可以依据用户阅读偏好进行广告推送。例如：今日头条致力于以定制、精准为导向的新闻客户端，每个人在今日头条看到的新闻都不完全一样。

【课堂讨论】

对比腾讯新闻和今日头条新闻客户端，分析两者的运营模式与广告设置的区别。

3. 社交媒体平台

社交媒体广告是指以企业、媒体或个人为发布者，以产品、文字、图片、语音或视频形式，通过社交媒体发布的传播信息。社交媒体广告产业呈现爆发式增长，广告也为社交媒体带来了前所未有的商机。社交媒体平台往往拥有庞大的用户群和海量数据库，用户参与度极高，可利用活跃用户的圈层进行广泛扩散，并借助大数据算法实现更精准的目标人群投放。社交媒体广告的形式大体可分为开屏广告、图文广告、视频广告、植入广告等，但由于社交媒体的产品属性各有不同，其广告展现形式也有所不同。

目前，中国三大社交平台为微博、QQ 和微信，微博广告投放形式和其他社交平台略有不同。微博广告投放形式有：(1) 粉丝通可以自定义投放用户库，是新浪微博主推的产品，针对所有新浪微博用户，根据地域、用户、年龄、关键词、兴趣爱好等精准定位投放信息。广告投放后，会以微博图文形式出现在微博信息流中。(2) 使用粉丝头条功能后，微博主的粉丝登录时，可以看到该条微博处于其微博第一条的位置。粉丝头条最早只能应用于在 24 小时内登录的微博用户，现增加路人转粉功能，只要广告主愿意投入，可以让微博出现在非粉丝微博第一条的位置。(3) 有影响力的微博“大 V”粉丝数量大、互动活跃度高，往往能够引爆话题、带动热点，因此，许多企业经常通过微博“大 V”投放品牌广告，在微博平台进行曝光。

QQ 与微信广告形式都属于腾讯广点通的产品形态。广点通是由腾讯公司推出的效果广告系统，它依托于腾讯海量、优质的流量资源，为广告主提供跨平台、跨终端的网络广告投放渠道。企业在社交平台投放广告时，需要考虑使用该款应用的用户体验。

社交媒体广告发展至今，消费者心态已经在社交媒体的带领下越来越开放和主动，乐于接受和了解广告信息、体验新产品并将自己的感受分享和传播，加之社交媒体对用户的大数据精准分析，可以制定出更加适合群体的营销策略；对于用户而言，大部分看到的都是需求信息，也更加乐于分享，从而使营销价值最大化地被接受、体验并有效传播开来。

4. 视频平台

网络视频广告之所以受到企业主喜欢，一是视频平台的用户量大，二是用户停留在平台上的时间较长，三是广告 CPM 较小，即企业主投入产出较高。

网络视频广告的最大优势在于年轻受众逐步远离电视媒体，越来越习惯通过网络视频追剧，而新近发展起来的弹幕模式也吸引了更多的年轻人参与互动。目前，网络视频平台分为以网络电视、视频直播、用户内容为主的三类视频分享平台。

（1）网络电视视频广告以家庭中点播视频时的开屏广告，以及在线网络电视缓冲视频广告和专区整合冠名广告为主要形式。

（2）视频直播是近年来网上最热的新媒体网络视频模式。目前，较为主流的视频直播 App 有映客、花椒、斗鱼等，主要广告形式有开屏广告、横幅广告图、主播植入、现场直播、合作直播等方式。

（3）现今市场上比较受欢迎的视频分享平台有爱奇艺、腾讯视频、搜狐视频等，视频分享平台具有丰富的媒体资源，其广告形式有贴片广告、内容植入、暂停广告、角标、移动端开机图、页面广告位等。

【实战训练】

微博搜索 papi 酱，试着从多角度分析 papi 酱视频深受大众喜欢、转发量高的原因。用广告主思维思考一下，她的广告对哪一类目标人群的商业价值较大？

5. BAT 综合平台

BAT 是中国互联网巨头百度、阿里巴巴、腾讯首字母缩写。BAT 分别掌握着一般型数据、交易型数据和关系型数据领域的话语权，利用好 BAT 广告资源，借助其优质数据做好营销是企业主们关注的焦点。

（1）百度平台。百度产品广告投放体系包括：搜索推广、网盟推广、产品推广、社区营销（百度问答、百度文库、百度贴吧）等。以下重点介绍前三种。

ⅰ. 搜索推广是基于百度搜索引擎，在百度搜索结果的显著位置展示企业推广信息，并帮助企业将网民有效转化为客户的营销方式。企业可让推广信息在指定时间段和地域、根据网民搜索的关键词出现，当网民点击信息、打开企业网站，百度推广再扣除广告费用。

ⅱ. 网盟推广是百度联盟的广告交易平台。百度联合 5 万个以上合作 App，针对客户网络行为轨迹，圈定目标用户进行广告精准投放，按照 CPM 付费。人群可以根据四个维度进行选择：人口属性、地理位置定向、生活形态定向、位置服务区域定向。

ⅲ. 产品推广主要围绕百度相关产品进行推广。如在百度地图专区，网民在百度地图搜索指定关键词，占据第一个位置的就是广告信息，其支持省市级别定向，按照关键词付费，即采用一组关键词收费的形式。

百度广告平台利用用户主动搜索的关键词窥探用户需求，以此实现广告精准投放。百度大数据在分析用户真实搜索意图上目前尚存在难度，再加上百度广告竞价体系缺乏透明度，在多家竞价的情况下，搜索引擎广告投放成本也越来越高。

（2）阿里巴巴平台。阿里巴巴系所有广告资源都由阿里妈妈进行管理与投放，阿里妈妈拥有淘宝自身及合作平台资源（高德地图、UC浏览器等），拥有包括用户详细地址、消费习惯等在内的优势数据。阿里妈妈最好的广告资源就是淘宝自身的广告位。企业通过阿里平台进行广告投放，阿里利用已有用户的数据，通过底层数据进行匹配，运用大数据帮助企业进行客户画像；根据用户画像，淘宝资源进行精准投放，圈定用户地域、消费偏好、性别等，让目标客户精准看到项目广告。

阿里妈妈投放广告的形式有淘宝/天猫直通车、钻石展位、麻吉宝、淘宝客、淘宝联盟。阿里广告平台帮助广告主根据用户网购及浏览商品的数据进行广告精准投放，当用户浏览网页时，常常会看到阿里妈妈的推广广告，通常在右下方，轮番显示用户最近在淘宝的相关商品浏览行为，诱发用户点击推荐产品。

（3）腾讯平台。腾讯广告投放产品分为广点通、智汇推、朋友圈广告。腾讯广告体系适合按照人群属性、兴趣、爱好进行广告投放，更关注社交化考量因素。

ⅰ. 广点通可以根据人群特征，在腾讯社交产品上投放广告。广点通主要在QQ客户端、QQ空间、微信公众号、朋友圈、QQ音乐客户端等投放广告资源。广点通人群定向可根据多维度进行选择，如性别、年龄、兴趣标签、历史行为等，采取CPC付费方式。

ⅱ. 智汇推集中在腾讯新闻和视频客户端投放资源，广告投放可按照用户性别、年龄、地域和人群类别进行筛选。人群筛选依据行业分类，自动为用户打标签，按照点击量收费。

ⅲ. 朋友圈广告是在微信朋友圈中投放的原生广告，包括图文、视频、原生推广页等，按照曝光次数进行收费。目前，朋友圈广告已开放自主投放，企业只需五步流程：开户→创建广告→方案审核→广告上线→效果跟踪。企业在广告投放端选择目标人群标签，包括地域、年龄、性别、兴趣等，朋友圈广告系统将根据企业设置定向分发广告。

6. DSP

DSP全称是Demand Side Platform，中译名为需求侧平台，起源于美国并在全球快速发展。DSP平台的前身是在线网络广告联盟。网民浏览网站非首页页面时，看到网页角落处的小广告框就是通过在线网络广告联盟投放的。

在线网络广告联盟的价值在于可以将优质主流媒体和小型网络媒体所有的广告资源聚合起来，让广告主进行一站式购买，大大减少广告主寻找各个媒体沟通广告投放时间、效果和形式所需消耗的大量的时间和精力，并且这种长尾流量价格可能非常低廉，采取合理投放策略会找到低成本的精准流量。加入广告联盟的网站媒体增多会导致优质联盟网页资源被稀释，广告投放效益也将下降，为此DSP平台应运而生。DSP是为广告主、代理公司提供的综合性管理平台，通过同一个界面管理多个数字广告和数据交换的账户，广告主可以在广告交易平台对在线广告进行实时竞价，更高效地管理广告定价和调整竞价策略。

DSP广告投放使用优化算法提高了广告主的广告投放效果。DSP移动端精准定向可按照人群、行为、运营商、设备型号、操作系统等不同维度细分，这些定向方式可进行组合，多重叠加后在精准性上具有更大的保证。从DSP技术发展方向来看，DSP是中小企业借助大数据分析投放互联网广告的重要途径。

7. 众筹平台

众筹即大众筹资，指发起人将需要筹集资金的项目通过众筹平台进行公开展示，感兴趣的投资者可为项目提供资金支持。融资者借助众筹融资平台宣传项目，吸引大众投资者融资，每位投资者通过少量的投资金额就可以获取实物或股权回报。在诸多众筹活动中，投资者不仅为项目融资，还积极参与项目实施、传播、推广，这就使得众筹项目有了社交口碑传播效应。

目前，国内众筹模式主要包括以下三种：(1) 债权众筹。投资者对项目或企业进行投资，获得其一定比例的债权，未来获取利息收益并收回本金。(2) 股权众筹。投资者对项目或企业进行投资，获得其一定比例的股权。(3) 回报众筹。投资者对项目或企业进行投资，获得产品或服务。

相对于传统融资模式，融入更多互联网元素的众筹模式更具创新性。企业通过众筹平台可拓宽融资渠道，以较低融资成本吸收众多散户资金，特别是中小微企业可以充分展现产品魅力、项目前景，获得投资者的信任，实现融资需求。在众筹平台上，年满 18 岁的自然人均可以成为筹资人或投资人，投资人可通过众筹平台发现潜在的、受消费者欢迎和认可的高收益投资项目，有效利用闲散资金增加投资收益；消费者可以通过众筹模式提前尝试最新的产品和服务。众筹对产品优化、用户体验提升、创业风险控制具有非常大的帮助。众筹平台现仍处于蓬勃发展阶段，经过时间沉淀，未来的众筹将更加完善、更加多彩。

8. 其他媒体投放平台

除以上广告投放渠道外，日常生活中也会见到一些户外广告投放载体，如楼宇、门店、公交车、电梯、公交站牌、高速公路牌等，但这类载体通常属于传统广告投放载体，本教材不做重点阐述，仅对新兴的无人机和 VR 广告投放渠道进行简单介绍。

(1) 无人机广告。2015 年，全球无人机市场被广泛关注，成为消费级无人机元年。无人机是无人驾驶飞机的简称，即利用无线电控设备和自备程序控制装置的不载人飞机。

目前，无人机主要应用于边防、农业航拍领域，在搜救、防盗等安全监控方面的应用也在起步。无人机有时会被应用于包裹投递、运动赛事摄影等，有预见的商家甚至已经将无人机当作飞行广告位，吸引消费者的眼球。现阶段，无人机广告形式主要以挂广告条幅或横板为主（见图 3-3）。

无人机体积轻巧、可灵活移动，具备传统飞行广告飞艇所没有的优势。无人机可以低飞至地面，也能飞到传统广告平台无法达到的高度，当人们看到无人机时会对广告内容更感兴趣。近年，无人机和直播平台相结合，衍生创造出新的新媒体广告形式。

(2) VR 广告。目前，已经有许多企业开始采用 VR 广告形式。脸书（Facebook）早在 2015 年就推出过 VR 风格的 360 度视频广告；汽车领域如奥迪和沃尔沃、时尚领域如迪奥、快消品领域如可口可乐，都与 VR 技术完成了"第一次亲密接触"。2016 年，一个使用 VR 技术制作的广告片在网络上热传：在 90 秒时间里，猎豹移动用 VR 技术展现了全新产品——猎豹 3D 桌面（见图 3-4）。这是一款安装在安卓手机上的桌面优化产品，由于产品本身具有 3D 特性，因此在 VR 技术辅助下，效果极其震撼。

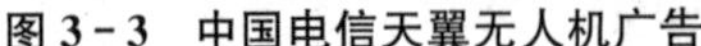

图 3-3 中国电信天翼无人机广告

图 3-4 猎豹 3D 桌面 VR 技术呈现

VR 广告感官冲击力强、视觉效果震撼，全新的技术展现形式使内容更加形象、立体。在 VR 技术下，每位消费者看到的广告片或许都是截然不同的，消费者可以作为个体进入广告片剧情，个人体验的时长完全取决于消费者在广告片中的角色和选择。VR 广告除了视觉效果所带来的强烈感官冲击力外，将会有更加深度的体验，实现浸入式的广告效果。

3.4 数字新媒体营销模式

营销模式是人们在营销过程中采取不同的方式与方法，通常表现为关于市场和关于客户两种渠道进行营销，数字新媒体自有属性使数字新媒体营销涌现出诸多新型模式。

3.4.1 饥饿营销与@喜茶 HEYTEA

饥饿营销，即商品提供者有意降低产量，以期达到调控供求关系、制造供不应求的假象、维持商品较高利润率和品牌附加值的目的。

1. 饥饿营销的成功基础

饥饿营销的最终目的并非提高价格，而是让品牌产生附加值。但饥饿营销是把双刃剑，使用恰当可以使强势品牌产生更大的附加值，使用不当将会对其品牌造成伤害。

（1）心理共鸣。产品满足消费者需求是开展饥饿营销的基础，消费者认可及足够的市场潜力使饥饿营销得以实施。在整合产品功能点、品牌形象、沟通方式等方面与消费者达成心理共鸣，使消费者认同品牌文化、响应品牌号召是饥饿营销运作的根本。

（2）量力而行。饥饿营销使用恰当会进一步提升品牌价值与影响力，但长时间一味吊着消费者胃口，一旦突破其心理底线，效果会适得其反，失去品牌号召力。因此，把握好尺度是实施饥饿营销的重中之重。

（3）宣传造势。从饥饿营销实施到能够吸引更多消费者的关注和行动，欲望的引导和激发是非常重要的主线。从主要宣传点确定到各平台根据不同性质延展出的宣传内容，都要做到软硬兼施、选择有度。

（4）审时度势。实施饥饿营销时，消费者行为会受到竞争对手市场活动的影响，导致消费者转移购买目标、对品牌忠诚度降低，因此，监测竞争对手的市场策略动向、提前准备应急预案、提高反应速度尤为重要。

2. @喜茶 HEYTEA 饥饿营销案例分析

2017 年，喜茶成为备受瞩目的饮品，其独特的口味和别致的品牌风格迅速得到年轻人的喜爱。喜茶前身是皇茶 Royaltea，作为芝士奶盖首创者已获得较高知名度，后因市场问题更名喜茶，着重于品牌打造。在日常微博中，@喜茶 HEYTEA 时常与购茶微博红人互动，借此提高品牌格调，从产品到品牌形象都极大地迎合了白领群体对于高品质饮品的需求。

喜茶上海第一家店位于人民广场来福士商场。2017 年，喜茶 HEYTEA 微信服务号发布将在上海来福士商场开店的消息，@喜茶 HEYTEA 微博再次预告开店信息并发起转发抽奖活动，新店开业瞬间排了上百人的长队，甚至排到了商场外面，“排队买茶”成为一种现象。

2017 年 3 月，在上海喜茶店运营近两个月后，针对线下猖獗的代购现象，为了改善代购排队对普通消费者造成的不良影响，@喜茶 HEYTEA 发表声明：“目前上海两家门店每日单店出杯量在 3 000 杯之上，但还是难以满足每日过大的需求量。”同日，@喜茶 HEYTEA 针对广州地区代购问题发表声明：“由于近日代购日渐增多……不得不决定今日起广州各店暂时采取一单限购 10 杯以内的措施，一人一次限下一单。”

当推出限购政策、越来越多的消费者难以买到喜茶时，网络中开始出现喜茶饥饿营销的负面声音。针对这些信息，喜茶一方面正在开更多线下店，另一方面在@喜茶 HEYTEA 微博中，继续发表线下店排队现象的信息，展现线下火爆的情形。

3.4.2 事件营销与“逃离北上广”

事件营销是指企业通过策划、组织和利用具有名人效应、新闻价值及社会影响的人物或事件，引起媒体、社会团体和消费者的兴趣与关注，提高企业或产品的知名度、美誉度，树立良好的品牌形象，并最终促成产品或服务销售目的的手段和方式。

1. 事件营销的成功基础

事件营销集新闻效应、广告效应、公共关系、形象传播、客户关系于一体，把握新闻规律，制造具有新闻价值的事件，并通过媒介投放和传播安排将新闻事件完整向公众发布并得以扩散，达到营销的目的。

（1）相关性。事件营销策划需要在事件本身的新闻传播价值和产品相关性之间寻找平衡点。在事件营销中，新闻传播力往往与事件产品相关性成反比关系，想要满足新闻的传播价值，在产品相关性方面则要降低，减少在传播过程中发布硬广的嫌疑；借助新闻传播力直接加大产品或品牌的曝光，新闻的传播价值就会降低。在策划事件营销时，企业要从产品实际特性出发，延展策划出具有较高新闻传播价值的事件。

（2）心理需求。事件营销策划是否能引起消费者行动，关键因素是事件是否满足消费者的心理需求。企业策划事件时，需要关注目标消费者的地域特点、年龄层、流行文化、社会角色、收入水平等。只有洞察消费者的心理需求，才能策划出契合消费者心理需求的事件营销。

（3）大流量。在事件中出现名人、社会热点等大众熟知信息时，事件往往具有较高新闻传播价值，名人与社会热点等本身关注度较高，当把产品与大流量进行关联时，便可以有效提升产品或品牌曝光度。

（4）趣味性。在浏览新闻事件时，大多数受众对新奇、反常、变态、有人情味等的信息表现出较强的好奇心，平淡无奇的事件毫无新闻价值可言，缺少让人口口相传的欲望，也就无法形成传播。

2. 新世相“逃离北上广”事件营销案例分析

2017 年 4 月，北京世相科技文化有限公司发起“逃离北上广”第二季事件活动。“逃离北上广”作为新世相的内容创作产品，较高的网络关注度及丰富的营销合作模式使其已成为新世相的 IP 产品。

2017 年 4 月 20 日，@新世相微博与微信订阅号预告“逃离北上广”事件（见图 3－5），一线城市两点一线匆忙的上班生活成为白领向往外界、走向陌生城市放松自己的心理动机，“逃离北上广”给人们提供了一个走出去的理由，满足了说走就走的“疯狂想法”。与上季“逃离北上广”事件有所不同，此次逃跑计划更为丰富，参与企业更加广泛。

2017 年 4 月 21 日，新世相微信推送《我准备了 100 张免费机票和 10 万次逃离：4 小时后又逃离北上广》的逃离计划，并在文中详细介绍了活动规则及参与此次逃离事件的明星艺人和企业品牌。在此次逃离事件中，由多名明星艺人组成的“逃离任务明星设计师”为 100 位参与者设计了到达目的地后的任务。在这些任务中，穿插了参与逃离事件的企业提供的产品。

“逃离北上广”的趣味性贯穿于活动的每一个环节，从发起当天紧张、刺激的抢名额到免费获得机票，带着明星的任务去体验当地生活，活动的突发性和内容的趣味性成为“逃离北上广”获得高关注度的重要因素。对于不在北上广和未能拿到机票的用户，可以参与由新世相和滴滴出行、摩拜单车发起的城内大逃离计划，活动期间，由新世相和必去机票 App 提供每天 1 元机票，开启说走就走的逃离；由新世相和 BOSS 直聘提供的二线城市互联网职位机会，真正离开北上广。

2017 年 4 月 21 日上午活动发起后，@新世相通过直播和微博分别对北京机场、上海机场和广州机场参与情况进行直播（见图 3－6）；2017 年 4 月 21 日至 4 月 23 日，@新世相微博发布“逃离北上广”参与者的游玩情况和任务完成情况。

图 3－5　新世相“逃离北上广”第二季预告

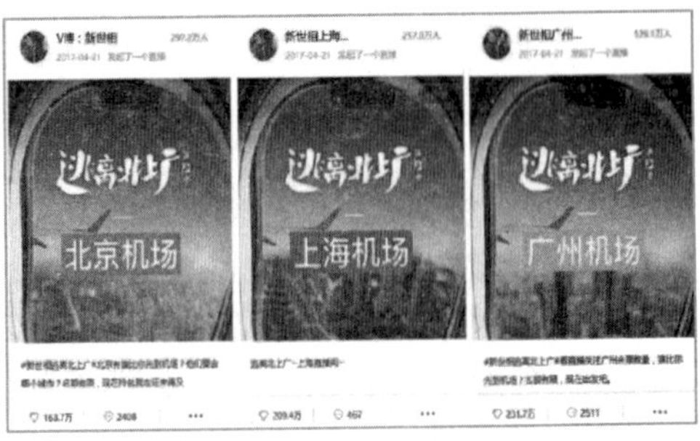

图 3－6　“逃离北上广”活动机场直播

2017 年 4 月 25 日，“逃离北上广”活动结束，@新世相微博和微信订阅号发布《那些“逃离北上广”的人回来了，然后呢？逃离北上广故事集》，讲述了“逃离北上广”不同参与者对逃离事件的认识。

受第一季“逃离北上广”活动带动及新世相 2016 年以来的几次事件营销，新世相自身积累了大量关注。在第二季“逃离北上广”中，“逃离任务明星设计师”与各大企业的加入为活动带来了更多关注。在 2017 年 4 月 21 日上午的 4 个小时里，@新世相官方统计，共计 18 756 人参与了活动，1 309 万人在直播平台收看了北京、上海、广州三个机场的实况直播，成功赶到北上广机场的参与者包括工程师、设计师、职业经理、创业者、学生等，有 36 位男性、64 位女性，年龄最小的 19 岁、最大的 43 岁。

3.4.3 口碑营销与网易云音乐地铁刷屏

口碑营销具有成功率高、可信度强的特点。从企业营销实践层面分析，口碑营销是企业运用各种有效的手段，引发消费者对其产品、服务及企业整体形象讨论和交流，并激励消费者向其周边人群介绍和推荐的营销方案和过程。

1. 口碑营销的成功基础

与传统广告相比，口碑营销实现了关注品牌→产生兴趣→主动搜索→产生购买→分享影响他人关注品牌的闭环营销过程。

（1）鼓动核心人群。核心人群是商品或品牌的忠实消费者或深受品牌文化感染的群体，他们积极追随并乐意向其他人主动宣传。一方面，企业应调动资源激发消费者的购买欲望；另一方面，应大打口碑营销组合拳，通过鼓动不同圈层的核心人群，实现口碑组合扩大影响力。

（2）简单且有价值。短小精悍、体现产品特点及价值信息的语言，能让产品迅速在人群中扩散开来。在新媒体平台上，传播的信息需要精心设计，有价值且朗朗上口的短句往往能迅速引起受众的传播欲望。

（3）品牌故事与文化。每个流传已久的故事都附着某种情感，这正是故事的魅力所在，企业品牌故事也如此，故事是企业传播声誉的有效工具。无论企业历史、发展历程还是提炼出经久不变的企业品牌文化，通过故事的包装可以把公司品牌精神具象化。

（4）关注消费者。为消费者提供意外惊喜是获取消费者好感、赢得口碑传播的基础。从消费者对企业产生信任的那一刻起，企业就应担当起这份信任，关注消费者需求，认真打磨产品或服务中的每个环节，让消费者感受到产品的与众不同之处。

2. 网易云音乐地铁刷屏口碑营销案例分析

2017 年 3 月 20 日，@网易云音乐在微博发起营销推广战役，与杭港地铁联合推出“乐评专列：看见音乐的力量”，将乐评刷满了杭州地铁 1 号线。乐评人无疑是使用网易云音乐听歌时最用心的群体，这些乐评来自网易云音乐点赞数最高的 5 000 条优质乐评，是对乐评人的认可和鼓励。#看见音乐的力量#这个具有穿透力的微博话题将网友视线聚焦。

2017 年 3 月 30 日，@网易云音乐发布乐评专列幕后故事视频；网易云音乐微信订阅号推送文章，“我们收到全国各地用户对城市拥有这样一趟地铁的呼唤”“许许多多的朋友专程从异地赶往杭州，在站台数小时苦等，只为亲眼见证，触碰那些戳痛自己内心的言语”。在网易云音乐的众多乐评中，只有最有故事感、最能戳中人心的乐评，才能在有限的地铁空间里抓住匆忙的乘客的心。文末阅读原文处是线上版本的“乐评故事博物馆”，在每个充满故事的乐评下方，点击“我想听听”就可跳转至网易云音乐收听对应歌曲（见图 3－7）。这些真真切切的乐评及如此高的点赞量，正是网易云音乐的口碑见证。

网易云音乐把听众与歌曲之间的故事进行包装宣传，意味着品牌对故事的认可，这些故事在一定程度上代表着品牌文化，而每个心动或心痛的故事都离不开网易云音乐带来的氛围感。“看见音乐的力量”事件有利于增强用户的品牌归属感，进而有利于产品的口碑传播。

2017 年 6 月 5 日，网易云音乐与扬子江航空联合打造的“音乐专机：起飞吧，音乐的力量”口碑营销亮相上海浦东机场。音乐专机以网易云音乐最热门的歌单为主，将这些口碑极佳的歌单展现在随处可见的小桌板和行李架上，为旅客的旅程增添趣味（见图 3－8）。

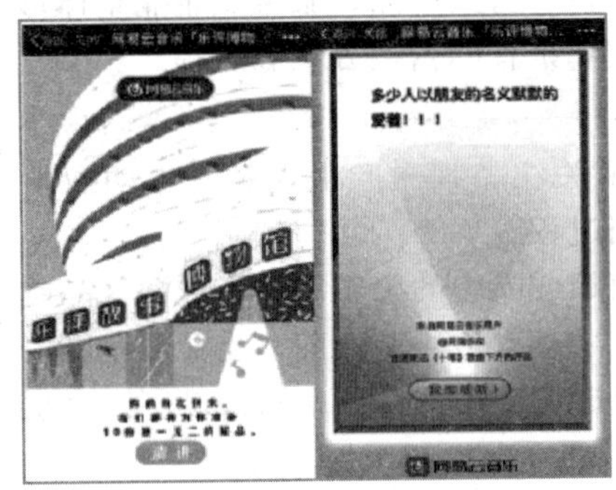

图 3－7 网易云音乐乐评故事博物馆

图 3－8 网易云音乐与扬子江航空打造的音乐专机

3.4.4 情感营销与饿了么“丧茶店”

情感营销是从消费者的情感需要出发，唤起和激起消费者的情感需求，诱导消费者心灵上的共鸣，寓情感于营销之中，让有情的营销赢得无情的竞争。

1. 情感营销的成功基础

物质文明发展到今天，产品材质和质量已不能满足人们的生活和心理需求。在日常生活中，逐渐产生人们对于某产品寄托一份感情的现象，文化、思想、感情已成为人类精神文明的重要部分，企业正运用这些情感营销产品，从感官和感情上影响消费者采取行动。

（1）产品命名。产品名字是消费者记住和传播的核心信息，产品名字需要与产品属性相关联，需要被目标消费者接受并能及时联想到名字带来的文化、思想、感情触动。

（2）形象设计。形象设计包括商标、产品外观与颜色，商标需要与产品属性相结合，要满足易看、易理解、易记忆等特点。根据产品属性及消费者偏爱设计的产品形状，更易引起消费者注意。

（3）情感宣传。具有人情味及宣扬某种思想文化的广告，通常能够拔高产品形象，抵消消费者对广告的本能抵触。企业应设身处地地为消费者着想，加强与消费者的感情交流，让消费者对企业及其产品从认识阶段升华到情感阶段，最后达到行动阶段。

（4）情感氛围。为消费者提供舒适优雅、具有感染力的营销环境，能够提升产品及品牌格调。情感价格由能满足消费者情感需要的价格、品牌影响力及产品自身组成，合适的情感价格可以增强产品及品牌的影响力，达到提升情感营销效果的作用。

2. 饿了么联手网易新闻情感营销案例分析

2017 年 4 月 26 日，@饿了么网上订餐发布＃干了这杯小确丧＃话题微博预热，4 月 28 日将要“一起丧翻上海滩”（见图 3－9）。茶是人们生活中经常接触到的饮品，丧茶结合了情感与产品名字，赋予茶以情感，直接让消费者受名字影响产生围观进而进行购买。

2017 年 4 月 27 日，@饿了么网上订餐与网易新闻主编@网易王三三发布微博声明，将在上海开一间丧茶店。2017 年 4 月 28 日，@饿了么网上订餐公布丧茶店详细信息，丧茶店于 4 月 28 日到 5 月 1 日限时在上海开店。丧茶可通过饿了么 App 线上下单，线下购买不接受现金，这一信息要求无论线上还是线下购买，都必须下载使用饿了么 App 才能下单。

在线下店铺，@网易王三三的玩偶形象出现在店铺，为顾客打包丧茶并合影（见图 3－10），玩偶的动作和表情让丧茶情感表现得更加生动。丧茶店铺装修、菜单、杯子设计以黑白为主调，处处融入并体现着“丧”字的情感设计，店铺每处都有令人忍俊不禁、丧气十足的语录。丧茶通过神转折的丧气语录，为见惯鸡汤文的大众送来了另类的情感消费，看似不积极的语录，给消费者及广大网友带来的却是会心一笑的幽默，是对忙碌平凡生活的一种调侃。

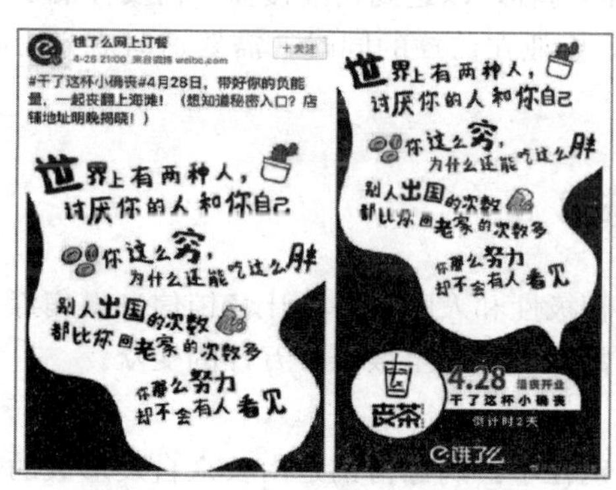

图 3－9　饿了么“小确丧”微博预热

图 3－10　@网易王三三玩偶形象

丧茶和商场一杯普通饮品价格相差无几，这使丧茶得以让消费者围观和消费。在消费者情感共鸣下的感性消费中，价格并不会成为购买的决定因素，丧茶情感核心没有受到价格影响，匆匆忙忙的上班族、平淡无奇的生活则是丧茶备受欢迎的重要原因。

3.4.5　互动营销与 361° 的热爱故事

互动营销是指企业在营销过程中，充分利用消费者的意见和建议，并将其用于产品或服务的规划与设计，为企业市场运作提供良好的服务。

1. 互动营销的成功基础

通过互动营销，消费者与企业的相互接触让消费者参与到产品及品牌活动中，拉近与企业之间的联系，不知不觉中接受企业的营销宣传。

(1) 消费者属性。通过已有数据或市场调研，分析、了解消费者的年龄层、社会角色、收入水平、分布区域、家庭状况等信息，有助于与消费者进行有效的互动与沟通。

(2) 互动内容和渠道。消费者及产品属性可指导企业制作相应形式和风格的内容；同时，消费者的区域分布及喜好有助于构建全面的互动渠道，从内容上触动消费者。

(3) 反馈机制。企业需要消费者反馈产品及服务的改进意见，消费者需要企业提供便利的服务和额外的激励，良性而恰当的反馈机制有助于企业与消费者之间保持有效而持久的沟通。

2. 361°创造热爱故事互动营销案例分析

"361°热爱是金"是一个互动型H5，进入游戏后，消费者需要在画面区域画出小人，小人画完后将会穿上鞋子开始一路征战，按照提示在屏幕上画出相关画面，小人以此为武器与对手对抗即可闯关成功。

361°的消费者是一群喜欢运动的年轻人。传统展示型H5已无法满足年轻群体对于新奇事物的好奇心，互动型H5能够让受众参与到H5的剧情发展过程中，融趣味性和互动性于一体，剧情内容紧扣H5主旨并体现出产品特性，切中了当下年轻群体对新奇事物的心理需求。通过H5形式发布，可以获得最大限度的传播，企业在H5后台系统中能够较为便捷地查看反馈信息；对于投放内容，企业可以根据营销目标，针对不同人群投放不同的内容，以达到精准覆盖。需要注意的是，过于火爆的H5可能引起H5后台崩溃，企业在监控的同时，需要适时观察短时间内的大流量冲击。

3.4.6 病毒营销与秒拍假人挑战

病毒营销是指通过利用公众的积极性和人际网络，让营销信息像病毒一样传播和扩散，营销信息被快速复制传向数以万计甚至数以百万计的受众。

1. 病毒营销的成功基础

病毒营销与口碑营销的重要区别在于：病毒营销是由公众自发形成的传播，其传播费用远远低于口碑营销；传播方式主要依托于网络，传播速度远比口碑传播快。

(1) 独创性。有效的病毒营销具有独创性，模仿跟风虽可以引起传播，但不能获得最大的传播效果。保持病毒营销方案的独创性，是满足大众好奇心理及炫耀心理的极佳途径。

(2) 利益点。利益点包含满足大众对新鲜事物的好奇心和为大众提供优质产品。缺乏营销利益点的传播无法为产品增加曝光，为此，应为大众提供传播支撑点并植入营销利益点。

(3) 传播关键点。利于酝酿、传播的平台是病毒营销的首选平台，与病毒营销信息相关的影响力人群是内容发布及传播的核心人群，通过平台和核心传播人群，可以高效地把病毒营销信息传播出去。

（4）跟踪管理。病毒营销方案实施后，其最终效果实际上几乎无法控制，但仍需对营销效果进行跟踪管理，以及时掌握营销信息传播效果，从中发现可能存在的问题并及时跟进舆论导向，积累经验从而为下一次病毒营销提供参考。

2. 秒拍假人挑战病毒营销案例分析

2016 年 11 月 19 日，秒拍联合微博掀起全民＃假人挑战＃热潮，＃假人挑战＃游戏盛行网络。游戏需要多人参与，每人摆好不同的造型后不出声，一动不动就像玻璃橱窗里的假人模特，然后由摄影师一镜到底拍下全过程，故而得名“假人挑战”。游戏人数越多难度越大，越发考验团队之间的默契程度。活动发起之后，几十位明星艺人参与＃假人挑战＃，参与挑战的明星艺人在各种环境下定格戏剧化的精彩一幕。

＃假人挑战＃游戏由@秒拍从国外引进，此前，国内短视频平台没有大量同类视频，@秒拍占据了＃假人挑战＃的推广红利，满足了三方面的利益点：对于参与的明星艺人而言，@秒拍官方组织的活动为明星艺人提供了强大的流量曝光；对于@秒拍而言，@秒拍需要明星艺人通过秒拍 App 发布＃假人挑战＃视频来提升平台活跃度，吸引新用户注册；对于粉丝而言，通过＃假人挑战＃游戏可以看到明星艺人片场的演技及其逗趣的一面。从发起活动到邀请明星艺人参与挑战，在半个月的火爆传播期间，明星艺人的＃假人挑战＃视频并未一天全部发出，而是在一段时间里持续性发出，使＃假人挑战＃的影响力更为持久。

【课堂讨论】

请搜索“新世相丢书大作战”相关资料，讨论此次丢书大作战病毒营销是否成功，试分析其优缺点。

3.4.7　借势营销与中国邮政的邮筒

借势营销是较为常见的新媒体营销模式，即借助消费者喜闻乐见的环境，将包含营销目的的活动隐藏其中，使消费者在这个环境中了解产品并接受产品的营销手段。

1. 借势营销的成功基础

借势营销具体表现为借助大众关注的社会热点、娱乐新闻、媒体事件等，潜移默化地将营销信息植入其中，达到影响消费者的目的。

（1）合适的热点。消费者身边每天充斥着各种各样的信息，类型各异的热点不断出现，这就需要企业筛选出适合自身产品定位人群的热点，进而策划相应的营销活动。

（2）反应速度。在信息泛滥时代，合适的热点会稍纵即逝，一个社会热点的平均寿命不超过 3 天。当企业需要借势营销时，需要在社会热点出现的第一时间策划出相应的传播方案。

（3）创意策划。针对日常热点事件，企业跟进时可以把恰当的产品信息加以改动，迅速制作出传播内容；针对大型热点事件或企业自身、同行业热点事件等，需要进行周密的活动策划，从前期策划、中期传播到后期收尾每一步，都需要设计传播点并植入产品信息内容。

2. 鹿晗邮筒借势营销案例分析

2016 年 4 月上海演唱会前夜，鹿晗在微博上晒出了自己与一个邮筒的合影，该微博迅速被数以万计地转发，竖立在鹿晗身边的中国邮政邮筒也获得了极大曝光。

中国邮政邮筒成为鹿晗粉丝们的合影圣地，国内各大媒体及国外新闻媒体对鹿晗微博引发的“邮筒热”争相报道。在上海外滩，年轻人和外国游客都来和邮筒合影，许多游客还把明信片投入这个邮筒，该邮筒收发的信件量大约比往年同期高出两倍。

中国邮政注意到这一事件后迅速反应，创建微博账号@外滩网红邮筒君，随后取得“黄 V”认证，以虚拟邮筒君人物形象作为中国邮政特色的互联网宣传窗口。@外滩网红邮筒君调皮拟人化的运营风格迅速吸引了网友的喜爱。在微博上，网友与邮筒的合影在之后的几天里呈爆发式增长，#邮筒合影大赛#、#鹿晗#、@上海邮政官微、@外滩网红邮筒君等关键词在网友合影微博中频频出现。

2016 年 4 月 19 日，上海邮政外滩邮政支局对外正式发行“外滩网红邮筒”个性化明信片并定制配套纪念邮戳，线上 3 000 枚明信片半小时内被网友抢购一空；同日晚，上海邮政为邮筒装上一对鹿角，外观看起来更加可爱。但在 4 月 20 日，安装仅一晚的邮筒鹿角被不明人士破坏，此事再次引发网络热议。

2016 年 4 月 28 日，@外滩网红邮筒君联合@随手拍发起#随手拍邮筒#话题活动，并在微博上推出邮筒鹿角卡通贴纸，贴纸总使用次数达到 67 249 次，演员@陈志朋、@我是田晓蕾发微博助推#随手拍邮筒#话题，引发更多粉丝关注。通过微博粉丝头条、搜索话题页等推广，#随手拍邮筒#“五一”期间多次进入热门话题榜，累计阅读超 2 亿次，话题讨论数超过 38 万个，公众共计拍摄 3.1 万张高质量邮筒合影照。

鹿晗微博引发了粉丝对邮筒的高度关注，而这一热点天然与中国邮政相关，中国邮政特意为该邮筒开设账号，拟人化的运营与网友打成一片。中国邮政通过策划外滩网红邮筒明信片及#随手拍邮筒#活动，将中国传统书信文化与娱乐结合在一起，成功地把外滩邮筒打造成为游客“五一”出游的新去处。

3.4.8 IP 营销与统一小茗同学

IP 营销中的“IP”是 Intellectual Property 的缩写，中文为“知识产权”，近年来，随着 IP 内容的丰富及可观的商业价值，IP 的含义已超越知识产权的范畴，正在成为现象级的营销概念。

1. IP 营销的成功基础

IP 营销本质是建立品牌与消费者间的沟通桥梁，通过营销将 IP 注入品牌或产品中，给予产品温度和人情味，降低人与品牌之间、人与人之间的沟通门槛。

(1) 人格化内容。人格化是指通过文化创作手段，赋予虚拟物或实物情感、情绪。通过人格化的 IP 营销，可以建立起品牌与消费者之间的互动关系，使品牌更有温度。

(2) 原创性。模仿抄袭的营销方式会拉低企业品牌价值，将 IP 扩展至营销范畴，IP 营销同样需要在表达风格、呈现形式以及承载的精神文化上具备原创性和独特性。

（3）持续性。IP 的建立需要持续的人格化内容输出，通过长期持续的内容输出可以将 IP 打造得更为立体鲜活，从而增加 IP 营销价值。

2. 小茗同学 IP 营销案例分析

小茗同学是统一旗下的饮料品牌，以其萌贱的个性特征和具象化的 IP 形象受到广大消费者喜爱（见图 3－11）。2017 年 5 月，小茗同学包装升级，发起＃漫画瓶来袭，红包来集＃线上线下营销活动，通过扫描瓶盖内视觉码并集齐词卡获得现金红包。

图 3－11　小茗同学 IP 形象

2017 年 6 月，小茗同学与天天 P 图合作，上线形象贴纸；同一时期，小茗同学分别在广州、深圳、杭州、南京开展线下营销及红包地铁专列（见图 3－12）。

图 3－12　小茗同学城市地铁专列

2017 年 5 月中旬至 6 月初，@小茗同学与武汉各高校合作开展校园直播营销大赛。小茗同学的玩偶形象、主色调及风格植入了活动中的每个环节。与此同时，@小茗同学与@KT 足球官方微博推出动漫足球教学动画，把足球教学融入动漫中，@小茗同学的萌贱风格得以延展。

小茗同学的原创形象及展现出的性格特征，使其具有较高的辨识度，小茗同学的营销活动也因其 IP 形象而变得更加有趣，更能拉近小茗同学与消费者间的关系。小茗同学通过持续不断的线上线下互动，与消费者接触，有利于消费者加深对小茗同学形象的记忆，形式多样的内容也让小茗同学的 IP 形象更加立体。

3.4.9　跨界营销与 ofo 牵手小黄人

跨界营销即根据不同行业、产品及偏好的消费者之间所拥有的共性和联系，将原本毫不相干的元素融合、互相渗透，进行彼此品牌影响力的互相覆盖，以赢得目标消费者的好感。

1. 跨界营销的成功基础

“跨界”代表新锐的生活态度与审美方式的融合，跨界合作能够使品牌多种元素相互渗透，通过跨界营销使品牌获得立体感和纵深感。

（1）跨界伙伴契合点。跨界营销合作双方可以是来自不同行业的不同品牌，并一定是某方面存在互补性而非竞争性。互补性表现在，不仅是产品功能的互补，更重要的是彼此品牌覆盖用户群体的互补。合作双方的用户群都有潜在需求，营销关键点就是找出双方品牌的共鸣点，让双方用户自然接受营销信息，使参与合作的品牌都能得到最大化限度的曝光并促进销售转化。

（2）系统化推广。跨界营销目的是彼此通过合作达到单方面不能达到的影响力。在合作宣传中，需要双方合力开展系统化、全面性的营销推广活动，跨界双方的共同点或营销中的共同利益需在推广渠道、推广内容、内容形式及传播周期等方面达成一致。

2. ofo 牵手小黄人跨界营销案例分析

2017 年 6 月，共享单车 ofo 与小黄人牵手，在《神偷奶爸 3》上映前后联合展开跨界营销活动，多个破亿阅读的微博话题、刷屏 H5 及明星推广，使小黄车和小黄人的合作得到了极大曝光。@ofo 小黄车发布悬疑微博＃我们黄在一起＃，并以动图为线索，以 ofo 精美限量定制礼包为利益点，吸引粉丝参与互动。

在这个＃我们黄在一起＃话题中，@ MeituFamily、@小茗同学、@小咖秀 App 等多家“蓝 V”积极参与话题讨论，并发起评论区有奖互动活动，与此同时，网络中大量幽默博主、段子手、影评人也跟进参与话题讨论（见图 3－13）。ofo 小黄车官方微信还在微博发布当天同步发送推文，在文章评论区发起留言点赞数最多的前 30 位网友获得大礼包的有奖互动。

2017 年 6 月 30 日，@ofo 小黄车官方微博和微信揭秘悬疑答案，ofo 牵手小黄人发布 ofo 特约设计师为小黄人亲手打造的＃ofo 大眼车＃，小黄人表示：“共同的黄色基因让我们成为天生一对，相信这次我们将一起萌炸宇宙！”下午，＃ofo 大眼车＃开始在北京国贸投放。同日，ofo 大眼车及相关宣传物品出现在《神偷奶爸 3》首映礼现场，电影中大反派的中文配音@大张伟骑着 ofo 进入首映礼观影厅（见图 3－14）。

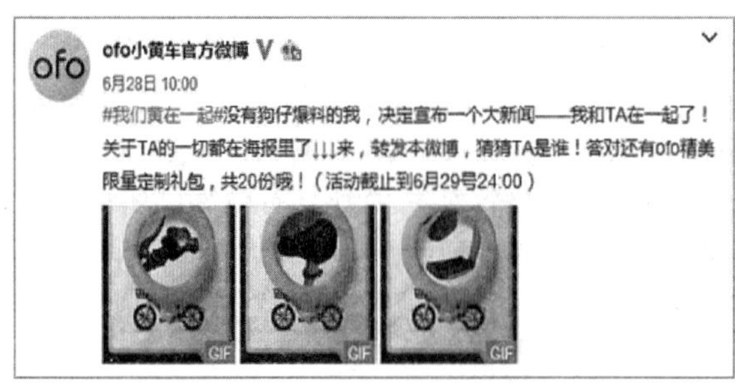

图 3－13　小黄车发布悬疑微博

图 3－14　ofo 小黄车微博揭秘悬疑答案

2017 年 7 月 3 日，ofo 发布小黄人版 ofo App，@ofo 小黄车官方微博发起＃小黄人入侵 ofo＃话题博互动，通过 App 中的游戏号召粉丝参与话题有奖活动；同日，@ofo小黄车官方微博发布小黄人潜入ofo视频，微博影评人、电影博主对小黄人视频进行转发，微博附带App下载链接，并发起7月7日至14日骑小黄车集小黄人赢77.77元现金活动。ofo小黄车官方微信当天推送《记者潜入ofo小黄车研发车间，发现了大秘密!》，阅读原文中的“ofo小黄车研发车间”H5刷爆朋友圈。@ofo小黄车北京发表消息称，国贸和海淀黄庄地铁站已被小黄车和小黄人包围。

@ofo小黄车官方微博在7月3日前后，连续在微博投放粉丝头条增加曝光。7月7日至14日，跟#ofo小黄车#一骑#全城搜集小黄人#话题活跃度非常高，陌生人之间在话题下互相交换卡片，一方面增加了小黄车的使用率和品牌好感度，另一方面让网友对小黄人中的名字和特点有了更深记忆。

2017年7月8日前后，ofo小黄车与小黄人于全国51个城市开展线下“香蕉趴”主题活动，活动以小黄人最爱吃的香蕉为桥梁，与小黄人的广大影迷以及ofo用户之间进行了一次近距离接触。2017年7月9日，@ofo小黄车官方微博发布#ofo大眼车#下线。

共享单车之战延续数年，在单车技术无法形成壁垒时，对于品牌而言，市场营销成为品牌影响力的主驱动因素。小黄车与小黄人的跨界合作，从市场营销角度打开了共享单车的突破口。ofo大规模的推广能够带动《神偷奶爸3》电影的关注度，增加电影票房，达到双方影响力的最大覆盖。

从总体来看，相比ofo这个名字，大众对于这款单车更喜欢其亮眼的颜色，亲切地称它为“小黄车”，《神偷奶爸》系列电影中出现的小黄人同样是黄皮肤，在视觉和文字契合点上双方能很好地找到合作空间。小黄人在《神偷奶爸》系列电影中的污、萌、贱等形象俘获了广大年轻人，而小黄车主打的营销思路是“骑时可以更轻松”，主张环保、轻松、时尚、好玩的出行方式及生活理念，其目标群体正是敢于尝新、消费前卫、要求时尚又爱玩的年轻人，二者在用户人群上存在契合点。小黄车与小黄人将跨界营销主战场放在微博，跨界营销投放内容及形式的多样性和高频次，集娱乐、互动为一体，实现了“1+1>2”的营销效果。

本章小结

通过阅读本章内容，读者将了解数字新媒体营销与传统媒体营销差异；领会新媒体营销的内涵与价值；熟悉企业向新媒体营销转变的需求与注意事项；知晓新媒体广告付费模式与投放特征，有效实施广告投放策略，实现最大覆盖传播或带来销售转化；基于渠道特征，根据投放产品特点或品牌调性，善于运用饥饿营销、事件营销、口碑营销、情感营销、互动营销、病毒营销、借势营销、IP营销与跨界营销等新型营销模式，通过精细化运作、策略性活动和文案内容输出，实现企业产品或品牌推广效益。

第 4 章 数字新媒体文案创作与传播

学前提示

优质文案对企业营销具有决定性作用，能够促进品牌推广，扩大产品影响力。文案创作与传播是每位销售人员必须了解的内容，本章主要分析文案的组成内容，通过本章学习，需要了解数字新媒体文案基本概念、认识其广告艺术表现方式及创作思维，能够打造吸睛的新媒体文案并选择适宜渠道运营传播。

案例导入

江小白的日常文案，每一句都是想约你的理由

有一款酒，它的广告比产品出名，文案比酒更受年轻人欢迎，它就是江小白（见图 4-1）。精美的瓶身设计、简单朴素的文案，两者完美融合，构成了江小白独特的魅力。江小白写的不仅是文案，也是情绪、是故事，每一句都是想约你的理由，关于爱情、关于青春、关于理想、关于孤独、关于酒……

图 4-1　江小白日常文案示例

江小白定位于时尚青春群体，富含时代感和文艺气息，以青春的名义创新，以青春的名义创意。江小白深刻洞察了传统白酒行业营销的不足，着力于传统白酒行业的品质创新和品牌创新。它改变了消费场景，白酒不再只是圆桌文化、阶层文化，也可以是简单、纯粹的三五好友小聚小饮的小时刻，江小白=80/90=我们的情绪化酒精饮料。江小白改变了品牌消费认知，凭借品类创新硬生生地从零存量的“青春小酒”品类中杀出一条血路，在小品类、小市场、小众人群领域中培养出一个畅销品牌。

✓ 诉求主题：“小白”原本指菜鸟、新手，现已成为江小白提倡的一种价值观，寓意追求简单、绿色、环保、低碳生活的都市年轻人，也是当代新青年群体向往简单生活、做人做事追求纯粹、标榜“我就是我”、自信自谦的一种表现。

✓ 诉求对象：“80 后”“90 后”，一二三线城市，中上等阶层新青年群体，文化程度较高、主张简单纯粹的生活态度、热爱生活的文艺青年。

微博是一个开放的媒介平台，它具有病毒营销的一切功能：传播速度快、效率高、成本低、目标用户精准。创立当初，江小白有幸成为重庆新浪微博的战略合作伙伴，最大化发挥出微博关键意见领袖（KOL）营销的功能，通过“大 V”的名人边际效应放大江小白品牌裂变；在互联网时代，人人即媒体，每个人都有自己的圈层，每个人都是自媒体，都有传播属性。基于这个传播逻辑，江小白把产品变成表达自己态度和行为的载体，在消费者朋友圈互动中，沉淀了一批又一批铁粉，快速提升了江小白的品牌价值和影响力。

在新媒体时代，消费者更注重通过个性化品牌来表达自己的精神属性，即发生购买行为背后，更多的是消费者对于社交性、沟通性等附加价值的看重。虽然属于传统白酒行业，但江小白利用互联网、新媒体成功实现了品牌转型。在对用户足够了解的基础上，江小白的每句文案都是用户心底最想说的话，每句文案都是用户心底最真挚的情感，有态度、有情绪。江小白广告文案的字数不多，都走文艺路线、内涵丰富，具有代表性和说服性。文案均没有标题，其广告语就是“我是江小白，生活很简单”，形式上比较自由，结构清晰、语言押韵，质朴又不失优美，抒情性强，极易引起消费者的情感共鸣。

互联网时代，产品是营销的起点，产品要引起热议必须具有两大特性：第一，产品要有沟通力，基于消费场景和消费者，产品能够产生互动；第二，产品要自带社交属性，能制造话题，引发自主性传播。江小白恰好切中这两大营销痛点，以精致时尚的青春卡通形象、经典的语录文案表达消费者的内心情感。

4.1　数字新媒体文案概述

文案与活动策划类似，均以文字为主要表达形式，但文案策划侧重文字本身的意思，活动策划更侧重活动本身的内容。在广告业蓬勃发展的商业社会中，文案不仅是企业竞争利器，更是企业的核心和灵魂所在。

4.1.1　数字新媒体文案概念

“媒体”包含两层含义：一是承载信息的物体，二是储存、呈现、处理、传递信息的实体。文字也是媒体，文字和印刷媒体的结合成为人们视觉能力的延伸。数字新媒体是随着移动互联网技术发展而兴起的媒体渠道，主要包括：(1) 通信社交类应用，包括重在建立人与人之间固定联系的工具型应用，如微信、阿里旺旺等；以内容为中心建立社交关系的内容型应用，如微博、陌陌等。(2) 新闻资讯类应用，即实时追踪与反映新闻事件、热点话题、产品资讯等，满足人们对信息的渴望追求，如今日头条、网易新闻等。(3) 视频娱乐类应用，即实现观看、拍摄、剪辑、分享等功能，具备全新操作体验的平台或工具，如爱奇艺、秒拍等。

文案，既是广告的一种表现形式，也是对职业的称呼。广告文案简称文案，是企业为达成商业目的的表现形式。目前，在广告界中，广义的文案是指广告作品全部，包括广告语言文字、图片、创意等；狭义的文案仅指广告作品中的语言文字部分，包括广告标题、副标题、广告语等。文案是广告的核心，作为职业出现，文案英文为 copy writer，译为文案写手，指专门创作广告文案的工作者。数字新媒体文案基于新型媒体，重点输出广告的内容和创意，而新媒体文案的职业角色就是将要传播的信息进行设计，使其易于被人理解，能够在诸多的信息中被发现、被记住，甚至被再次广泛传播。

4.1.2 数字新媒体文案特性

在信息繁杂的网络时代，撰写文案是商业宣传中较为重要的一个环节。优秀的文案具备强烈的感染力，能够给企业带来数倍的收益。

1. 数字新媒体文案的重要性

受到移动客户端屏幕大小制约，消费者能够接受的信息有限，而移动状态下消费者注意力难以持续集中，导致了爆发式增长的数字新媒体推广信息和消费者有限的注意力之间的矛盾；企业若想在数字新媒体平台上达到一定的曝光量，同样需要支付高额的广告费用，出色的文案不仅可以为企业带来最大化的传播，还能直接为企业减少大幅广告传播的费用。

(1) 传播速度更快。文案的生命力在于传播力，好的文案内容会让传播事半功倍。被大众认可的优质文案易于理解、方便传达、产生共鸣，能够在庞大的信息流中脱颖而出，迅速获得消费者的更多关注，从而促进企业广告的有效传播，节省产品的相关资金和人力资源投入，创造更好的企业效益。

(2) 销售转化率提升。数字新媒体文案与电商平台相结合能够直接产生销售。例如：消费者在欣赏文案时会直接点击推荐的产品链接购买。对于企业而言，只要在新型媒体上拥有一批关注自己的粉丝，就很有可能在发布一则文案后直接带来销售，这种转化的及时性使得数字新媒体文案的效果易于评估，企业可以适时调整文案策略，更快、更精准地进行投放。

2. 数字新媒体文案的特点

数字新媒体文案与传统文案在写作上具有一定的共通性，但因数字新媒体文案投放渠道不同，读者阅读习惯发生变化，数字新媒体文案与传统文案相比具有诸多显著特点。

(1) 发布成本较低。随着新媒体营销方式兴起，企业广告信息发布成本逐渐降低、灵活程度提高。企业将品牌推广预算转移到新媒体上，抓住用户需求和消费者心理，以最小的成本达成更大的推广效果。

（2）传播渠道及形式多元化。新媒体文案传播渠道并不局限于 QQ 空间、微信、微博等，许多企业会将同一信息根据渠道人群划分采用图文、视频、游戏等不同的文案发布，使广告形式实现了多元化呈现。

（3）互动性增强。相较于传统媒体，数字新媒体文案传播不再是单向输出，消费者可借助微信、微博等社交平台，直接与企业品牌方沟通互动，达到品牌传播或销售的目的，如通过游戏互动赠送优惠券、通过新媒体提供更便捷的售后服务等。

（4）目标人群更为精确。数字新媒体各平台人群具有明显的特征，如“00 后”常用社交媒体为 QQ，而职场人群则更喜欢使用微信。由于新媒体平台上用户的各种行为均有数据记录，企业也可以根据目标人群有选择地进行信息推送及广告投放。

（5）易被用户再创作。数字新媒体文案更加乐于让每个目标人群都能够进行二次创作再分享。用户跟风再创作的形成，被称为用户生产内容（User-generated Content，UGC），带动了品牌被重复传播。

阅读知识

“我们是谁”这一网络流行语起源于《我们是谁？乙方！》，是用来对职业的“自黑”（见图 4－2），经过发酵成功刷爆朋友圈，引发了无数网友的推崇。“我们是谁”话题贴近生活、词句易于理解、方便网民改编、利于广泛传播，各界人士脑洞大开、创意无限，无论是文本的创意还是传播的热情，都呈指数型增长。

图 4－2　我们是谁？文案

综上所述，数字新媒体文案要求短、平、快。短：文案短小精悍，能够快速吸引受众注意力，并将最核心的信息表达出来；平：通过最平实、亲近的语言与目标人群进行有效沟通；快：基于传播速度，数字新媒体文案的反应也需加速，能够及时跟进网络热点、快速产出。

4.1.3　数字新媒体文案类型

根据不同属性标准，文案形式诸多，可以依据广告目的、篇幅长短、广告植入方式、投放渠道、表现形式等对文案进行系统分类。

1. 按照广告目的分类

企业所有的广告文案都是为销售服务的，可根据企业广告的主要目的分为销售文案和传播文案。销售文案，即能够即刻产生购买行为的文案，如销售页介绍商品信息的文案或引流广告图等；传播文案，即为了扩大品牌影响力的文案，如企业形象广告、企业节假日情怀营销文案等。销售文案需要能够立即打动人，并促使用户采取行动，而传播文案则侧重于是否能够引起共鸣，引发受众自主自发地传播。

2. 按照篇幅长短分类

按照文案篇幅长短分为长文案和短文案。长文案一般为 800 字以上的文案，短文案则为低于 800 字的文案。对于文案，重点不在于字数，而应该关注需要提供多少信息才能达到销售目标。长文案需构建强大的情感场景，而短文案则在于快速触动、表达核心信息。由于行业属性不同，文案运用形式也有所不同。在价格昂贵、顾客决策成本较高的行业，通常运用长文案，如珠宝等奢侈品行业；而在价格低廉、顾客决策成本较低的行业，则一般运用短文案，如日常生活用品行业等。

3. 按照广告植入方式分类

软广告，即不直接介绍商品、服务，而是通过其他方式代入广告，如在案例分析中植入品牌广告、在故事情节中植入品牌广告，受众不容易直接觉察到软广告的存在，具有较强的隐藏性。硬广告则相反，通常以直白的内容发布在对应的渠道媒体上。通常而言，一般的品牌传播广告需要强度高的品牌曝光次数及直接带动销售，企业会选择硬广告，但企业在需要补充增加品牌曝光时则多选择软广告。

4. 按照投放渠道及表现形式分类

投放渠道不同，文案的表现形式也有所不同。例如：微信公众号能够支持多种形式的文案表现：纯文字、语音、图片、图文、视频等。新浪微博自 6.0 版本起，正式对其会员用户放开字数限制，最多可以发表 2 000 字内容，打破了字数限制对文辞精炼、表意准确、主题突出、饱含感情、易于转评的要求，能够让任何人“随时随地分享新鲜事儿”，彰显出时代的进步性。

4.2 数字新媒体文案创作

文案是以实用为目的而进行的创作，数字新媒体文案的核心是向阅读者展示新鲜的信息，说服其改变观点或鼓励其采取行动。处于社交媒体时代，文案的创作充满娱乐性和趣味性，常常通过对已有内容的再创新为产品附加更多价值。

4.2.1 数字新媒体文案创作需求

优秀的文案具备强烈的感染力，能够给商家带来数倍收益。从文案写作角度出发，数字新媒体文案的感染力主要来源于信息、定位、表现、创意四个层面。

1. 准确规范的信息

随着互联网技术的发展，每天更新的信息量及速度异常惊人。对于数字新媒体文案创作者而言，若想让文案被大众认可并能够在庞大的信息流中脱颖而出，文案表达要规范、完整，避免语法错误或表达残缺；避免使用产生歧义或误解的词语，使用文字必须准确无误；避免创造虚假词汇，文案表达符合大众语言表达习惯，不生搬硬套；以通俗化、大众化的词语为主，尽量少用冷僻及过于专业化的词语。

2. 精准的内容定位

成功的文案都具备精准定位的特点。宝马公司在微信朋友圈的推广文案（见图 4－3），体现了产品能够带给人们愉悦享受的作用。精准的内容定位使产品更好地被受众群体所接受，并且潜在用户也会被相关信息所打动。

图 4-3　宝马中国微信推广文案

做到精准的内容定位，首先需要以简单明了的文字表达产品精髓，保证信息传播的有效性，防止受众产生阅读上的反感；文案精炼，既便于吸引受众注意力，也便于其迅速记忆相关内容；对消费者需求进行换位思考，并将有针对性的内容直接呈现在文案中。

3. 生动形象的表现

同行业中，竞争企业在文案设计中往往会出现针锋相对的情况，王老吉和加多宝就曾掀起一场轰轰烈烈的文案“大战”。加多宝在与王老吉争夺品牌使用权败诉后，用自嘲的口吻配以幼儿哭泣的图片推出“对不起”文案，打造以退为进的文案战略，占据了新媒体民意上风；而王老吉则进行防守型攻击，回应“没关系”以获得用户群体支持（见图 4-4）。尽管文案的核心在于文字，但有时搭配生动形象的图片更能激发受众兴趣，取得意想不到的效果。

4. 突出主题和创意

创意对于任何行业都十分重要，尤其是在网络信息极其发达的社会中，自主创新的内容往往能够获得更多关注。图 4-5 为福特公司对汽车后视摄像功能的宣传文案，图中没有一个文字，仅用一种创意表现方式说明汽车后视摄像功能的完善程度，在突出产品主体的情况下，更好地让受众从视觉上接受广告。创意是为广告主题服务的，所以文案中的创意必须与主题有直接的关系，不能生搬硬套、牵强附会。

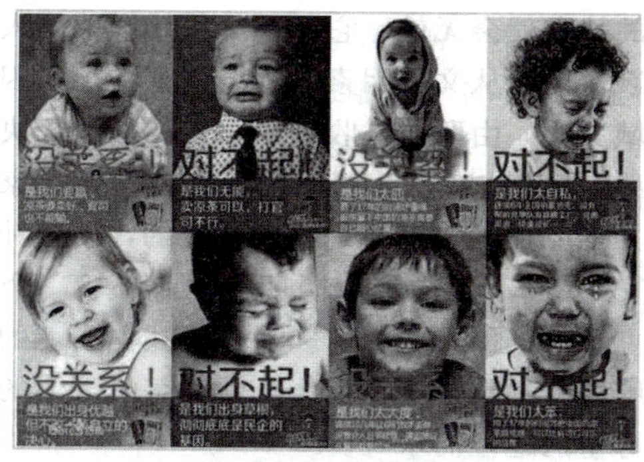

图 4-4　王老吉和加多宝文案

图 4-5　福特后视摄像功能宣传文案

4.2.2　数字新媒体文案创作思路

撰写数字新媒体文案时需要遵循基本的创作思路，即确定写作目的，对用户群

音机”成了随身听，元素组合法让创意天马行空。广告文案可以运用同样的思维方式，将不同元素叠加起来创造出新的物品。

（4）金字塔原理输出。思考文案创意时可运用发散型思维，但将文案表现出来则需有逻辑、有条理，让目标人群更容易看懂，这时可以运用金字塔原理输出（见图 4－7）。金字塔原理结构从上往下看，分为背景、标题、论点，每个论点也可有进一步的细分。

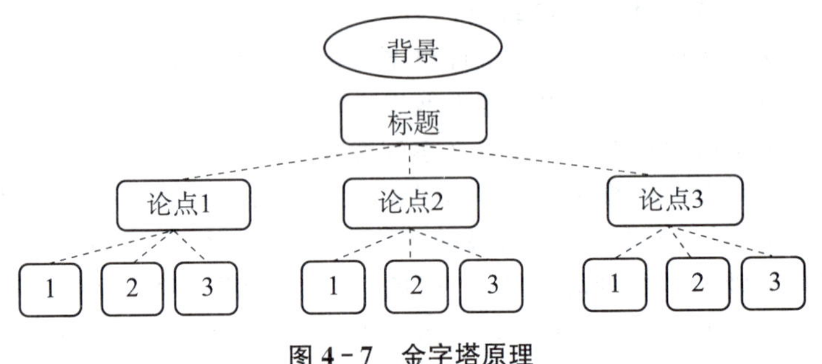

图 4－7 金字塔原理

在完整文案结构中，背景部分可视具体情况有选择性地运用；标题属于文案的中心论点或展现的最大卖点，方便目标人群只要看到标题就能明白文案的中心思想；论点 1、2、3 用来证明标题中心论点，并且论点之间的内容不能有重复。如果文案较长，一般会采用类似于作文“总—分—总”的结构，在结尾部分再次总结中心思想、强调主题卖点，增强目标人群记忆；当文案较短时，则采用“总—分”的结构。

4.2.3 数字新媒体文案写作技巧

优秀的数字新媒体文案，主题能够在碎片化时间中吸引用户广泛关注，并且在内容上具有极强的代入感和信任感，使用户对产品或服务产生购买意向，提升品牌的好感度。

1. 企业文案运营趋势

时间碎片化、注意力稀缺使得传统广告形式的存在变得越来越艰难，用户不再是被动接受，而是更加主动关注自己感兴趣的内容，随时随地就能看完一篇文章，也能随手在微信、微博上转发与分享，这些变化使得企业广告必须随着人群习惯发生改变。

（1）打造内容性产品。内容性产品包括以下特点：标签化，即目标消费群体会从产品中获得相应的身份标签，体会到强烈的归属感；共鸣化，即企业在对产品进行营销时，会考虑到其营销文案的内容是否会给用户带来兴趣，是否会使用户在情绪上引起共鸣；社交化，即当内容植入产品后，用户与产品会产生最直接的互动，用户因该产品会在生活中拥有自己的故事，内容性产品将会对用户的社交产生重要影响。

（2）发挥草根层力量。普通用户是企业产品或服务的重要消费群体。企业开展内容营销时，应着重关注那些真实的、有个性的普通人，让普通用户更全面地了解产品或服务本身、更好地体会产品内涵，带来不一样的服务体验。就像江小白将产品内容营销作为用户购买产品流程中的体验环节，让普通人能够影响普通人，增强用户品牌黏性，甚至改变用户的消费方式。

（3）融合新媒体技术。现如今，“90 后”“00 后”已成为重要的消费人群，尤其是“二次元”群体，对自己喜欢的消费内容都有较强的文化标签，他们个性化的追求是企业开展内容营销的重要方向。企业在进行文案运营及营销推广时，需要注意创新表现形式，将品牌意识融入内容，牢牢抓住群体特征，结合新媒体技术对自媒体进行布局，并利用其他社交媒体平台的不同属性实现细分化媒体的差异化发展。

2. 吸引用户注意力

开头＝第一印象。一篇文案的标题就是这篇文案的开头，标题在大部分广告中都是重要元素，能够决定受众是否会阅读这则广告。文案的开头应该吸引受众的眼球，并让其有传播的意愿；传达的信息一定要与广告品牌所期望达到的目的相关，并让受众产生进一步了解的欲望。

（1）与“我”相关。用户总是习惯关注自己想关注的内容，对任何与自己没有直接利益和生存关系的事情都不容易在乎。这就意味着，用户并不关心企业的品牌、产品或服务，他们只关心产品或服务能够给自己带来什么，或者能够为他们做些什么，所以一般使用“你”这个词，更容易被注意和理解。

ⅰ. 与“我”的收益相关。即直接说明产品或服务的卖点能够给用户带来的好处、收益或价值。文案工作者在创作文案时，应当时刻询问自己：“我的卖点是什么？能够给用户带来的好处或者价值是什么？”然后使用目标人群最能理解的语言表述出来。例如：小米胶囊耳机的广告标题是“温柔倾听，岁月的轻声细语”，卖点为胶囊一样的外观、优美的音质，为用户带来的好处就是让其佩戴得更舒服。

ⅱ. 与“我”相关。这些标签，包含“我”的名字、个性、属相、星座等一切能够定义“我”是谁、“我”来自哪里、“我”的个性是什么等，都会比其他信息更优先被用户注意到。在许多人的朋友圈中，经常会看到朋友分享有自己名字和相关的个性标签的图片，也是同样道理。用户不仅关注与自己相关的标签，更愿意分享、展示或树立个人的社会形象。例如：支付宝年度关键词（见图 4－8）不仅满足了人们一种美好愿望，更通过这些词更好地帮助用户完善自我、树立在别人心目中的个性形象。

图 4－8　2017 年支付宝年度关键词

ⅲ. 与“我”的生活相关。涉及生活的方方面面，大到生活的城市、日常的天气，小到刷牙的一个细节或动作，甚至与精神生活相关的价值观等，凡是与产品或服务的目标人群生活相关的都与“我”的生活相关。例如，住在深圳的人更容易注意到这样的信息标题——“深圳今起有 12 级台风”；单身主义者则更容易注意到这样的标题——“单身的幸福，大部分人都不懂”。

（2）制造对比。对比，即把两种事物对照比较，使目标人群的感受更加强烈。对比强烈的事物，会直接触发大脑决策机制，因为人会更关注突发情况或状态改变。例如：手机振动时你马上会察觉，黑暗中突然打开了电灯，安静中有响动……这就意味着文案必须通过制造对比来引起用户的关注。

ⅰ. 通过使用产品或服务之前和之后的对比，或者现在和未来的对比，让目标人群更加明确地感受到文案所表现的卖点。一般而言，产品或服务效果明显，采用之前和之后对比更有说服力。例如，标题对比方法：洗发服务如“洗了 20 年的头，竟然不懂如何选择洗发水”。

此外，之前和之后的对比也常运用在平面设计上，能够让人更直观地感受到对比，图 4-9 展现了产品的去毛效果对比。

ⅱ. 通过展示使用文案所提供的解决方案前后对比体现卖点，一般此方法用在可以解决麻烦、费时费力问题的产品或服务上。如步步高点读机的文案：“妈妈再也不用担心我的学习”。

ⅲ. 通过自己产品或服务与竞争对手的产品或服务的对比，突出自身优势。这种方法的运用可以直接帮助用户在众多的产品或服务中做出最优选择，让用户不仅注意到文案所表现的产品或服务的好处，而且在做决策的时候更容易记住产品或服务。联邦快递（FedEx）的白色车厢是该公司的标志，于是联邦快递在车身上做了“FedEx 始终比 DHL 快一步”的广告（见图 4-10）。

图 4-9　前后对比广告示例

图 4-10　与竞争对手对比广告示例

（3）满足好奇。自古以来，就有很多名人推崇好奇心。居里夫人说：“好奇心是学习者的第一美德。”爱因斯坦说：“我没有特别的才能，只有强烈的好奇心。”果壳网对好奇的解释是：“人对生存之中不可知事物的关注、理解和研究可以让人们在预测、防御和处理危险时更有成功的机会，从而避免伤害。”心理学家将好奇分为知觉性好奇、认知性好奇、人际好奇三大类。

ⅰ. 知觉性好奇是由新奇的视觉或听觉上的刺激引起的，通过新的刺激引发个体的探索行为，如“首创的某技术”等，主要就是通过不一样的或新推出的某种技术、概念刺激个体进一步探索。

ⅱ. 认识性好奇是由知识上的不确定性引起的，激发个体提出疑问、寻找答案，最终获得知识。工作与生活中有很好的运用句式，将“如何”这一词汇运用在开头，就可以自然而然地使用认识性好奇的原理。例如："如何在 21 天养成一个好习惯？"

ⅲ. 人际好奇是在社会生活中产生的好奇，包括信息缺口、兴趣关联、社会比较等。当已掌握的知识与想要获得的知识存在差距和缺口时，人就会产生好奇并去探索新的信息，以弥补信息上的缺口，如"你知道海底捞厉害，可你未必知道它真正恐怖在哪里"；当事物与自我喜好、需求度和关联度相关时，人会产生好奇，如喜欢绘画艺术的人会对"凡·高为何自杀"这个标题感兴趣；当与他人进行比较，发现自身某方面信息缺失时，人会产生剥夺感，从而激发自己了解他人信息的好奇。这种方法需要获知他人信息，再将他人特点和经历与自己进行比较，如"乔布斯在 20 岁的时候就已经学过这些"。

（4）启动情感。通过情感、情绪刺激，达到吸引注意、打动人心的作用。多项脑研究结果显示，情感、情绪更容易直达人的内心、引起强烈的记忆感受。通过心理学家研究证实，人类具有如下四种基本情绪。

ⅰ. 喜，即喜悦。励志类型标题常用此种手法，如"辗转数十年，终战胜病魔"，通过讲述过程艰难，传达出最终成功的喜悦之情，以此感动人心。

ⅱ. 怒，即愤怒。曾刷爆朋友圈的《少年不可欺》通过描述作者使用气球拍摄地球的创意制作被优酷土豆和陌陌在伪装合作的情况下剽窃，并且在事后交涉过程中态度不善，网络上掀起一番对于优酷土豆和陌陌的讨伐声，激起了用户的愤怒情绪。

ⅲ. 哀，即悲伤。通过个别极端的案例引发大众的哀伤情绪，在短时间内引起人们关注，如以"废柴""葛优躺"等为代表的"丧文化"产生和流行，是青年亚文化在新媒体时代的一个缩影，它反映出当前青年的精神特质和集体焦虑，但在企业文案中应少用，以免带来负面影响。

ⅳ. 惧，即恐惧。恐惧情绪是商家常用的情绪刺激方法，如售卖摄像头的商家会想办法让消费者感觉家中很有可能被偷；恐惧在所有情绪中最容易引起传播，这也是很多谣言常用的方法。

情感、情绪有很多种。企业想要运用启动情感的原理，需根据产品和品牌的风格选择不一样的情绪，如果品牌风格为欢乐型，应尽量避免运用悲伤、恐惧的情绪。

【课堂讨论】

请判断以下标题符合哪些原则以吸引消费者的注意力：

a. 不需要开冷气，您家里的每个房间就能立刻凉爽无比！

b. 不必久等，快速办理公司登记。

c. 7 岁女孩扛起爷爷的一片天。

d. 如何用 3 分钟制作一份早餐？

3. 塑造强烈的代入感

代入是数学中的代换。在小说、影视作品甚至游戏中，则是相应的受众能够与作品中的人物一样感同身受，产生身临其境的感觉。在广告文案中，代入感就是把受众带进一个特定的销售或品牌的场景中。

（1）讲故事。人们通常在故事的情境中更能够感同身受、理解真理，广告文案也一样。提到褚橙，你会想起什么？一定会是那个昔日的著名企业家褚时健，在人生大起大落、高龄出狱后上山种橙子的创业励志故事。褚橙的合作电商平台凭借褚橙的这一突破点，销售获得巨大突破，其成功的因素有很多，但最关键因素绝对少不了褚时健的励志故事。讲故事的方式几乎适用于任何产品和品牌，更适用于同质化比较严重的产品，在卖点上找不到更大的突破点，用故事来加强情感联系，当然也可以适用于本身就具有很大特点的产品上，用故事来深化这个特点。

（2）提问题。“请问，你觉得自己所在学校的食堂饭菜口味怎样?”当你看完这句话，脑海中是不是已经在极力搜寻有关学校食堂饭菜的记忆，以便回答这个问题？通过提问，人们自然而然地进入了预先被设置的思考路径，提问题能使人付出思考、引起重视、做出反应，更容易产生代入感，能直接进入广告文案要表达的主题中。例如，德芙巧克力的广告：“真的有那么丝滑吗?”提问题适用于功能性较强的产品或服务介绍，通过提问题将目标人群带到需求的困扰点上，然后通过品牌商的产品或服务解决问题。

（3）用情怀。情怀是一种高尚的心境、情趣和胸怀。新媒体文案需要动用一切能利用的资源，将目标人群带入品牌所需要的氛围中。淘宝网文艺风格女装品牌——步履不停，拥有一系列经典的情怀文案。“你写 PPT 的时候，阿拉斯加的鳕鱼正在跃出水面；你研究报表的时候，白马雪山的金丝猴刚好爬上树尖；你挤进地铁的时候……”这样的文案非常具有代入感，将大部分人心中的情怀激发了出来，引起大部分朝九晚五的白领们的共鸣。讲情怀尤其适用于文艺风格的品牌，也同样适用于非生活必需品，通过宣传一种生活方式，营造出具有情怀的氛围以达到让受众有代入感的目的。

（4）造悬疑。通过设置疑问，让受众不断地探究下去，这种方式在数字新媒体文案中常常用在开头，也会散布在长广告文案中间，目的都是吸引受众能够继续看下去。造悬疑和提问题有些类似，但造悬疑是为了刺激受众继续探索，想要了解最后的答案而继续看下去；提问题的最直接目的是引起受众对于相关问题的思考。

创作文案时，要根据自身情况有选择地运用不同方法制造代入感。其中，讲故事适用于同质化严重的产品或服务，以及卖点显著的产品或服务；提问题更适用于有明显特色的产品；用情怀适用于非生活必需品或情怀类风格的品牌；造悬疑侧重于解决方案，也同样适用于一般软文广告。

4. 产生牢固的信任感

对于消费者来说，他们会掏钱购买新产品的主要原因是广告文案让其觉得产品是可以信任的。在“传播—影响—购买”过程中，消费者对广告文案的信任程度关系到广告目的是否实现。信任总是与风险联系在一起的。当受众面对新事物的时候，第一反应是判断风险，在信任逐步产生的时候，风险就逐步降低。广告文案可以通过外部证据、内部证据和描述性展示来降低风险、增加信任、证明卖点。

（1）外部证据。外部证据主要是通过第三方的相关证明来说明产品或服务特点，如运用权威、反权威的客户故事进行讲述。

ⅰ. 运用权威。说服别人相信需要运用权威，用权威的方法会把消费者对于权威机构、权威个体的信任转移到新产品或新服务上，这种方法更适用于强调专业特性的产品或服务。

权威个体及组织，即通常是行业内具有发言权的个体、研究单位或协会，如保健品、营养类产品对应的权威个体是保健医生、营养医生，对应的组织则是相关研究单位或营养协会。

权威标识及认证，即达到由国家相关部门推出的标准才能使用对应的权威标识，以及由权威机构进行认证并颁发相关的证书，如食品行业中的绿色食品认证。由权威机构颁发的证书和报告也具有权威作用，如珠宝鉴定证书、质量检测报告等。

权威运用演变，即对于某些品牌或行业没有特定的权威相关标识，商家在权威标识基础上可以做演变运用，自己创造品牌专属权威标识以突出卖点，达到信息可信的目的，如佳洁士一直宣传的卖点是防止蛀牙，在文案广告图中使用权威的口腔专家形象和佳洁士自己的“口腔研究院”。

权威附着，即新推出的产品或服务为行业龙头认可，也同样具有权威说服作用。例如：某品牌进入沃尔玛卖场销售，由于沃尔玛是零售界龙头，具有较高的产品入驻标准，该品牌能够进入沃尔玛销售则说明产品各方面均达到了较高要求，相对于进入其他小型卖场就会更加可信。

ⅱ. 反权威。新媒体时代，朋友推荐是信任度最高的广告形式，而这种形式恰恰与运用权威是相反的。反权威包括朋友推荐、真实客户案例、使用反馈及评价等，这些均来自第三方已发生过的事实，可以让转达的信息更值得信任。例如：真实客户故事，即作为文案，要能保持一定的敏感度，善于发掘和分析与自身重点宣传方向一致的客户故事；客户评价，即当面临多种选择、无法判断时，客户评价能够给受众展示更客观的真实反馈。广告文案可以直接将真实的客户评价及晒图展示在文案中，增强文案的可信度。

（2）内部证据。内部证据则主要侧重于利用产品或服务的自身卖点来说服消费者，如通过细节说服或者使用数据并让用户自己证明。

ⅰ. 运用细节。细节能够帮助用户理解和记忆，更容易让用户产生信任。广告文案中，通过每个细节的逐个展示，体现整个产品的主要卖点。细节展示在受众开始有兴趣时才有效，如果受众开始并不熟悉，或新品上市对外宣传的时候，应主推一个细节卖点，这样做的好处是可以让整体信息聚焦，更方便传播。

ⅱ. 运用数据。广告文案中使用数据是以最理性的方式证明卖点，运用数据的原则是能用阿拉伯数字就不用中文数字表述，阿拉伯数字比中文数字的传达速度更快，无国界理解限制，“无阅读”直达大脑。例如：OPPO的广告文案——“充电5分钟，通话1小时”，简单明了展现了该品牌手机的最大卖点——快充技术。产品本身是关键。只有运用最有效的、最能体现产品卖点的广告文案，才能促进产品销量的提升。

ⅲ. 客户自证。鼓励客户通过自己的方式观察、验证产品或服务卖点。海飞丝宣传去屑功能，通过头屑测试卡让效果眼见为实，其广告语为：“每当我有新的尝试，总会有人怀疑，我要让他们亲眼看看事实，看看我的实力。选择去屑洗发水，我也要亲眼看。”配合广告，海飞丝通过超市、杂志等投放测试卡，让客户能够自己测试，充分展示出品牌商对于去屑效果的自信，客户自然而然地增加了去屑卖点的可信度。

（3）描述性展示。产品或服务的描述性展示包含直接示范效果，或者通过说愿景的形式表现，均从理性或感性层面获得受众的信任。

ⅰ. 示范效果。广告文案中，无法让客户立即自证的产品或服务都会极力示范效果，让客户亲眼看到效果的真实性。汰渍进入中国市场至今，广告创意和风格几乎没有变更过，都是通过“衣服非常脏→用汰渍清洗→展示洗过之后的效果”来表现汰渍的去污品质，加强了“有汰渍没污渍”文案的可信度。

ⅱ. 诉说愿景。上述方法都属于理性说服，但对于同质化严重的产品并不适用。在这种情况下，适合使用诉说愿景的感性方式去满足用户归属和尊重的需要。

1）运用明星代言展现美好愿景。明星代言不要求明星在具体行业中的专业度，但要求明星的个人形象风格与品牌风格的吻合度。

2）展示品牌或产品的价值观。通过营造使用产品或服务后带来的感性体验来诉说愿景，体现符合品牌精神和受众认同的价值观，还可以综合运用明星代言的方式。需要注意的是，品牌某些方面的价值观可以全球通用，但某些价值观会因为文化不同而接受度不同。根据品牌的销售地域，应考虑提炼的文案是否符合当地的价值观。

企业可以根据价格敏感度和产品实用性选择合适的文案呈现方式（见图 4－11）。价格敏感度高、实用性低的产品，一般可选用诉说愿景方式，创造产品使用后的美好愿景或以强有力的价值观驱动信任；价格敏感度高、实用性高的产品，上述方法都适用；价格敏感度低、实用性低的产品没有明显范围，可根据具体情况选择；价格敏感度低、实用性高的产品，更适合运用直接示范效果或客户自证的方式。

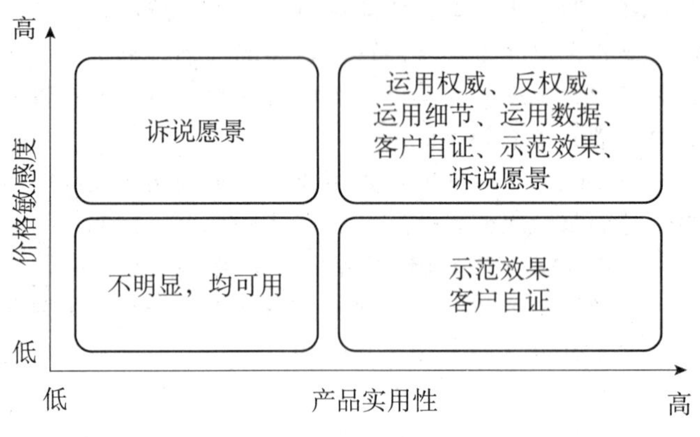

图 4－11 信任感使用矩阵

4.3 吸睛数字新媒体文案打造

对于文案工作者来说，必须对数字新媒体文案打造技巧和方式具有准确的把握。一篇吸睛的新媒体文案，能够用最简单的文字传递最具力量的思想，从而有效提升产品转化率。

4.3.1 数字新媒体文案内容模块

数字新媒体时代，面对 App 推送的消息、微信朋友圈的文章、论坛的帖子等来自不同渠道的信息，网友可以自由选择，只看自己感兴趣的内容，接收活动已经由强制被动转变为自愿主动。无论企业营销目的是提升品牌价值还是达成销售目标，数字新媒体文案都必须围绕互联网用户浏览行为进行设计。

1. 数字新媒体文案标题拟定

好的标题不仅吸引人们对广告的注目，还会给大众留下深刻印象。文案标题要与内容对应，不能做“标题党”。断章取义、涉黄涉赌、歪曲事实甚至制造假新闻，会严重伤害品牌甚至会触及法律红线。

（1）数字化。将正文重要数据或本篇文章的思路架构整合到标题中，既可以利用吸引眼球的数据引起受众注意，又可以有效提升标题阅读效率。示例：“10 个容易被忽略的 Excel 小技巧，超实用!”

（2）人物化。绝大多数受众会考虑来自好友推荐的产品，其次是专业人士。如果正文中涉及专业人士或名人观点，那么可将其姓名直接拟入标题。示例：“马云谈雾霾：希望我真是外星人，能逃回我的星球。”

（3）历程化。真实案例比生硬的说教更受到欢迎。标题加入“历程”“经验”“复盘”“我是怎样做到的”等字眼，可以引起受众对真实案例的兴趣。示例：“我如何把网络课程卖出 1 000 万元?”

（4）体验化。体验化语言能将受众迅速拉入内容营造的场景，便于后续阅读与转化，可在标题中加入“激动”“难受”“兴奋”“不爽”等情感类关键词及“读了 N 遍”“强烈推荐”等行为类关键词。示例：“一段小小的视频，上百万人都看哭了!”

（5）恐惧化。受众会关注与自己相关的话题，尤其是触及利益的话题。若正文内容关于健康、财物等，可以尝试设计恐惧化标题，从而激发猎奇心理，同时产生危机感。示例：“一上班就没状态？这是病，得治!”

（6）稀缺化。受众普遍容易对稀缺的商品更快做出决策，直接购买或点击浏览，因此，数字新媒体文案标题也可以提示时间有限或数量紧缺，促进正文阅读。示例：“快领！京东购书优惠券明天过期!”

（7）热点化。体育赛事、热播影视剧、热销书籍等，都会在一段时间内成为讨论热点，如果文章内容能够与热点相关联，标题可以拟定热点关键词，增加点击。示例：“里约奥运约不起？伊利喊你楼下小广场见!”

（8）神秘化。人类对于未知事物通常有猎奇心理，越是神秘越想探一下究竟。新媒体文案神秘化标题拟定有两种方式：第一，拟定“机密”“内幕”“奥秘”“小秘密”等词语，字面表达神秘；第二，设计与品牌日常文案有反差的标题，语义传达神秘。示例：“阿文独家秘籍｜如何快速玩转一个神器。”

（9）模拟化。手机、平板电脑等移动设备会收到消息推送，包括红包提醒、聊天消息提示等。基于移动端的新媒体文案，可以在标题上仿照推送文字，博人眼球。但需注意，模拟化标题不能高频使用，否则会引起受众的反感。示例：“[微信红包] 恭喜发财，大吉大利！领取周末门票吧!”

【实战训练】

假如你是一家快餐连锁企业的新媒体文案编辑，公司下周推出新品套餐。现在需要你撰写一篇微信文章，介绍新品套餐，请为这篇文章拟出至少三个标题。

2. 数字新媒体文案正文架构

正文是广告中最为直接、有效的部分，数字新媒体文案的正文内容要求实事求是、通俗易懂，增加消费者对于商品的了解与认识，通常有下述五种常见的段落架构。

（1）瀑布式。瀑布式架构分为故事与观点（见表 4－2）。瀑布式架构，可以采用数字化、体验化或历程化标题，突出观点。请扫描图 4－12 所示二维码，阅读示例文章。

表 4－2　瀑布式故事架构及瀑布式观点架构

瀑布式故事架构	瀑布式观点架构
核心要素	核心观点
故事背景	观点阐述
故事起因	观点分析
详细经过	观点解决
故事结果	观点引申

图 4－12　瀑布式架构示例文章

（2）水泵式。水泵式架构与瀑布式刚好相反，自下而上，先剖析观点或讲故事，最后提炼文案核心。水泵式架构也分为故事、观点两大类别（见表 4－3）。请扫描图 4－13 所示二维码，阅读示例文章。

表 4－3　水泵式故事架构及水泵式观点架构

水泵式故事架构	水泵式观点架构
故事背景	观点阐述
故事起因	观点分析
重点经过	观点解决
故事结果	观点引申
结果升华	观点提炼

图 4－13　水泵式架构示例文章

（3）沙漏式。沙漏式架构是指文章首尾呼应，开头提出核心观点，正文讲解故事观点，结尾再次强调或升华观点。沙漏式架构可采用体验化或历程化标题，突出观点。请扫描图 4－14 所示二维码，阅读示例文章。

（4）盘点式。作者拟定小标题（盘点对象）并整合而成，省去网友“找素材、做总结”的步骤，帮助别人节省时间，这是最受网友欢迎的写作架构之一（见表 4－4）。盘点类文章可以对产品及模式进行盘点，也可以对行为进行盘点。盘点类文章建议采用数字化标题，如《盘点 8 种 PPT 辅助软件》等。

（5）并列式。并列式架构由三个及以上相互无联系的部分组成，独立性强，从不同的角度对问题进行描述。请扫描图 4－15 所示二维码，阅读示例文章。

图 4－14　沙漏式架构示例文章

表 4－4　盘点式架构

开头
小标题 1
内容
小标题 2
内容
……
结尾

图 4－15　并列式架构示例文章

3. 数字新媒体文案开头设计

数字新媒体文案开头具有承上启下的作用。好的开头应具备引发好奇、引入场景两个特点：引发好奇，即利用图片、文字等吊足读者的胃口，使读者产生继续阅读的兴趣，在开头就把读者引入场景。数字新媒体文案的开头有五种设计方式。

(1) 故事型。站在读者角度读故事是最没有阅读压力的。开头直接把与正文内容最相关的要素融入故事，让读者有兴趣读下去。

✓ 标题：学习性格色彩对家庭关系的改变。

✓ 开头：在参加性格色彩学习之前，她给婆婆买价值两万块的营养品，结果老公抱怨她乱花钱，婆婆认为花冤枉钱不值当。参加了性格色彩课程后，她花 8 000 块给婆婆买了个金镯子，结果老人家爱不释手，经常戴着镯子在小区里转悠，逢人就夸儿媳妇孝顺。她才知道原来婆婆需要的不是营养品，而是邻居的关注和羡慕，也就是面子。

(2) 图片型。正文以一张图片形式开始，可以极大地增加读者目光的停留时间，并提升读者的阅读欲望。图片的存在给了文章更好的表现形式（见图 4-16）。

图 4-16　图片型开头

(3) 简洁型。如果标题已经写得很明白，那么开头可以一笔带过，一句话点题即可。

✓ 标题：我今晚在斗鱼直播，你约吗？

✓ 开头：晚上 9 点，我又要进行斗鱼真人直播了！

(4) 思考型。通过向读者提问引导读者带着问题阅读后文，通常以问句形式存在。

✓ 标题：为什么只有 5%的人可以用个人品牌赚钱？

✓ 开头：网红时代，究竟什么样的草根适合在网上打造个人品牌？没有基础的人利用工作之余在网上赚钱，需要哪些特质？都在谈“互联网+”，企业网络营销的方法能否被个人所用？有人说：“成功的方法有很多，而失败的原因却很相似。”最近勾老师和一些曾经信誓旦旦打算做个人品牌的同学进行了深度沟通，发现导致大家无法进行下去的原因，总结起来无非是以下五个。

(5) 金句型。发人深思、一针见血的句子放入文章开头，可以直击人心，最能夺人眼球。

✓ 标题：你迷茫个鬼啊，还不如去学 PPT。

✓ 开头：没有迷茫过的青春不是正常现象，唯有通过迷茫的挣扎才能找到真实的自我。问题是有些同学以迷茫为借口，拒绝回到现实。我的建议：这个时候，不妨去学点什么。

4. 数字新媒体文案结尾思路

新媒体文案都有营销目的，一是为品牌服务，提升企业的知名度与美誉度；二是为销售服务，推广产品、提升销量。为此，文案创作者需要对文案结尾进行优化，鼓励读者做出相应的行动。但要注意，必须对各平台的规则有所了解，如微信公众平台严禁诱导转发行为，一经发现，短期封禁相关开放平台账号或应用的分享接口，对于情节恶劣的将永久封禁账号。数字新媒体文案引导结尾，可以从四个角度进行设计。

（1）场景。结尾融入场景，更容易打动人心。在结尾设计场景，最重要的就是截取合适的场景，最好是读者生活中的画面。

示例：以上 PPT 技巧，千万不要只是看过，而不去练习。否则，原本 3 个快捷键就能解决的事，你需要加班去完成。凌晨一两点，大家都在呼呼大睡，而你却一个人在空荡荡的办公室做 PPT，何必呢？

（2）金句。金句可以帮助读者悟出文章核心，引起共鸣，结尾有金句的文章，读者转发可能性会更高。

示例：从一个“PPT 制作者”成为“PPT 设计者”，难吗？不轻松！但正在学习阶段的你，连个 PPT 都征服不了，谈什么征服世界？

做你没做过的事，叫成长。做你不愿做的事，叫改变。

做你不敢做的事，叫突破。做你不相信的事情，叫逆袭！

（3）提问。在结尾进行提问，一方面提问力度比正面陈述大，可以带领读者思考；另一方面可以在末尾提问后发起互动，增强读者参与感。

示例：来今天的留言区，说说你过去做了或者经历了哪些事，让你不再那么玻璃心？

（4）神转折。即使用无厘头的逻辑思维，把两个八竿子打不着的事联系起来，结尾的三言两语将前文中营造的氛围破坏得一干二净。由于神转折有强烈的反差感，读者读起来有趣，自然也利于网络传播。

示例：正文梗概——女主角手机通信录存着已故前男友的号码，老公装作不知道。有一次女主角出了车祸，在翻倒的车里她下意识地拨出了那个号码，却传来老公的声音。老公告诉她：“是我替换了号码，我知道我无法取代他，但我可以替他来保护你。”

文章结尾——不到 5 分钟，老公赶来，开着挖掘机把压在女主角上方的汽车挪开，女主角获救了。老公是××挖掘机培训学校 2000 年毕业的学生，这个学校今年的招生计划是……

5. 数字新媒体文案评论策划

好的数字新媒体文案，除了吸引读者点击与阅读之外，还会制造参与感，吸引读者撰写评论或者为他人的评论点赞。评论的存在给了读者发声的渠道，常见的评论设置方法如下：

（1）正文补充。文章里遗漏的内容或需要增加的资料，可以用个人号在留言区进行补充。

（2）趣味互动。通常在留言区域，作者会认真回复读者的问题或者评论；但是可以反其道而行之，不去一本正经地回复，而是趣味地与读者互动。

（3）留言引导。一篇文章有多个观点，而读者的直观感觉会停留在结尾处。为了引导读者在某一话题有针对性地留言，可以在结尾增加“说说你对××的看法”。

图 4-17　评论策划示例

（4）点赞投票。评论区域的点赞功能可作为投票工具：一方面，可以发起“留言点赞数前三名将获得定制奖品”的投票活动；另外，可以设置问卷，发起“大家尽情提问，点赞数前三名的问题，下次文章会专门解答”的投票。

（5）正文画像。正文举例时，可以专门提到某类人或为某类用户画像，当事人阅读后更有归属感，会用心撰写评论。请扫描图 4-17 所示二维码，阅读示例文章。

6. 数字新媒体文案关键词布局

网友主要通过以下两种方式阅读数字新媒体文案：第一，通过接收，包括在朋友圈刷文章、收到公众号推送、收到微博粉丝群发等；第二，通过搜索，主动查找需要的信息。后者是文章与搜索引擎沟通的主要桥梁，可以通过关键词罗列、关键词选择、关键词布局三个步骤进行内容关键词策划。

（1）关键词罗列，即把能想到的、与业务相关的关键词都列出来。假如你所在的公司是做英语培训的，那么罗列出的关键词包括“英语教育”“英语学习”“外语培训”“英语培训哪家好”等。在这一步，需要新媒体部门进行头脑风暴，罗列出 20～50 个关键词。

（2）关键词选择，即借助“百度指数”与“微指数”了解关键词质量。指数太低意味着搜索该词的人并不多，可酌情剔除。从上述 20～50 个关键词中，甄选出 5～10 个核心关键词，保存到关键词库。

（3）关键词布局，即第二步选出的核心关键词，需要布局在标题、摘要、正文当中。关键词布局需要没有违和感，不能过于刻意。文案编辑在进行内容设计时，需要随时关注企业营销目标，通过吸引眼球的标题与详细的关键词布局综合提升阅读量，并利用具有可读性的正文与精心设计的结尾提高转化率。

4.3.2　数字新媒体销售文案创作

消费者对产品从认知到购买分为三个阶段：在认知阶段，广告目的主要为告知信息和事实，消费者处于购买“觉察”和“知道”过程；在情感阶段，广告目的主要为改变消费者态度和增进感情，让消费者认可企业倡导的情感和价值观，产生情感“联想”和“偏爱”；在行为阶段，广告目的主要为激发和指引购买欲望，此时的消费者处于整个购买阶段的最后阶段——“确信”及“购买”。用于认知及情感阶段的文案属于品牌文案，而主要作用于行为的文案为销售文案，即用来促进直接销售。

1. 数字新媒体销售文案特点

在日常生活中，天猫/京东首页广告图文案、商品介绍详情里的所有文案、微信公众号推送产品相关的图文信息、微博上为销售而吸引流量的文案，均属于销售文案，具有显著特点。

（1）给出立刻购买的理由。利用促销活动，给出一个能够促进人立即购买的理由，帮助目标人群解决对应的问题，如“德芙礼盒低至 5 折”就是购买理由。购买理由每次只需重点突出一个，如果还有更多的购买理由可使用副标题，如“全场 3 折起”是主要的购买理由，副标题“好评返 5 元”是次要购买理由，这样的好处是若目标人群对主要购买理由不感兴趣，次要购买理由还能从另一方面继续打动对方。

（2）制造紧张感和稀缺感。类似于“活动仅 3 天”“限 100 名”“库存告急”文案，通过活动时间、参与人数、产品数量的限制来制造紧张感和稀缺感。

（3）有明确的购买引导。明确的购买引导如“立即购买”“点击了解更多”“立即抢”等引导文案，更有利于激发消费者下意识的动作，在短时间内吸引消费者注意，刺激购买行为。

2. 创造购买冲动的文案

销售文案需要解决消费者的疑问：“为什么要购买？”“为什么要现在购买？”销售文案应给出产品卖点，写出产品能为消费者解决的问题，在此基础上，分别从理性及感性层面引导消费者立即成交。

（1）创造合理的需求缺口。婴儿纸尿裤刚推出时，主打需求点是方便，很多妈妈担心给自己塑造了一个贪图方便的懒妈妈形象，但当纸尿裤调整为“更舒适、干爽、透气”的需求点时，销量开始大增，因为这个需求点给妈妈的购买理由是为了宝宝更舒适。找到合理的需求点后，还需要帮助消费者将竞争对手或潜在竞争对手进行排除，给目标人群“为什么购买这个产品而不是其他同类产品”的理由，如某儿童专用滚筒洗衣机选取了这样的需求点：为了不让宝贝皮肤因为衣服没洗干净而出现问题，再强调优于手洗的功能，你需要一款专业的儿童滚筒洗衣机。

（2）创造合适的销售环境。实体店会通过节假日气氛布置、节奏快的音乐影响销售行为，而数字新媒体也可以运用文案、图片、声音、视频等营造适合的销售环境。运用具有场景化的图片营造销售环境，用产品美图模拟使用者的美好感受，然后进一步用具体的数据、文字来做产品工艺、功能等方面的理性介绍，让消费者对购买产品具有全方位了解。

3. 新媒体销售文案创作框架

对于图文形式或商品销售页面的产品介绍文案，除了创造合理的需求缺口与合适的销售环境外，还需考虑到目标人群的认知过程，通过创作框架来实现。

（1）标题吸引注意。如前所述，使用与“我”相关、制造对比、满足好奇、启动情感的标题吸引注意。文案需考虑消费者在没有打开图文时，能够对文案想表达的内容一目了然，融入品牌或产品名字更有利于加深印象，如“如何用褚橙做出来媲美英式下午茶的甜点”。

（2）第一段有代入感。文案第一段通过讲故事、提问题、用情怀、造悬疑的方式产生代入感，并点出消费者日常关注点，提出对应的解决方案，让消费者产生购买需求。

（3）正文可信。正文内容在运用让文案可信的七种方法证明卖点的同时，还需注意打消消费者的相关购买顾虑，如消费者可能会担心产品售后服务，销售文案则应给出“7 天无理由退换货”“假一赔十”的承诺。

（4）结尾重复卖点并给出明确购买提示。结尾总结并重复卖点，让消费者对文案的卖点更为清晰，并且给出明确的购买提示如“立即购买”，来提升购买的行动概率。

【实战训练】

按照销售文案创作框架，制作一份简单的雪地靴数字新媒体销售文案。

√ 卖点：保暖时尚，真羊皮皮毛一体，由知名设计师设计。

√ 目标人群：23～28 岁女性。

√ 品牌风格：俏皮、可爱、时尚。

√ 开展活动：圣诞节回馈，原价 599 元，现价 199 元，共 1 000 双鞋，活动时间为 12 月 23—25 日。

4.3.3　数字新媒体品牌文案写作

在消费者“认知—情感—行为”三个阶段中，销售文案承担了行为阶段，而品牌文案则主要为认知、情感阶段服务。用于告知品牌信息、加深消费者对品牌印象及情感的文案均可称为品牌文案。

1. 数字新媒体品牌文案特点

在日常工作中，品牌文案大致分为品牌介绍文案、新品发布文案、热点借势营销文案，甚至所有与消费者有接触的非直接销售产品的文案也是品牌文案。品牌文案具有以下特点。

（1）有调性。调性一词源于音乐，品牌文案也有调性，而这个调性是欢快、平和还是动感、刺激都是由品牌个性所决定的。品牌就像具有鲜明个性的个体，消费者通过与品牌相关的文案、包装、店铺、广告图等形象去感受这个品牌的个性。

（2）重情感。品牌文案通过温和的情感沟通，引发消费者的注意和共鸣，使消费者喜欢该品牌广告，进而对广告产品产生好感。例如：黄金饰品常被用作嫁妆，广告往往以父母和女儿的感情故事为基础，激发父母对即将出嫁女儿的不舍与浓厚的感情，进而推出产品。

（3）利传播。通过品牌文案所提倡的世界观、人生观、价值观，促进消费者愿意主动地分享与传播。在传播的同时，品牌不仅做到了高曝光率，更增进了消费者对品牌的认识和情感，图 4-18 所示的陌陌主题文案，让不愿意改变的人找到不改变的理由，而对丁喜欢创新、尝试不同生活方式的人也同样有话题。

图 4-18　陌陌的品牌传播文案

2. 创造具有情怀的品牌文案

成熟的品牌设计者在琢磨品牌设计和风格调性之前，必先悉心研磨文案，找到品牌真正的核心，打磨出品牌情怀的光辉，这样才能触摸到消费者柔软的内心世界。

（1）品牌人格化。具有明显个性特征的人，更有识别性，也更容易被记忆，品牌个性也同样如此。品牌学家通过研究，总结出七种品牌人格：坦诚、刺激、能力、精致、粗犷、激情、平静。

ⅰ. 坦诚：表现为脚踏实地、诚实、有益和愉快的。海尔“真诚到永远”的文案表现出坦诚特质，语言风格就像消费者身边的亲近朋友。

ⅱ. 刺激：表现为大胆、生机勃勃、富有想象力、时尚。百事可乐“突破渴望”，表现出刺激的品牌人格。不论哪位品牌形象代言人，都在体现这种人格特质，在广告画面中也能够感受到时尚和想象力。

ⅲ. 能力：表现为可靠、聪明和成功。大多数汽车广告文案，都在塑造成功人士的形象。新奥迪 A8L 加长型领袖座驾的“时间改变一切，你改变时间”等系列广告文案都在着力打造权力和控制感的成功形象。

ⅳ. 精致：表现为上流社会和有魅力。阿玛尼品牌体现优雅、具有绅士风度的形象。香奈儿的系列经典文案也在体现这一人格——“每个女孩都该做到两点：有品位并光芒四射”。

ⅴ. 粗犷：表现为户外及坚强。骆驼品牌广告文案：“10 年努力与忍耐，终获硕果。有骆驼，带你走更远。”这一文案呈现出品牌耐用、舒适感，具有男人味和力量感的特点。

ⅵ. 激情：感情丰富、灵性和神秘。激情与刺激较为类似，但更为细腻，如即使消费者没有看到 Calvin Klein 的文案，也能够从其产品设计、广告图风格感受到要传达的情感。

ⅶ. 平静：和谐、平衡和自然。无印良品的文案都散发着和平、安静、与自然和谐共处的感觉，如“像水一样”的主题文案——无印良品以水自许，慢慢前行不慌张，无印良品永远像水一样，为您的生活打气。

不同的品牌人格，在产品设计、广告形象、文案上均有不同表现。通常，实用性商品更倾向于用坦诚、能力、平静的品牌个性；具有公共性、涉及个人形象塑造的商品则更倾向于用刺激、精致、粗犷的品牌个性。一个品牌可能同时具有多个品牌人格，而世界观、人生观、价值观让品牌人格更生动。

（2）借助节假日气氛。每逢节假日，企业都会利用消费者的节假日心理，结合自身的品牌形象及产品推出对应节假日的营销活动或文案，主要在于找到节假日元素及相关卖点之间的契合点，这不仅可以传达品牌内涵，加强与消费者的情感联系，也能提高品牌的曝光度。

印象深刻的节假日品牌文案遵循三个原则：节假日氛围、情感共鸣、品牌或产品的有机植入。若消费者和品牌有互动，则更能加强情感联系。例如，父亲节脉动将品牌词和功能均植入文案中：“#父亲节#您是别人眼中的超级英雄，但看着每天辛苦打拼回家后的您，只想对您说：各位爸爸，您辛苦了！状态回复就交给脉动！宝宝们，说说在你心目中，爸爸更像是哪位超级英雄？猛戳图有惊（奖）喜（品）喔！”

（3）热点借势文案。热点借势营销与节假日营销文案的写作方法和原则一致，即融合热点事件相关元素及情感。营销学中存在“比附效应”，指攀附名牌，使自己的品牌与名牌产生一定的内在联系，从而迅速进入消费者的心智。例如：蒙牛在刚推出市场的时候，宣称自己“为民族工业争气，向伊利学习”，利用伊利的知名度推出自己的品牌。这个方法可以让企业在短时间内被更好地传播，节约传播成本，一般用于中小企业在竞争中采用跟进的策略。需要注意的是，不论是怎样的热点，都不能陷入恶俗。不是所有的热点都要跟，欢快愉悦的热点大部分品牌都会追，但有争议的甚至是负面的热点尽可能不追，以防损害品牌形象。不论品牌人格是哪种类型，都应该保持正确的三观导向。

（4）发布倒计时文案。企业推出新产品时，除了召开新品发布会做推广，借用数字新媒体提前预热告知，引起目标人群的好奇和期待非常必要。新产品发布文案做得足够好，也能够直接为企业节省推广成本，引爆新品。一般企业均通过倒计时的方式发布文案。新品发布文案的写作方式通常有以下三种：

ⅰ. 直白说出卖点引期待。通过文案不断阐述新品卖点，以引起消费者的期待，更有利于重点突出新产品的优势。例如：OPPO 手机新品发布会的倒计时文案不仅说卖点，还融入了相关情感，连续七天，运用“影 · 像 · 纪”主题，每天从关于影像相关的不同记忆、不同场景来描述，从照相馆、数码相机、旧手机、双重曝光、自拍功能，在情感上引起共鸣，并且表现出新品在影像上的不同优势（见图 4－19）。

ⅱ. 设置悬疑引好奇。在新品发布文案中，不直白地说明新产品的卖点，而是让消费者自己去猜测，引起好奇和期待。例如：小米旗舰新品发布会文案（见图 4－20），人们看到第一眼就不自觉地填上了一个词，而这个词恰恰就是小米新品的卖点，异常巧妙地与消费者之间形成互动。

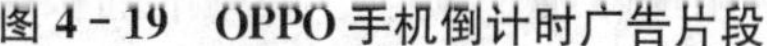
图 4－19　OPPO 手机倒计时广告片段

图 4－20　小米手机新品发布倒计时广告片段

ⅲ. 与竞争对手对比优劣。通过对比优劣彰显自身卖点，引起目标人群关注。例如：魅族的魅蓝发布会倒计时文案（见图 4－21），每天分别从同类竞争对手千元手机的卡、慢、丑、小、糙的特点入手，意寓为魅族将打破消费者对传统千元手机的印象，引起大家的关注和期待。

图 4－21　魅族手机新品发布倒计时广告

3. 新媒体品牌文案写作框架

文案和诗之间具有相通性，如讲究押韵、对仗、文字的节奏感等。虽然新媒体对文案的语言要求更直白、通俗易懂，但诗歌对品牌文案的内在框架——起、承、转、合，仍具有借鉴意义。起，即开头，主要作用为引出话题，统领整个文案的风格、基调，或者提供相关背景；承，即为承上启下，让上下文保持紧密的连贯性；转，即为转折，从一个事物转到另一个事物，或者从场景转到人，文案中转的作用往往是为了转到主题而做的；合，即总结，往往需要突出主题并升华。

故事基本遵循起、承、转、合的原则，品牌文案也如此。例如：QQ 浏览器品牌文案借用不同代言人风格，推出不同文案，但均围绕“我要的，现在就要”这一主题进行延展，其中，张靓颖版如下：

（起）我从不确定前方是什么样的路，

（承）因为我更确定路是走出来的，

（转）成就梦想，必与时间为伍，让身体和思想同步。

（合）我要的，现在就要。

“起、承、转、合”的品牌文案框架，属于“分—总”结构，虽然品牌文案也可运用“总—分”“总—分—总”结构，但当文案侧重感性的情怀表现时，一般选用“分—总”式结构更有利于营造场景、表现情感；当文案侧重理性叙事，如在阐述品牌或产品介绍时，运用“总—分”或“总—分—总”结构，直接展现关键词会更好。

4.4 数字新媒体文案传播

文案作为品牌和消费者沟通的重要桥梁，会影响品牌传播的最终效果。对文案本身来说，优质内容是文案营销成功的一半，优秀的文案应当拥有“自传播”的魄力，好的内容总是会找到感染消费者的方法和快捷传播的渠道。无论时代如何改变，都要记得回到文案传播的起点：用最精准的文字、最精准的策略和渠道，抵达最精准的受众。

4.4.1 数字新媒体文案传播特点与方法

随着社交媒体兴起，人们的话语权获得了释放。在传播形式上，传播者和受众的关系趋于平等，意见交换开始更多地发生在具有相同或相似价值观的朋友、共同兴趣爱好者等圈子中。传播渠道和环境的极大变化决定了一个广告的传播不能仅仅靠“播”，而主要靠人“传”的功能。在数字新媒体环境下，大量广泛传播的文案具备三个特点：符号化、社交货币、附着力。

1. 符号化：让文案自带传播属性

符号是人们共同约定用来指代一定对象或意义的标志物，包含视觉符号（原木符号木纹）、听觉符号（英特尔“噔，等噔等噔”）、触觉符号（玻璃杯的冰凉触感）、味觉符号（老干妈辣酱）和嗅觉符号（香格里拉酒店大堂味道）。符号对品牌的意义就是找到一个符号，能够识别品牌，浓缩品牌价值信息，影响消费者看法，让消费者喜欢品牌、购买产品，同时还推荐给亲朋好友。符号化让品牌或产品天生具有被传播的基因，更适合口耳相传，可供选择的方法有以下四种：一看就懂、脱口而出、非凡内涵、常被提起。

（1）一看就懂：运用已知符号。运用已知符号能将已知符号所携带的相关文化价值绑定到品牌上，不仅有利于传播，更会让受众有熟悉感。运用已知符号、让受众一看就懂的品牌命名主要分为具象化事物、人格化形象、符合行业特性的常用词汇。

ⅰ．具象化事物。在日常生活中出现具体的事物能够引起受众对应的联想。运用具象化事物命名，不仅可以在品牌形象上更好地延展，还能够传达出品牌价值信息和品牌风格，如“大白兔”能够让人联想到大白兔形象，使受众立即感知品牌活泼可爱的调性。

ⅱ．人格化形象。品牌就像一个人，具有自己的个性、风格，运用人格化形象命名能让品牌名字便于记忆，并且让人可以直接感受到这个人物名字所携带的系列联想，如“老干妈”会使人联想到一个中年淳朴阿妈，让人有莫名的亲切感。

ⅲ．符合行业特性的常用词汇。借用行业特性词汇在物流领域体现比较明显：强调道路通达，用“通”字，如圆通、申通，用“达”字，如韵达、如风达；强调速度，如速尔、顺丰。

具象化事物、人格化形象、符合行业特性的常用词汇可以互相结合。如具象化事物＋符合行业特性的常用词汇——三只松鼠。松鼠吃坚果，是具象化事物，这样的品牌名字不仅好记忆，还能让人一听就了解这个品牌的大致所属行业，感受到品牌活泼的风格。

品牌形象捆绑的是人的视觉记忆，在品牌形象的设计上运用已知符号更容易达到一看就懂的目的，文案可以在商标设计、包装及广告形象上运用已知符号。

ⅰ．商标设计运用已知符号。每个行业都有不同的符号，运用具有行业属性的符号可以让人一眼就知道企业是做什么的，如餐饮业多为刀、叉、厨师帽等。

ⅱ．包装及广告形象运用已知符号。包装设计运用已知符号可让产品更容易被识别，加深消费者对品牌及产品的印象。例如：厨邦酱油运用大家熟悉的绿格子餐布来做产品包装形象，具有更为明显的识别度。运用已知符号，归根结底就是要让受众更好地记忆，无论是品牌命名、广告语，还是品牌的商标设计、包装设计，都不能增加受众的记忆负担，不要凭空生造形象、生造词，否则会增加传播的难度。

（2）脱口而出：品牌话语口语化。广告语是商品经营者通过一定的媒介和形式，直接或间接地向公众介绍所推销的产品或所提供服务的特定宣传用语。广告语是广告文案的精华，在数字新媒体环境下，容易被传播的广告语应符合简洁有力口语化、具有行动力与号召力两个标准。

ⅰ．简洁有力口语化。口语化借用消费者熟悉、亲切的表达方式，更易被接受，如“美团外卖，送啥都快”。口语化意味着通俗易懂，能让人脱口而出，符合生活中的语言沟通习惯，但也应注意把握好语言的格调，避免落入低级趣味的庸俗误区。

ⅱ．具有行动力与号召力。方案尝试在广告语中加入动词，更容易达到行动力与号召力的目的。“打土豪、分田地”是土地革命时期的口号，但以现代标准来看，完全符合简洁有力口语化、具有行动力与号召力。

当然，品牌话语即使做到了简洁有力口语化、具有行动力与号召力，也需要关注一个核心点：是否传达了企业本身的核心价值，是否表现了企业品牌的最大卖点。这是品牌话语的基石，简洁有力口语化、具有行动力与号召力只是在这个基础上做进一步的优化。

（3）非凡内涵：品牌价值融入。如果广告语无法让人们记住品牌，就等于浪费了一个优质的广告位资源。一旦广告语融入品牌价值或品牌名称，并且符合简洁有力口语化、具有行动力与号召力的标准，品牌的传播会更高效，如“人头马一开，好事自然来”。

（4）常被提起：品牌联想场景化诱因。在特定的场景下，有机地植入品牌或产品，更容易被消费者在对应的场景中想起，如“小困小饿，来点香飘飘”选取的场景是“小困小饿”，香飘飘作为休闲饮品不具备功能饮料的功效，“小困小饿”正好契合让消费者动动嘴缓解轻微的困顿和饥饿的卖点。

2. 社交货币：让文案被受众主动传播

人们有很强烈的意愿主动与他人分享自己的信息、相关商品的口碑等，被他们分享的内容都属于社交货币。社交货币主要用来树立自我形象，完成自我认同，若数字新媒体文案具有社交货币功能，则更容易被受众主动分享传播。铸造社交货币的五种常见方式如下：

（1）满足自我认同。人们分享的思想、观点和经验并不是无意识和无目的的，分享行为是为了收获传播对象对自己的认知，去完成自我认同，塑造他人眼中的自己。自我认同主要通过外部形象、思想形象、理想形象来完成自我形象的塑造。

ⅰ. 外部形象。外部形象是关于“我是谁”“我来自哪里”“我是怎样的人”等相关信息的总和，分享类似信息更容易让朋友加深对自己的印象。如一个热爱摇滚的青年会分享《迷笛音乐节全程攻略》类似的信息，对外传达“我是一个摇滚乐迷”的形象。

ⅱ. 思想形象。思想形象主要体现自我价值观。价值观是认定事物、辨别是非的一种思维或取向，简单来说，就是我认为什么是对的、什么是错的。如分享《人不诚信没朋友》的内容，传达的思想形象是：诚信很重要，我是一个诚信的人。

ⅲ. 理想形象。每个人心中都有自己的理想形象，但现实与理想存在一定距离，当理想形象正好被相关文案内容或事件所体现，人们会自然而然地将其作为社交货币转发分享出去。例如，《仅用三年时间，他是如何成长为CEO的?》容易被期望在职场快速成长的人作为社交货币分享到朋友圈，隐含的理想形象是：我的理想是个职场能手。

【实战训练】

假如你负责一款高端耳机的文案，现需要给目标人群撰写一篇满足自我认同的文案，你会怎么写？请先写出这个文案内容的标题。

（2）打破思维定式。大品牌拥有自带话题的天然优势，但往往有悖于人们思维定式的产品或服务也同样具备话题性。一旦话题、文案、创意打破原本的思维定式，就会更容易被消费者主动分享。许多品牌尽可能在产品明显位置放置品牌商标，除了品牌宣传外也起到了公共性作用。如Beats耳机大部分都是耳机发烧友使用，一旦某个耳机发烧友看到另一个人戴的耳机上显示了字母“B”，更容易发生交谈。使用的产品也成为社交货币，塑造了耳机发烧友注重音质的形象。

【实战训练】

如果你负责益达口香糖的产品策划，你会如何运用打破思维定式来设计口香糖，让顾客乐意主动给这款产品拍照、分享到朋友圈？

（3）运用社会比较。社会调查显示，人们进行选择的最终依据不是绝对收益，而是相对收益，在同类比较中获得相对的优越感。安装360软件的用户在计算机开机时，会看到小助手发来这样的提示："您的开机速度击败了全国99%的电脑"。这样的文案提醒让用户感受到比较中的优越感和心理奖励，更容易被用户作为社交货币分享出去。

（4）提供实用价值。心理学中的"利他主义"，是指一个人在无利可图或不期待任何回报的情况下，也会关心和帮助他人。具有实用性的文案容易触动人的利他心理，从而引起分享和传播。例如：销售水果的品牌可以提供与产品相关的实用信息，如《适合白领吃的7种水果搭配》等。需要注意的是，文案内容一定是围绕企业的相关产品而延展的，如果上述水果品牌推出《原来我们洗羽绒服的姿势都错了》就会浪费资源，即使内容是实用性内容，但是与品牌没有任何关联则为无效文案。

【实战训练】

假如你负责耐克运动鞋的新媒体文案，现需撰写一则具有实用价值的文案，你会选择怎样的角度？请将标题列出。

（5）创造归属感。归属感是指个体与所属群体间的一种内在联系。用苹果手机的人自称为"果粉"，名称下蕴含着消费者作为品牌使用者的骄傲感，也是品牌归属感的一种表现。企业需要有这样的群体，更需要有意识地去培养这样的群体，增强他们的归属感。

ⅰ. 用户参与，在互动中产生认同。让用户参与到品牌活动中，甚至参与到产品设计、开发中，更容易产生身份认同，在每一次互动中归属感会倍增。

ⅱ. 制造稀缺，让身份认同显得弥足珍贵。稀缺性是由能够提供的物品数量决定的，在稀缺中优先供应给对应的人群，会让品牌忠实粉丝的身份认同更强烈。

ⅲ. 制造专有，人无我有。通过限量限时的方式制造商品的稀缺性，以"会员专供""特享"等仅针对特定人群推出的商品会加强品牌归属感，提升消费者的品牌忠诚度。

【实战训练】

假如你是德芙巧克力的文案策划，在情人节之际，你会通过哪些方法来制造顾客参与感？

3. 附着力：让文案被记住并产生持久影响

信息的附着力又称黏性，它可以让创意与观点能够让人听懂、被人记住，并形成持久的影响。信息附着力是在不改变信息的前提下，使用一些简单的包装方法，让信息变得令人难以抗拒。

（1）简单：精炼核心信息。简单往往是抽丝剥茧最核心的内容，即简单＝精炼＋核心。简易的检测工具是问问题："如果只有一个，那么这个是？"在文案撰写中，执行简单原则可参考如下十个方法：让句子简短；挑简单的词，不用复杂的词；选熟悉的词；避免不必要的词；用动词做谓语；口语化；用读者可以理解的术语；结合读者的经验；充分利用词语多样性；以表达为目的，而非吸引人为目的。

（2）意外：吸引维持注意。在当今注意力泛滥的时代，要吸引注意越来越难，最基本的办法就是打破常规，用意外事件紧紧抓住人的眼球。意外事件往往黏性很大，因为惊讶让受众集中注意力思考，惊讶能使受众去挖掘事件背后的原因，想象其他的可能，设法避免今后再发生同类的事情。让人感觉到意外，首先确定所要传达的核心信息，接着找到信息中违反直觉的部分，破坏受众的预测，从而传递信息。

（3）具体：帮受众理解记忆。受众的大脑中装有数量众多的小环套，某个观点带的记忆联想越多，就越容易黏附在记忆中，就好像记忆的魔术贴，大部分广告都会以具体的点来帮助受众记忆。优步使用了系列具体的故事，以幽默口吻引出极具画面感的记忆（见图 4－22）。

图 4－22　优步故事性文案

（4）可信：让受众愿意相信。任何产品、服务都要让受众感到可信，文案创意也是如此。如前所述，借助用权威、反权威、用细节、用数据、客户自证、示范效果、说愿景的方法，受众能够产生牢固的信任感。

（5）情感：让受众关心在乎。前述章节介绍了吸引受众注意力所使用的一些写作技巧，这也是增加文案附着力的重要方法。例如：“启动情感”勾起相关情绪，考虑与受众自身的关联度，即“与‘我’相关”，更能够勾起情感，让人付诸行动。

（6）故事：促使受众行动。所有的故事都有附着力，讲故事能够塑造强烈的代入感。故事有三个经典类型：挑战情节通常讲述自我突破，如反败为胜的故事，主要用来鼓舞人、启发人去接受更多的挑战；联系情节往往讲述的是社会关系，如一个人遇见另一个人，一瓶可乐可以将他们联系到一起；创造情节一般是解开了人们长久的迷思或以打破常识和创新的办法处理问题，如苹果掉落启发牛顿发现了万有引力。

4.4.2　数字新媒体文案传播影响因素

社会潮流就像传染病，只要达到某个引爆点，就会突发性地传播开来，而这个引爆点是由三个条件共同作用引起的：传染源本身、散播传染源的人，以及传染源活动的环境。流行病爆发时，就是三个条件失去平衡，其中某个条件让其他条件发生了变化。企业想让自己的产品或信息引爆，需关注影响传播的两个核心因素：关键人物及环境威力。

1. 关键人物让信息传播更有效

关键人物源于六度间隔理论的弱关系连接，即一个人最多通过六个人就能认识到任何一个陌生人，企业只要抓住了传播中的关键人物就能更高效地传达信息。

（1）关键人物属性分类。关键人物具有独有的特点和社会关系，关键人物包括传播信息的联系员、提供信息的内行、说服别人接受信息的推销员三类。联系员、内行、推销员三个角色，有时候是不同的几个人，有时候也可能是同一个人。

ⅰ. 传播信息的联系员。人们认识的大部分人常常与自己的属性相类似，如住在同一个小区、在同一所学校上学，范围有限、类型单一，但联系员完全不同，他们所认识的人在年龄、职业、生活形态上都不一样。除了部分职业拥有天然优势，如记者、律师外，还会有一类性格开朗、善于交际的人，以认识不同人为乐趣，往往充当着信息联系员的重要角色。

ⅱ. 提供信息的内行。几乎每个人身边都有对某类事物特别痴迷或在行的人，如电子产品发烧友，对任何品牌型号的手机性能都了如指掌，其典型特征就是主动收集电子产品相关信息资料进行比较，并且乐于与周边的人分享。电子产品发烧友将相关信息直接和消费者对接，总能根据消费者的需求推荐合适的产品，消费者对于他们的建议也会非常认同。

ⅲ. 说服别人接受信息的推销员。推销员是一群拥有自信心、说话有感染力、善于沟通并且充满活力的人，当信息通过联系员或内行传播出来，就需要推销员来促进受众做出反馈或行动。推销员在发自内心的认可推销之物后，通过自身人格魅力去感染、影响他人。

（2）企业寻找关键人物途径。企业可以在论坛上寻找关键人物，还可以通过客服电话、忠实顾客的名单进行挖掘。例如：一些有经验的客服人员可以通过客服电话识别出那些非常喜欢打电话咨询，而且问问题仔细、专业的内行；而忠实顾客的多次产品购买已经用行动表现了对产品的认可，在这一部分人中，可以通过相关调研、电话回访识别出一些关键人物。

关键人物中的内行和联系员最典型的特征就是热情、对于相应事物具备探求之心，以及对于相关信息强烈的兴趣爱好。企业必须主动挖掘、充分发挥内行和联系员作用，但需要注意的是，寻找到的关键人物不能和企业有直接的利益关系，他们的观点和行动是客观的、无私的，他们向朋友推荐某个产品或服务的出发点是非常了解个中内情，他们认为这些信息对朋友很有好处。

2. 环境影响信息传播的威力

从传播角度来看，环境包括社会环境和人际环境，处于不同社会环境和人际环境中的人，会触发不同的行为及不同的思想观念。广告信息借用环境的威力才能更高效地传播。

（1）社会环境对人行为和观念的影响。文案传播需要考虑受众所处的环境并提出相应的传播策略，甚至需要顺应当时的社会环境，让传播信息在环境中自然流动传播。随着“80 后”“90 后”逐渐成长为主流人群，他们的生活环境更自由，社会经济环境也相对宽松，消费者更看重商品是否能够成为独特的符号和象征，更关注商品气质与自我的吻合与共鸣。为了适应这种变化，广告语创作开始强调张扬消费者的个性，如动感地带“我的地盘听我的”，QQ浏览器“我要的，现在就要”等。广告语从群体趋向慢慢走向个性张扬，是受众的成长环境和社会环境所影响的结果。

（2）人际环境对人行为和观念的影响。个人所处的群体环境同样会影响行为观念。生活在群体中的人，自我个性容易丧失而形成群体性的规范和价值观。心理群体具有传染性，如非典时期，很多人盲目囤盐和板蓝根，很大一部分原因是大家相信了谣言，并且受到周围人购买的影响，产生了从众行为。

人类学家经过研究指出，人的大脑新皮层大小有限，提供的认知能力只能使一个人维持与大约150个人的稳定人际关系，在这样规模的群体内更容易产生心理群体，传播信息更容易被引爆。当一个信息需要引爆，首先应该考虑在同一群体当中展开。相关品牌的传播活动在资源有限的基础上，如果需要单点突破，可以围绕一个地理位置邻近的地方逐步辐射，依次达到在同一群体中的认知，并逐步在人际环境中自发被传播。如果在不同地域选一个小点传播，则很难依靠人际环境达到预期影响。

4.4.3 不同数字媒介发布形式与效果

社交媒体已经深深根植入大部分年轻人的生活，而企业的营销广告也同样被社交媒体改变。大部分企业都会考虑用户的碎片化时间，在即时通信工具、综合社交应用上加强营销。

1. 社交媒体特点及人群行为特征

社交媒体放大了口碑效应，每个观点都很有可能对企业产生深远影响。大部分消费者都开始使用社交媒体了解其他消费者的体验，寻找关于品牌、产品或服务的更多信息，从而决定是否购买。用户使用社交媒体的时间基本一致，并且会因为生活习惯的原因，在一天中出现几个使用社交媒体的小高峰，如7:45、10:00、17:00、20:00、22:00。社交应用用户的行为给数字新媒体文案带来以下几点启示。

（1）用户黏性强。新媒体文案广告可根据用户不同需求分时段发布。例如：早上7:45，多数人在上学、上班的路上，大部分微博可以发布心灵鸡汤式的信息或与早餐相关的信息等。

（2）满足社交及获取资讯目的。新媒体文案要让自己的广告信息成为用户的社交货币，并且能够提供实用的内容，如花艺品牌可以为用户分享如何插花、花卉品种及搭配技巧等。

（3）年轻化风格与策略。与年轻人沟通需要用年轻人的语言或当下最热门的网络用语。当然，语言风格也是由品牌自身的风格决定的。若企业需要在数字新媒体上推广针对老年人的商品，则可考虑推广策略调整为专门针对年轻人的沟通策略，说服晚辈给长辈购买。

2. 常用社交媒体特点及广告方式

每个媒体都有自己独有的特征及广告传播方式。微博偏重兴趣信息的获取及分享；而微信、QQ更偏重沟通，其中微信偏重熟人关系链上的沟通，QQ则是年轻人认识新朋友的社交平台。

（1）新浪微博。新浪微博一直是各类重大新闻事件的首发源头，较之传统新闻媒体具有天然优势：辐射人群广、传播更为快速、言论自由影响大、内容简短更符合碎片化阅读特性。作为企业微博运营者要规划每天发布动态的数量，保证在不同时间段做到品牌曝光，而动态内容每天会有不同的分类，如实用性、情感性、互动性等，从不同的方面向粉丝展现企业的产品或服务，并引导粉丝互动、分享并转发相关信息。

【实战训练】

如果你是肯德基的微博运营者，需要告知新春全家桶新品上市这个消息，一天内需要发布 5 条相关的微博动态，你会选择哪些形式、发布哪些内容？请填写表 4 - 5。

表 4 - 5　　微博发布时间及内容规划

发布时间	发布内容	内容要求（内容均与产品有相关性）
		具有实用性，看到该内容后消费者会觉得长知识了
		具有情感性，能勾起人的相关记忆、引起共鸣
		具有趣味性，看到该内容觉得有趣忍不住想转发出去
		要求产品一定要出现
		能够引导消费者立即下单，忍不住购买（可加促销活动）

（2）微信。微信更侧重私人关系上的交流互动，其信息消化率更高，如同样的内容，微信上的评论和点赞会远远高于微博，这就相当于把现实生活中的强关系转移到微信上。企业主要运用公众号平台做微信营销，需要传达紧急信息时，应采用直接推送文字的形式，文字太多会对用户造成负担；微信公众平台支持一次推送一张图片，这是用户最快获取信息的途径，通常用于发布活动提醒、新品发布倒计时、节假日问候截图等；60 秒语音支持会让人感觉品牌更有温度。语音方便用户在做其他事情的时候顺便倾听；视频表现更为生动，但为避免直接推送的突兀，常在图文中加载使用。

【实战训练】

如果你是一款空气净化器的微信运营者，现公司需推出一条信息告知以下内容：a. 新推出的空气净化器可净化 95%的雾霾；b. 最近雾霾较为严重，需要严加防范；c. 当天购买新款空气净化器将会赠送防雾霾口罩。请在“图文消息、文字、图片、语音、视频”形式中选择一种来传达以上信息，并呈现出来。

（3）QQ 空间。QQ 空间是年轻人最主要的聚集地，若企业产品目标人群主要为 25 岁以下的年轻人，则可将主要营销阵地设置在 QQ 空间。QQ 空间相当于一个更有利于互动的官方网站，融合了微博的开放性及微信的熟人社交互动，主要广告功能包括说说、相册、日志，此外，还可以运用“签到”功能吸引人气。

【实战训练】

你觉得以下哪些商品更适合做 QQ 空间的营销？请在表 4 - 6 对应选项中打钩并说明原因。

表 4-6 适合做 QQ 空间营销的产品选项

选项		原因
抗衰老护肤品	□	
智能扫地机	□	
百元智能运动手表	□	
奶粉、纸尿裤	□	

3. 社交平台发布信息的注意事项

各个社交平台的功能会不断升级，数字新媒体文案应时常关注功能优化及新增信息。对于大部分企业来说，在发布信息时特别需要注意如下事项：

（1）提高信息匹配度。信息发布应契合对应的时间点且内容与自身品牌相关，语言风格也应契合品牌人格设定。周一至周日，企业热衷于周一发微博，但用户更愿意在周三、周四评论和转发。

（2）精心设计每个细节。社交网络上的每条信息都代表品牌形象，运营者编写信息后应首先检查，禁止出现错别字，确定整篇文字语句通畅、无语法错误，要注意标点符号、图片的数量选择与清晰度，尽量避免发布后的视觉效果有缺陷。

本章小结

通过阅读本章内容，读者将了解数字文案的概念、特点及数字新媒体文案常见的类型；熟悉具备感染力的数字新媒体文案创作需求及创作步骤；学习能够吸引人注意、产生代入感和信任感的写作技巧，以及吸睛数字新媒体文案标题设计、内容架构搭建和关键词布局的方法；明确销售文案与品牌文案的特点和两者不同的创作框架；了解新媒体传播渠道变化趋势，熟悉信息传播方法，能够利用关键人物及环境对传播的影响与人群行为习惯特征，选择不同社交平台达到信息传播的效果。

第5章 微博营销与运营

学前提示

微博，开启了新型社交媒体时代，随着社会各界人士的大量涌入，微博用户量呈爆炸式增长。企业利用微博可以传播品牌、推广商品，不仅能够提高知名度、获得收益，还将改变和影响整个商业社会。本章主要介绍微博营销与运营方法，通过本章学习，需要了解微博营销基本概念、熟悉企业微博营销定位、掌握微博营销基本工具，在微博推广实战中，能够选择更加贴合企业需求的营销策略。

案例导入

锤子科技，罗永浩重回微博热门

2018年5月15日，锤子科技在鸟巢举行2018年新品发布会，公布了全新骁龙旗舰手机坚果R1及Smartisan TNT Station新品，称其将“重新定义下一个十年的个人电脑”。关于这场发布会，早在1月21日的“2018极客公园创新大会”上，锤子科技创始人罗永浩就已经发布预告：“如果没有意外，今年5月15日会在鸟巢开一场几万人的发布会，发布一款革命性的产品，把人类习以为常的主流计算平台上重要设备的工作效率不可思议地提高300%以上。”作为坐拥1 600多万粉丝的微博“大V”，罗永浩算是网络舆论场的“意见领袖”了，被网友称为“手机界的相声达人，相声界的手机大佬”。临近产品发布会，关于坚果R1的曝光越来越多，罗永浩也主动拔高用户预期，再次成为微博话题备受关注的人物。

5月3日，@锤子科技正式公布2018年鸟巢新品发布会将于5月15日19:30在国家体育场举行，5月4日上午10:00在大麦网开始售票，相关讨论热度开始升高。

5月7日开始，@坚果手机的“机友”

们@高德地图 @京东超市官方微博 @神州专车 @界面 @科技新一等微博“大 V”，相继发布了相关抽奖活动，舆情量也因此高涨。此前，罗永浩利用微博互动为坚果 R1 发布做好层层铺垫，从 T 系列旗舰到坚果 R1 的品牌形象改变，显然，坚果 R1 是一款定位为旗舰级的产品。

实际上，此次坚果 R1 发布会的“声音”主要来自微博，虽然新闻类媒体发表了不少评论文章，但缺乏互动性，难以与拥有巨大的用户数的微博相较；罗永浩的这场鸟巢新品发布会颇具“群众基础”，微博上有 90.7%的“群众”（普通十达人）参与了讨论，而认证用户中依然是名人们“话”最多。

锤子科技与罗永浩似乎是自带话题的体质，每次出场总带来争议，而两者评价也呈现两级化趋势。“锤粉”和“罗粉”对于发布会上产品演示时出现的失误表示“理解万岁”，会继续支持锤子科技的产品，“但愿量变到质变吧，毕竟逐利时代勇于创新是需要勇气的”。

锤子科技 2018 年鸟巢新品发布会已经落幕，从营销角度来看，这次发布会获得了史无前例的成功，它引起了全民性话题讨论且曝光度极高。虽然存在争议，但争议从某方面来说也意味着流量，争议点都围绕着罗永浩，而这些流量成功地转向了发布会和产品。营销成本高昂，这样的事件营销节省了大量成本，罗永浩运作得十分得心应手，这也是他吸粉的一面；而从产品的角度来看，这次发布会已经成功了一半。前期宣传极大提升了坚果 R1 和 TNT 工作站的知名度，人们知道了罗永浩，更知道了锤子科技，最重要的是，这些事让人们更想知道坚果 R1 和 TNT 工作站用起来是否真的感觉是“革命性”的。好奇心会推动人们去了解产品乃至购买产品，但产品究竟好不好，还是要看用户使用体验。

5.1 微博营销概述

微博是基于用户关注链接关系的信息分享、传播及获取平台。微博不仅是流行的社交工具，更凭借其庞大的用户规模及操作便利性，发展成为企业微营销利器，是各大企业与商家营销推广的重要平台。

5.1.1 微博传播与营销特点

微博缩短了从信息源发布到信息传播的路径和时间，微博用户可以随时随地迅速发布简短信息，这使微博具有了很强的时效性和现场感，满足了现代人快节奏的信息获取需要。

1. 微博传播特点

微博在具备网络传播特点的同时，又具有自身特色鲜明的传播模式，表现出人人都是传播者、传播内容碎片化、传播效果裂变化等特点，微博的出现给传统营销理念和模式都带来了巨大冲击。

（1）传播主体：平民化、个性化。微博极大降低了普通人发布信息的门槛，使每个人都成为潜在的记录者，随时随地可以发布信息。微博消除了传播者和接收者的界线，激发了平民大众的创作和发表欲望，形成了“人人即媒体”的传播格局。与其他新媒体相比，微博使用者拥有更大的话语空间与自主权，可以自由构建个人社交网络和社区，选择感兴趣的关注对象与信息，并可以完全按照自身意愿编辑微博内容。

(2) 传播内容：碎片化、去中心化。微博早期内容和信息量因受到限定而呈现出碎片化特点，这恰恰显示出微博的独特性和分众传播优势。一方面，它契合了现代社会信息化、快节奏的生活方式，节约了人们的时间成本；另一方面，它又在影响现代人关注信息的方式和习惯，甚至引领着整个社会人际交往模式的潮流。微博构建了机会更为均等、权力更为平衡的舆论平台，客观上营造了打破权威、鼓励创新、张扬个性的文化氛围，使精英阶层话语权下移，彰显出草根性与平民化的传播个性。

(3) 传播方式：交互化、病毒化。微博用户在转发关注者所发布信息的同时，也可以变成微博信息的二次加工者，随时在接收者和传播者的双重身份间互换。在独特的交互传播方式的基础上，微博能够轻松实现人际传播、群体传播、组织传播和大众传播的兼容，具备病毒式扩散的能量。微博用户对企业有价值的信息产生浓厚兴趣，进而转发或评论，让企业信息实现了网络社交传播。而企业可以利用微博引导用户，甚至可在微博上与用户进行深度对话，增加了用户对产品和品牌的信任感。

【课堂讨论】

微博上有一种特殊的现象，叫作"神评论"。一条看似普通的微博，却因为"神评论"带来巨大转发量。请问你看到过这样的微博吗？说说这种传播模式对微博营销具有怎样的影响。

2. 微博营销特点

在移动互联网迅速发展的当下，消费者行为发生了重大变化，由以往被动选择变成在网上主动搜索和分享，此外，消费者的决策还受到其他消费者评价的影响，这无疑给营销战略带来了新的挑战和机遇。

微博营销的特点主要体现在以下几个方面：(1) 立体化。为了方便消费者更加直观地了解产品信息，企业可借助先进的多媒体技术手段，对产品以文字、图片、视频等形式进行展现。(2) 便捷性。微博用户可以直接发布信息对产品或服务进行宣传，无须繁复的行政审批，节约了时间和成本，也提高了企业宣传的便捷性。(3) 高速度。微博快速传播建立在转发量基础上，对于关注度较高的微博，短时间内转发量就可达到几十万。(4) 广泛性。微博通过粉丝关注及利用名人效应等形式进行病毒式传播，影响力非常广泛。

微营销成为营销创新的主要趋势，而微博就是其中一个性能优异的营销平台。由于使用方便快捷、进入门槛低、应用丰富多彩、能够快速获得信息并与他人交流，微博聚集了大量人气。

5.1.2　微博营销商业价值

微博营销是指企业以微博作为营销平台，设计与网友的互动或发布大家感兴趣的话题、传播企业产品信息，达到树立良好企业形象的目的。价值传递与内容互动是微博营销的重点。

1. 加速企业品牌推广

一般而言，如今很多企业都会利用微博向消费者进行宣传，并在软文推广、促销活动等营销方式的推动下，有效展开精细化品牌信息传播。在同质化市场竞争下，唯有传播能够创造出差异化的品牌竞争优势。

微博可以帮助企业和个人进行品牌传播。企业若想利用微博进行传播，首先要构建微博的信息传播模型：微博传播＝人＋情绪＋行为。其中，人是找对意见领袖和忠实粉丝；情绪是为用户制造帮你传播的理由；行为是引导用户创造内容，为企业微博转发创造二次传播机会。企业发表与经营相关的内容，能够与粉丝积极互动，获取更高的粉丝量，整合线上线下渠道，塑造和提升企业的品牌，如在微博上讲述企业和品牌的故事，增添产品的无形价值，给用户带去美好的体验，激发美好的情感等。

2. 提供客户服务管理平台

微博用户一般比较喜欢在微博上记录兴趣爱好、计划、想法等，企业可以利用平台进一步了解消费者需求，有针对性地制定恰当的营销策略。在微博中，最直观的用户个人资料模块、用户消息发布平台、用户日常重点关注、用户讨论的热门话题等都非常利于企业掌握用户资料。

企业可以通过微博进行客户挖掘、维护及服务。微博的直接性和互动性使企业可以较好地接触客户反馈，增加获取客户需求的机会，快速解决用户问题，在企业与客户之间建立良好联系，有效提高客户满意度。企业通过微博平台可以进行舆情监控，不断改进产品和服务，增强用户体验。现今，越来越多的互联网企业在用户线上购买、包装、物流、体验等各个环节中，特意引导用户晒单和评论分享，通过微博对目标客户进行一对一沟通、交流、反馈，促使他们购买产品，已成为许多商家推广的基本策略。

微博图文并茂，相比于电话、邮件等传统的营销客户沟通模式优势明显。基于“微”模式，企业在与客户沟通的过程中更显人性化。微博模式的客户关系管理方式也极大地降低了企业管理运作的成本，为广大中小企业进行客户关系管理提供了新的思路。

3. 开展市场调查与产品开发

市场调查是开展营销不可缺少的环节，企业可以借助微博深入了解市场潜在机会，并以此为导向更精准地为用户创造价值。微博为企业提供了一个低成本、高效率的创新工具，当企业积累一定粉丝后，通过微博进行营销和市场调研，成本极低。企业还可以在微博上利用第三方应用发起投票和调查，甚至可以针对调查中涉及的问题与用户进行面对面的沟通，提高调查的互动性与准确度。

在营销行为中，最终与消费者有直接、深入接触的，归根结底是企业产品。企业完全可以通过微博这种天生带有年轻和活力特质的媒介，获得最具消费潜力的用户，迎合大众心理，掌握产品开发的主动权。企业通过微博获取了一批目标受众粉丝后，可直接做引流销售。网红经济成为时下最热话题，除了自身的微博推广平台，企业还可与微博“大 V”或网红微博合作推广产品，进而为企业带来直接收益。

4. 处理突发事件及危机公关

微博既是品牌推手，又可能成为扼杀品牌的利剑。在我国，涉及知名企业产品质量、企业信用出现问题等公众事件，一般都会迅速登上微博的热门词汇、转发、评论排行榜。根据话题检索，企业可以迅速发现对事件高度关注的群体，全面了解公众评价和意见，由此，企业能够迅速在微博上锁定危机公关的目标人群，并据此做出更有针对性的应对。

快速、有效的微博危机公关，不仅能将危机降到尽可能低的程度，甚至能将危机转化为重塑企业形象的一次机遇。企业可通过微博及早发现危机苗头，及时反应、主动沟通，防患于未然；危机发生后，企业可通过微博将事实真相迅速、准确地呈现在公众面前，让公众更全面、更客观地了解事件真相；企业还可以通过微博随时掌握公众对危机的反应，表明企业的态度和立场，防止事态进一步恶化；此外，企业可以适时发布对危机的处理过程和处理结果，安抚公众的情绪，重塑企业形象。

【实战训练】

通过微博搜索“小米科技”“小米手机”等关键字，分别列出小米公司共开设了哪些微博账户，不同的微博账户定位是什么，并将相关内容填入表 5-1。

表 5-1　　微博矩阵主要定位分类

定位	账户名称
企业品牌推广	
客户管理服务	
市场调查与产品开发	
危机公关	

5.1.3　微博营销模式与策略

微博具有媒体特性，更适用于企业品牌曝光和媒体关系维护。微博的每个用户都是营销的潜在对象，企业可以借鉴多种形式发布话题，与用户进行交流互动，传播企业与产品信息，为营销创造更好的机会。

1. 微博营销常见模式

微博属于自媒体平台，发布信息后好友与陌生人都能够看到，更像是新闻媒体平台。现阶段，微博营销充分利用了微博的社会化信息网络属性，具有如下常见七种模式。

(1) 明星模式：具备当红影响力。如今，很多企业宁愿付出高额费用也要请明星代言，原因就在于明星具有极大的影响力。有些明星的演艺事业并不被特别关注，反而在微博上获得追捧，如薛之谦在微博上发 iPhone 段子广告赢得关注，也带动了其演艺事业的发展。

(2) 网红模式：如“我为自己带盐”。网络流行语“我为自己带盐”是“我为自己代言”的谐音。微博对电商的促进作用不容忽视，而网红经济也进入大众视野，如红极一时的网红 papi 酱。网红具有类似明星的效应，商家也愿意与网红合作，为其进行品牌推广。

(3) 商界领袖模式：折射人格魅力标签。微博时代，各大企业家纷纷抢占微博制高点，通过微博使企业领袖成为企业名片，广告效应远远大于在传统媒体上投放广告，给企业带来非常好的曝光率和传播效果。

（4）媒体模式：从传统到数字新媒体。微博移动端可随时随地获取和发布信息，文字、声音、图片、视频等形式多样，优势远超平面媒体，网络视频的弹幕功能也让很多媒体脑洞大开，很多传统媒体开始将微博作为自身主平台运营，发挥比平面纸媒更好的效果。

（5）自媒体模式：个人品牌超越机构品牌。成功的微博应该具有灵魂、影响力和号召力，在此方面，企业微博不如个人微博更加鲜活、立体。因此，许多企业微博纷纷以虚拟人格出现，以拉近与粉丝之间的距离。

（6）专家模式：付费阅读和打赏收入。微博上汇聚了各领域的专家，这些专家个人品牌的塑造、传播及赚钱模式等在微博兴起后都发生改变，微博平台功能相应优化，推出打赏、付费阅读、广告收入等模块。专家变现相比普通人有更大的优势，这就为个人和企业盈利创造了市场。

（7）微商模式：社会化电子商务。自新浪微博和阿里巴巴联手后，社会化电子商务具备了更多的可能性。在大数据支持下的微博推荐，根据用户的搜索习惯进行广告投放，实现精准营销。微博的互动性和传播性等优势仍是很多电商新品爆款推广的首选平台，转发抽奖活动虽然老套，但参与者仍然众多。

【课堂讨论】

如果分别运营一家乡村土鸡企业、一家城市咖啡馆、一家化妆品企业，你认为最适合的微博营销模式是哪种？与大家分享自己的观点，并阐述理由。

2. 微博营销策略

微博席卷网络，企业越来越重视微博的商业价值。在变幻莫测的现代市场竞争中，企业若想利用微博营销付出小成本、得到大回报，必须采取正确的方法和策略。

（1）建立微博矩阵。微博营销首先需要构建具有影响力的平台，并建立链式传播系统，这便需要建立完善的微博矩阵。子微博明确定位、各司其职，各账号头像、页面装修、内部建设保持统一，共同展现企业文化和互联网品牌内涵。

企业在建立矩阵前，需做好产品销售、品牌传播、客户关系管理及公共关系模块微博公号的定位和功能分类，企业微博运营、内容更新、活动策划、粉丝互动都要根据本身定位进行运作。微博矩阵目前有蒲公英式、放射式、双子星式三种常见形式（见图 5－1）。

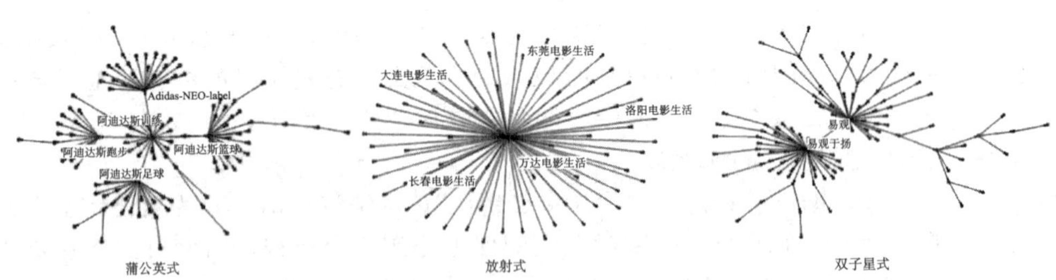

图 5－1　常见企业微博矩阵形式

蒲公英式适合拥有多个子品牌的集团，如阿迪达斯；放射式由一个核心账号统领各分属账号，分属账号间是平等关系，信息由核心账号放射向分属账号，分属账号之间信息并不进行交互，这种形式适合地方分公司比较多并且为当地服务的业务模式，如万达电影生活旗下的大连电影生活、东莞电影生活等；双子星式创始人账号很有影响力，公司官方账号也有影响力，账号之间形成良好互动。

企业还可以建设一批小号，即建立一批与自己企业相关的账号，如@天猫作为企业主账号。通过这些账户与粉丝分享不同细分领域的产品，增加粉丝留存度；另一种是注册用于转发的账号，便于用第三方身份发表评论、带动传播。微博营销的重要工作是不断分化主账户粉丝，用更精准定位小号吸引他们互动，留存粉丝关注，从而方便企业需要开展爆款营销活动时，借助"大V"带动小号传播，扩散能量。

（2）病毒式传播创意策划。微博要做到内容对胃口、有营养、够创意，可以借助社会化媒体能量传播覆盖更多人，微博创意策划十分重要。在微博热门转发中，下述内容会使互动效果事半功倍：情感类——爱情攻略、哲理、小资情调；新鲜类——新闻、罕见猎奇、环境破坏、新科技；实用类——处世、交际、职场经验；娱乐类——明星八卦、星座、趣味、性格测试、非主流、独特音乐、电视剧剧集、电影影单；通用话题类——共同回忆、引发共鸣、转发送奖品、感人事、祈福、愚人；消遣类——可爱动物、搞笑、性感、清纯美女、美景摄影、可爱、新奇创意、设计、艺术。

（3）微博活动。在微博营销中，活动贯穿始终，初期增长粉丝量要依靠活动实现，后期粉丝稳定要通过做活动引爆品牌传播或者回馈粉丝，增强黏性，开展活动聚集人气对提升品牌尤为关键。

微博活动分为平台活动和企业自建活动两种。微博平台活动形式多种多样，大转盘、砸金蛋、晒照片等具有趣味；活动数据分析详尽，有转发、邀请、收藏、每日参与人数等详细数据；抽奖更加公正公平，管理更加规范方便，粉丝增长迅速。企业微博自建活动主要是各种形式的转发抽奖，数据统计比较烦琐，对主题活动要求较高，通常基于内部粉丝相互传递发起，先有效调动内部粉丝的积极性，再增加微博的活跃度。

5.2 微博运营规划

微博营销给企业带来了诸多方便，但是运用得当才能为企业提供动力与机遇。因此，对企业来说，微博营销运营规划非常重要，企业也需要从微博操作技巧中不断挖掘微博营销的精髓。

5.2.1 微博设置与技巧

对于微博营销来说，前期操作设置仅仅是基础，企业还需要做好后期具有吸引力的内容更新，掌握微博推广技巧，学会规避微博营销误区，才能循序渐进地发挥微博营销价值。

1. 微博基础设置

企业进行微博营销时，首先需要做到的就是诚信。除了上传真实有效的头像之外，企业还应该尽可能地完善相关资料设置，获得微博用户的信任。

（1）昵称：身份标识。企业开展微博营销首先应当把握好原则和技巧，为品牌选择适合的微博昵称。1）简短有趣，便于记忆。字数不要超过 7 个字，最好控制在 4 个字以内。2）品牌一致，长期记忆。在昵称中体现出品牌价值，如果微博昵称已经被人注册，可以采取加前后缀标识的方法，昵称不要轻易改动，保持品牌传播的一致性。3）拼写简单，便于搜索。昵称尽量使用容易输入的中英文字符组合，少用冷僻字，并且最好突出行业关键词，获取更多被检索的机会。4）明确定位，快速查找。在昵称中要体现出产品或服务的具体内容，了解用户搜索习惯，按照“姓名＋行业＋产品”的格式命名，方便消费者快速找到企业或产品。

（2）域名、头像与简介：关键信息。微博用户可以设置个性域名，方便粉丝快速进入。在工作与生活中，个性域名经常会被用到；企业微博头像要真实，最好能够直观地体现出企业、产品或品牌，可以让用户在搜索时对企业或产品一目了然，便于用户以此来区分其他企业或产品。设置头像时一定要考虑大、中、小三种显现方式都足够清晰；简介是吸引粉丝了解企业的关键信息，需简明扼要、富有个性色彩。

（3）标签背景：良好展示。微博标签是用户搜索的入口，个性标签能够增加企业在搜索结果中排名靠前的概率，企业可以定期更换标签词组，合理调整标签顺序。微博背景图和头像后的封面图是粉丝进入微博主页的视觉展现，企业开通会员后，二者可自定义且能够作为广告展示位使用，与微博个性标签信息保持一致风格，背景与封面图能利用视觉冲击吸引消费者关注，成为企业宣传推广、充分展示自我的重要方式。

【实战训练】

微博搜索@可口可乐，从表 5－2 所列层面分析评价该微博有何设置特点。

表 5－2　　企业微博基础设置评价

层面	昵称	个性域名	头像	简介	背景图	个性标签
设置特色						

2. 微博运营误区

微博作为新型营销工具，相比其他平台而言，在评论关联性、表现能力等方面也有自身的短板。企业只有认清自身位置，找准合适的目标，巧妙地规避误区，才能在微博平台上打响营销之战。

误区一：微博适用于所有企业及产品。并非所有企业都适合利用微博进行营销，部分企业应该尽早寻找适合自身的发展平台。企业开展微博营销的正确做法在于：充分了解自身发展及相关产品特点；能够对产品进行精准定位，锁定目标客户群，加强与用户互动，稳定客户群；抓住潜在客户特点，对营销策略做出相应调整；保证企业在微博营销中具有一定数量的客户或潜在客户。

误区二：将微博作为唯一营销平台。一般而言，营销活动不是通过某个单一渠道就可以完成的，企业利用各种平台营销才能取得较好的效果。企业可打通多种营销渠道，采取多面夹击方式获取品牌用户。

误区三：微博帖子撰写较易。首先，企业发布的微博营销帖子要构思巧妙，让客户感觉到既有趣好玩又有利可图，抓住心理才能吸引更多的用户参与并转发；其次，企业撰写微博帖子时，要将所有信息表达清楚，并且注意文字表达方式，太过生硬的话语口气会将软文写成硬广，使用户产生反感，而有时恰当的修辞手法或者标点符号，却可以让帖子获得意想不到的效果。

误区四：发帖转发就算达成效果。对企业微博营销来说，每天发帖固然很好，但并不是每天发帖都能够产生营销效果，也并不是每天发帖就能够促进产品营销。企业只有掌握微博营销的发帖技巧（见图 5-2），定期更新合理的内容，制造引人热议的话题，才能形成品牌价值，收获更高的营销价值。

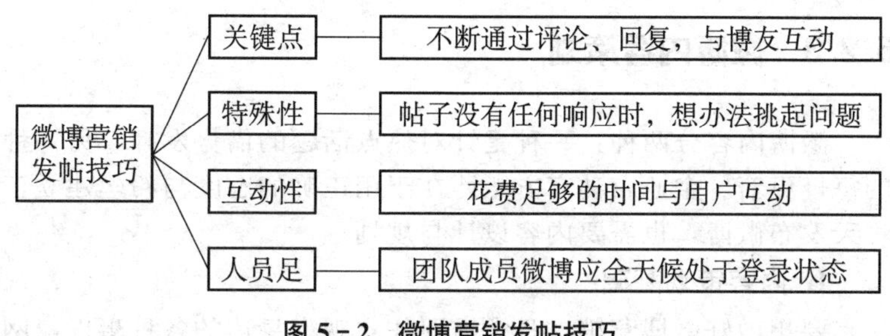

图 5-2　微博营销发帖技巧

5.2.2　微博定位策略

具有影响力的微博，往往都形成了符合博主定位的文字风格。企业要明确微博定位，进行有意义的内容输出，吸引期望寻找的用户，才能为其提供稳定、长期的价值。

1. 选择发布形式与内容

微博发布形式越来越多元化，除了文字和图片外，还可以发布长微博、视频、音频、投票、点评、直播。鉴于网络定位功能，微博手机端可以发布“签到”“点评”，还能够直接运用微博橱窗进行商品售卖。

文字微博可以配图，包括单图、多图，若超过此数量，可以用美图秀秀等拼图软件将图片拼好，再上传到微博即可。早期微博只能发送 140 字和图片，现在可以发布超过 140 字长度的微博，超过字数的部分会折叠起来，而点击“展开全文”，微博内容就会全部显示。

微博营销是基于信任的用户自主传播的营销手段。企业对微博进行定位，应每天有计划地发布一些粉丝感兴趣的、有创意的内容，粉丝的忠诚度才会进一步提高。企业提高粉丝量、推广微博内容，坚持原创的同时也可适当转发，提高微博的活跃度；注入水印，图文并茂、便于宣传；重视直播报道，利用视觉冲击吸引粉丝关注；微博内容贴近生活、贴近现实，与粉丝息息相关；多组织活动与粉丝互动，提升微博传播力。

2. 设计微博话题

能够引发讨论和转发的微博都是话题，可将关键词用“#”围住加以强化。如果话题进入微博热门话题榜，就会带来广泛的讨论。微博话题可申请话题主持人，话题主持人是某个话题页具有相关管理权限的用户。通过编辑，用户可以完善话题页并提升微博影响力。目前，每个话题只能有一位话题主持人，话题主持人可以对微博进行推荐，让它们出现在更明显的位置，引发粉丝注意，起到更好的推广作用。微博要求话题主持人一周发送三条带话题的微博，所以话题主持人需要设计持续的运营方案。作为企业微博，话题最好系列化，拥有自己的发布周期，以便长期经营将话题品牌化。

话题营销是企业微博营销的主要策略之一。企业进行微博运营时，还应适当转发别人的微博并留言，这样不仅可以加强彼此的互动，也可以获取更多博主的信任。企业只有将品牌和产品的实际情况准确地融入正确的话题之中，才能够取得话题营销的成功。

5.2.3 微博内容策划

微博内容分两种：一种是针对热点话题的借势发挥，另一种是结合自身定位做的每日更新。企业启动官方微博在于用正确的态度与粉丝建立正确的关系。即便是每天发布微博，也需要内容设计与规划。

1. 内容策划基础

要想做好微博营销，日常需要注意观察身边的各种事件，网上的热点事件，阅读各种资料和图片，保存并整理收集作为知识储备，方便使用时迅速查找。

（1）建立微博话题素材库。微博话题通常被分为时事观点、所见所闻、历史文化、生活工作等，寻找话题灵感需要基于不同的分类着眼点，如时事新闻关键是反应，财经新动向重点在于解读，而历史小故事则关注文化内涵。建立微博话题素材库大致分为三步，这个方法也同样可以推广到其他数字新媒体运营模式中。第一步，选择优秀信息源。平时阅读到优秀作品时进行统一存放，有灵感火花也可随时记录。第二步，对收藏夹进行整理。可以借助第三方工具，如有道云笔记对素材进行整理归类，并贴上便签便于后期搜索。第三步，应用并不断更新。撰写博文可以按照分类找到相应信息，对于没有保存价值的资料，建议及时清理。微博的热门话题基本包括最受关注的热点，最好养成每天浏览的习惯。

（2）建立微博时间地图。除了常见的话题之外，推荐按时间地图策划微博内容（节假日、节气），其中节假日是最好的话题来源。节假日包括法定节假日、国际纪念日、民俗节假日、西方节假日、行业营销季等。微博营销需要对新闻事件有敏锐的嗅觉，预知未来的重要新闻事件发生的时间点，提前利用好某个特定报道角度的“新闻点”，无疑会使企业品牌传播工作事半功倍。

（3）合理设计微博发布时机。除了话题内容和时间策划，微博发布时间也会影响微博阅读打开率。所谓最佳发布时间，是让期望的人最先看到的时间。例如：对于突发性新闻事件，应第一时间抢发，连续跟进、快速刷屏；现场活动实时同步播报更好。最佳发布时间应依据对微博发布效果的动态观察，不断反馈和调整。

（4）注意转发和原创比例。一般而言，微博原创运营难度较大，也不利于建设微博矩阵，但转发量太多也会失去粉丝关注，所以适度的原创十分必要，针对目标人群提供有价值的原创内容，企业微博才能走得更远。以原创为主、“转载＋分析”为辅，是比较适宜的方式。转载博文要阐明转载理由，加上思考分析再加工，与原作有所区别。

2. 原创微博写作技巧

合格的微博要求语言简练生动、自然贴切，无错别字（除刻意设计）；统一微博内英文和数字格式，便于别人转发时加评论；如需加外部链接，应写出吸引人点击的理由。要想写好微博，加强训练的有效方法是选择话题，尝试使用各种不同的撰写方法，然后反复修改直到满意。示例如下：

（1）深度点评法。@××：……不过微信故障可以提醒我们两件事：互联网基础服务比你想象的可能要脆弱，你的微信信息有备份吗？半天不玩微信的感觉是不是也不错？

（2）制造意外法。@××：据说某地警方在解救完被劫持的人质后，询问人质："你为何不直接电话报警呢？"人质说："呃，忘记电话还有这功能了，一出事就想发微博了……"

（3）妙用比方法。@××：Excel 是个方正规矩的"老学究"；PowerPoint 是个大多数作品不为人道的"涂鸦师"；Word 是个婆婆妈妈碎碎念的"老太太"。

（4）语重心长法。@××：做员工必须明白的道理：所谓忠诚，不是看谁待得久，而是看谁更顾全企业大局；所谓问题，不是看谁会发牢骚，而是看谁会尝试解决……

（5）变换身份法。@××：（甄嬛体之 PPT 篇）本宫最近的 PPT 是越发好了，在本宫身边的人，PPT 设计得极好那是必须的，关键是逻辑构思文案都真真分清楚主次！

（6）详细教程法。@××：《小心，有骗子！＋鉴别图片来源教程》——这篇长文目的是想把一个自称爱旅行的骗子剥给大家看……文太长，这里只放个教程，详情见 http://……

3. 微博内容策划提升

影响微博阅读量的因素较多，企业需采取有针对性的措施，努力创作自身领域的高质量原创博文，逐步提高用户阅读量，从而有利于把握和运用微博，传递理念、推广品牌。

（1）增强微博可读性。微博尽量图文并茂，恰到好处的配图能够画龙点睛，极大增强微博转发量，好文案也能让一般的图活灵活现，增加用户兴趣。用图讲故事无须用户点击，就将信息直接呈现给用户。

（2）定期整理微博。微博可以记录日常点点滴滴，后期需回顾是否具有保留价值，定期清理很必要。第一招，定期清理、观点成文。按周进行小型清理，每周结束时，回顾清理无转发和评论没有存在意义的微博；按月进行中型清理，结合月总结的习惯，回顾撰写每月博文总结，发起话题引发深入思考，是化零为整的好办法；按年进行大型清理，如果全年发布微博较多，可以用高级搜索清理无意义内容。第二招，加注标签、分类检索。在清理微博时，顺便给好博文加上标签，便于后期阅读及检索。

（3）提高长微博阅读量。长微博要点开页面才能看到全文，如果标题、配图和导语缺乏吸引力，则很有可能被忽略。提高长微博阅读量的方法如下：1）选择适合长微博写作的题材，写出自己的风格，勇于做"标题党"。长微博标题设计既要简练、准确，还要有足够的诱惑力，能让人欲罢不能地点开并阅读下去。2）注意文章长度和排版设计。微博是移动端阅读，用户往往在碎片时间刷屏，文字太长不适合微博阅读。认真排版能够提升阅读体验，即使是专业文章，也可以多用图表说话，利用视觉变化提高可读性。

（4）设置有趣打赏互动。微博发布后，可在后台设置打赏功能，形成相对完整的自媒体商业变现；要激发打赏，还需要设计诱导性的结尾（见表 5－3）。

表 5－3 微博打赏模式及示例

模式	示例
超直接	如果你喜欢我的原创，点底部打赏
交换	打赏后可以在私信里收到彩蛋哦
暗示	看完文章别急着走，看看下面那个按钮写的啥？点一下又不会失恋
卖关子	打赏后有奇迹发生……
做测试	打赏后可获知测试结果

微博打赏门槛较低，只要博文获得他人认可就能够得到打赏，这是基于微博生态的变现工具，建立了博主和读者之间的双向利益互换机制，使自媒体可以获得激励，增加对平台的黏性，推动自媒体更加频繁地生产优质内容。打赏金额设置不宜过高，建议幅度最好控制在 1 元～10 元。

（5）设计付费阅读产品。微博付费阅读更多针对在专业领域有深厚知识积累的人士，可以将付费阅读理解成为 VIP 用户提供的付费服务。高质量博文容易形成传播，从而有更多的用户付费订阅作者，作者在此领域的影响力也会越来越大，最终形成良性循环。

5.3 微博推广实战

微博讲究交流、分享、互动，这是微博运营者必须注重的特点，也是微博营销必备的特点。通过微博营销精准定位、价值传递、系统布局，企业能更好地传递商品信息、输出品牌价值，达到期望的商业目的。

5.3.1 增加微博粉丝量

有效粉丝是企业进行微博营销的核心武器，企业若想得到更大的营销机会，需要认真经营微博，形成自己的独特标签和风格，提升在专业领域的影响力，再借助这种影响力自然地辐射到微博上。

1. 微博增粉方法

对于博主来说，除前期账号的定位和内容规划运营外，还需要快速获得粉丝，因为拥有粉丝，发布的微博内容才会被关注并产生互动传播，从而为微博账号带来更多的粉丝量。

（1）快速获得第一批粉丝。开通微博账户后，与身边的亲戚、朋友、同学互粉，增加微博互动是微博运营前期常用的增粉方式；通过好友推荐形式增粉，好友推荐增粉的优势在于具有推荐人的信任背书，通过推荐语看出被推荐人的特点；申请成为 VIP 用户可能得到新浪微博的推荐，甚至出现在新用户注册微博时推荐的默认关注用户中，这样会得到部分较为稳定的粉丝。

（2）关注同类人群增粉。在微博上，有着同样喜好的人群往往会相互关注，为此，微博具有对关注的人设置分组的功能。分组后可以只查看某组人群的微博，对于特别重要的人，用户也可以添加“特别关注”。

（3）通过平台导流增粉。微博上许多“大 V”刚建立不久就聚集了大量粉丝，这些基本都是通过之前运营过的其他社交平台进行推广引流带来的粉丝。通过外部平台曝光导流也是快速增粉的方式：1）视频直播。网络主播可在简介中输入自己的微博号或在直播中以活动的形式，引导粉丝关注。2）问答平台。在知乎、百度知道等问答平台，回答者往往会在简介或答案中植入微博账号，实现引流增粉。3）媒体网站。随着各行业细分媒体网站的崛起，越来越多的自媒体人在各种媒体上发布高质量的文章及账户简介，为微博增粉。

（4）通过线上线下活动增粉。微博活动类型丰富，有转发抽奖类活动、发起话题讨论类活动、发起动手制作类活动等。对于用户来说，往往愿意参与低门槛、有趣、有奖品的微博活动，通过活动转发获得增粉。线下比线上获取的粉丝更加真实、更有黏性。线下活动增粉需注意：活动邀请函和现场海报都要留下微博信息；精心准备高质量的内容；在开场自我介绍中，介绍自己的微博；交流过程中预设微博互动方式；邀请听众就未尽事项在微博上交流和互动。

2. 粉丝服务平台管理

粉丝服务平台是微博用户为粉丝提供精彩内容和互动服务的平台。例如：登录新浪微博账号后点击首页“管理中心”，在左侧导航栏找到“粉丝服务”即可看到粉丝服务平台介绍页。

博主可以针对特定关键词的私信设置自动回复内容，粉丝发送的私信内容与设定的关键词精准匹配方可自动回复。关键词回复最多可设置 100 个规则，每个规则下最多可设置 100 个关键词，每个规则最多对应 5 条回复内容。当规则对应自动回复数大于 1 时，系统会随机抽取 1 条回复给粉丝（见图 5－3）。同理，也可以自定义菜单，就是私信对话框底部的导航菜单，需要在粉丝服务平台中开启，按照提示进行设置。

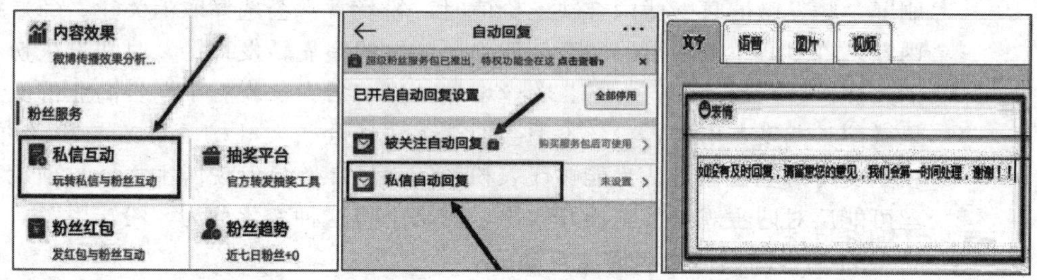

图 5－3　微博自动回复设置

企业利用粉丝服务平台，能够主动推送订阅内容给订阅粉丝。如果用户关注了微博认证用户，会被自动默认订阅认证用户的粉丝服务平台，也同步默认用户可推送消息给订阅用户，每天可推送两条消息。微博粉丝服务平台能够帮助使用者统计数据信息，通过数据分析，了解粉丝的性别比例、区域分布情况；通过对接口、消息等分析，也可查看服务使用和粉丝互动情况，从而更好地帮助企业微博运营。

5.3.2　提升微博活跃度

微博具有强大的传播力，微博活跃度与粉丝黏性、微博的高质量内容也有着非常紧密的联系。提升微博活跃度，能够使微博的互动量达到最大化。

1. 通过高效互动增加粉丝黏性

微博日常互动运营中，增加粉丝黏性的方法在于撰写有吸引力的内容，以及与粉丝互动。互动的方式主要包括：评论＋转发＋私信＋@提醒。

（1）及时回复与转发。若接收到别人的@提醒或者评论，快速反应往往让刚发布评论和微博的人更容易感到贴心，仿佛在线实时互动，这种感觉会让粉丝对微博主增添好感。当粉丝的评论非常精彩时，博主应该主动转发，“大 V”的转发会给普通人带来几十次甚至上百次@提醒，这对用户来说是一种难忘的体验。

（2）私信交流及主动关注。有些粉丝在线@官方微博或“大 V”的问题，并不方便公开回复，可以私信沟通，会让粉丝认为更有亲密感。可通过设置粉丝与粉丝之间的互动，激活粉丝群体的活跃度。在前期粉丝数量较少的情况下，对粉丝评论要予以重视，真诚回复；与粉丝交流需礼貌，遇到不礼貌评论可以不予理会，但不要发生争吵；微博发展初期，可将评论、转发、私信对所有人开放，但随着影响力增加，逐一@会成为一种负担，此时可以考虑进行“隐私设置”，仅对可信用户或关注的人可用。

2. 通过话题提升微博转发量

话题即热点信息，能够引发讨论和转发的微博都是话题。企业长期运营某话题被叫作“养词”或“占位”，即当博主努力经营某词时，用户看到这个词就能立即联想到这个博主：第一类是创造概念，如淘宝创造“双 11”；第二类是定位形象，如唯品会定位“闪购”；第三类是系列抢占并推广的微博话题。

微博话题营销词语要具有话题感、聚类感；话题字数应尽量简短、便于输入，避免出现过长、冷僻词、中英文混写；避免歧义或者雷同。做好微博内容策划，高质量博文与精彩评论也可带动转发量。粉丝数量是提升转发量的基础，微博粉丝数量既会增加也会减少，微博粉丝数量下滑通常出于下述原因，需要尽量避免：（1）刷屏。频发微博且微博内容缺乏价值时，粉丝常常会选择取消关注。（2）缺少稳定内容。许多博主缺乏足够的原创能力，或微博多靠转发维持，时间长久粉丝便会取消关注。（3）反感的广告帖。粉丝增加，影响力大，就有了广告商业价值，但是如果微博长期发布广告，粉丝不但会取消关注还会引发吐槽。（4）与粉丝立场抵触。粉丝支持博主往往是认为能够代表粉丝的立场，一旦发现博主立场与预设不符，粉丝可能反对博主观点甚至展开攻击，网络中将这种变化称为“粉转黑”。

3. 巧妙与微博知名博主互动

微博能够得到名人转发，爆发概率会大大增加。作为草根博主受到关注，不仅仅是某次发布了公众都想不到的创意，更重要的是稳定地产出某个领域高质量的微博；如果草根博主名字经常在微博上被@到，那么一些名人也会主动关注。想与知名博主互粉，最直接的方式就是提高微博粉丝质量，扩大个人影响力。除了持续输出有质量的微博内容以外，让某个领域的名人关注草根微博，坚持互动是最可行的方法。

要想获得知名博主的关注，还可通过私信方式提供他感兴趣的微博，邀请转发。写私信需注意言辞礼貌，不勉强别人转发；为名人话题微博撰写有质量的评论，或为博主畅销书撰写书评，也会引起名人转发。

5.3.3 软文策划与硬广策略

企业在发布硬广时，要尽量将硬广软化，学会将广告信息巧妙地设置在比较吸引人的软文里，利用热门关键词，才能够让用户产生转发的欲望，提高用户的搜索率。

1. 微博软文策划

普通博主对合作发硬广会有所顾忌，因为容易掉粉，更愿意发软文。撰写软文时需要紧跟时事热点，快速跟进同时还要保持结构化思考（见表 5-4）。

表 5-4 软文策划思考

项目	内容
人群分析	目标人群偏好：福利、趣味、创意、情怀
话题策划	抓住网络热点，植入话题点
文案写作	文案发布、快速评估、转发接龙评论
发布策划	"大 V" 直发、转发，群众评论接龙设计
效果评估	转发数、点赞数、评论数、链接点开数、购买转化率

微博软文的文体文风应以亲民为主，策划主抓热点，传播依靠温度，推广要有互动。微博作为社交媒体首先是人和人之间的点对点传播，最终形成人脉信息传递网，在这种人际关系基础上的阅读，对于文字内容的期待必须体现个性特色。

微博软文策划话题往往是能触动情感或欲望的内容。数字新媒体时代，企业应学会随时抓住热点、快速反应，发现有传播势头立刻投入资源引爆，通过表 5-5 的内容可以帮助获得灵感。

表 5-5 软文话题灵感

项目	内容
流行歌曲	改造一首与产品有关的流行歌曲
文艺金句	改造与产品有关的某经典广告、某文学金句
电影台词	改编热门电影台词，配多组屏幕图植入趣味内容
电影海报	用 Photoshop 制作与产品有关的热门电影海报、热门图片
热门段子	改编热门段子，与粉丝产生共鸣
流行动漫	设计与产品有关的动漫衍生产品

2. 微博硬广策略

硬广是生活中最常见的一种营销方式，微博中的硬广传播速度快、涉及范围广，常常以图文结合方式出现，伴有视频或链接。为避免用户反感，可以尝试如下硬广输出技巧。

（1）搭热点。结合时下热点，植入广告。

（2）讲故事。讲故事的推广策略能够吸引用户读完整篇文章。

（3）谈理想。在广告植入中，加入对理想的憧憬能让广告显得清新脱俗。

（4）分析目标人群。分析目标人群特征，有针对地找到合适的代言人，直接有效地输出广告，借助"粉丝经济"效应带来转化。

（5）寻找诚信的伙伴。当粉丝真正信任博主时，他们会愿意帮博主输出有价值的内容，粉丝的支持是最佳的口碑。

（6）有奖励。人们通常会喜欢有趣的东西，配合抽奖活动则用户关注度会更高。

5.3.4 微博数据分析

微博运营者不仅要能灵敏感知消费者需求及变化，还要学会数据采集与分析、善用逻辑推理，让微博发挥更大价值，学会微分析方法和工具，了解事物背后的规律和原理，透过现象直击本质。

1. 微博数据统计指标

作为即时交流平台，微博反映了每个真实用户的动态和思想，通过对微博数据指标的深度分析，可以为营销推广和用户互动提供有效的参考价值。

（1）粉丝增长速度。理想状态下，博主都希望微博粉丝呈现加速度增长，但实际上再成功的运营者，也只能是尽可能地接近。判断微博是否具有潜力，粉丝增长速度是一个指标。

（2）真实粉丝数。基于微博营销的商业化趋势和平台的不严谨性，微博上出现了大量“僵尸粉”，除机器注册外，“僵尸粉”也包括那些基于某些原因，对微博仅有三分钟热度的用户。“僵尸粉”的存在对于微博用户而言缺少实际意义，所以必须关注真实粉丝。

（3）微博阅读量。微博阅读量是直接反映微博受欢迎程度的动态数据指标，其计算原理为：该微博出现在好友信息流里，即被算做阅读一次；微博转发后，网友阅读转发后的微博也计入原微博的一次阅读数。在页面不刷新的情况下，每一次微博加载算一次微博阅读数，在页面刷新并重新载入时则算多次阅读数。

（4）微博互动数。微博的社交性主要表现在微博用户可以通过转发、评论、点赞、私信等方式进行互动和交流。互动数在一定程度上代表博主的美誉度、微博内容的受欢迎程度、微博话题的被参与程度。

（5）销售转化率。作为电商营销渠道之一，可以通过微博所带来的购买量来评估微博的运营能力，企业可以将转化率作为衡量指标。

2. 微博数据分析工具

知微分析平台是一款功能强大的微博分析工具，它可以分析单条微博的传播路径，找出关键节点、转发次数、地域分布等，被广泛应用于各类商业、传媒业务中，成为微博传播分析的经典之作。

目前，知微拥有涵盖微博、微信、媒体网站等百亿量级的数据储备，专注于海量数据的分析、挖掘和可视化，研发系列相关产品和服务，为政商学研各类互联网数据和情报服务提供全方位一体化的综合性解决方案。知微平台主要业务如下：

（1）知微事见。基于互联网大数据理念和技术，真实呈现中国社会当前正在发生的热点事件，对全部事件进行体系化的标签标注并分类存储，建立有效的影响力评价体系，采用先进的数据可视化技术对事件各个维度进行全方位的展示和深度的解读。

（2）情报监测系统。立足互联网数据特性，建立有效且可靠的技术体系，对包括微博、微信公众号、网媒、贴吧、知乎及论坛等全网数据进行持续采集和存储，并对海量数据特别是用户关心的特定数据进行及时和深度的处理，全面快速响应危机管理。

（3）传播分析。着眼于社交媒体中传播的最小信息单元，针对单条微博的传播进行总体评价和多维度分析，从传播趋势、传播路径、参与人群、引爆点、短链、水军和内容属性等多个维度去探索一条信息在微博平台中的来龙去脉。

5.4　企业官方微博运营

企业运营微博是经营行为，旨在通过微博营销实现提升品牌、促进销售、客户服务、市场调研、危机公关功能，最终都是期望提高自身产品和服务在消费者心目中的印象，让其拥有知名度、美誉度和忠诚度。

5.4.1　企业微博运营策划

微博是企业整体营销的组成部分，营销考核体系首先要明确企业追求的运营目标，在此基础上，更为客观地评估微博营销效果，保障运营过程控制手段具备实效。

1. 企业微博运营准备

活跃于微博上的商家，多半是生活服务业或与电子商务结合紧密、物流配送方便高效的行业。根据观察，目前适合微博营销的行业大致分为以下四类：（1）快速消费品，如服装、化妆品、珠宝饰品、食品、日化用品、玩具、家居类、母婴、文体书籍、家电数码、保健等；（2）同城化消费，即能够通过团购网站进行同城消费的商品，如餐饮、装修等；（3）远程化服务，即拥有广大区域分散客户，通过微博互动提供及时反馈，提升客户满意度；（4）品牌化推广，即出于品牌推广目的，部分企业、媒体、公益组织等也必须建立微博品牌阵地。

许多国内成功的企业微博运营，通常是首先得到高层重视，像 SOHO 的潘石屹、京东的刘强东、小米的雷军、360 的周鸿祎和新东方的俞敏洪等，本身就是微博达人，在他们的个人微博推荐带动下，企业微博运营整体质量优良。但从总体来看，中国企业家在微博上大放异彩的毕竟是少数。在这种情况下，企业官微的运营还需通过微博运营专员实施，即具有一定的资源整合能力和超强的责任心，熟悉网络博客或论坛的维护，拥有丰富的网络运营经验。在对网络热点话题需要快速反应的舆论环境中，能够抓住微博上的最佳服务周期，设计符合企业定位、用户感兴趣的微博。

2. 企业微博基础策划

企业微博运营需要做好基本用户体验，在微博上与用户沟通应更加有温度、有态度。根据企业风格对微博进行装修，通过对头像、背景及焦点图的设计，让企业微博整体更加专业、正规，依据时事热点和热搜话题，对每日发布的内容类型和数量进行规划。

（1）企业官方微博命名。企业官方微博不同于个人微博，命名时需考虑对企业的品牌建设是否具有价值，可利用发散思维为微博命名。建议企业官方微博命名既重视品牌微博名，也重视近似命名保护；既重视中文微博名，也重视个性域名申请。

（2）打造企业微博矩阵。在运营方面，拥有矩阵式的微博团队往往比单个微博营销更容易成功。构建个人品牌与公司品牌互补的场景，每个矩阵群都交叉关注，形成一个多维度结构。

（3）企业官方微博装修。为了让企业官方微博给人清晰、直观、良好、深刻的印象，企业需要在装修方面加强设计。企业简介宜简明扼要，语句均要经过推敲；设计特色标签，描述企业所处行业或领域、企业产品类型等关键词，方便外界搜索，也可以让企业找到更多同类或有相同兴趣的潜在客户；设计个性域名，最好与官网保持一致，具有更高的辨识度，也方便让用户记住微博地址；微博背景、头像一体化，同时选择能够体现出企业特色的模板；经过认证的企业更容易赢得用户信任，按照微博要求，上传各项资料进行申请认证；在官方微博首页上，需要好好利用有轮换广告的位置，广告最好经常更换，保持新鲜感。

企业官方微博天然具有广告的属性，但发布广告要尽量避免简单粗暴、发布频繁、单项广播、自娱自乐。在官方微博上发布广告具有诸多策略（见表5－6）。

表5－6　企业官微广告策略

官方微博可自行调整广告位	广告策略
背景模板	定期更新，结合重要市场活动统一更新
微博头像	活动推广或品牌更新时及时更新
视频展示	及时更新有冲击力的宣传视频或滚动图片切换
滚动公告	及时更新企业官方最新通报信息
官方链接	官网信息更全面，合理设置官方链接名称，提高点击率

（4）为企业官方微博加关注。企业官方微博拟人化会显得更加形象生动，与粉丝互动会更有效果。企业官方微博关注类型多元化，多是商业合作伙伴，如同行、客户、上下游价值链等。新浪微博官方企业服务账号@企业微博助理介绍了企业运营方法，分享了新浪微博相关数据和案例，它的关注清单可看作目前新浪微博营销成功公司和优秀团队的活目录，企业若要学习优秀官方微博，可以多向关注清单上的优秀企业取经。

（5）策划企业微博栏目及内容。运营微博要考虑企业品牌营销和宣传的需要，最好设计固定栏目，在相对固定的时间发布类似的内容。不同的栏目覆盖不同的粉丝，长此以往就具备了影响力，吸引粉丝主动投稿。企业官方微博栏目内容来源可以是媒体报道推荐、内部新闻事件、转发或@内部账户矩阵发布的优秀微博、转发关注粉丝优秀微博等。企业确定栏目规划和内容来源后，预测粉丝活动的规律，然后建立企业微博发布节奏，便于开展维护工作，最后评估微博互动效果。

5.4.2 企业微博服务运营

企业微博服务运营要设置合理的营销目标，初步确定不同话题的时效性和趣味性等可参与指标，将主题按照企业产品或者服务的主要特质和特征组合，提炼出若干小话题，循序渐进，从大众话题过渡到具有一定专业或者产品知识的深度话题，通过不断关注和分析控制，最终获得优质粉丝的沉淀，实现活动预设目标。

1. 通过微博推广企业品牌

企业通过微博单纯依靠发布广告的形式推广品牌，往往会引起网友反感，通过学习、借鉴@招商银行的官方微博，可以提升企业微博运营管理水平。

（1）专业分享。许多用户现在会屏蔽来自各种自动软件发布的微博，但经过观察，招商银行的微博几乎都是由人工而非电脑实时发布的，微博内容显示来自“微博 weibo. com”，向用户传达了企业真诚的态度。

（2）注重品位。企业官方微博发布的话题应广泛、有质量，不求多但求精，符合企业自身定位。例如：招商银行在某天四个时间段发布的微博均选择优质话题：09:15，早晨你好；12:35，体育话题；21:30，管理哲思；23:20，晚安心语。

（3）服务贴心。人的需求是多维的，不能仅仅关注单方面的客户需求，发布微博内容应照顾到客户需求的多样性。如招商银行微博发布内容：10:15，重大财经；14:40，健康投资；21:35，经营理念。

2. 通过微博销售模式

微博本身支持在线电商，如果企业具有实力，可以借鉴戴尔的官方微博。戴尔在链接里提供了更多的广告位，包括视频等企业展示（见图 5 - 4）。

图 5 - 4　戴尔微博广告背景链接栏

阿里巴巴投资微博以后，微博和天猫、淘宝无缝集成。如果企业拥有天猫旗舰店或者淘宝店铺，可在微博中加入购买链接或购买广告位。目前，由微博带入淘宝的流量异常可观，特别是随着网红经济的崛起，网红转化率及店铺营业额十分惊人。若企业自身产品电商平台不在微博，也可以通过微博做活动导航。

3. 使用微博开展调查与招聘

营销效果往往需要依靠数据才能直观显现，企业通过粉丝服务平台可了解到各种数据信息，必要时也可以付费购买数据服务。企业决策者只有拥有大量数据信息，才能更为客观地做出正确的判断和决策。

微博中具备微投票功能模块，除了发起各种有趣的投票游戏与粉丝互动外，也可以成为企业市场调研的利器。例如：有的企业邀请粉丝进行在线投票比赛，将市场调研和广告宣传有机结合在一起，还能够发布微博直接询问用户建议。微博不仅能帮助企业对外宣传，也是企业内部业务的入口。千金易得，一将难求，许多企业通过微博开展微招聘，吸引优质人才。

5.4.3 企业微博推广策划

企业官方微博要有效激发一定群体的情感归属。企业官方微博有了更新的内容，就更需要更好地对外推广，如果没有跟随者，再好的内容也无法得到有效的传播。

1. 企业微博推广

企业官方微博加粉同样需要循序渐进，加粉方法主要包括：(1) 全员营销，内部推荐。(2) 合作伙伴，邀请关注，发布外部合作消息，@有关合作伙伴引发关注。(3) 对外宣传，主动展示。在公司网站、员工名片、媒体广告、行业展会等对外宣传工作中，在醒目位置统一增加企业官方微博账号。(4) 积极发帖，制造人气。争取企业内部员工的参与，激励其主动发帖。使用企业目标客户最可能的标签做关键词搜索，开展互动，吸引关注。企业通过微博积累粉丝数量后，对于优质粉丝还需提供分类服务待遇，使粉丝保持忠诚度。善于借势也是企业做好官方微博推广的关键要素。在互联网上，能够抓住眼球的话题一般都符合 3G 原则：比赛（game）、女孩（girl）、博彩（gamble）。同时具备这三个话题的首推体育赛事，每年都是搭车营销的绝好时机。

2. 企业微博活动策划

企业微博活动策划的常规方法包含如下四种：(1) 有奖转发，即目前采用最多的活动形式，只需粉丝转发＋评论或＋@好友就有机会中奖；(2) 有奖征集，即通过征集某一问题解决方案吸引用户参与，常见的有奖征集主题有广告语、段子等，通过获得奖品可能性吸引用户；(3) 有奖竞猜，即最后时刻揭晓谜底或答案，抽奖包括猜图、猜价格等方式，活动应具趣味性，促进用户自动转发；(4) 有奖调查，即用于收集用户的反馈意见，一般不以宣传或销售为目的，粉丝回答问题并转发和回复微博后，就有机会参与抽奖。

企业微博的运营重点在于沉淀优质粉丝和促进多次传播。沉淀优质粉丝同时鼓励用户@好友，可通过关联话题引入新的激发点，带动用户自身的人际圈来增加品牌的曝光率，促进多次传播。在此期间，企业开展微博营销活动，应掌握运营操控关键点。

(1) 规则清晰、简单。要想活动取得更好的效果，不应为难参加微博活动的用户。活动规则简单才能吸引更多的用户参与，最大限度地提高品牌曝光率。活动官方规则介绍文字要控制在 100 字以内，并配以活动介绍插图，插图宜设计美观、清晰且尺寸适度。

(2) 把握并激发用户参与欲望。只有满足用户的某项需求，激发他们内心深处的欲望，用户才会积极踊跃地参加活动。激发欲望的最好方式是微博活动的奖励机制，包括一次性奖励和阶段性奖励，同时官方微博活动奖品既要有新意和吸引力，还要成本适中。

(3) 控制并拓展传播渠道。活动初期，可以通过两种渠道方式吸纳参与者：内部渠道，即要求企业内部的所有员工参与活动，并邀请亲朋好友参加，当积累到一定参与人数就会形成马太效应；外部渠道，即主动联系有影响力的微博账号，灵活掌握合作和激励的形式。

5.4.4　@天猫：整合营销传播

天猫是阿里巴巴集团旗下网站，@天猫的微博账号主要目的是为品牌传播与导流。以@天猫为中心建立@天猫 App、@天猫电器城、@天猫服装馆、@天猫超市等微博矩阵，形成了多圈层、全方位的精准传播。

1. 天猫“双11”活动背景

一年一度的“双11”是网购全民盛典，天猫作为盛典的主场网站，为每年“双11”惊人的交易额做出了决定性贡献。2015年，为了将中国消费者对网购的热情推向更高潮，也为了满足消费者更加多元化的需求，天猫携手新浪为打造“全球化”新形象迈出关键一步，期望为消费者带来更多全新体验。天猫首创“双11”狂欢夜晚会，打破消费者固有认知，建立并稳固了天猫得天独厚的网购品牌地位。

2. @天猫账号内容与增粉方式

@天猫账号内容主要为7类：天猫商城新的促销活动，企业合作活动，商城主题活动海报、视频、长图等，联动天猫微博矩阵其他账号的新动态信息，节假日红包优惠活动，与明星合作的传播相关内容，新入驻的品牌店铺的信息。@天猫增粉方式有如下几种：（1）品牌合作活动吸粉。与天猫内的品牌微博账号合作相互吸粉。（2）账号自身吸粉。用户通过淘宝购买商品，每天都有大批流量涌入天猫，品牌知名度越来越高，也会不断给天猫微博带来粉丝。（3）明星效应。天猫入驻的知名商家大多都有自己的品牌明星代言人，与商家发起活动的同时，便会通过明星微博给天猫带来大量粉丝。（4）活动赞助吸粉。在视频综艺节目发起活动，可以为天猫同步增粉。（5）直播吸粉。主题活动直播时，高曝光度的活动可直接为天猫吸粉。

3. 项目执行流程

2015年，天猫“双11”营销目的主要体现在：强化“全球化”品牌形象，挖掘天猫和“双11”的关联度，稳固并加强用户当日在天猫抢购的消费习惯，推出众筹新业务，带动“买手天团”站内专题的销售和流量；带动天猫微博粉丝、活动、网站流量，创造销售业绩。

第一阶段：微博红包分会场。媒体资源整合：微博＋天猫。天猫通过微博，开放多形式用户参与入口，包括广告入口、主会场、“双11”频道入口。发起转发博文抽奖活动，微博用户参与收到私信通知便可开奖，奖品在天猫商城购物即可使用。

第二阶段：众筹彩虹。媒体资源整合：微博＋H5＋线下彩虹制作。天猫利用病毒式海报和趣味H5引起网络用户关注，发动微博媒体意见领袖召集粉丝参与微博众筹活动。与此同时，大牌明星助阵再次将感性情绪推向高潮，呼吁更多微博网友加入，将网友的线上支持转为线下的行动，以创造“午夜彩虹”的形式向劳动者致敬。活动最后，拍摄彩虹病毒式视频进行再次传播，引发更多讨论和关注。

第三阶段：买手天团。媒体资源整合：微博＋天猫。通过天猫红包站“桃花眼”主题和微博“海淘派”招募到11位时尚达人，他们通过发布长微博推荐私藏单品，并由天猫匹配商品链接反哺站内专题；另外100位导购达人直接发布带有商品链接的长微博，其内容将聚合至海淘派，商品链接将直接同步至天猫专题。通过微博和天猫的推广刺激消费，消费者通过微博分享达到二次传播。

第四阶段："双 11" 狂欢夜晚会。媒体资源整合：微博＋湖南卫视＋天猫。马云首先发布晚会抢票微博，开启 "双 11" 狂欢夜晚会序幕。接着，马云携手微博意见领袖和明星，实现强传播效应。11 月 10 日当晚，"双 11" 狂欢夜晚会全程由微博电视直播，邀请微博知名段子手同步吐槽，炒热微博话题并设置线上投票互动环节，同步创造有趣的议题由用户自发分享与讨论，达到二次传播效果。

4. 活动传播效果

2015 年，天猫 "双 11" 主话题讨论量高达 4 300 万，通过微博引爆全网；活动站抢红包人次 3 600 万，累计抢红包人数 872 万；活动期间天猫官方微博粉丝增长超过 200 万；59 个精选微博知名 "大 V" 参与红包活动站，博文累计阅读量高达 3.8 亿，官微博文阅读量为 123 亿；天猫微博主持的 7 个话题共计产生了 62.8 亿的阅读量、6 504 万的讨论量；"众筹彩虹" 情感营销微博，24 小时内有 30 万转发、10 万点赞，正面评论超过 50 万条；马云发布晚会抢票微博，在 24 小时内，互动超过 112 万次，转发 94 万次、评论 10 万次、获赞 8 万次，较日常博文互动高出 15～20 倍；# "双 11" 狂欢夜 # 在 11 月 10 日当晚达高峰值，累计阅读量高达 8.9 亿、讨论量 947 万，并迅速登上微博热门话题榜首。2015 年 "双 11" 狂欢夜晚会为天猫带来的新增用户是往年的 20 倍。

5. 营销启发

结合利用微博等媒体，达到 "娱乐" 和 "购物" 高度结合；创造 "众筹彩虹" 项目，利用情感营销在微博上募集网络用户的 "赞"，并在线下搭建 "午夜彩虹" 为在深夜仍辛勤工作的劳动者送上一份感谢和敬意，借由活动热潮呼应天猫众筹上线；打造由 111 位微博时尚达人组成的 "买手天团"，以买手推荐私藏单品的形式，将微博上的粉丝转化为天猫的消费者，带动天猫国际品牌以及海外业务销量；为 "线上红包" 增添新意，设置 "微博红包分会场" 开辟微博红包新玩法，有效提升了天猫流量和销量。

本章小结

通过阅读本章内容，读者了解微博传播特征与营销特点；领会微博营销的商业价值；熟悉开展微博营销的主要模式与基本策略；学习微博设置方法，做好微博定位与内容策划，掌握微博增粉的技巧，提升微博活跃度；能够运用将软文与硬广有机结合的创作方法；善于运用分析工具，客观、合理地处理微博数据，为有效达成企业微博运营目标奠定基础。通过@天猫 "双 11" 整合营销传播案例展示，阐述企业微博运营的前期准备工作，以及企业微博基础运营方法、进阶策略与推广措施，为企业微博运营人员提供借鉴和参考。

第 6 章 微信营销与运营

学前提示

随着公众平台、微信支付、小程序等功能的陆续推出，微信已渗透到人们生活和工作的点点滴滴，这也使微信从沟通工具升级成为生态圈。本章主要介绍微信营销与运营方法，通过本章学习，需要了解微信营销基本概念，熟悉微信个人号运营思路，掌握微信公众号运营方法与推广规划策略，微信营销与运营可使企业在互联网＋时代赢得市场先机。

案例导入

麦当劳，我就喜欢！年度最佳品牌微信公众号

麦当劳微信公众号的主要功能包括向用户推送新品动态、附近店铺信息等，用户可通过公众号自助点餐、订购外卖、预订派对。麦当劳微信公众号通过产品推广和品牌沟通，创造出高质量、高分享内容，将粉丝喜欢阅读的内容与品牌想要传达的内容充分结合：在内容层面，与粉丝需求及喜好高度相关，如优惠、美食等（见图 6－1）；在形式层面，积极调动粉丝参与度，如投票、H5 互动等（见图 6－2）；在跨品牌合作层面，通过好玩有趣的合作机制，双方自愿达到最有效传播，如推出美乐蒂玩具（见图 6－3）。

麦当劳微信公众号欢迎语由问候＋功能介绍＋操作引导构成（见图 6－4）；推送内容以积分兑换、新品介绍、软文推广为主（见图 6－5）。

麦当劳微信公众号内容特色体现在：(1) 善于利用节日和热点进行内容营销。将热点和产品内容相结合是值得学习的营销手法，麦当劳微信公众号会选择固定的节日或者有卖点的时间推送内容，通过在文章中打造原生广告，吸引用户线下体验新产品或线

上购买产品。(2) 打造标志性头图。每次主推文章头图中都有麦当劳标识，便于形成统一的风格和塑造品牌形象。(3) 提供多项便捷化服务。麦当劳微信公众号迎合了互联网时代用户需求，提供电子发票、礼品卡查询等多项在线服务，利用增值服务满足用户的心理需求。(4) 实现小程序跳转链接。麦当劳正在运用互联网+赋能餐饮新结构，提供个性化的产品和服务（见图 6-6)，不断为用户提供轻巧易用的新玩法，在线支付便捷快速，减少用户等待时间和焦躁。(5) 与粉丝及时互动。麦当劳会定期举办活动送出代金券，以此保持粉丝的活跃度。餐饮类账号很容易形成只基于地理位置的暂时性粉丝，只有与粉丝形成互动并给予一定物质激励，才能将短暂用户转化为稳定的用户群体。麦当劳小程序还提供拟人化的客服服务（见图 6-7)，及时为用户回答各类问题。(6) 菜单设计精美直观。麦当劳在线点餐为用户提供更多个性化定制方案（见图 6-8)，通过微信小程序，认识并了解用户喜好需求，全面提升用户体验。

企业服务号的目的在于通过提供服务让用户形成信任和依赖。服务号的重心应当放

图 6-1　麦当劳优惠券

图 6-2　麦当劳游戏互动

图 6-3　麦当劳品牌合作

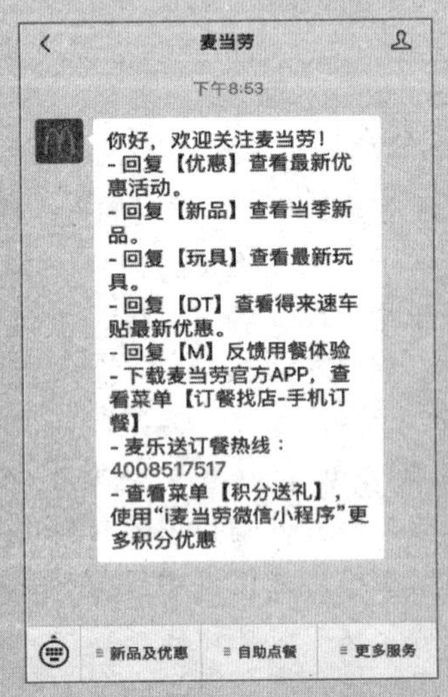

图 6-4　麦当劳欢迎语

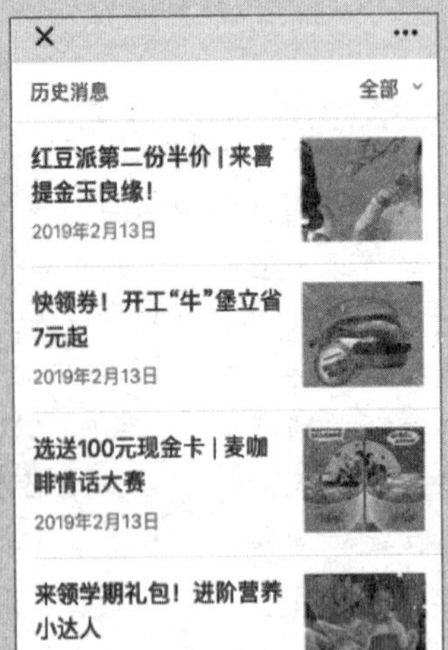

图 6-5　麦当劳推送内容

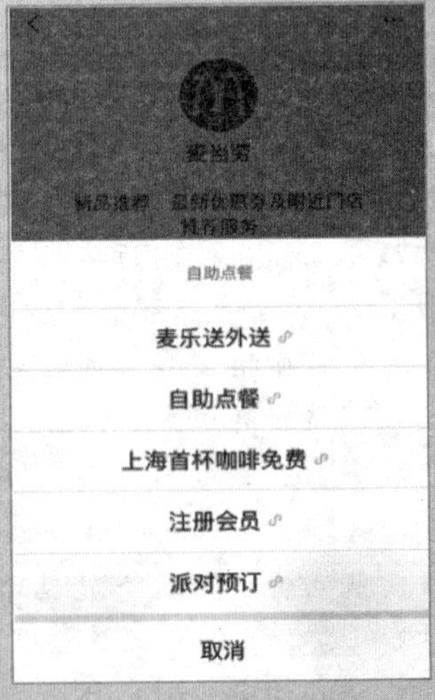

图 6-6　各类小程序跳转

图6-7　小程序在线客服

图6-8　麦当劳在线餐单

在抓住核心人群并与之互动，线上引流、线下品尝结合，形成一体化的服务体系。麦当劳微信公众号作为年度最佳品牌微信公众号，有很多值得学习的做法：(1) 公众号设计本身。公众号操作秉承服务理念，菜单栏排版整齐，全盘为用户考虑，真正做到线上服务和线下服务的结合。(2) O2O2O 模式。麦当劳通过线下扫码奖励，将线下用户转化为线上粉丝，线上活动奖励引导用户线下再次消费，打造了品牌闭环。(3) 充分利用微信解决用户场景。麦当劳通过考虑用户场景来解决用户在就餐各个环节可能遇到的问题，如门店现场自助点餐、在线支付、外卖平台、服务反馈等，为用户打造了系统的优质体验。

6.1 微信营销概述

微信，即一款能够改变生活方式的产品。微信简洁的界面和操作易上手的特点，使得它在不同年龄层都有强大的渗透力。以人为中心、以场景为单位的连接体验，不断催生出新的商业入口和营销模式。随着微信规则不断改变、功能不断优化，相应的运营策略也需要与时俱进。

6.1.1 微信营销特点与运营价值

现如今，微信使用越来越频繁，成为人们生活中不可或缺的一部分，微信营销已成为各大企业或商家进行营销推广的重要方式之一。

1. 微信营销特点与作用

微信营销是在互联网经济时代兴起的一种新型营销模式，企业或商家利用微信平台向用户推广自己的产品或服务信息，实现产品营销推广。微信营销特点体现在：(1) 点对点营销。微信公众平台的各种信息都可进行推送，并且关注微信平台的每个用户都能接收到此信息，是商家点对点精准化的营销平台。（2）形式灵活多样。企业或商家可利用位置签名、二维码、开放平台、公众平台等多种方式进行营销。（3）打造强关系。利用互动与用户建立联系，打造强关系。企业与用户建立强关系后，有助于其实现更大的价值。

对于企业而言，微信营销具有较为突出的作用，主要表现为：随着微信用户的增加，企业微信营销的潜在客户也在不断增加；微信从注册到运营近乎免费，无疑为企业营销降低了成本；企业可以利用多样化的粉丝分类，实现用户精准化的内容推送；企业可以通过文字、图片、语音、视频等多种方式进行营销，有针对性地为用户提供各种感兴趣的内容。

2. 微信运营商业价值

如今，人们利用微信朋友圈售卖产品、获得回报，利用订阅号传播理念、推广品牌，利用服务号提供服务、吸引用户。毫无疑问，微信不仅拥有广泛的影响力，还拥有巨大的商业潜力，是企业实现精准营销的重要渠道，也是企业赢得市场先机的必要手段。

（1）微信号：身份标志。互联网时代，ID 成为识别个人身份的重要标志。微信的出现使每个 ID 变得更加具体化，微信账号能够提供用户基本信息，如性别、地区等，为用户数据库建立提供可能。

（2）微信公众号：销售渠道多元化。对于企业来说，微信公众号不仅是企业在互联网时代的数字身份体现，也是进行微信商业模式探索的结果。微信公众号以服务为主，企业利用微信公众号进行营销的渠道变得更加多元、丰富，传播模式也更加多样。

（3）自由度：迅速与好友互动。微信使用户与用户之间的信息交流更加方便快捷，在加强双方联络的同时，也为用户间的现金流动创造了条件，微信支付已成为人们普遍接受的付款方式之一。微信的快速互动性是加快用户交流的前提，也促进了商家的线下合作。

（4）定位：专属交易记录。用户不仅可以利用微信转账、充值、理财，还可以完成缴费、还款、生活服务等。微信的个人化特征越来越明显，其即将打造的是全面而丰富并且专属于用户个人的交易记录。

（5）形成闭环 O2O：线上线下融合。微信能够把握现代用户心理，对用户需求进行精准定位。商家通过微信平台与用户在线上交流，这些意见在线下的实体店消费中也将得到体现。当用户变为商家的忠诚粉丝后，他们会向更多朋友推荐，实现口口相传的口碑营销。

（6）应用工具：打造轻量版 App。随着微信用户的不断增加，很多企业会利用微信公众号进行推送和服务，甚至打造轻量版 App 开展营销。微信属于开放型平台，绑定手机后能够实现移动互联网的实际应用，营销者可以开发出独具特色的营销工具，实现自身的营销目的。

6.1.2 微信公众平台特色与功能

自诞生以来，微信持续培养用户各种新的生活习惯。微信非常重视用户体验，每个版本的发布都充分考虑用户对功能的熟悉度，每次仅改进一小部分。

【课堂讨论】

你身边的朋友、同学使用 QQ 多还是微信多？你身边的职场人士或家人现在用 QQ 多还是微信多？为什么会出现这种情况？

1. 微信公众平台与个人微信

对于个人和企业而言，微信用途并不相同，个人开通微信叫作微信个人号，个人微信可与用户手机通信录绑定，邀请朋友使用微信交流联系，还可以通过朋友圈互动。微信公众平台是腾讯公司在微信基础平台上增加的功能模块，通过这一平台，个人和企业可以打造自己的微信公众号，以文字、图片、语音等形式，实现与特定群体的全方位沟通互动。

个人也可以开通微信公众号撰写文章，但对企业而言，运营微信更多意味着运营微信公众账户、微信群，包括培养业务人员到朋友圈发推广信息等。从连接关系来说，微信个人号基于点对点的关系，微信公众平台则基于一对多的关系。从运营角度来看，微信个人号与微信公众平台之间的区别见表 6－1。

表 6－1　微信个人号与微信公众平台对比

对比项	微信个人号	微信公众平台
使用方式	以手机端为主	以 PC 端为主
功能	社交、朋友圈状态及城市服务	图文信息推送、营销互动等功能
用户导入	注册成功后，可自动导入手机通信录	注册建立后必须通过推广吸引一定数量用户
圈子定位	社交圈子基本是认识的人	用户或粉丝圈子
推广方式	通过朋友介绍或面对面交流添加	需要利用一定的推广手段吸引关注

2. 微信公众平台与企业微信

企业微信是用于基础办公沟通的即时通信产品，适用于各种类型的企业和政府机构用户，拥有贴近办公场景的特色功能和 OA 工具，如请假、报销等，让员工可以在手机上处理办公事宜（见图 6－9）。

图 6－9　企业微信登录界面

企业微信的特色功能如下：（1）统一企业通信录。企业通信录可快捷导入，统一管理。（2）贴合办公场景的沟通方式。集成电话与邮件，多样沟通，提供回执与提醒信息。（3）可靠的安全保障。协议全程加密，防止网络窃听，多重数据安全保护机制，抵御网络攻击和入侵。微信公众平台企业号与企业微信都是腾讯面向企业市场推出的产品，前者为企业服务连接平台，后者则帮助企业用户提升工作效率。

3. 微信与微博

微信与微博在内容、互动、传播等方面有明显的区别（见表 6-2）。微信是一个封闭社区，所有传播基本都局限在现有社交圈中，并且具有种种限制；微博是一个公共空间，制造话题后，扩散速度比微信快。微信更看重用户质量和活跃度，更提倡和目标人群间持续的精准服务，在服务基础上实现有节制的口碑传播，通过服务牢牢抓住精准客户。

表 6-2　　微博与微信差异对比

对比项	微博	微信
内容形式	文字、图片、音频、视频等	文字、图片、音频、视频等
传播方式	开放式扩散传播	关注者的转发，基于微信端的搜索
内容频次	每天最多 200 条	订阅号每日 1 条，服务号每月 4 条
互动方式	@××、评论、转发、私信	留言＋评论＋关键词回复
营销价值	市场推广＋品牌公关	客户关系维护

这是个多元化的营销时代，企业只有综合运用各种营销方式，打组合拳，才能使效果更佳。微博和微信是两款完全不同属性的产品，运营者需要了解二者不同的属性，找到各自运营策略，将优势最大化、效果最佳化。

6.1.3 微信个人号与公众号营销价值

买卖的本质是买方用货币换取卖方的货物，而微信的本质是一款实用工具，要正确看待工具在营销中所占的比重与位置。每个工具都有自己的特点，使用微信可以提升效率、降低成本，在现实生活中，营销者应当善于将所有工具进行整合运用。

1. 微信个人号营销价值

微信个人号营销是常见的微信营销方式。现阶段，微信朋友圈流量占据微信整体流量的 80%以上，朋友圈功能逐步从社交系统进化为运营用户模式，这展现了微信个人号的营销价值。

（1）输出个人品牌。品牌是让产品和服务与竞争对手得以区别的标志。不仅企业、产品要建立品牌，个人也需要建立个人品牌。个人品牌树立是长期的过程，人们希望塑造的个人形象可以被周围大众广泛接受并长期认同，而以微信为代表的社交软件的出现，让个人成为传播载体，可以在社交软件上展示自己鲜明的个性和情感特征，在符合大众消费心理或审美需求下，成为能够转化为商业价值的注意力资源。

（2）刺激产品销售。“人”成为新的商业入口，微信的社交全部体现在微信朋友圈里。它是一个封闭系统，朋友圈只是好友间社交的场所，不是微信好友的陌生人完全看不到朋友圈的内容和点赞、评论，但正是因为这样封闭的社交系统，造就了朋友圈社交功能的独特性：高效、优质的社交关系链。微信好友相互间具有较强的信任关系，而信任能够带来更加高效、优质的商业价值。

（3）维护客户关系。微信是人与人之间便捷沟通的手段，具有两个突出特点：

1）距离人们的身体最近。人人随时随地把手机拿在手中，微信已经成为与身体紧密相连的一部分。2）距离人们的心灵最近。无论遇到何事，都会第一时间拿起微信跟亲朋好友聊几句或发个朋友圈，这两大特点决定了微信天然是最好的客户服务工具。营销人员添加微信好友后，通过聊天联系或朋友圈互动，就有了与客户加深情感连接的机会。社交网络营销最需要解决信任问题，有了信任才会有商业转化，客户产生信任才会选择购买。

2. 微信公众号营销价值

线上与线下营销的互通是必然趋势，而微信为二者的结合提供了更便利的通道。以微信公众号为代表的自媒体营销以社群为基准，实现了分众、精众的营销形式，企业只有理解微信公众平台背后的价值，才能结合消费者需求确定通过微信所提供的服务。

（1）信息入口。PC 时代，企业需要官网提供信息查询；进入移动互联网时代，用户不需要通过点开百度搜索关键词或输入网址来访问，只需搜索微信公众号昵称就可以获得企业介绍、产品服务、联系方式等信息，与此同时，也可以单击公众号中的菜单直接跳转到官网。

（2）客户服务。客户关系管理（CRM）核心是通过自动分析实现市场营销、销售管理和客户服务，从而吸引新客户、保留老客户，将已有客户转为忠实客户并增加市场份额。微信作为用户天然的沟通工具，极大地方便了用户与企业交流。将微信与企业原有客户关系管理系统相结合，可以实现多人人工接入，提高客户服务的满意度；通过设定好相应的关键词，就可以实现自动回复，这能够大大节约人工客服的人力成本。

（3）用户调研。用户调研是企业制定经营策略的重要环节，大型公司甚至由专门产品研发部门负责，或者通过付费寻找第三方公司发放问卷或开展电话调研，这些方式不仅成本高且数据不精准，通过微信则可以直接接触与自己相关的精准用户群体，进而省去大笔经费。

（4）电子商务。未来的零售是全渠道销售，企业需要尽可能让消费者随时随地购买到产品，而微信公众号可以实现销售引导，通过文字、图片、视频等多元化形式，及时有效地把企业最新促销活动告知粉丝，用户不仅可以接收品牌信息，还可以更方便地参与品牌互动活动，从而促成交易、缩短营销周期、深化品牌传播，降低企业营销成本。

6.2 微信个人号运营实战

微信个人号是最小的经营单位，能够实现引流、转化、复购、推荐的商业闭环，是企业微零售运行的基点。随着微信个人号的流量价值越来越大，流量增长也变得越来越难。通过个人微信号裂变涨粉获得更多用户，是利用微信开展工作必须思考的问题。

6.2.1 微信个人号基本设置

在自媒体营销中，微信个人号是建立个人品牌的关键，可以起到塑造个人标签、传导个人价值观、建立个人品牌形象等作用。人们会通过观察微信昵称、头像、签名及朋友圈等判断微信使用者的风格。若想给目标客户留下良好的第一印象，就必须做好微信个人号设置。

1. 昵称——个人印象基石

昵称和头像是最先被接触的两个设置，也是建立良好的第一印象的关键点。设置昵称时需要注意以下几点：(1) 简短易记。昵称设置要尽量简短，贴近使用者名字或称谓，这样才能快速让对方记住。(2) 巧加标签。标签要宏大并与品牌形象保持一致，通常名字在前标签在后，如标签添加行业名词或者职位名词"×××-互联网传媒"，或者在微信昵称上加自身品牌名称，加深好友的品牌印象。标签仅是为了传递某个重要的信息，昵称中的名字才是让微信号人格化的点睛之笔。(3) 去除无用信息。在昵称中夹杂特殊字符会导致好友难以记住、无法搜索。在昵称前添加"AA""00"的名字，虽然占据了通信录榜首，但在一定程度上也会加剧好友厌恶心理。(4) 避免频繁修改。经常修改昵称会让好友无法产生深刻印象，如做信息流的朋友在A公司工作，微信名叫"×××-A信息流优化"，某天跳槽B公司，微信改名"×××-B信息流优化"，呈现出其工作状态的不稳定性，客户业务不易衔接。

2. 头像——社交网络第一印象

头像象征品位、印象、信任度，一个精致的头像能够提升个人印象好感度，因此在头像设置上也不可马虎，更要讲究技巧（见图6-10）。

图6-10 微信个人号昵称与头像设置

(1) 分倍率高，清晰自然。清晰自然的图片能让头像看起来更加舒适，选择充满阳光的照片更能给第一印象加分。照片尽量要有高的分倍率，确保设置完成后没有过多的噪点和像素块。(2) 使用个人照片要慎重。使用个人照片做头像可以传达更多个人信息，提升好友印象，但是如果图片衣冠不整、表情僵硬，只会带来负面影响。有些职业照头像虽显正式，但却夹带"工作"压抑感，最好选择有背景陪衬的照片，提升头像整体自然度。(3) 贴近个人爱好或职业。设计师会选择一张自己的作品做头像，摄影师会选择一张多重曝光的照片做头像，这些贴近爱好或职业的头像能传递更多个人信息，充分展现兴趣爱好或职业技能，同时还能引出话题，加快双方相互熟悉进度。(4) 避免广告嫌疑。在头像上放置广告语或直接使用公司标识做头像，都会让对方产生推销感觉，在一定程度上加大了交际的提防心理，对个人形象的塑造形成阻碍。

【课堂讨论】

查找你微信通信录中前十位好友的微信号，请用半分钟记忆，自测关闭微信后还能回忆起几个？记住的微信号具有什么特点？

3. 微信号与地区——微信生态中的ID号

微信号是微信唯一ID，设置后不能轻易修改，应尽可能避免以下情形：难以记忆的字母组、不明意义的数字长串、不好输入的下划线等符号。好的微信号具备好记、好识别、好输入等特点。一般来说，微信号设置推荐：名称全拼音，即微信号尽量与微信昵称或者相关名称保持一致；绑定手机号，即将手机号关联微信，便于他人通过手机号搜索；系列化命名，即如果拥有多个微信号，可设置系列化微信名，以方便矩阵化运营，如“全拼＋01”“全拼＋02”等；此外，在很多人的介绍里，所在国家和城市都写的是冰岛、法国巴黎、马尔代夫等，除非是有需求或与产品相关，否则会使客户产生虚假感。

4. 个性签名——个人微信的另类标签

个性签名在添加好友验证时可被直接看到，个性签名内容或多或少会影响好友添加成功率及好友对你的第一印象。个性签名最多30个字，忌空洞忌硬广，设置时要尽量幽默风趣，激发新好友产生与你交往的兴趣，同时可以展示自己的个性与特点，提升个人标签识别度，快速建立起与自身相匹配的好友印象。

5. 朋友圈——每人自己的秀场

朋友圈中的状态就是关于个人的各种信息碎片，这些碎片会随着一张图片、一段文字、一条转发散布在朋友圈里，将这些碎片拼合起来大致能够推断出个人特征。(1) 了解一个人可以从朋友圈开始，从一个人发的内容题材可以看出他的兴趣爱好、性格特征或者工作内容，从个人配的图片、照片可以看出他的审美艺术感，从一个人的文字则可以看出他的文学修养或创造性。通过朋友圈了解一个人，会为未来互动添加话题。(2) 转发背后更是一种转达。转发与评论、点赞等行为具有本质不同，转发更多的是表达自己的观点、立场和态度。从一个人转发的内容里也可以看出这个人的价值观、世界观倾向。(3) 评论、点赞也是一种礼仪。评论、点赞代表着想进行深入互动，喜欢评论别人的动态、为别人点赞的人，一般来说对生活充满热情，他们在人际交往中更善于与别人交流；相反，极少与别人互动，即使别人评论了内容自己也较少回复的人，大多比较内向或者工作强度很大。

6.2.2 添加微信好友建立信任

开展微信营销加粉，除通过精准的电话号码、QQ号采集或直接搜索查找添加微信好友外，微信群内添加好友的作用也非常重要。用户开始进入微信朋友圈是陌生的，天然抗拒，需要想办法与他建立信任关系，使其快速融入你的朋友圈。

1. 添加更多微信好友

粉丝是实现营销目标的重要支撑，也是精准营销的重要目标客户群体。在微信营销生态圈层中，粉丝是不可或缺的组成元素。粉丝由一般好友培育发展而来，现实中，直接添加微信好友具有如下方法。

(1) 导入通信录好友，批量添加。微信好友最直接来源就是原有的好友圈、人脉圈，这些原有人际关系一般沉淀在通信录中，微信支持导入通信录好友，只需单击【添加朋友】—【手机联系人】，就可以添加手机通信录中已开通微信的朋友。能够用手机号码搜到微信的前提是好友在【隐私】中开启了【可通过手机号搜索到我】的权限。对于业务即时性强的人，可关掉【加我为朋友时需要验证】设置，这样别人添加微信时，不需要经过验证即可直接与你对话。

（2）扫二维码加好友，简单高效。二维码是面对面添加微信好友最简便的方式，可以在微信中【添加朋友】—【我的微信号】旁边快速打开二维码，进行扫码添加。

（3）微信“发现”，寻找新朋友。在微信的“发现”中有摇一摇、附近的人、漂流瓶等随机添加陌生人为好友的功能，可以根据提示进行相关操作。

除以上方法，还可以在各类社交平台，如微博、QQ、知乎等留下自己的微信号，只要乐于互动、喜欢分享，会有很多人想进一步认识你，进而通过搜索微信号将你加为好友；另外，在电子邮件落款处也可以留下微信号方便别人添加，或通过奖品激励的方式，激发现有微信好友为你推荐新的好友。如果个人已经开通微信公众号，并积累了一定用户，可以考虑将微信公众号上的用户引流到个人微信加为好友。微信公众号每天推送次数有限，再加上订阅号折叠等原因，打开率持续下降，不妨考虑通过个人微信与用户产生连接与信息覆盖，效果反而更佳。

间接添加微信个人好友的途径如下：

（1）通过社群加好友。社群少则几十人多则数百人，是非常好的添加好友入口。通常，人们不会随便通过陌生好友的申请，所以平时应该先在群里多活跃、展示自己，让群里成员对你有印象、有好感，加好友的时候容易通过，甚至可以吸引别人主动加你。由于大多数群都是基于某个共同兴趣、关系而聚集，因此，通过微信群寻找好友是较为精准的添加方式。以群为入口，通过了解与互动，可以找到更多定位相仿的微信群，效率与成交率都大大提升。寻找有价值的群，可以直接使用QQ群、百度、论坛等搜索关键词，寻找线索。

线下活动也可以认识很多相关社群或产品粉丝，一方面要多关注活动信息发布平台，另一方面也可以自行发起某主题的线下活动。要善于使用微信自带功能高效建群，如雷达加好友、面对面建群等。

（2）软文推广，借载体四处扩散。撰写文章或者引用好的文章，并在里面巧妙加入自己的微信号或二维码，再发布到自己的微信公众平台、微博、各大与产品相关论坛和贴吧等；还可以尝试将软文内容散布在百度系产品里，如百度知道、经验、文库等，这样更易被使用百度检索相关产品信息的用户看到。

（3）线下引流，重视每位用户。如果有机会，多参加聚会、论坛等线下活动，尽可能多地与用户进行交流，并添加微信建立关系，这种方式添加的好友具有一定黏性、信任度高。如果商家是实体店，不要浪费线下资源与优势，想办法让用户留下联系方式。让用户成为微信好友的最大好处，就是能把用户都装在一个容器中，只要添加微信，未来都有可能带来交易转化，大大减少陌生用户的流失量。

阅读知识

在微信上卖面膜的小 A 需要大量精准女性好友，她曾用一个月时间积累了 50 000 名微信好友，她是如何做到的？小 A 找到一个经常给写字楼送外卖的小哥，与外卖小哥协商，如果是女士订餐，就赠送她一张小 A 家的面膜，并通过奖品申领流程要求她扫描微信二维码加小 A 为好友。第一天，送出去面膜 200 多张，就有 150 多人加小 A，而且都是非常精准的用户。小范围测试有效后，小 A 陆续与写字楼附近的肯德基、麦当劳，还有一些送盒饭的快餐店合作。就这样，一个月时间过后，小 A 的十几个微信号足足积累了 50 000 好友。

2. 使用微信建立信任

添加好友只是营销的开始，要实现交易转化需要做的是做个招人喜欢、受信任的人。社交网络和人际关系对于消费者的影响力越来越大，一个人能得到别人的信任越多，社交货币就越多，让陌生朋友对你产生信任显得尤为重要。做朋友圈营销其实和做产品一样，先要给自己一个明确的定位，然后围绕定位展开一系列的产品开发、运营、营销和销售工作。

（1）好友申请，更容易通过。如果想要添加他人为好友，一定要认真填写加好友申请，通常遵循以下思路：1）找到桥梁。在线下社交场合，如果想认识一个人往往会请中间人介绍，在线上加好友这个技巧同样适用。当一个人与另一个朋友拥有相同的朋友、相同的背景或相同的社群，就会拉近距离。2）表明身份。如果双方之间没有共同交集，可以在表明身份的同时，用企业或品牌为自己增加印象分，并且名头越响亮越容易通过。3）说清目的。开门见山直接点明添加好友的目的也是一种策略。陌生人申请加好友肯定有目的，只怕加的不明不白，所以在申请加好友时用简练的话说清楚目的，也会有助于通过申请。

（2）信息备注，做好人脉管理。很多人没有给微信好友修改备注的习惯，微信好友少则一百多则上千甚至可能过万，在这样的情况下，一旦有的朋友更换头像就非常容易混淆。用好备注才能做好人脉或客户管理。设置备注有以下几种类型：1）标签分类。设置备注的同时可以给好友设置标签，具有共同特征的好友分类在一起，如客户、同事等，这样既方便查找，又可以屏蔽无关朋友圈信息，实现快速群发信息。2）重点星标。如果有些人需要高频率联系，可以将其标为星标朋友，星标好友会在通信录中置顶，定位迅速。3）置顶聊天。重要用户可以设置“置顶聊天”，纵使信息再多也可以第一时间回复。

（3）自我介绍，把握黄金三分钟。好友通过后一定要及时做自我介绍，此规则不仅适用于微信，也适用于所有社交场合，属于基本礼仪。自我介绍能够减少沟通障碍，好友通过后，正是对方在线、相互认识的最佳时间段。自我介绍需要有所准备，主要包括：1）简明扼要，不卑不亢。一般来说，自我介绍切忌过长，用100字左右阐明重点就好。最基本的结构推荐：“我是谁”＋“我能提供什么价值”＋礼貌问候。2）通过朋友圈了解对方。为使自我介绍更出彩，建议快速翻阅对方朋友圈，看看他的兴趣、爱好、特征，或看看评论和点赞是不是能找到共同好友，以这些共同的交集为出发点作为开场，有助于双方更快进入熟悉状态。3）储存常用话术。可以撰写几条常用的自我介绍话术存在手机备忘录中，需要使用时直接复制，然后局部进行针对性修改，既省事，反应速度也快。

【实战训练】

写一段100字左右的基础版自我介绍，然后与身边的同学相互发送、点评，看看谁的更有特色，准备几个不同版本的自我介绍存入手机备忘录中。

（4）得体互动，优雅正确有格调。很多人的微信添加了大量好友，平时根本没有互动与交流，或者能够想起来互动的时候就是发广告。正确优雅地进行互动需要遵循以下原则：1）不要群发。一般情况下尽可能少用或干脆不用群发，因为每用一次都是对自己信誉和好感的透支。诚意来自精准，所以把用户还原到熟悉的那个人以及那类人，为用户画像并用对应的口气和风格精准互动，才可能形成用户黏性。2）杜绝骚扰。类似于群发各种虚假广告、清理微信测试、纯粹硬广等行为，已经形成了骚扰，这样的行为势必会造成用户反感，导致被删除或举报。3）评论点赞。朋友圈里的互动也是非常重要的方式，真诚、有趣地来往，随着时间推移慢慢熟悉，但也不能化身点赞狂魔，没有内容的互动，给人的感觉也不过是习惯性点赞；慎求转发、点赞、投票。别人喜欢你的内容就会主动转发，迫使对方转发就是关系绑架。没有互动就发来投票、点赞的要求很不礼貌。即使关系很好也不要过度要求转发，否则关系就会失去平衡，使自己处于被动地位。

互动平台很多，可以由一个点慢慢延伸到其他平台，使用合理、恰当的方式做到信息交叉覆盖，多平台产生联动效应，与用户长期接触互动就具备了时刻进行交易的可能。

（5）专业形象，才是最强武器。首先，需要把自己树立成某领域专家，偶尔在朋友圈里分享相关的深度文章或作品，解答一些行业专业性问题。当一个人建立个人品牌时，其产品在无形中也会加分，出于对专业性的信任会延伸到对产品的信任。要时刻谨记自己是专业信息分享者，而不是硬广推送者。

（6）微信礼仪，让你备受喜爱。微信与邮箱、手机号一样，同属于个人隐私。当你被垃圾邮件、骚扰电话、陌生人打扰得不胜其烦的时候，就会体会到微信礼仪的重要性。未经对方允许，不要将其微信名片推送给他人，任何时候要将某个人名片推送给好友时，应事先告知被推送人推送原因，并在被推送人允许的情况下再推送；不要用语音开启聊天。语音确实很方便，但这种方便是单向的，听的人可能在不合适接听语音的场合。如果一定要发语音，可以先礼貌地征求一下对方意见，询问对方此刻是否方便。

6.2.3 微信朋友圈运营策略

微信是一种生活方式，微信用户可以将看到的精彩内容分享到微信朋友圈，远远超越了社交媒体交流平台的定义。微信为广大用户提供了更多的信息传播渠道，也给用户带来了全方位、高品质的服务体验。

1. 把握朋友圈运营模式

从免费短信聊天到最火热的语音交流体验，再到摇一摇等模块的增加，微信为运营者提供了更多提升营销价值的功能，主要体现如下：

（1）扫一扫。“扫一扫”是二维码在微信上的具体应用，因其私密性而受到广大微信用户的青睐。二维码的出现，不仅给企业或商家带来了全新的营销模式，也给用户提供了方便快捷的消费方式，是应时代潮流而生的产物。通过扫描二维码，可以实现微信所提供的各种各样的应用，将企业的商业活动轻松带到每位用户的手机中，实现图 6－11 所示场景。

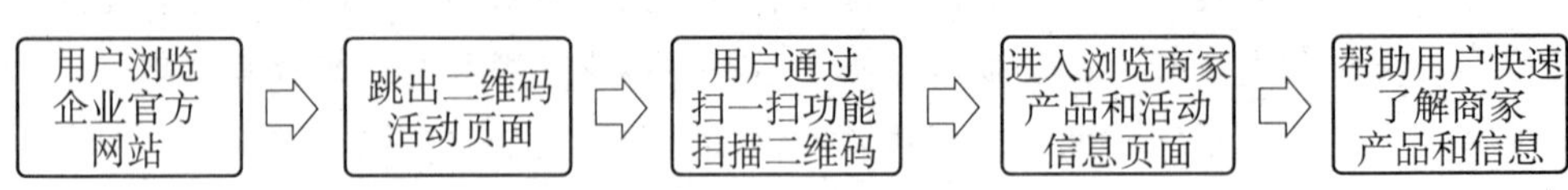

图 6－11 “扫一扫”功能帮助商家实现场景

（2）查看附近的人。“附近的人”是微信推出的基于位置服务（LBS）的功能。用户开启此功能后，就能够根据自身具体位置找到附近的微信用户，实现交友和推广。“附近的人”是企业利用微信实现营销推广的重要切入点，企业可以根据自身产品和目标用户定位，选择合适的地段进行营销。利用“附近的人”添加好友后，宣传方式有两种：一是积累用户，做长远打算；二是即刻利用群发功能开展宣传。

基于微信营销功能，运营者在进行微信朋友圈营销时，需要把握好以下五大运营模式：1）代理模式。代理模式是一种流水量最高的模式，主要运用在化妆品或面膜等行业。代理模式的特点表现为实行高效集中管理，不需要太多好友关注，作为线下代理模式的延伸。2）直营模式。类似生鲜水果等日常消费品更适合直营模式，直营模式是从商户到用户，采取批发给用户盈利的模式，外地市场较为广阔，以产品见效果。3）淘宝营销。微信淘宝营销相比传统淘宝销售具有很大区别：第一，可以利用朋友圈留住客流，提高用户复购率；第二，可以不断增加淘宝成交客户，并与之沟通；第三，经常进行新品展示和促销，能够提高老用户的复购率；第四，没有流量成本和促销成本，利润比淘宝高。4）O2O模式。微信朋友圈营销可以帮助企业或商家实现O2O转型，为企业实现线上交易和线下服务提供可能。5）品牌模式。在微信朋友圈营销，只要产品质量好、服务周到，其品牌推广往往也一定会收到意想不到的效果。例如：有人在朋友圈进行营销培训，为用户分享营销案例和技巧；有人在朋友圈进行众筹等商业合作等。

2. 微信朋友圈发布内容

在人际交往中，人们通过朋友圈恰当向别人展示自己的形象，所以朋友圈形象管理是一个非常重要的窗口。在发朋友圈的过程中，一定要放弃推销思维，不能添加好友后就发送广告，这些都是令人反感的做法，朋友圈发布内容需要有“度”。

（1）注意软度——广告不能太生硬。朋友圈属于私人社交空间，如果总是看到有人发硬广，大家对这个人的印象分就会下降，产品说明书似的广告在朋友圈这个生活化平台里势必会遭到厌烦。在微信朋友圈里做营销不建议只做产品广告，还要穿插一些其他类型的内容，即使是要发产品的广告也不要太生硬，如结合自己或朋友们的经历，系统地讲产品故事。

（2）注意频度——人人都反感刷屏。即使朋友圈广告有效，也需要克制发广告的冲动。如果经常发广告刷屏，很可能被朋友拉黑，得不偿失。微信朋友圈营销真正的精髓是通过分享内容建立信任，水到渠成地销售产品。在朋友圈中，达成商业转化的本质就是先打造个人形象，通过有温度、有情怀、有趣味的方式与客户做朋友。

（3）注意长度——注意阅读的场景。朋友圈是小屏阅读，大家缺乏读长文的耐心，就像写微博一样，需要在简短文字内把内容写得轻松有趣，引发大家互动，了解更多信息。

（4）注意速度——碎片消费拼冲动。大部分用户在朋友圈阅读速度非常快，如果你的信息不能很快对他形成刺激，就会淹没在众多的朋友圈消息之中。朋友圈中的交易经常是碎片生活中瞬间发生的行为，让用户在有冲动消费的时候最快做出购买决策，关键点在于精简产品类别、减少选择，这也是很多互联网公司做“单品爆款”的原因所在。

（5）注意梯度——购买习惯需递进。如果你和他人并不是非常信任的社交关系，千万不要认为添加微信就是好友。对于并没有真正建立信任的人，开始最好提供给他人不容易在心理上抗拒的产品以建立信任，如试用产品或者低价产品。

（6）注意准度——对症下药有疗效。假如好友众多，采取一定策略可以大大提高受众人群的精准度，避免长期刷屏。1）按分组发布。发朋友圈时选择公开或分组。分组可选择指定的人群观看，更好地对意向客户进行产品宣传和推广，推荐合适的内容给合适的人。2）按时间发布。在合适的时间发出消息，让好友在查看朋友圈时可以随时看到。更佳手段是针对产品所对应目标客户的活跃时间段进行发布。3）使用提醒功能。注意使用@提醒功能提醒强目标客户，不过注意不要条条提醒，而是重要信息提醒重要的精准客户。

（7）注意风度——感知大于事实。每个人在工作和生活中都会有负能量时刻，但如果把这些心态宣泄到朋友圈，就会给他人留下不好的印象。一旦产生不良印象，再做推广就容易遭到潜意识里的拒绝。

（8）注意黏度——有黏度才有关注。如果你有认可的客户朋友，在朋友圈里要设计一些互动内容提醒他们到朋友圈互动。当然，互动内容要有趣，能够加深彼此之间的认可度，创造更多的成交机会。

【实战训练】

分享一件你在朋友圈中遇到的有趣互动方式，想想能否用这种方式与客户互动。

（9）注意尺度——凡事有度才有得。凡事都有度，朋友圈发布内容一旦超过某个分寸，可能就会适得其反。1）自夸没有底线。很多刚起步做微商的人会复制发布一些自我证明、激励话语，而这些内容不但与消费者关系较远，更是此地无银三百两。最好的夸奖是消费者的反馈，用真实自然的语言体现产品与服务，可以辅助使用真实场景的照片、对话截图等。2）跟风转发谣言。自媒体时代，民众同时扮演两种角色，即信息传播者和信息接收者。个人对很多谣言难有专业知识去判断，但跟风信谣、传谣等行为不仅触及法律，还会让别人对你的判断力产生怀疑，进而造成形象受损，专业度、信任感降低。

（10）注意角度——条条角度向推广。翻阅朋友圈是想在碎片时间里获取不一样的信息，而如果一个人只发布所有人知道的事情，那么他发布的大部分内容就是无效信息。不要总是复制、粘贴做搬运工，要有自己的观点、想法和思考。要站在潜在用户视角组织内容，写出自身业务对他人的价值，诱发其好奇心，创造成交的可能。在写内容时要转换视角，站在用户理解能力层面做思考。真正的高手会非常巧妙地将生活化的信息与自己的产品无缝连接起来。生活中真实的、有趣的内容都会成为微信内容运营里的亮点。

（11）注意热度——找到载体长翅膀。每天都有热点新闻、热传段子，或者一些巧妙的营销活动，作为运营者不要总把这些当热闹看，要善于联系自己，尝试让自家产品和热点之间产生交错、碰撞，就有可能冒出很多的想法和创意，让流传的每个段子、每个热点都可以为自己所用，将热点作为传播的载体，使自己的内容插上翅膀引爆朋友圈。

3. 微信朋友圈召集活动

运营者可以将朋友圈理解为上限500的微博，如果有足够多好友，也可以利用朋友圈策划活动，让大家参与并主动转发到自己的朋友圈，基于社交能量去传播。

（1）活动形式：1）转发。通过奖品福利促使微信好友转发，基于传播结果获得一定回报。2）集赞。将某特定内容发到朋友圈，集齐一定数量的赞来获得某福利、在活动发起人的朋友圈下点赞、特定规则下的点赞者获得某福利、集齐一定的赞抵消某产品消费现金或送代金券，最主要目的是促进产品的销售。3）试用。购买A产品可免费试用B产品，只需填写一份试用报告即可免费领取一定金额的代金券，用于下次购买产品使用。4）筛选。说明一定要求，请满足要求的人点赞，由此筛选出自己需要的人群进行后续活动。5）引流。通过朋友圈小活动获取的奖品需要到线下店铺或其他平台领取。6）互动。举办朋友圈活动的目的是激发活跃度，如冰桶挑战、微笑挑战、A4腰挑战等，就曾经刷爆过朋友圈。

（2）活动预热：在开展朋友圈活动前，最好能提前在朋友圈预热，如可以提前一至三天在朋友圈采用神秘的方式预告，还可以在微信群、QQ群、微博、QQ空间等渠道去推广。预告时最好告知活动内容、活动时间、参与方式。在活动正式开始前一小时重点预热，以达到好的宣传效果，预热时要积极和微信好友进行互动，让他们对活动产生兴趣，互动时还要保持一定的神秘感，给用户留下一些期待空间。

（3）活动公布：经过预热和宣传，朋友圈已经形成了一定热度，要想提高大家的参与热度就要具备以下几点。1）主题鲜明。设置类似“情人节美丽专场”等主题，让大家清楚知道活动内容及获益，吸引关注。2）内容简洁。微信发布活动字数建议控制在100字以内。文案切忌死板、生搬硬套、没有趣味。如果文字功底不强，做不到精彩绝伦，至少要做到信息简明扼要、一目了然。3）流程简单。在微信朋友圈开展活动不能过于复杂，参与及评选都要简单。刷朋友圈本身就是用来打发时间的，很少有人愿意花太多精力去参与复杂的活动。4）时机斟酌。发布朋友圈活动选择目标人群大量在线且有时间刷屏的时间段，效果会更好。

（4）活动监测：活动开始后，要随时关注大家的参与情况并及时反馈意见，如流程是否顺畅、参与度是否足够等。在活动开展之前，最好要制定几套应对方案，以备出现意外情况时，可以适时调整和应对。

（5）活动总结：1）效果评估。不论是为了促销、互动，或是为自己增加好友数量，活动开始后都要时刻注意目标的实现效果，如果不满意需要思考能否及时补救；如果效果超出预期，需要思考是否趁热打铁再来一轮。2）复盘总结。活动结束后，要对整个过程进行复盘总结，将活动经验、教训及时记录下来，为下一次活动开展提供素材。

6.3　微信公众号运营实战

微信公众平台是人人均可参与、人人都可运营的平台。企业、商家、政府、个人都可以申请微信公众号，拥有一个属于自己的平台。微信公众平台能够满足个体需求，运营者需要熟悉公众平台运营规则，通过公众平台建立品牌效应。

6.3.1　微信公众号基础操作

运营者首先应了解使用微信公众平台的基本功能，再学会使用公众号第三方平台的再开发优化运营功能，让微信运营真正实现从入门到精通。

1. 微信公众平台分类

微信公众号存在不同账号类型，在使用方式及功能上存在诸多差异（见表 6-3)。订阅号侧重于做传播，通过展示特色、文化、理念而树立品牌形象，每天发送一条有很多的利用空间；服务号侧重于做服务，如将个人招行账号与其服务号绑定后，每次消费服务号都会发来提示信息，服务效率非常高。

表 6-3 微信订阅号与服务号功能对比

功能权限	普通订阅号	微信认证订阅号	普通服务号	微信认证服务号
消息显示	“订阅号”文件夹中	“订阅号”文件夹中	好友对话列表中	好友对话列表中
群发信息次数	每天 1 次	每天 1 次	每月 4 次	每月 4 次
高级接口能力	无	部分支持	无	全支持
微信支付-商户功能	无	部分支持	无	全支持

2. 微信公众平台申请

进入微信公众平台页面，开始注册：(1) 根据需求，选择订阅号、服务号、小程序、企业微信注册类型。(2) 按照提示填写注册基本信息。注册时需要注意：1) 必须使用能正常登录的邮箱，以方便接受验证等信息；2) 每个邮箱只能注册一种类型的公众号，最好使用国内邮箱，防止邮箱无法登录，避免来自微信的邮件被国外服务器屏蔽；3) 成功开通公众号后，登录邮箱可修改密码，但每月只允许修改一次。(3) 选择企业所在的注册地，如果是个人注册，则选择个人所在地即可。(4) 在了解订阅号、服务号和企业微信区别后，选择所需账号类型，选择后不可更改。(5) 填写主体类型，类型介绍如下：1) 政府类：国内外各级各类政府机构、事业单位、具有行政职能的社会组织等类型的公众号，主要覆盖公安机构、党团机构、司法机构、交通机构、旅游机构、工商税务机构、市政机构、涉外机构等；2) 媒体类：报纸、杂志、电视、电台、通讯社、其他媒体等类型的公众号；3) 企业类：企业、分支机构、相关品牌、产品与服务及客服等类型公众号；4) 其他组织类：不属于企业、政府、媒体、个人机构类型的公众号；5) 个人类：由自然人注册、认证、运营的公众账号。

选择主体类型后即可填写信息，根据资料提交提醒，不同类型所需准备的材料也有所不同。选择主体类型需要注意：(1) 公众号不支持变更主体，但可以进行账号迁移，即将 A 账号的粉丝、违规记录、文章素材（可选)、微信号（可选）迁移至 B 账号；(2) 个人类型无法注册服务号；(3) 注册时除注册主体信息外还需提供管理员信息，包括管理员姓名、身份证号和手机号并使用绑定管理员本人银行卡的微信扫描二维码，只要是公司组织的负责人即可，没有限制一定要法人，管理员信息可更换。

接下来，需填写公众号名称、功能介绍、运营地区等信息（见图 6-12)。填写时需要注意：(1) 信息提交后，需要在规定期限内完成认证，否则将无法使用公众号群发等高级功能，如在规定期限内未完成认证，账号将被注销；(2) 个人类型账号名称每自然年可主动修改 2 次，非个人类型账号名称修改需申请微信认证进行修改；(3) 功能介绍每月可修改 5 次。

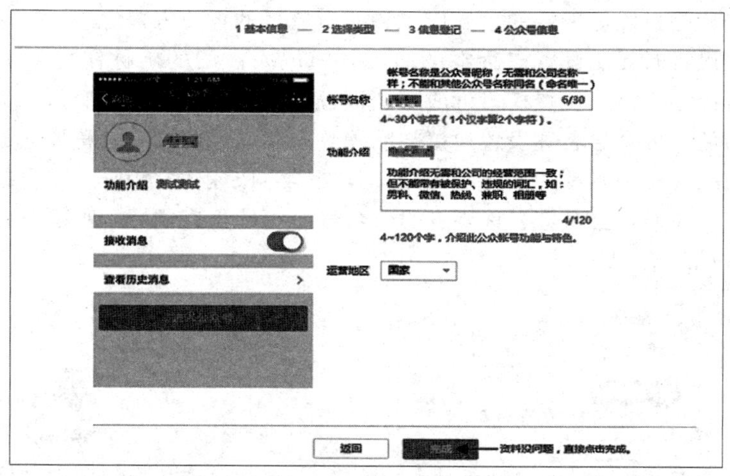

图 6－12　微信公众号信息填写界面

【实战训练】

请按照上述示例步骤，申请一个自己的微信公众号。

3. 微信公众平台设置

微信公众号是利用公众账号平台进行自媒体活动的服务平台，简单来说就是进行一对多的媒体活动。公众号正式运营前，需要对公众号进行基本设置。

（1）账号详情。账号详情所含内容见图 6－13，其中，头像设置具有三大作用：1）品牌识别。对于成熟的品牌而言，公众号头像贴近品牌价值观，能够营造与粉丝间的共鸣，增加粉丝黏性。2）认知成本。对于雏形品牌，使用品牌标识做头像，可以增加公众号和品牌的关联性，提升推广效益、降低认知成本。3）个性化形象传播。自媒体营销提倡情感化及温度化，使用极具核心价值观的形象作为头像，同时将公众号的发声模式拟人化，能营造更好的情感氛围，拉近与粉丝间的距离。头像的展示分为圆形和方形两种，在设置时要充分考虑好展示效果。下载二维码时，最好直接选择最大尺寸下载，确保素材有较高分辨率。

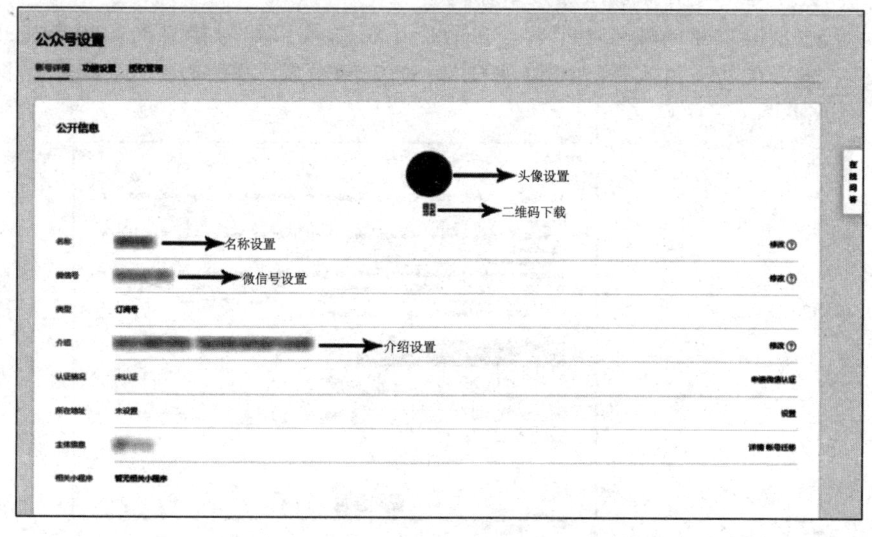

图 6－13　微信公众号信息设置界面

名称是自媒体平台的重要标识和搜索流量的重要入口之一。公众号名称具有唯一性，设置时无法设置已存在的名称，但他人占用的名称侵犯了用户的合法权益时，可提起投诉，若侵权投诉成功，被投诉人七天内未提交有效申诉，则名称占用将被释放。公众号名称设置建议与品牌具有关联性，设置名称要充分考虑公众号性质，与品牌有关联性的名称能与品牌其他媒体快速建立矩阵，提升推广效益（见图6－14）；此外，公众号名称要点明公众号所属的垂直领域，吸引有共同爱好的粉丝关注（见图6－15）。

图6－14　与品牌相关联的微信公众号名称

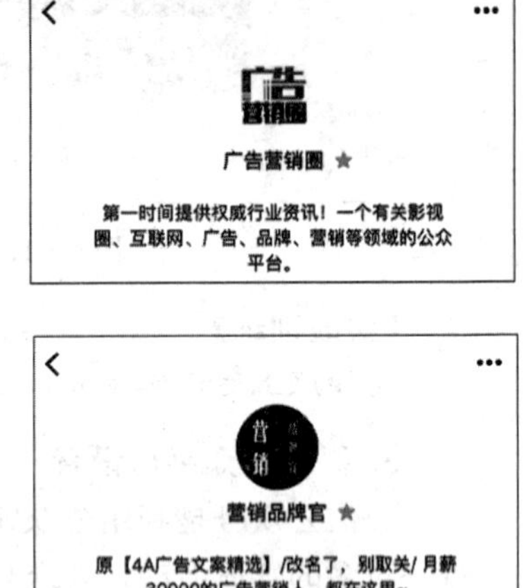

图6－15　点明垂直领域微信公众号名称

在账号详情设置中，微信号每自然年可修改一次。微信号设置最好贴近公众号名称或者品牌名称，提升平台和品牌辨识度；功能介绍要能清晰地传达给用户公众号提供的内容及价值，让目标用户群更加了解，文字内容可以有趣生动，不要过于死板。

（2）功能设置。功能设置包含隐私设置、图片水印、业务域名、安全域名等。其中，隐私设置——是否禁止用户通过名称搜索到账号，图片水印选择——是否给公众号的图片添加水印及水印内容。

设置业务域名功能后，在微信手机端输入账号信息时，不会出现“防欺诈盗号，请勿支付或输入QQ密码”，避免网页输入框弹出安全提示，提升用户体验（见图6－16）。

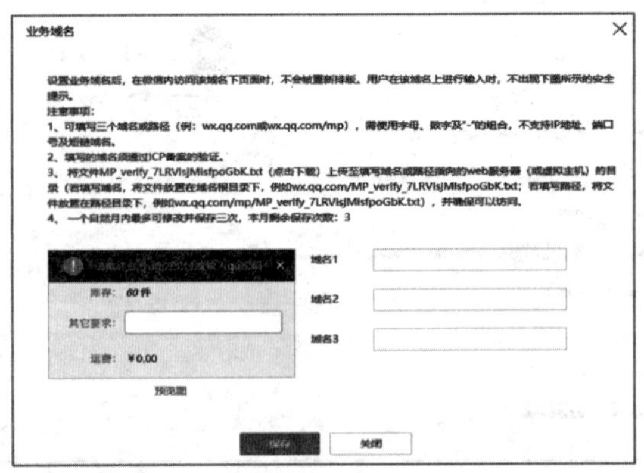

图6－16　微信公众号业务域名设置

设置JS接口安全域名可以让手机端网页在微信里调用相关的技术接口，实现网页高级互动功能。当使用第三方业务服务，如有赞的微商城等时，只有按照说明正确设置以上域名，才可以让内容正常显示（见图6-17）。

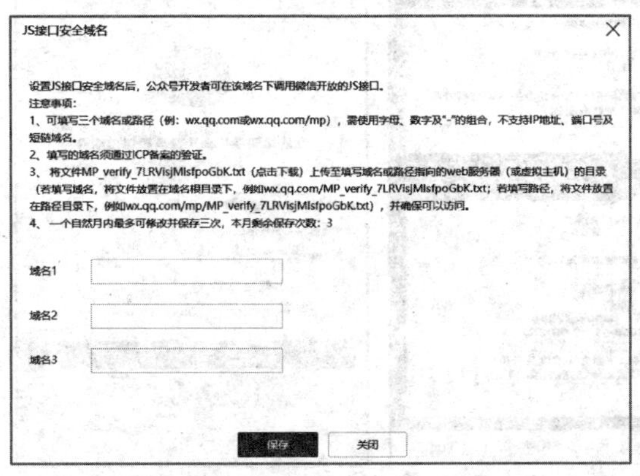

图6-17　微信公众号JS接口安全域名设置

（3）授权管理。如果运营能力有限，可以将公众号授权给第三方平台辅助运营，授权后可在对应界面登录，查看授权的功能和取消授权。

（4）人员设置。在公众号的登录等部分操作中，需要扫码确认方可操作，非管理员或运营者扫码则提交操作申请，系统会发送申请至管理员微信号进行验证。人员设置页面中可以修改管理员及运营者的绑定设置。一个公众号可以绑定1个管理员和5个长期运营者以及20个短期（一个月后自动解绑）运营者。绑定或解绑管理员和运营者都需要管理员微信扫码确认后才能操作，设置说明见图6-18。

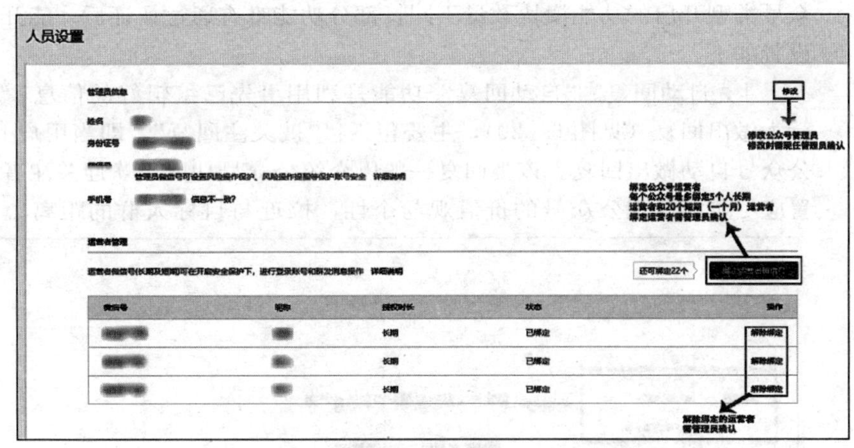

图6-18　微信公众号人员界面与功能说明

（5）安全中心。在安全中心开启微信保护后，除管理员和运营者可直接扫码验证登录和群发操作外，其他风险操作都需要管理员微信号进行验证以保护公众号安全。非管理员或运营者之外的微信扫码后提交操作申请，系统会发送申请至管理员微信号进行验证。

公众号进行风险操作后，将会提醒管理员（绑定的管理员微信号），保证公众号安全。在风险操作记录中可查看近阶段的公众平台操作记录，操作行为包括登录、群发、修改，可以显示具体的操作时间、操作微信号、有无管理员验证、所在地等信息。当非管理员登录微信公众号时，管理员微信会收到登录的提醒信息；当非管理员且非运营者登录时，须申请管理员授权登录（见图 6－19）。

图 6－19　微信公众号安全中心设置与风险管控

（6）微信认证。微信认证是微信公众平台为了确保公众账号信息的真实性、安全性，提供给公众号进行微信认证的服务。认证后的公众号可以获得更丰富的高级接口以及认证“V”标识。账号主体可查看认证详情，提升公信度。

4. 微信公众平台主要功能

微信公众号后台，即微信公众平台，是给企业和组织提供业务服务与用户管理能力的全新服务平台，帮助企业和组织获得更强大的业务服务与用户管理能力。

（1）功能模块。后台功能模块是提升微信公众号用户体验的关键，不同微信公众号类型开启的功能模块数量不同，部分功能唯有通过认证后才能开启，常用功能设置如下。

ⅰ. 自动回复。“自动回复”功能是利用事先已编辑好的信息，对用户的特定行为做出回复（见图 6－20），主要包括：“被关注回复”，即当用户关注公众号时，公众号自动做出回复。该类回复一般以介绍公众号功能、欢迎关注者为主，内容设置应尽可能体现公众号的价值观与个性，拉近与目标人群的距离。“收到信息回

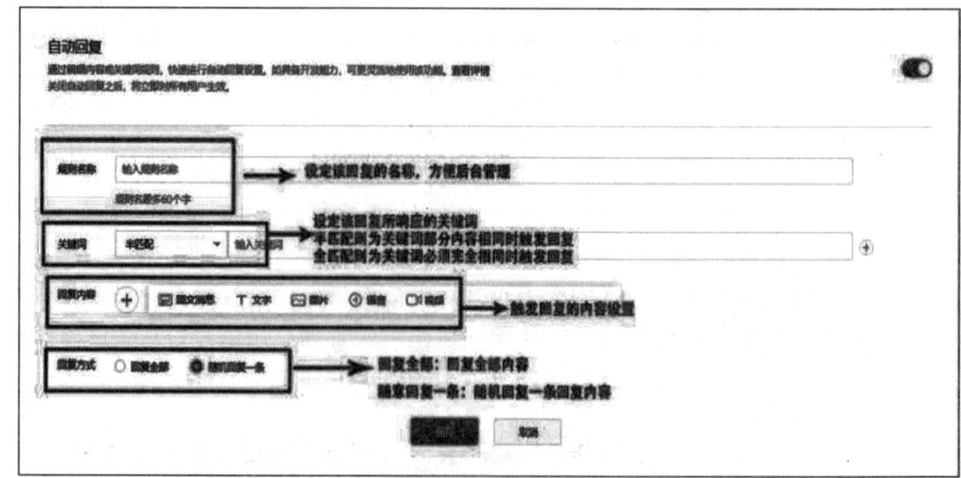

图 6－20　微信公众号“自动回复”功能设置

复”，即当用户主动向公众号发出信息时，公众号做出回复。该功能为无论用户发出任何信息（关键词信息除外）都回复相同内容，因此，设定回复内容要具有充分的适应性，如“小主的消息已收到，我们将尽快给予您满意的答复”等。“关键词回复”，即当用户发出符合后台设定的条件信息时，公众号做出的特定回复，该功能常用于活动的互动及服务功能的响应。

自动回复功能仅为公众号运营者提供一定的便利性，虽然该功能可以授权于第三方平台进行管理，但追崇温度化的营销才是自媒体运营的重要核心。公众号运营者只有及时回应用户需求并与用户互动，才能促进粉丝忠诚度的不断升级。

ⅱ. 自定义菜单。设置“自定义菜单”后，菜单显示在公众号首页底部，最多能设定 3 个主菜单，每个主菜单下又能够设定 5 个子菜单。这些菜单可以链接图文、跳转网页和小程序，属于提升公众号功能丰富性的设置（见图 6－21）。

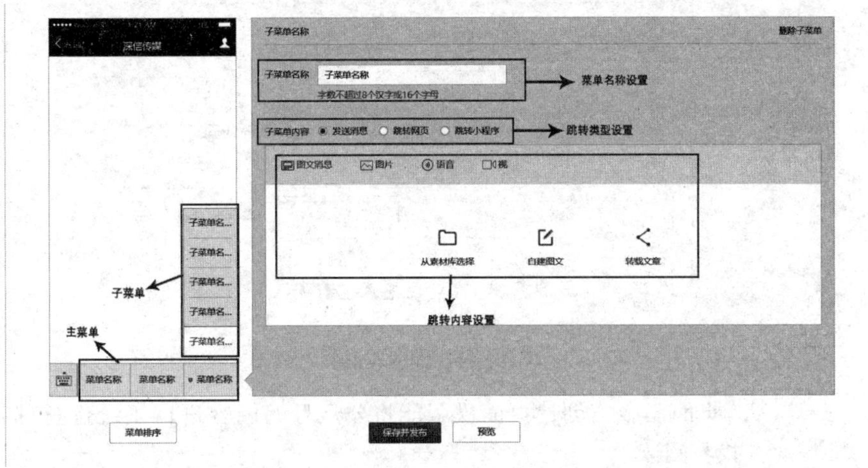

图 6－21　微信公众号“自定义菜单”功能设置

ⅲ. 留言。留言功能是管理公众号文章底部留言内容的功能，公众号运营者可以在留言功能中查看粉丝的留言，进行精选、回复、置顶等互动操作（见图 6－22）。

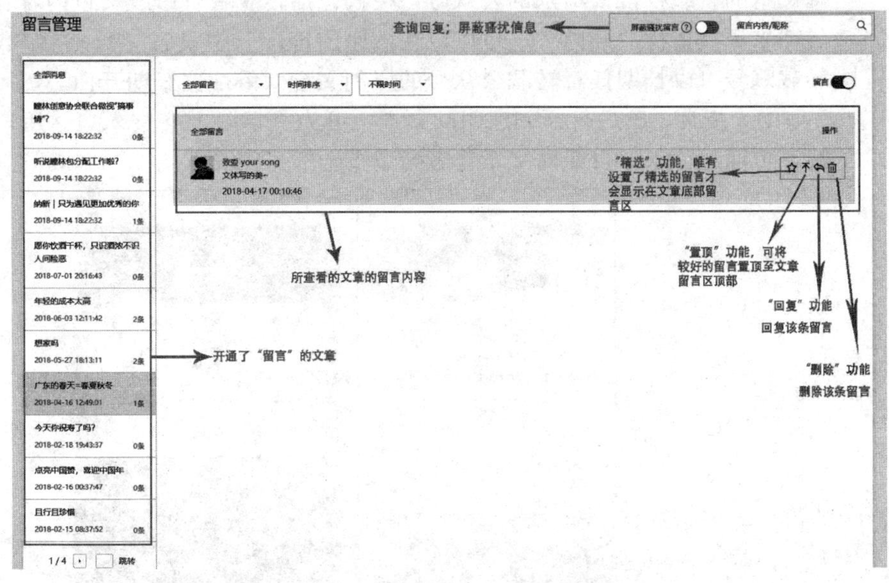

图 6－22　微信公众号“留言”功能设置

ⅳ. 投票。投票功能用于收集使用公众平台的用户关于活动、选举等的意见（见图 6 - 23）。创建好投票模版，需在公众号图文消息中选择投票插入，群发图文后，公众号粉丝方可参与投票。

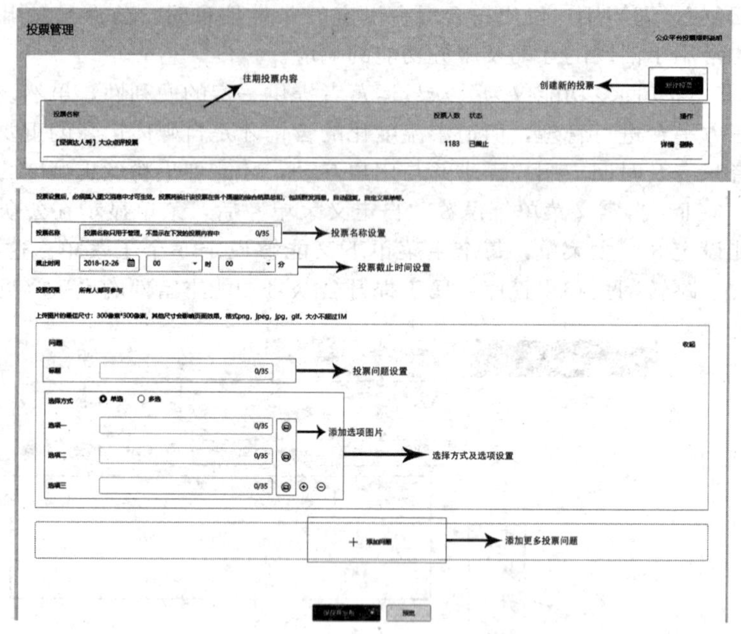

图 6 - 23 微信公众号“投票”功能设置

ⅴ. 页面模版。创建页面模版能将公众号的内容进行系统性整理和展示，方便粉丝查找与阅读。

ⅵ. 原创管理。公众号申请原创功能后，可以对文章进行原创声明，平台会对申请原创声明的文章在群发后进行审核，审核通过后文章会被标识为原创文章。运营者可以在“原创管理”查看公众号群发过的原创文章并进行“转载设置”，将单篇文章的转载权授权给别的公众号，授权包括转载者可修改文章内容和是否不显示转载来源（俗称“开白”）；也可以在“原创管理”中设置“长期转载账号”，长期转载账号可以长期任意转载公众号的原创文章（俗称“长期开白”）。

ⅶ. 赞赏。已进行原创声明的文章，可为文章附上赞赏入口。用户阅读完文章后，可通过该入口自愿向文章作者赠予赏金（见图 6 - 24）。

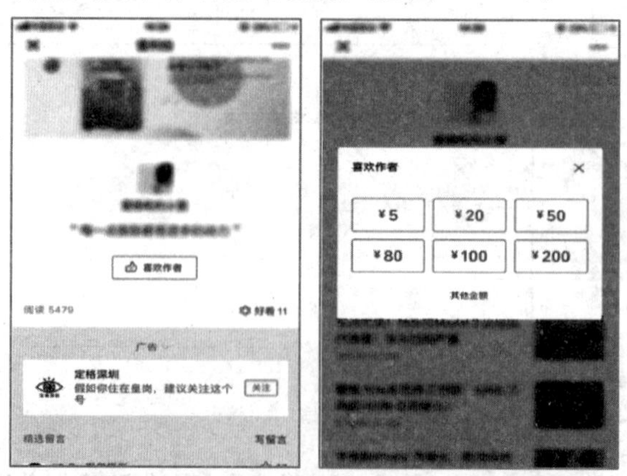

图 6 - 24 微信公众号“赞赏”功能设置

微信公众平台其他功能设置见表 6－4。

表 6－4　　微信公众平台其他功能设置

图标	功能名称	功能介绍
	卡券功能	提供给商户或第三方派发优惠券、经营管理会员的工具，可在公众平台或通过接口创建卡券，多种渠道投放给用户，用户用券时需核销卡券，核销后可查看数据、进行对账
	微信连 Wi-Fi	为商户线下场所提供一套完整和便捷的场所 Wi-Fi 连接方案，粉丝通过该功能获取授权连接商户 Wi-Fi
	摇一摇周边	与线下商户进行互动，获得商户提供的个性化服务。商户申请该功能后，需要在门店自主铺设支持 iBeacon 协议的蓝牙硬件，并在商户后台设置硬件和对应服务的关联
	微信小店	在微信支付能力基础上，支持商家进行添加商品、商品管理、订单管理、货架管理、维权仲裁等操作。有开发能力的商家可以通过接口批量操作，快速开店
	客服功能	公众号可以使用客服功能，在线回复用户询问。客服功能支持多人同时为一个公众号提供客服服务
	电子发票	提供给商户或第三方的电子发票技术解决方案。商户和第三方选择第三方开票方提供的电子发票套餐，并根据套餐权限在其微信公众号中申请、开具、接收、管理电子发票
	门店小程序	商户可在门店小程序插件内管理自己的门店信息，并将门店信息使用到附近的小程序、卡券、摇一摇周边、微信连 Wi-Fi 等业务

(2) 管理模块。管理模块具备以下三个功能：消息管理、用户管理、素材管理。

ⅰ. 消息管理。消息管理用于接收粉丝对公众号发送的消息。若粉丝 48 小时内未与公众号互动，运营者无法主动发消息给用户，直到用户下次主动发消息方可对其回复。

接收到粉丝发送的消息，系统会保留最近 5 天的消息（图片和语音只保留 3 天），超过时间的消息会自动清空，另外，与单个粉丝的实时聊天消息最多只保留 20 条。在“消息管理”中可以对关注用户发送的消息进行标记星标收藏，便于查看和永久保存该信息。若勾选“隐藏关键词消息”，粉丝发来的关键词消息会隐藏掉，让运营者更方便人工回复用户消息。

ⅱ. 用户管理。搜索用户，即用户管理不支持显示粉丝微信号，只能看到昵称。新关注的粉丝关注 24 小时后才可以快速搜索。更新昵称的粉丝，新昵称需经 48 小时同步后，才可以根据新昵称快速搜索。备注，即如果添加备注，需要选择修改备注的粉丝，单击即可修改（支持特殊符号、在 30 个字以内、修改没有次数上限）。用户标签，即通过设置标签对用户进行分类，方便进行用户管理。黑名单，即在微信公众平台用户管理中，将关注的粉丝添加到黑名单后，黑名单中关注的粉丝将无法收到该公众号的群发消息及自动回复消息，但可以通过“查看历史消息”

查阅 10 条信息。加入黑名单分组后，如果粉丝取消关注，再重新关注你的公众号，该粉丝仍然无法接收到群发消息及自动回复消息。粉丝被加入黑名单分组后，给公众号发的消息，不会在消息管理中显示。

ⅲ. 素材管理。在素材管理中，通过点击“图文消息”中的“新建图文素材”，进入图文消息编辑页面。通常可以选择第三方编辑器进行编辑后，再导入公众号素材库（见图 6－25），其他素材规格要求见表 6－5。

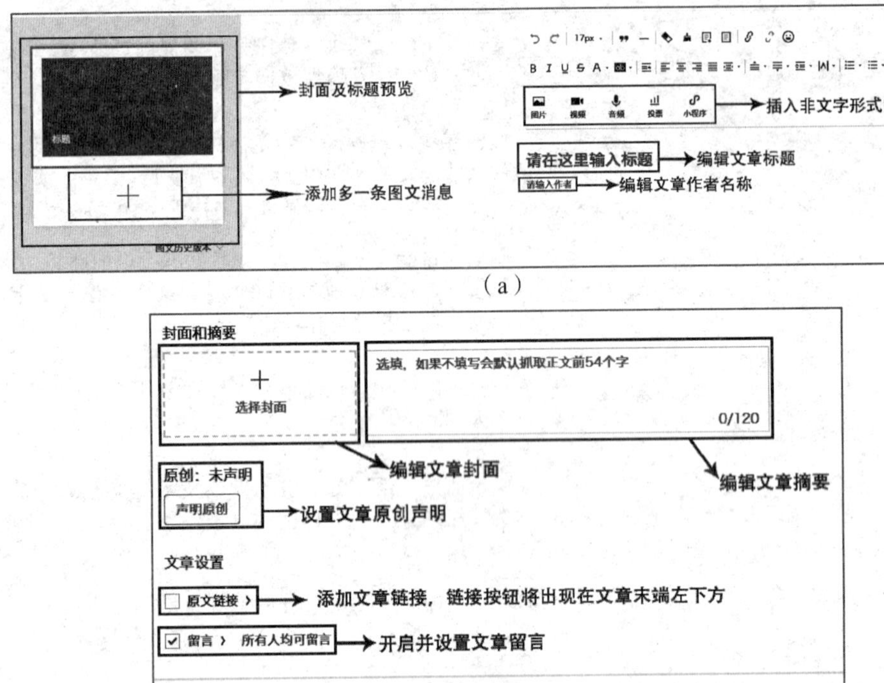

图 6－25 微信公众号素材管理

表 6－5 微信公众号其他素材管理要求

素材要求	规格要求
图片	5MB 以内，bmp、jpg、gif 格式
语音	格式支持 mp3、wma、wav、amr、m4a，文件大小不超过 30M，语音时长不超过 30 分钟
视频	视频不能超过 20M，超过 20M 的视频可至腾讯视频上传后添加，也可通过添加视频详情页链接以及公众号文章链接插入视频，视频时长不少于 1 秒，不多于 10 小时，支持大部分主流视频格式

（3）推广模块。用户平时使用微信时，在文章底部及朋友圈常看到的广告，就是通过“推广”功能实现的。

ⅰ. 广告主。运营者通过广告主功能，可向不同年龄、地区的微信用户精准推广服务，获得潜在用户。微信认证的公众号可申请开通投放服务成为广告主，根据需求投放公众号广告、朋友圈广告等。

ⅱ. 流量主。运营者可以自愿将公众号内指定位置分享给广告主做广告展示，按月获得广告收入。粉丝人数超过 5 000 的微信公众号，均可提供广告展示服务成为流量主。

ⅲ. 返佣商品推广。申请“返佣商品推广”的商家，需要拥有绑定广告主公众号的小程序，且该小程序已开通并使用微信支付，提供商品购买服务。商家将商品导入推广平台，流量主选择商品嵌入自己的文章中，粉丝成功购买文章推广的商品后，流量主获得佣金。

5. 微信公众平台数据价值

公众号用户属性等其他的相关数据是公众号运营定位的重要数据参考，运营者可从数据中观察该阶段运营的效果，修整运营方案及方向，有针对性地开展运营。

（1）用户分析。用户分析数据主要包括用户增长与用户属性（见图 6－26）。用户增长数据包含有关用户的数量指标和增长来源，主要有四个：新关注人数、取消关注人数、净增关注人数、累积关注人数。在用户属性这一块，主要有性别分布、语言分布、省份分布、城市分布、终端分布、机型分布等。

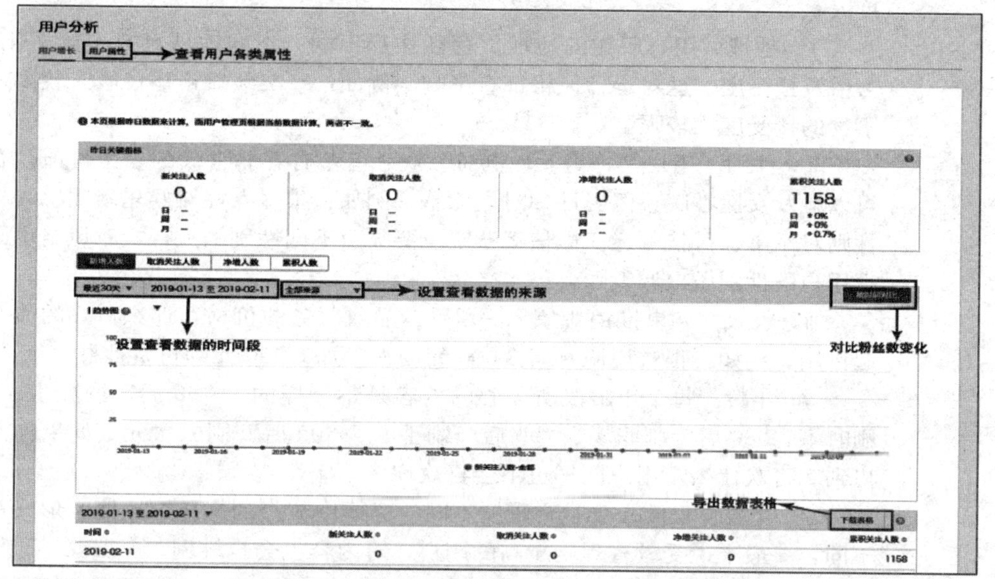

图 6－26　微信公众号用户数据分析

（2）图文分析。运营者可从“图文分析”中获得文章的送达人数、阅读人数和分享人数，从中对比分析粉丝喜好，有针对性地制定新一轮内容及标题选择方案。

（3）菜单分析。运营者可从“菜单分析”中获得公众号菜单的点击数据，对比分析粉丝需求，有针对性地制定新一轮的公众号内容选择方案。

（4）消息分析。运营者可从“消息分析”中获得粉丝消息的次数和发送信息的人数，观察粉丝活性。在消息关键词中可以查看各类关键词活动的粉丝参与积极性，分析粉丝对各类活动的喜欢程度，调整各类活动的举办比重。

（5）接口分析。运营者可从“接口分析”中获得粉丝使用各个接口的次数和接口跳转时间与失败率，对接口和服务器进行有针对性的优化，提升用户体验。

（6）网页分析。运营者可获得粉丝对接入公众号网页的访问数据，这些数据对网页内容优化、未来接入网页选择、网页接口及服务器配置等方案制定，具有重要的参考意义。

6.3.2 微信公众号规划策略

微信公众号营销具有很强的媒介属性，它培养了用户参与活动、查看内容的习惯。作为一种传播途径，微信公众号营销所实现的宣传效果远胜于其他传统媒介。

1. 定位策略

公众号必须确立适合自身发展、符合自身形象的定位，确定辐射受众面，促进形成品牌效应，实现运营目标。找到适合企业的特色定位，精耕细作，多推送有价值的内容，才能在众多微信公众号中脱颖而出。

（1）用户画像：使用微信想要吸引何人？企业想利用微信营销达到宣传或盈利的目的，就一定要设定目标人群并制定针对性的方案策略，根据目标人群属性采取不同的措施实现目标。做好定位首先必须熟悉用户群体，也就是要做好用户画像，避免运营者用个人喜好判断用户喜好，导致运营方向走偏，用户画像可以从如下维度入手。

ⅰ. 地域。用户所在的地理位置往往都不同，不同地域具有不同文化、方言、习俗及接受度，这对运营风格都有影响。例如：一二线城市居民收入较高，对新鲜事物的接受度比较强。

ⅱ. 性别。用户中，男女比例对公众号运营有着非常大的参考价值，有些文案可以触及女性心底，但男性却对之无感。例如：很多女性对娱乐新闻感兴趣，而男性则对军事、科技着迷。微信运营定位要吸引不同性别的人，文章风格也必然要根据用户的性别做出调整。

ⅲ. 收入。如果推销对象无法承受产品或服务的价格，那么再好的文案也很难起作用。例如：很难说服月薪 3 000 元的人参加 6 000 元的付费社群。

ⅳ. 年龄。每个年龄段所关心的内容是不一样的，“60 后”刷养生、“70 后”刷时事、“80 后”刷职场、“90 后”刷手游、“00 后”刷二次元，如果你不了解用户到底喜欢什么，用户同样也不会喜欢你。

ⅴ. 受教育程度。受教育程度不同的群体中流行的文化、风格、形式都会有所不同，一般来说受教育程度越高的用户，对内容也会越挑剔。

ⅵ. 行业特征。根据行业不同撰写不同的文体风格，如广告人喜欢调侃客户、电商喜欢调侃买家，根据这些行业特征和喜好，选择文章题材和内容形式，能更容易吸引粉丝。

ⅶ. 使用场景。产品使用场景是公众号运营需要重点研究的领域，如什么时候打开、一次使用多长时间、有无分享、付费行为等。

（2）留存策略：如何吸引留住用户。大部分用户很难保持长期关注，微信运营者需要思考如何策划内容才能吸引用户延长关注周期并带来能量传播。对于企业来讲，了解受众需求并为之提供相应的服务才能留住用户，可从以下五要素着手形成有效连接。

ⅰ. 内容：给用户推送什么内容，即从圈子到内容，每类用户都有自己的喜好，同一群用户喜好也大致相同，这些用户之间会形成圈子，当你的内容被他们关注时，他们可能会分享传播，从而吸引更多相同属性的用户来关注你。

从粉丝习性到内容，即通过持续分析后台数据，相对容易看出用户究竟喜欢哪些内容，不断地试错去吸引他们，但同时也应注意，不要只追求数据而失去开始的自我定位。能够持续输出原创内容的账号十分不易，可以学习以下方法，辅助产生源源不断的选题灵感。

第一，用户需求分析法。通过客服、销售等常与用户一线接触的岗位，收集用户高频困惑、诉求、咨询，以此为内容前端，选题的灵感以这些需求为出发点，可借鉴表 6-6 中的角度模仿创作内容。

表 6-6　根据用户需求获得选题思路

选题形式	举例	选题形式	举例
行业新闻	行业内最新的热点消息	在线调查	了解群众对某些话题的看法
深度解读	能抓住订阅者眼球的干货	在线访谈	在线和订阅者进行深度互动
名家视点	邀请名家就某些事情发表观点	产品推介	根据不同的时节向用户介绍产品
达人专栏	就某一主题进行专栏连载	企业文化	丰富有趣的企业内部文化吸引更多人才加入
活动消息	给订阅者活动福利或优惠	生活技巧	有趣实用的技巧，刺激用户对产品的兴趣

第二，搜索查询法。在知乎、百度知道、百度经验等平台上搜索相关关键词，查看关注度、热度最高的问题获取选题灵感。

第三，曼陀罗思考法。图形化的思考和记录方法能应对工作上各项疑惑，可以开发创意，使灵感不断自然涌出。曼陀罗笔记共分九个区域，形成诱发潜能的“魔术方块”。使用者只要在九宫格的中间填上想要发挥的主题，运用头脑风暴将周围的 8 个空格填满，潜能可在连续反应下被持续激发。例如：要做“美食”公众号，在九宫格中把“美食”作为关键词放在中间，向外扩展联想词（见图 6-27）。

舌尖上的中国	食谱	妈妈做的菜
营养	美食	火锅
减肥	小吃	糕点

图 6-27　曼陀罗思考法示例

第四，话题搭载法。广义话题是指新闻、热点信息，具有未知性和爆发性。利用突发话题借势营销，需要具备迅速反应和执行的能力。热点新闻由于超高的话题关注度，是天然的传播载体。所谓“蹭热点”，一般来说从产品的功效、历史、竞争对手、代言人、合作伙伴等寻找角度与热点新闻契合，这就要求运营者时刻关注新闻，常浏览新闻类的门户网站。

ⅱ. 服务：用户需要哪些功能。有些用户关注公众号并不是因为内容，而是看中它的服务能够满足自身需求。做好用户画像，可以了解用户需求，提供服务从而吸引更多类似的用户关注。

ⅲ. 活动：给用户设计何种活动。活动是为了增加新用户，或者刺激活跃用户而使用的激励、互动手段。做活动往往会付出很大成本，所以更需要对用户属性有清晰的认识，不仅仅只是送奖品那么简单，更关键的是通过奖品筛选用户。

ⅳ. 渠道：用户聚焦区域在哪里。微信运营需要多渠道互相呼应才能让影响力最大，包括微博、新浪网盘、百度网盘、贴吧、知乎、豆瓣等。渠道不同，投入/产出比也不同，需要根据自身定位及目标人群的喜好确定相应渠道，通过数据对比试错，锁定最好的 3～5 个渠道，用心经营，带来长期效益。

ⅴ. 社群：承载用户的终极容器。通过社群可聚集目标用户，他们是质量极高的种子用户，不仅可以帮你更加了解用户需求、反馈产品和运营不足之处，也可以为你提供一些活动或者运营的创意。

（3）周期规划：需要用户关注周期是多长。必须认识到即便是出于商业目的而运营的公众号，在运营非常好的情况下也是有生命周期的。大部分公众号的铁杆粉丝都不会太多，所以微信公众号的商业价值基本取决于它最近三个月新增粉丝的数量，而不是原累积的粉丝数量。经过一定周期后，原来的很多粉丝由于审美疲劳或者内容趋同的原因，渐渐不翻阅这个微信公众号了，应通过统计与观察用户周期，设计在周期结束前就能完成商业变现的方式，这样有助于公众号的长期运营。

【实战训练】

如果你想做一个本地与美食、玩乐相关的公众号，吸引年轻人并通过与当地旅游机构合作、售卖周边关联产品等方式进行变现。请根据表 6－7 提示，完成你所在地的微信生活号定位策略。如果是运营美食公众号，定位是女性群体，请写出五个吸引人的微信图文标题。

表 6－7　　所在地美食玩乐微信生活号定位

<table>
<tr><td rowspan="7">用户画像</td><td>地域</td><td></td><td rowspan="5">留存策略</td><td>内容</td><td></td></tr>
<tr><td>性别</td><td></td><td>服务</td><td></td></tr>
<tr><td>收入</td><td></td><td>活动</td><td></td></tr>
<tr><td>年龄</td><td></td><td>渠道</td><td></td></tr>
<tr><td>受教育程度</td><td></td><td>社群</td><td></td></tr>
<tr><td>行业特征</td><td></td><td rowspan="2">周期规划</td><td>运营周期</td><td></td></tr>
<tr><td>产品使用行为</td><td></td><td>变现周期</td><td></td></tr>
</table>

2. 品牌策略

企业微信平台的运营内容不仅可以结合品牌特点进行分类，还可以结合品牌期望传递给受众的信息进行分类。想将平台内容运营好，就要建立品牌栏目，通过品牌设计吸引用户。企业可采取的品牌策略如下：

（1）适应性。有品牌积累的企业会仅把微信当作一个新的推广渠道，并不考虑微信生态的特点，或者简单复制过去在其他平台的运营经验，最终做得中规中矩、毫无亮点。如果想通过微信扩大品牌，就需要在原有的品牌积累上围绕微信的特点来重新设计。

（2）系列化。系列化是强化品牌存在感的重要手段，反映在微信推送中表现为周期性的固定栏目或形式。一般来说，企业设置品牌栏目，需要重点思考如何让粉丝看到这些栏目。

ⅰ. 标题、封面图强化。在标题的最前或最后可以注明栏目名称，用竖线隔开。若要树立个人品牌形象的账号，标题栏目还可以是偏个人特色的名企实习推荐（见图 6－28）。对公众号文章封面图也需要进行视觉设计，使之更具视觉感和吸引力。

ⅱ. 开篇导航。在开篇可以做导航条（见图 6－29），秀米 XIUMI 在开篇通过导航条深浅的变化来展示当天推送类型的前提下还能看到整体的栏目规划。

图 6-28　公众号标题强化

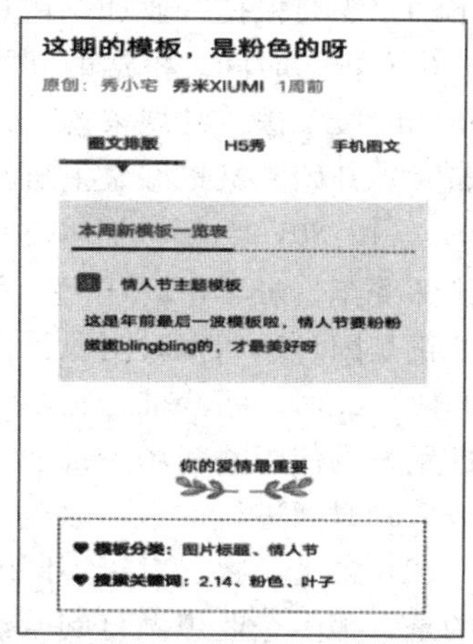

图 6-29　公众号开篇导航示例

（3）视觉化。好的图文不是一定要花里胡哨，而是能让内容条理清晰，让读者阅读起来更加舒服，让公众号视觉形象更加突出。

ⅰ. 配色。在公众号图文中，尽量保持排版整齐，提升用户阅读体验，让用户阅读起来更加流畅。减少没有必要的配色，避免因配色杂乱而影响粉丝阅读耐心。

ⅱ. 封面图。封面图风格如果能够保持一致，多次重复后就是品牌标志。公众号“小林漫画”推送封面都是风格一致的插画，也是图文内容中经常客串的配图主角（见图 6-30）。如果所选用的配图风格不一致，可以通过添加自己独特的标志来实现统一。

ⅲ. 表情包。在公众号内容中，经常需要表现喜怒哀乐等情绪，使用表情包最为直接，更是与互联网文化的衔接。有了独特表情包就像贴了自己个性的标签，即使文章被盗转，标签也能被用户识别出来。图 6-31 是公众号“少女兔”为自己设计的表情包。

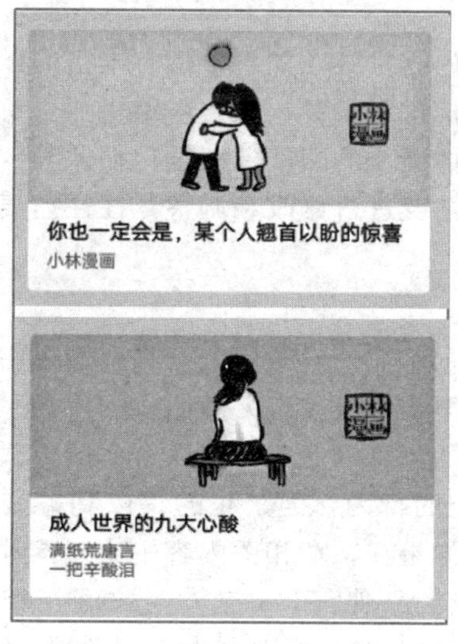

图 6-30　公众号品牌风格

图 6-31　“少女兔”表情包设计

3. 推送策略

选择合理的时间推送，培养固定的阅读习惯很重要。不同的公众号定制推送策略不同，需要根据行业和领域具体分析。

（1）推送时间。推送时间主要分为黄金时段推送、错峰时段推送、经过活跃度分析的时段推送。常规来说，以下四个时间段是推送的黄金时间：7:00—9:00，作为新一天开始，又正好是上班路上，人们对信息的需求量较大，也需要消磨时间；11:30—13:30，吃饭、午休时间段，玩手机的概率比较大；18:00—19:00，下班路上排队等车、坐车；22:00以后，人们睡觉前躺在床上最后一件事基本上都是玩手机。正是因为这四个时间段是推送的黄金时间，所以也是各类型公众号推送扎堆的时间段，此时，错峰推送也不失为一种策略，不过最好还是结合之前的用户画像，找准用户的使用时间场景推送。最后，可以通过分析数据把握用户活跃的时间段，在合适的时间进行推送，培养用户习惯。

（2）推送频次。对于不同的营销对象，企业可以采取不同的推送时间。需要提醒的是，很多企业想做订阅号，因为特别看重每天一次的推送机会，但容易使用户取消关注的方式之一就是天天推送，除非确定推送的内容是订阅者喜欢的。微信服务号一个月只提供4次推送机会，也在于做服务号不需要靠推送激活用户，用户更多是因为刚需而购买。

6.3.3 微信公众号实战技巧

微信平台自身具有很多属性及功能，企业使用微信进行品牌营销和推广时，一定要熟悉微信的各种自带功能，这些都是微信营销的重要资源。企业只有在了解用户需求后，才能抓准他们的内心，满足其服务需求和产品需求，通过人文关怀留住用户，增加用户黏性。

1. 精美排版

好的排版不但可以提升文章阅读体验，增加文章的可读性，还可以形成个性化风格，这是从形态上与其他公众号区别的关键。排版具体操作将在本教材第9章详细阐述。

微信编辑器只能进行简单的内容排版，如果希望有丰富的样式效果或者想要提高排版效率，推荐使用第三方微信排版工具，如秀米编辑器。每一篇文章的内容和表达形式都存在差异，每个自媒体受众的阅读习惯也存在差异，因此在进行微信图文排版时，运营者需要根据实际情况进行修改和调整，往往需要经过多次预览和修改，才能呈现出最合适的效果。

2. 增加粉丝量

粉丝是开展微信营销的基础，企业开设微信公众号，通过内部增加粉丝会比较缓慢，大多数公众号增加粉丝的渠道是通过官方微博、门户类平台、问答类平台等外部引流。很多时候资源是有限的，可以通过与他人合作的方式，借助他人资源引流。“互推加粉”是微信团队禁止的行为，但禁止的是以利益交换为前提、具有恶意营销性质的公众号互推行为。如果在文章相关内容中诚意推荐，或者公众号矩阵之间趣味联动并不违反规则。“营销品牌官”等公众号之间互相转载文章并在文章末端互推公众号（见图6-32）。在选择互推合作时，需选择对方公众号粉丝和自己的公众号针对人群定位相贴近的，这样才能更好地提升新粉丝的留存能力和二次传播。

图 6－32　公众号合作互推

3. 提升阅读量

阅读动力值主要受两方面影响：一方面是文章与用户需求的匹配程度，它与阅读动力值成正相关；另一方面是用户感知成本，它与阅读动力值成负相关。用户感知成本即用户感觉所支出的成本，如时间、金钱等。从这个角度出发，若想提升公众号文章阅读量，应从提升用户需求匹配度、降低用户感知成本入手。

（1）优化标题，提高打开率。有些文章内容很丰富，但标题平淡无味，导致打开率不高。吸引人的标题十分重要，从以下几个角度撰写标题有助于提高点击率。

ⅰ. 抛出问题。抛出问题不是简单的陈述句变疑问句，而是发现读者隐藏的真正需求，在问句中暗示文章内容可以带来什么好处或者解决什么问题。在高点击率标题中，“什么”“如何”“为什么”等都是高频词，如《职场新人必读：为什么老员工不会来教我》。

ⅱ. 结合热点。利用名人效应和热点能够引起读者兴趣，如《看“汪涵救场”，学如何应对突发危机》。

ⅲ. 对号入座。能够从与标题相关的词语中将自己或相关的人对号入座，如《自媒体运营手必备的 10 个神器，你知道几个》。

ⅳ. 善用数字。在标题修饰上，还可以引用数据来增加标题的吸引力。例如：《90%营销人写文案前的第一个错误》与《大多数营销人写文案前都会犯的错误》相比，更加直接明确，吸引用户阅读。

ⅴ. 巧设悬念。如果要点在标题里已经全部讲清楚了，用户点击查看文章的欲望也会大大降低，所以可以留点悬念，如看到标题《世界杯冠军德国：认真是一种可怕的力量》，人们基本能对内容猜出大概，但如果改成《可怕的德国人！只因简单的两个字，便可怕到天下无敌》，就可以引起用户强烈的好奇心。

(2) 提升转发率。如何创作内容使之成为风潮，获得用户大量的扩散？这并不是有趣、实用、温情这些简单标签可以概括的，关键是内容能不能体现转发者的境界和品位，这才是转发者的主要动力。人们在社交媒体上总是把自己构建为希望成为的人，每一次转发都是让人们接近自己所期望的形象，因此，转发与评论、点赞、收藏具有本质不同，其核心是可以帮助人们进行“形象补充”，用所转发内容向外界展示自己的兴趣爱好、价值观、世界观或者借助所转发的内容表达自己的观点、立场和态度。

(3) 嵌入链接，增加阅读量。嵌入链接是指在文章内合适的地方利用“超链接”功能插入往期优质文章链接，吸引读者通过点击超链接带动、提升其他文章阅读量，这样可以让文章与文章间建立连接，产生联动效应。超链接的文章要与当前文章内容有关联，刺激读者跳转到往期文章了解更多内容，或者超链接的文章能满足读者查询、浏览等需求，否则纯粹推广的超链接文章很难激发读者点击阅读的欲望。

(4) 通过朋友圈矩阵增加阅读量。一旦某篇文章被大量好友的微信号转发了，每个微信号就相当于一个有成百上千个真实粉丝的微博，如果微信好友有交集，这篇文章还能在粉丝的朋友圈中形成刷屏状态。若文章标题非常吸引人，让大家忍不住点开后，发现文章质量高就会继续增加转发的概率。拥有大量个人好友的微信个人号可以与外部资源交换和有意识地建立社群得以实现阅读量提升。外部资源是指其他公众号小编、小范围内有知名度并且微信粉丝达到几千人的个人号拥有者。当双方有需求需要转载特定文章曝光时，主动帮转朋友圈，达到相互传播的目的，而社群也将成为转发文章和提供文章灵感的首要力量。

6.4 企业微信公众号运营案例

互联网产品的商业价值取决于用户数、用户质量、产品对用户的影响力。这个道理完全适用于公众号的价值公式。运营公众号是持久的过程，公众号内容更是极其重要的一环，只有把握好内容运营，将公众号做出特色，才能更好地留住粉丝、吸引粉丝。

6.4.1 猫途鹰公众号功能介绍

猫途鹰是全球旅游网站 TripAdvisor 的中文版，它是一个主推旅游类资讯的微信公众号，同时拥有同名 App 和网站，用户想要了解的旅游资讯、攻略以及周边的吃喝玩乐都能通过这个公众号得到解决。猫途鹰的公众号相较于 App 而言，更加有趣、也更接地气，App 主要以预订和攻略为主，而公众号则更能从粉丝的角度去考虑推送需求大的内容，内容主题越多样，城市攻略越详细。

猫途鹰公众号的功能介绍见图 6－33，该介绍采用“品牌＋内容＋特点”的结构。TripAdvisor 是全球知名旅游网站，猫途鹰作为其中国产品的官方订阅号，在介绍开头便点名品牌，以品牌效应吸引粉丝群；简明扼要点明“旅游体验、攻略和指南”是该账号每天推送的主要内容；“一键查找”突出了猫途鹰的特色，引起粉丝好奇的同时也体现了该账号操作的便捷，是吸粉的好办法。

猫途鹰公众号欢迎语设计见图 6－34，欢迎语组成如下：(1) 品牌介绍，点明 TripAdvisor 是全球领先旅游平台；(2) 文章整理跳转链接，猫途鹰将推送文章进行归类整理，并在欢迎语里设置链接，方便粉丝查阅历史文章。这个整理页面具有微信公众平台的“模板”功能，开通了原创声明的账号才可以获取。

图 6－33　猫途鹰公众号功能介绍

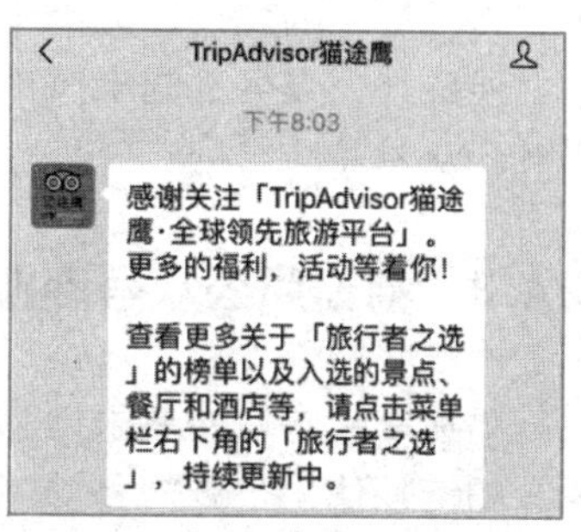

图 6－34　猫途鹰公众号欢迎语

6.4.2　猫途鹰公众号内容特色

猫途鹰菜单栏分为“找”“去旅行”“旅行者之选”三个栏目，设置分别对应不同功能。“找”直接连接猫途鹰“搜索周边”的功能，“去旅行”对应历史文章的分类搜索，“旅行者之选”直接通往精选文章内容，降低用户感知成本（见图 6－35、图 6－36、图 6－37）。

图 6－35　“找”功能界面

图 6－36　“搜附近”功能

图 6－37　“规划行程专用”功能

猫途鹰公众号特色展现如下。

(1) “一键查找”连接移动端网站。“一键查找”体现在菜单栏的设置，通过“找”按钮，连接到移动端的网站，而不是 PC 端的网站，方便手机用户阅读和查询资讯。

(2) 齐全的旅游资讯。猫途鹰最大特色之一就是“搜附近”功能，基于所在位置查找附近酒店、餐厅、景点，并利用手机 GPS 功能，将用户导航至目的地，省去用户的搜索成本，提供最便捷、齐全的旅游资讯。

(3) 多样文章分类。猫途鹰自动将文章按旅行区域进行分类，为满足不同用户需求，增加“冷门景点”“每月最佳”和“酒店精选”分类，便于后期不同用户群体搜索和阅读。

（4）具有标志性和地方特色的头图。每篇文章都会选用具有当地特色的图片作为头图，并在右下角加上 TripAdvisor 标志，体现该公众号的特色。

（5）统一的配色。无论头像还是移动端网站，都是采用绿色和黑色为主调的配色，使整个公众号看起来风格更加统一。猫途鹰从配色、配图等每一个细节出发，提升公众号品质。

6.4.3 猫途鹰公众号商业价值

猫途鹰在每篇文章末尾都有引导关注的二维码和品牌说明，通过引导点击阅读原文的链接使用户进入移动端网页，体验账号的便利性。猫途鹰定期针对特定主题举办自由论活动，以此增加粉丝黏度。在每次自由论中，都会对点赞最多和最佳留言的用户进行物质奖励，引导留言者推广求赞，增加新用户也能够保持已有用户的活跃度。每篇文章最后留言区域内的留言，运营者都尽可能回复，用诚意打动用户。用户也可在对话框直接回复“TW＋想问问题”，猫途鹰运营者通过回答问题，保持与粉丝的互动。

猫途鹰作为旅游社区平台，覆盖超过 136 000 个旅游目的地、1 775 000 家酒店和度假村、655 000 处景点以及 4 000 000 间餐厅。用户通过猫途鹰的接口进行预订，被预订的网站或酒店需要支付给猫途鹰一部分佣金；此外，在进入移动端网站的时候，底端会出现广告栏，可售卖广告位以收取一定的广告费。

猫途鹰作为旅游社区平台，一直秉承从用户需求出发的理念，为用户提供便捷的搜索途径、有价值的旅游信息。猫途鹰公众号从用户需求出发，根据不同需求为文章进行分类，方便用户阅读；采用快速搜索方法、一键式的搜索理念，为用户提供最大的便捷；激励用户点评和分享，通过物质或积分等激励体系，鼓励用户发表旅游感想，使用户在公众平台上获得满足感，进而增加用户的黏度。

本章小结

通过阅读本章内容，读者需要了解微信营销特点，领会微信营销运营价值；熟悉微信公众平台特色与功能；明晰微信个人号与公众号的差异及各自营销价值；学习微信个人号基本设置方法，掌握微信增粉技巧；利用粉丝黏性，做好朋友圈运营策略；学习微信公众号基础操作方法；熟知微信公众号规划策略；懂得公众号实战技巧，为有效达成企业微信营销目标奠定基础。通过旅行平台猫途鹰公众号案例展示，阐述企业微信公众号运营的功能定位、展现特色及商业价值实现，为企业开展微信公众号营销提供参考。

第7章 社群营销与运营

 **学前提示**

“粉丝经济”＋“社群经济”是互联网时代的重头戏，两者叠加给企业带来的效应巨大，创造出无限的营销可能。在庞大的运营体系中，社群运营是非常重要的环节。本章主要阐述社群营销与运营模式，通过本章学习，需要了解社群营销基本概念，熟悉社群品牌打造方法，认识社群商业变现的本质，能够在社群运营团队带领下，组织具有价值的社群线下活动，激活群内用户，提升用户体验，扩大品牌影响力。

案例导入

霸蛮社——一个优质的在京湖南人社群

2018年4月8日，网红牛肉粉餐厅伏牛堂更名为霸蛮，创始人张天一宣布完成B轮数千万元融资，估值5亿元。霸蛮是一家主营米粉的餐饮公司，霸蛮公众号就是为产品做宣传的媒体号，上面的文章都是张天一亲自操刀，阅读量非常高；霸蛮社几乎成了吸粉神器，其社群用户已超过20万人。

霸蛮是湖南方言，意为“不服输，执着”，湖南人都知道这个词，用作牛肉粉的品牌名，更加契合了产品定位，也拉近了湖南人之间的距离。众所周知，当粉丝到达一定基数时，再增长几乎都是几何式增长。据张天一自己公开的数据，四年卖了1 000万份牛肉粉，成绩可谓靓丽。伏牛堂此次更名霸蛮，对品牌以及未来销售都十分有益。

伏牛堂打造了颇具湖南化的用餐场景，在密闭的空间（餐厅）里聚集了如此多湖南老乡，这本身就是一种传播，而且老乡聚集在一起具有共同的需求，无论是从口味还是从情感，一碗牛肉粉最能引起湘人情感共鸣，吃饱喝足一抹嘴，回去自然宣传：“这个霸蛮牛肉粉，真霸蛮！”此外，如今诸多湖南米粉品牌定位都偏传统，而霸蛮恰恰有年轻人的特质，反映出张天一这一代湖南人身上的冲劲。霸蛮这个词本身就是一种情绪的宣泄，作为品牌名更是成为一个文化符号，为年轻人的情绪贴上更有文化内涵的标签。

对于霸蛮社运营，张天一认为，在京湖南人是绝对的主流客群，占所有人的47%，这就使前两家店敢选比较偏的位置，有一半的人流是通过湖南人补齐的，此外，与北京30多万湖南人的联系要建立在米粉以外的地方，于是，积极打造霸蛮社，使其成为最优质的在京湖南人的乐活空间，是张天一的运营目标。霸蛮社做的是与卖米粉无关的事情，作为高度黏性的社群，带着大家一起玩，主流是湖南“80”“90”青年人，玩的形式不限于吃饭，还有青年公益、观影会、读书会等。大家可以把霸蛮社理解成一个湖南的文化品牌，做青年社区，顺带卖米粉；或者理解为文化公司，做自媒体，顺带给伏牛堂打广告。

张天一早期曾打造伏牛堂的校园社群，在短短一个月时间里，走访了近20所学校，建立了10个校园社群团队，运营伏牛堂的产品。霸蛮社在每所高校筛选、组建一个社群团队，将产品授权给入选的校园团队，负责开拓某一块市场、发展团队自己的社群、打造团队自己的品牌。霸蛮社还会手把手地教大家创业，提供给大家非常有价值的创业课程，包含“公司治理、个人技能提升、营销创新和组织战略创新”等32节线上课程，以及“互联网世界观与颠覆式创新”线下大课，教青年人“如何去寻找、留住你的用户”，分享伏牛堂创业过程中迈过的坎、蹚过的坑。

几乎每个品牌都会拥有自己的粉丝，但是，如果企业只停留在粉丝层面，那么营销效果很难显著。只有将客户变成用户、将用户变成粉丝、将粉丝成为朋友，才是当下互联网的新思维，即粉丝与社群。企业只有将“粉丝经济”与“社群经济”相结合，才能在偌大的互联网下成为佼佼者。互联网提供了连接商户与用户的机会，使得“社群品牌”成为可能。

7.1 社群营销概述

在互联网迅速发展的推动下，人们已经走进了社群经济时代，人与人之间的关系开始以社群区分。每个社群里的成员或有共同爱好，或有共同目标，每个社群成员都是由某个点来维系的。社群是一种传播媒体，具有独特的传播魅力。

7.1.1 社群内涵与构成要素

社群是关系连接的产物，关系要经过媒介才能连接，关系的连接方式随着媒介进化也在改变。传统社群沟通形式大多受局限，随着移动互联网发展，社群关系逐步跨越时空，进入了虚拟空间连接阶段。

【课堂讨论】

以下情形中，你认为哪一种是社区？哪一种是社群？

√ 在北京一起租房的几个年轻人；

✓ 周末坐了很久地铁去参加 BetterMe 大本营线下活动的人；

✓ 英语口语微信交流群。

社群是一群有相互关系的人形成的网络，人和人产生交叉关系和深入的情感连接才能被看做社群。情感连接就是要增强群成员之间的情感度。若想在一个社群中创造出情感，就得让大家互相了解，互相关注对方的行为、喜好。不同于“社区”强调人与人在物理空间里的联系。“社群”强调的是人与人在虚拟空间里的关系。但在一个社区，如果成员积极连接，经常组织活动，也可以是基于地理区位形成的社群。构成完整社群需要具备以下要素：同好（Interest）、结构（Structure）、运营（Operate）、输出（Output）和复制（Copy）。

1. 同好——社群成立前提

同好是对某种事物的共同认可或行为，可以基于某个产品聚集，如小米手机；可以基于某种行为聚集，如爱阅读的读书交流会；可以基于某种标签聚集，如明星粉丝；可以基于某种空间聚集，如某生活小区的业主群；可以基于某种情感聚集，如校友群；可以基于某类价值观聚集，如以自律为荣的最大女性社群“趁早”——“为了找到同类，我们造了一个世界”。

2. 结构——决定社群存活

运营良好的社群需要对社群结构进行有效规划，社群结构包括：（1）组成成员。发现、号召具有同好的人紧密抱团形成金字塔或者环形结构，最初的成员会对以后的社群产生巨大影响。（2）交流平台。要有一个聚集地作为日常交流的大本营，如 QQ、微信。（3）加入原则。社群需要设置一定的筛选机制作为进入社群的门槛，让加入者由于加入不易而格外珍惜社群。（4）管理规范。社群人员越来越多，必须加强管理，需要设立社群管理员并不断完善群规。

3. 运营——决定社群寿命

经过良好运营管理的社群才能保持较长的生命周期，从始至终，通过运营要建立如下“四感”：（1）仪式感，如新成员加入需通过申请、入群需接受群规等，以保证社群规范；（2）参与感，如通过有组织的讨论、分享等，保证社群质量；（3）组织感，如通过对某项主题事物的分工、协作、执行等，保证社群的战斗力；（4）归属感，如组织群成员开展线上线下的互助活动等，保证社群的凝聚力。

4. 输出——决定社群价值

持续输出有价值的内容是考验社群生命力的重要指标之一。所有社群在成立初都有一定的活跃度，但若不能持续提供价值，社群的活跃度会慢慢下降。为了防止社群解散的情况出现，优秀社群一定要给群员提供稳定的，不同层次、不同领域的高质量输出价值，如坚持定期分享等。

5. 复制——决定社群规模

社群核心是情感归宿和价值认同，社群规模要看社群的成长阶段，每个社群都有一定的成长周期，不同阶段用不同的节奏进行控制。复制是综合人力、财力、物力与精力等多角度综合考量后的结果，一般来说，规模越大的社群越可能永远只是为新手用户提供服务，在过滤优质信息上有很大的难度，社群价值无法得到提高，盲目复制反而会起到反作用。

阅读知识

2014年，伏牛堂品牌创立。短短一年时间，伏牛堂成为互联网圈、创业圈、餐饮圈中最有代表性的社群品牌。这一切是怎么发生的？创始人张天一认为，探求一个问题的答案，最好的方式是回溯到起点。伏牛堂第一家店开业，几个年轻人，没有经验，忙乱得不可开交。当时，门店的位置不好，被生意所迫，凭借着本能，逼出了个想法，一起去微博搜索“湖南”和“北京”两个关键词，找到将近200个符合条件的微博号，随后，张天一和团队小伙伴与这些用户线上聊天、线下见面，积攒了第一批种子用户，即社群霸蛮社的雏形。正是有了这群用户，才有了伏牛堂品牌，伏牛堂也成为当今了解中国年轻人的一个很有代表性的入口。所谓社群，本质上体现的是品牌对用户的理解和连接能力。

7.1.2 社群营销优势价值

社群营销是企业或商家为满足消费者需求，利用微博、微信群、社区等推销自身产品或服务而产生的一种商业形态。企业让更多的消费者对品牌产生信任后，就可以让更多有着共同兴趣爱好、认知、价值观的用户组成相应的社群，进而对企业品牌产生价值反哺。

1. 社群营销特点

对于大部分企业来说，市场营销活动是针对每个特定群体的小众化营销。从某种意义上来说，社群是最好的营销对象，把握社群营销的特点非常重要。

（1）多向互动。社群营销是通过社群成员的多向互动交流，将信息以平等互换的方式开展营销活动。这种营销方式使每个人既是信息的发起者，也是传播者和分享者，为企业营销创造了更多良好的机会。

（2）弱化中心。社群是一种自组织、发布式的蜂群组织结构。一般来说，规矩由领导者建立，社群里的每个成员都有自己的话语权和信息获取途径，他们在社群里共同交流、互动，通过在话语中博弈，来逐步构建大家都认同的规矩，而不单单由领导者来决定整个社群里的运作，这是一个弱化中心的过程。

（3）情感营销。情感营销是指社群能给一群有共同价值、主张、趣味的人建立关联，促使他们实现点对点的感染，进而促进群体成员间产生能量的叠加，合力创造出价值，达到让企业从中获得相应利益的目的。

（4）自行运转。社群营销可以通过社群成员的信息分享进行自主创造，社群成员的参与度和创造力不仅可以促进社群营销实现自我运转，也可以催生出多种企业产品的创新理念及完善企业产品、服务功能的建议，使企业交易成本大幅度的降低。

（5）利益替换。社群是一种组织形态，若想让组织形态长久地存活下去，就必然要让组织内的每个成员产出价值，为组织做出贡献。在组织运作中，可以将不为组织创造价值的人替换掉，加入创造价值的人，在增强组织活力的同时，保证组织结构的完整性。

（6）范围较小。社群从本质上来说是一套小范围内的生态系统，所以社群营销也可称为范围经济，它通过小众化的社群自生长、自消化、自复制能力实现运转，并以社群每个人的思想、话语权作为永动机，牵引整个社群的发展方向及社群营销的效果。

综上所述，社群具有资源性和多样性特点，可以激发社群成员的组织能力、创造能力，使社群定位多样、信息发布方式松散，促使社群产品设计、内容与服务呈现出碎片化趋势。虽然碎片化会使得社群缺乏统一性，但只要企业从这种自由逻辑中挖掘、整理，就一定能够从中探索出社群产品的价值。

2. 社群营销价值

随着时代发展，人的价值越来越高，人的因素将占据企业的营销核心。互联网带来了无限的信息量，拉近了人们之间的距离，促进了社群经济的发展。社群营销是最贴近人群的营销，具有较大的优势价值。

（1）感受品牌温度。社群营销需要有品牌知名度的支撑，品牌树立是长期过程，塑造形象必须被周围大众广泛接受并长期认同，而社群形态便于企业产品直接展示鲜明个性和情感特征，让用户可以感受品牌温度。基于社群的互动、问答和评论，更容易使社群人员建立起对企业产品或服务质量的动态评估，增加产品与品牌的附加值，形成较强的品牌忠诚度。

（2）刺激产品销售。社群具有强针对性，企业只要抓住人群聚集初衷，结合产品定位，营销效果将会更加有穿透力。共同的价值观及营销活动感染，能激发消费者认同，在心理上引起共鸣并采取购买行动。社群营销所涉及的人群通过朋友圈宣传扩散，还能将营销内容延伸到更多陌生群体，最后形成庞大市场。

（3）维护顾客黏性。社群营销是一种直接针对集中的目标人群进行营销的方式，这种营销方式下的消费者信任度比较高。社群圈住用户，让其更深度地参与到企业产品的反馈升级以及品牌推广中来，把用户当成家人来爱护，使其爱上企业，主动为品牌助力。企业和消费者之间不再是买方和卖方的关系，消费者对产品的要求不再局限于产品功能的本身，也开始注重产品所具有的口碑、形象，甚至是文化魅力。

3. 社群营销方式

社群营销载体多种多样，只要能将人群聚集在一起的载体，皆可运行社群营销。企业运行社群营销的方式多种多样：（1）意见领袖。能够成为企业意见领袖的人一般是某领域的专家学者或是相关的权威人士。社群人员在专业人士的带领下进行互动和交流，不仅可以增强社群成员对企业的信任，也方便传递有价值的内容。（2）提供服务。为满足社群成员需求，企业在社群中最主要的营销方式是提供服务，包括招收会员、接受专家咨询等。（3）关键为产品。企业需要有创意、有卖点的产品，同时包括企业为社群人员所提供的服务。（4）做好宣传。社群成员具有相对统一的认知习惯与消费习惯，使得口碑宣传的影响力明显提升。

企业开展社群营销需要多花心思，才能达到好的社群营销效果。常见的企业社群营销开展方式主要体现在：组建相应的社群，做好线上交流与线下各类活动；与目标社群进行合作，支持和赞助社群活动，鼓励社群成员积极参与；与社群中的意见领袖合作，用合作方式传播企业品牌价值与文化；建立相应的社群数据库，帮助企业实现精准营销。

7.1.3　社群时代商业趋势

市场发展到今天，粗放式增长日趋消退，市场环境对企业运营客户和维系品牌的能力提出更高要求。在产能过剩的前提下，以用户需求为核心，更懂用户的品牌才能立于不败之地。企业要学会经营社群，把握好社群经济的商业趋势，才能在激烈的竞争中脱颖而出。

1. 粉丝+社群=用户

对于社群来说，粉丝是情感的纽带，粉丝消费行为也是在对品牌拥有感情的基础上产生的，最典型的就是“果粉”，只要苹果出售新产品，几乎出现疯抢的状态。社群基于粉丝运营，企业在营销过程中利用粉丝需求改造或制造产品，将消费者变成粉丝或将粉丝变成消费者，都是扩大品牌影响力的重要方式。

2. 用户创造=企业制造

在工业时代，企业一般以产品制造为主，在整个商业模式中，企业是核心力量，但在互联网时代，消费者可以参与到产品“制造”中来，企业通常会让社群成员以吐槽或创意形式参与、提供对产品的需求，吸收精华并结合用户需求打造全新的产品。企业以社群的方式，提供人与人之间、用户与企业之间、消费者与产品之间的交流平台，如小米手机论坛，聚集人群沟通，给予企业更为生动、直接的创新渠道。

3. 众筹=角色转换

众筹是向群众募资以支持发起个人或组织的行为。众筹不是简单投资，是由社群里的成员提供部分资金，并在闲暇时间里进行认知交流，分工合作以提升价值的项目操作过程。社群众筹所表现出的特征是低门槛性、多样性、大众化、注重创新等。对社群众筹来说，社群成员的时间、智慧及对社群的贡献是项目得以展开的重要因素。社群成员除了可以获得金钱方面的收益之外，也是积累经验、拓展人际关系、实现价值交换的重要渠道。

阅读知识

2015年“双11”，伏牛堂在京东众筹上线了“全国可包邮的包袱牛肉辣米粉”项目。在20多天的时间里，共筹集到了50万元左右的支持金额，获得了将近2万人的支持，并连续多日排在热门项目排行榜第一位。这意味着产品正式生产前，已经预售出去了第一批。一碗米粉在一大堆智能硬件中脱颖而出，不算绝后也是空前了。伏牛堂创下了京东食品众筹的一个新纪录，即“支持人数最多的京东食品众筹”。

对于侧重3C产品的京东众筹而言，伏牛堂显然不是最重点的项目。项目上线的时候很不起眼，页面位置也不是很好，这意味着很难获得京东的页面流量，众筹项目有可能夭折。于是团队成员思考，怎样能完成项目的冷启动呢？借助社群力量，他们有了一个点子，即万人快闪社群众筹：首先在众筹页面开设专门为社群成员准备的档位，只要求霸蛮社成员每人支持一块钱，没有任何回报；接着，动员霸蛮社成员支持一块钱。大家踊跃地响应号召，呼朋唤友，当天就有将近8 000人支持，其效果是包袱牛肉粉项目在支持金额不大、上线时间很短的情况下，一跃变成京东众筹上最热门的项目，并快速登上了热门项目排行榜，由此实现良性循环：位置越好，项目越热；项目越热，位置越好。

伏牛堂这次众筹实验提供了新的路径与可能，即品牌可以自带流量，吸引平台流量，完成冷启动，在众筹平台流量价值被过多项目稀释的时候，项目的先发优势就可以使其在流量竞争中胜出。

4. 社群+情景=触发

如今，互联网上同类产品泛滥，企业需要抓住消费习惯，触发消费者的情景需要，使其购买产品。“社群+情景”营销本质是为解决用户场景需求，触发社群成员情感回归到商业的本质。触发社群成员的情景需求，能够实现物品与人之间的快速连接，从而促使购买行为的形成。在情景时代，运营产品就是运营社群，而在社群时代，情景就是触发社群成员情感的阀门，社群与情景都是不可分割的整体。

5. 实时响应+服务=营销

社群营销是以人为中心的营销方式，人与人之间连接成为随处可在的信息节点。现代企业失去了信息不对称时代的优势地位，融合在社群中，以朋友、社群成员身份与社群其他人一起交流学习。此外，许多企业打破了“人”的边界，及时响应客户服务，实时回应、响应社群成员所表达的需求，与社群成员产生互动，如银行、快递等行业都开设了微信公众号，为客户提供线上服务。

6. 数据+协同=打破边界

当今社会是数据大爆炸的社会，尽管所有企业都各自拥有数据管理中心和数据平台，但各种平台不同层面间的数据较为独立，出现了数据孤岛的局面。社群所涉及的数据同样面临类似问题。企业应以用户数据为中心，真正打破边界，实现用户的全面协同和创新营销，让社群真正体会到大数据应有的价值。

7.2 快速构建核心社群

要形成健康、生命周期较长的社群，需要围绕同好、结构、运营、输出、复制五个要素采取行动，其执行目标分别在于明确社群运营的目的、设计成员组成结构、选择适合平台并吸引种子用户加入、构建生态矩阵对内对外输出、找准时机和周期进行规模裂变。

7.2.1 同好：寻找成立社群内核

在社群同好主题下，要尽可能做到大家共同认同的价值观，这样才能保持长期的连接，而这些价值观一般来自创始人或者某一产品的理念。

1. 建立社群目的

若社群存在既能够满足成员的某种价值需求，并在此过程中又能给运营人员带来一定的回报，就会形成良好循环，甚至可以形成自运行的生态。通常来看，建群的常见目的具有以下六种：(1) 销售产品。这种基于经济目标维护的群具有更大的生存可能，因为做好群员口碑可以源源不断获得老用户的满意和追加购买。(2) 提供服务。企业建立社群与客户之间的连接，提供咨询类服务。(3) 拓展人脉。人脉是每位职场人士都会努力维护的一种关系，人脉型社群特别要明确定位。(4) 聚集兴趣。由于爱好形成的社群主要目的是吸引一批人共同维持兴趣，聚集价值认同者一起完成更有意义的事情并从中得到成长。(5) 打造品牌。出于打造品牌目的而组建的社群，旨在与用户建立更紧密的关系，实现在交易之外的情感连接。(6) 树立影响力。利用社群模式快速裂变复制，可以更快树立影响力，最终借助群员的规模和影响力以获得商业回报。

阅读知识

伏牛堂曾做过一项调查：究竟是哪些人在吃伏牛堂的米粉？最后发现吃米粉的顾客是两类人：一是有吃米粉习惯的人群，主要包括湖南及周边地区，如江西、湖北等省市有吃米粉习惯的人群；二是认可伏牛堂品牌价值观的人群。这一群体因为热爱伏牛堂的品牌调性，也变得爱吃米粉了，绝大多数是“90后”的年轻人。伏牛堂的米粉像引流器一样，把群体特质非常鲜明的人聚集在一起。一个群体特质越明显，意味着该群体的诉求越集中。

2. 社群价值

社群自身必须具有一定的功能，能给群成员带来价值。构建社群价值需要尽可能抓住痛点，价值要具体、有回报载体，还需要有互惠互利的共生点。对于社群来说，聚集在一起的成员必须有一个共同的强烈需求，社群能提供解决这一需求的服务，找到能够产生经济回报的承载物。健康长久的社群是基于连接的自生式生态系统，既能满足群成员某种价值需求，又能给运营人员带来一定回报，从而形成良性循环。

3. 社群表现形式

成员共同认同的价值观能够保持社群的长期连接，价值观可以落实在社群命名、社群口号、视觉设计等中，通过主动洗粉的方式增强社群成员黏性。

（1）社群命名。名字是最为重要的符号，是所有品牌的第一标签。社群命名有三种方法：第一种是从现成的核心源头进行延伸，特点是与核心源头息息相关，如从灵魂人物延伸的罗友会；第二种是从目标用户着手，思考吸引何种客户群体，就垂直地取与群体相关的名字，如侧重爱好的爱跑团；第三种是将以上两种方法相结合，如吴晓波书友会。好的名字应该容易记住和传播，可以让目标客户群快速找到，除非特殊原因，否则忌用宽泛、生疏及冷僻词汇。

（2）社群口号。口号作为浓缩的精华是重中之重，通常有以下三类：1）功能型。阐述特点及做法，用最具体直白的信息让所有人第一眼看到就知道社群功能，如北大社群口号：从优秀到领袖，就到北大社群。2）利益型。阐述该功能或特点能够带给成员的直接利益或为成员完成某个目标做出贡献，如秋叶PPT社群：“每天3分钟，进步一点点”。3）三观型。阐述追求该利益背后的态度、情怀、情感，利益升华后的世界观、价值观、人生观，如伏牛堂的生命力体现“不为乌合不从众”。一般来看，社群初始主要焦点是放在功能和利益上，尽可能减少用户认知障碍，成为大众熟知品牌后，口号的三观意义逐渐体现（见图7-1）。

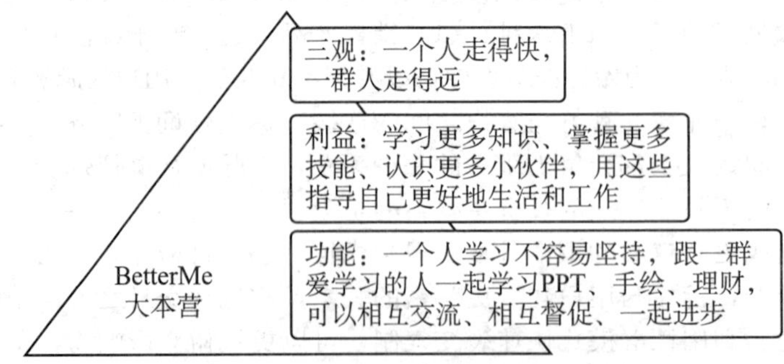

图7-1 BetterMe社群口号层次拓展

（3）视觉设计。不论线上传播、线下活动，视觉都是最基本的认知，必须精心构思。围绕品牌的名称与口号进行视觉设计，如头像、背景、卡片等，核心体现为使用标识视觉强化品牌形象。目前，常见的社群标识有两类：一类是已经非常成熟的企业或品牌，在做社群的时候，会直接沿用自身原标识；另一类是原生态的社群，主要还是使用文字，部分也会用一些核心人物或者理念延伸的卡通形象。

阅读知识

2018 年，趁着品牌四周年之际，“伏牛堂牛肉粉”正式更名为“霸蛮牛肉粉”。更名为“霸蛮”后，直接以笔画相当霸气的字体来做标识，运用高明度红色作为主色调，品牌识别度再次增加，最令人意外的是伏牛堂竟然把自身品牌精神拿来做标识。

霸蛮牛肉粉四年来的品牌升级历程见图 7-2。伏牛堂的第一版标识包含很多复杂元素：印章牛字——强调产品特色牛肉；伏牛堂——展示品牌名；湖南津市牛肉粉·擂茶——强调区域特色和核心产品，元素较多不太方便记忆。

2015 年后，简约风影响各行业，标识设计变得简约且易辨识。这一年，伏牛堂使用过两个标识，F. N. T 的英文字标很快被弃用，后来的蚩尤将军的图案看上去更有个性，品牌内涵更为丰富：标志性的牛头形象和桀骜不驯的眼神，左下角脸是一块伤疤，展示百折不挠的形象，以及代表具有生命力的红色崇拜。

前两个时期的设计额外为品牌添加各种说明，消费者接触品牌时，很难记住复杂的概念。为了品牌设计更接地气，伏牛堂在 2017 年强化大众最熟知的故事“学霸硕士卖牛肉粉”，标识换成学霸头像，保留牛角特色元素，紧扣食品安全话题，将口号改为“硕士粉、良心粉”，霸蛮视觉识别逐步开始进行强化。

经过升级，霸蛮从精神图腾升级为品牌标志，霸蛮字体经过优化还可以找到牛角元素。经过 4 年探索，这碗牛肉粉也从三个层面塑造出霸蛮的品牌形象：一是口味层，强调是辣牛肉粉这个品类；二是应用场景层，零售霸蛮速食面，解决年轻用户情绪释放的问题；三是价值主张层，将湖南方言“霸蛮”提炼出来，识别度更强，作为用户群体独特的标签和主张，更能带动年轻人情绪，个性更加张扬。

图 7-2 伏牛堂品牌标识升级历程

(4) 黏性方式。增强社群黏性，可考虑从两方面着手：1) 形式。用擅长的形式和成员持续输出、交流、互动，不断强化共同的价值观，包括官方内容（如罗振宇的 60 秒语音)、互动形式（如群讨论、群分享等)、周边产品（如行动派的日历等)，以及线下活动。2) 节奏。如罗振宇的语音是每天早晨 6 点半，而且一定是 60 秒。以固定方式做类似的事情可以有节奏地连接，形成固定使用习惯，对下次产生预期，逐步提高参与度。

(5) 主动洗粉。社群三观必须鲜明，因为社群如果要提高凝聚力，就需要引入三观相符的人。洗粉是指通过某种内容手段，把与社群三观不匹配的“粉丝”洗出去。主动洗粉策略建议慎用，与其一开始随便引入后期洗粉，不如一开始设置好进入门槛。

7.2.2 结构：无规矩不成方圆

高效组织运营一个社群需要具备稳定的成员结构，通过增强互动性，制定长期有效的社群发展规划及完善的群规，去中心化打造社群领袖，始终保持传达社群的核心价值观。

1. 成员结构

社群成员具有不同的特质，只有不同特质的人在一起才能创造各种趣味和可能。在一个运作完善的社群中，存在以下多元化角色。

(1) 创建者。社群创建者具有人格魅力，在某个领域能够让人信服、能号召一定的人群，此外，还要具备一定威信，能够吸引一批人加入社群，能对社群的定位、壮大、持续、成长等有长远且正确的考虑。

(2) 管理者。社群管理者需要具备良好的自我管理能力，以身作则遵守群规；有责任心和耐心，恪守管理职责；团结友爱，决策果断，顾全大局，遇事从容淡定、赏罚分明。管理者需要挖掘与培养核心社群成员，组建管理团队，提升工作效率。

(3) 参与者。社群参与者风格是多元化的，多元连接才能激发社群整体的活跃度，进而提升参与度。生命力持久的社群需要每位成员深度参与，高势能者占 5%、中势能者占 15%、普通势能者占 80%，遵循二八法则。社群运营者应当努力让社群成为具有不同势能人交换势能的平台。社群核心和资源都是人，只有把社群中的资源充分利用到位，才能真正发挥社群潜力，因此，在参与者中，存在开拓者和分化者。开拓者要能够深挖社群潜能，在不同的平台对社群进行宣传与扩散，具备懂连接、能谈判、善交流的特质；分化者的学习能力较强，能够深刻理解社群文化，参与过社群构建并熟悉各种细节。分化者是未来大规模社群复制的超级种子用户，是复制社群规模的基础。

(4) 合作者。社群建设的最佳方式是拓展一定的合作者用于资源互换，与其他社群相互分享，共同提升影响力，或通过跨界合作产生互利。在此过程中，要求社群合作者认同社群理念，具备匹配的资源。

2. 社群规则

运营好社群需要制定符合自身定位的运营规则，规则模式可以首先从一个社群做起，验证模式的可能性，最后进行大规模复制。

(1) 引入规则。发现并号召具有同好的人以报团形式形成金字塔或者环形结构成为社群。金字塔结构是由一个人做精神领袖，群员做分群主；环形结构即多个人是群里的灵魂人物，可以能量互补。建立社区必须用门槛保证质量，也让加入者由于“付出感”而格外珍惜社群。引入门槛包括邀请制、任务制、付费制、申请制和举荐制。其中，举荐制具有诸多好处，体现在推荐人可以向被推荐人解释群作用，让入群者对群有所了解，避免盲目加入；推荐人和被推荐人可以在群内互动，避免新人入群冷场；被推荐人使用推荐人的信任代理，当被推荐人发生不妥行为，推荐人会主动解决，客观上便于社群管理。

（2）入群规则。入群后的系列规则规范为形成入群仪式感奠定良好基础。首先，群的命名和视觉需要统一。无论QQ群、微信群或是论坛社区，在交流平台上让群成员井然有序非常重要。社群命名和视觉统一常见模式有：群名统一，如社群名＋序号；群资料、群公告设置统一，如入群后报到、设置聊天字体等；成员名统一，如身份＋序号＋昵称。其次，需要用好群公告，告知入群须知。一般群公告设置可以明确三种行为：鼓励行为，如发表原创；不提倡行为，如发表鸡汤文链接；禁止行为，如发广告。规范昵称、明确群规之后，就可以破冰自我介绍、相互认识，让群里的成员快速熟络起来。

（3）交流规则。群规主要是在活跃度和诱发刷屏两者之间寻求平衡点，特别是在移动端，群的活跃度太高会带来强烈的刷屏感，使群成员的手机使用体验下降。交流规则一般与社群自身定位挂钩，运营者应先进行小范围尝试，将常见问题罗列出来，然后一一对应设置群规。规则设置后，必须结合社群特点使用恰当的方式引导群成员仔细阅读，如采取强制设置阅读后入群，以避免群成员产生不必要的争议。

（4）分享规则。社群分享或讨论有助于提升社群质量，常见的分享规则模式有：1）领袖主导制。这种分享机制对于灵魂人物要求很高，需要具有极高威望和源源不断的分享主题及机动时间。2）嘉宾空降制。凭借人脉关系或社群自身能量，邀请或吸引群外各路嘉宾分享。3）轮换上台制。如果社群成员自身质素较高，内部分享量就足够，这是最佳的状态。4）经验总结制。适合企业内部社群，可以设置原创分享格式，培养群成员总结的习惯和主动思考的能力。

（5）淘汰机制。开放式社群需要加强约束管理，高质量社群则需要提升群成员对社群的贡献度，设置一定的淘汰压力十分必要。淘汰规则的常见类型有：1）人员定额制。群员人数规定不超过某个额度，长期潜水或长期不参与内容输出的成员会被剔除，动态调整保证社群更新成长。2）犯规剔除制。影响社群正常秩序的行为必须及时制止和惩戒，确定剔除成员需要事先建立制度共同遵守。3）积分成果淘汰制。设置社群任务，根据在社群内部的贡献度换取积分或评价成果，定期末位淘汰，再开展新一轮的招募，加入新鲜血液。

7.2.3　运营：丰富社群生态环境

社群实现了人与人的连接，提升了营销和服务的深度，建立起高效的会员机制，增强了品牌影响力和用户归属感，为企业发展赋予新的驱动力。生存一段时间的群都有内在的生态模式，做社群运营就是先运营核心用户，然后对普通用户起到引领作用。

1. 平台选择

社群交流一定要选择一个运营平台，可以是论坛、QQ群、微信群，还可以是这些工具或平台的混合体。社群运营载体的选择需要根据社群的定位和运营规则来确定。

（1）使用功能角度。主流的群沟通平台是QQ和微信，一旦群人数众多，QQ群的优势就显现出来。QQ群、QQ讨论组和微信群三者之间的对比见表7-1。现如今，QQ群的诸多细节做得越来越完善，非常倾向于社群的运营。

（2）用户习惯角度。QQ活跃人数和微信活跃人数不相上下，但根据统计，现在的“00后”年轻人使用QQ比例较高，而年长者较习惯使用微信。

表7-1　主流群沟通平台对比

对比项目	QQ群	QQ讨论组	微信群
规模数量	超级会员可组建4个2 000人的超级群、8个1 000人群，500人群随意建。普通用户可建5个200人群，付费开通2 000人群。超级会员SVIP8可额外开8个500人群、4个1 000人群、3个2 000人群	正常可创建100人群，根据会员等级不同而增加；创建组数无限制，6个月没有成员发言，即会过期	目前，群数量没有限制。普通用户可建立500人群，100人内扫二维码进入，100人以上需邀请进入
结构	金字塔结构：具有一个群主，群主可设管理员，管理员同意才能入群	环形结构：具有创建者，每个人关系平等，都有邀请权限，创建者可以踢人	环形结构：具有创建者，每个人关系平等，都有邀请权限，创建者可以踢人
运营规则	有匿名、群等级、改名、群公告、禁言、群活动、群投票等各种运营规则，支持红包及群收费	更多为工作设置，没有具体运营规则，可升级为群，支持群红包、AA收款	有群公告、群语音聊天、群位置共享等功能，支持红包和群收款
共享	可以传文件，有公告板、相册、文件共享等，基本不屏蔽其他网站链接	可以传文件，发链接、无文件共享，无公告板	传文件效率不高，屏蔽部分链接，如淘宝

（3）商业经济角度。虽然很多社群都开始走向商业化，但付费方式一般都寄托于额外的操作步骤。部分社交软件开始尝试纯商业社群，如支付宝下的群种类“经费群”，具有收费便利的天然优势。群主可以设置入群条件，而条件就是付费。有了支付宝经费群，组织课程讲座，扫码直接付费进入，省人省事省时间。

（4）跨多平台角度。当社群规模变大后，进行群交流分享就需要解决跨群同步的问题。目前，基于群的在线分享工具大量出现，常用的跨群分享平台有千聊、红点、朝夕日历等。千聊是一款基于微信公众号的H5，只需发起者关注公众号就能发起一个讲座。千聊直播创建方便快捷，不需要安装插件和App，支持语音、图文、链接、视频，可满足万人同时在线。

2. 种子用户

前期得到的种子用户质量以及从中获得的价值，是整个社群运营的关键。种子成员的寻找和维护应该与社群规则的制定同时进行，将从种子成员中得到的经验和教训作为制定社群规则的参考非常重要。社群第一批种子用户有以下这些寻找方式。

(1) 真爱聚拢法。社群最开始找人的方式只能是邀请朋友及朋友的朋友，有基础量再慢慢通过活动、分享等吸引更多的人加入；此外，可以从老用户及真爱粉中挑选，更多地留意喜欢产品、常来互动、多次购买并推荐给朋友的用户，这样的用户需要客服人员在平常的接待过程中及时发现，在沟通或回访客户过程中，深度聆听客户的需求与反馈。

(2) 影响力聚拢法。在同好基础上，如果拥有具备影响力的领袖，组建社群班子相对容易。通常在某领域拥有影响力的个人和组织，更易建立垂直领域社群。对于企业而言，可以结合自身产品找到发烧级玩家，让其成为社群里的精神领袖，完成社群领袖的培养。

(3) 线上标签筛选法。互联网上有大量可以聚集某特征人群的场景，如在某微博下热评的粉丝中逐个邀约，找好定位，寻找这些场景通过互动连接他们。例如：新浪微博通过微博标签筛选出微博高校教师，组建高校教师微博群，引导大家互相认识、交流。

(4) 线下场景切入法。例如：母婴类专营店建立社群，选择从线下场景切入，包括人员常常出现的妇幼保健院、儿童娱乐场等，使用场景找到潜在的目标顾客，不但极其精准，而且在线下见过面，信任连接更强。

阅读知识

如今的社群公式是：社群势能=数量×质量^2×链接频率^2，比起过去要求数量的会员制模式，现在企业做社群更加强调社群的质量（铁粉）和连接的频率。社群类型大致分为如下几种：(1) 产品型社群。这类社群的生死存亡完全系于产品。如果产品型社群想要生命力更长，那么对这个产品的要求是其本身具有性能的延展性和文化承载力。(2) 人格型社群。这种社群以某一个人物或者人格化载体为核心，如明星粉丝群，这种社群成立的前提是具有精神领袖能够凝聚人群。(3) 社交型社群。它是以成员之间的扁平化连接为组织形式的社群，但社交这种功能通常也会以附属功能的形式出现在其他类型的社群之中，如QQ兴趣部落等。(4) 传销型社群。以利益分成机制来组织的社群，微商分销和代理机制形成的集群大多属于此类。

伏牛堂的社群之路只剩下了一种选择，那就是要做一个社交型社群。张天一打量了伏牛堂吸引来的年轻人：绝大多数刚刚大学毕业，学校的旧有同学关系刚断，可他们的工作年限可能不长，所以新的职场社会连接还没有建立起来。对这些人而言，最大的痛处是不知道周六日做什么，虽有社交需求却没有社交出口，只好待在家里不出门。

于是，霸蛮社（伏牛堂的品牌社群）的组织模式瞬间产生了，将霸蛮社的成员分为若干个兴趣小组，如有几个人对打篮球感兴趣，那这几个人就去组织篮球兴趣小组，霸蛮社里所有对打篮球感兴趣的人都会加入；同理，在社群中产生了跑步兴趣小组、登山兴趣小组等，他们每周会以自组织形式举办各种活动。由此社群1.0版本的组织模式产生了。若干个兴趣小组环绕在伏牛堂这个品牌周围，社群连接频率和连接质量都非常高（见图7-3）。但这种社群组织模式存在问题：社群成员通过自组织方式聚集在一起，绕开了伏牛堂品牌，霸蛮社成为一个完全没有中心的组织。

霸蛮社2.0版本开始演化，让伏牛堂所有员工加入霸蛮社，不组织企业的团建活动，因为员工都有了自己的兴趣小组（见图7-4）。与1.0版本的不同之处在于，所有

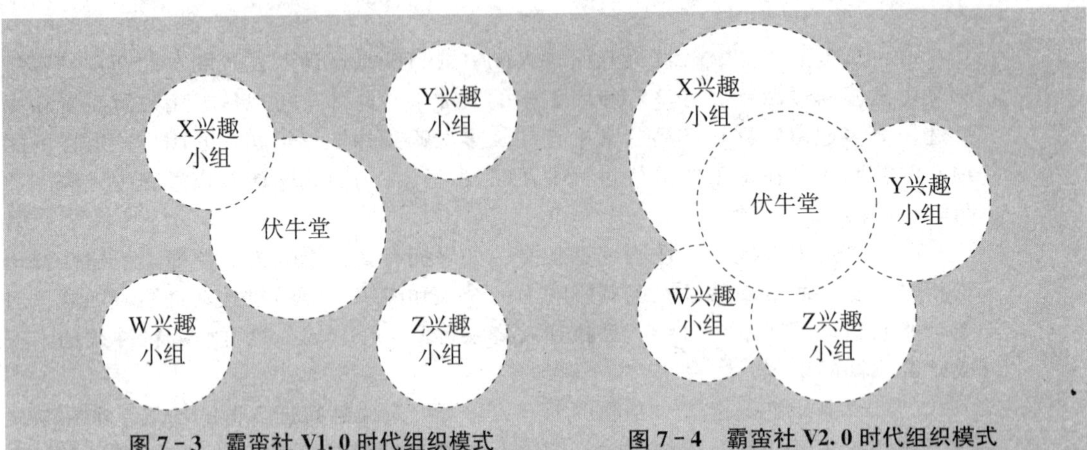

图 7-3 霸蛮社 V1.0 时代组织模式

图 7-4 霸蛮社 V2.0 时代组织模式

的霸蛮社自组织活动都有了自身员工的参与，而员工本来就是企业文化符号的代表，这相当于在伏牛堂品牌和用户之间产生了社群互动。

这并没有结束，霸蛮社已经开始演化 3.0 版本，那就是企业高墙被拆解。随着兴趣小组的发展，社群开始有将企业吃掉的趋势。伏牛堂逐渐变成了霸蛮社中间的一个社群——卖米粉小组，喜欢卖米粉的就加入这个兴趣小组。霸蛮社中还演化出设计兴趣小组，源于一个成员是搞设计的，想做有自己风格的品牌设计，他就在霸蛮社内部拉了几十个人，开始为伏牛堂志愿提供品牌设计服务，同时还有新媒体和兴趣小组、人力部门和兴趣小组等（见图 7-5）。

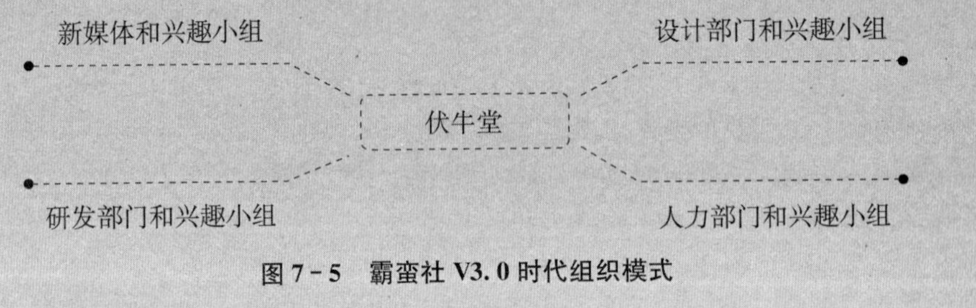

图 7-5 霸蛮社 V3.0 时代组织模式

7.2.4 输出：形成社群对外品牌

社群化品牌始终坚持围绕精准人群，提供垂直服务，以体验参与裂变机制为杠杆，形成更大规模、更具效率、更低成本、更具人格特质与人文关怀的社群经济模式。

1. 打造社群品牌自媒体

社群要想做好的输出矩阵，需要实现“五化”：（1）全民化。社群中的核心人物很关键，但绝非全部。当社群的每位成员在群体内展示自己的智慧能力时，社群价值才能不断提高。要注重扶持社群核心成员，并让普通群成员也能输出，完成群体进化。（2）激励化。输出内核有合理的回报，否则群员热情迟早会减退，好的输出需要及时给予奖励。（3）品牌化。系列输出能够让社群形成品牌效应，吸引更多高质量有同好的人主动加入，持续提升社群质量。（4）生态化。社群输出精华要有展示的窗口，与社群相关的微信公众平台等应运而生，最终呈现一个互惠互利、互联互通、共生共治、共创共享的生态圈。(5) 可视化。社群越来越开放会不断追求对外可视化，社群应做到让别人一目了然地看到社群的能量。除了社群对外宣传的名称、标识等，社群内部成员需要有高质量的充分交流，具备内部能量和黏合力。

阅读知识

张天一思考，伏牛堂有没有可能挖掘来店消费某一同质群体的其他诉求，制造出一些吃米粉之外的消费场景。如对伏牛堂品牌感兴趣的人，他们对伏牛堂的创业精神感兴趣，对商业模式也感兴趣，认同品牌的“价值主张”。既然如此，就可以把所有价值主张以经历的形式写出来，如何选址、有什么心得，干脆把微信公众号当成一个自媒体来做。

伏牛堂微信公众号运营了一年半，先后写了“伏牛传”和“伏牛一日记”两个系列，创作了大约500篇文章，累计有1 000多万人（其中有几篇阅读量超过50万的文章）阅读，每天有数万粉丝参与一起来写“一日记”。长期的坚持让伏牛堂企业文化真正影响了一批消费者，而这些文化与价值观最终都会转化为产品内在的溢价，伏牛堂开始有了广告合作与植入，与《小羊肖恩》《幸存者》等电影进行过植入合作，也与优步、三只松鼠、江小白等品牌进行过品牌推广合作。伏牛堂自带媒体属性，没有花过一分钱的市场费用就变成了内容分发渠道。

2. 打造社群品牌活动

品牌活动可以让社群成员通过完成任务，用输出的方式得到回报。如果任务能够打通多重角色，能量汇集就会更大。在霸蛮社2.0版本时期，一部分社群成员在自组织活动的过程中，逐渐被伏牛堂企业文化所吸引，决定来伏牛堂工作。员工是社群成员，就算离职依然在霸蛮社内部繁衍生息，参加各种活动。霸蛮社去品牌中心化的问题得到解决，快速发展成北京最大的年轻人社区，解决了餐饮行业内最大的结构性难题：租金高和招人难。

张天一在伏牛堂内部发行游戏“牛币”，在微信公众号上每天把门店工作拆解并以任务形式发布。完成每个任务奖励的牛币不一样，员工就像玩家一样可以抢门店任务，做完任务就可以挣牛币，定期发布“牛币排行榜”，大家每天刷排名，很有干劲。牛币不仅与晋升有一定关系，还可以用来兑换休息时间、员工闲置物品等。配合牛币制度，他还建立了一套游戏化的功勋和升级体系，每次升级还会匹配相应的授勋仪式。

3. 打造社群爆款产品

爆款有利于形成焦点，获得足够的吸引力，聚合足够的关注，同时爆款也意味着客观的回报，丰厚回报会给社群带来充足的信心和激励。霸蛮社演化到3.0版本时，社群基本把伏牛堂的企业边界溶解了。社群的兴趣小组取代了一部分公司的职能部门，很难说清楚哪个是企业内部、哪个是外部。伏牛堂的定位更像是非政府组织，非政府组织和企业最大的不同在于：企业以营利为目的，天然是封闭的；而非政府组织则是基于价值观的聚合体，不是封闭的而是开放的，所有认同这个价值观的人能够自由加入。张天一和小伙伴们希望伏牛堂能够成为年轻人的非政府组织，能够传达最棒的价值观，让年轻人获得更快的成长。

7.2.5 复制：裂变分化社群规模

社群运营最后的变现，只有复制才能扩大社群的规模，才能倍增价值。社群裂变的前提是有价值的产品和服务，筛选价值观相同的朋友，一起做好社群运营。社群最有魅力的地方就是规模化复制过程，通过标准化运营模式管理多个社群极具吸引力。

1. 扩大时机

社群扩张规模不能急于求成。首先，需要思考是否做好人力、财力和物力准备以支撑社群快速复制。大多数社群运营都是先慢后快，前期沉淀越充分，后期爆发越稳固，先寻找社群核心成员，使其成为社群运营内核，再逐步作为种子用户加入后续社群，引导社群朝着良性方向发展。其次，需要思考社群是否已经形成了“亚文化”，即在主文化背景下，属于某一区域或每个集体所特有的观点和生活方式，如聊天专属表情包等语言亚文化、社群流传梗的话题亚文化等。唯有文化才能生生不息，这是社群生命力的核心。

2. 复制周期与方式

社群存在既能满足成员价值需求，又能给运营人员带来一定回报，这样就会形成良性循环。想要得到长期性的回报就得设置长期的需求，如运营制作简历相关的社群，成员一旦顺利入职、工作稳定下来，就不会期待分享聊简历话题，需求的短暂性势必造成社群的短暂性。任何事物都有生命周期，社群一般会经历萌芽期→高速成长期→活跃互动期→衰亡期→沉积期五个阶段。通过对社群活跃度的观察，社群生命周期大约为两年，两年后，社群的运营给社群成员带来的新鲜红利会消失殆尽；从商业角度来看，社群在两年内已经挖掘完成价值转换，产品不断升级换代，再继续维护成本会超过回报。

如果想让社群统一、有向心力、有凝聚力，就必须传承文化。等待社群运营进入良性循环后开始启动第二个群的建设，迁移部分老成员到新群，新老结合，借助老群员自然延伸过去文化，为群的管理打好基础，群文化也自然得到复制。通过社群规范的运营，新老成员都可以很快认同群文化，自觉遵守群规。

3. 复制陷阱

如果一个社群能够度过从 0 到 1 的生存期，自然就会思考将社群做大做强，延长社群生命周期，甚至创造出新的社群生态。但绝大部分社群还未发展壮大就进入了死亡状态，究其原因，主要有：(1) 失焦。社群缺乏明确定位，整个群因为缺少共同的话题和活动连接而变成灌水群，偏离群主最初建群目的。(2) 无首。社群缺乏具有影响力或热心的群主或群管管理。(3) 暴政。群主个性过于强势，如果群主要推出强势群规，必须比群员影响力等级高，才能获得执行群规的心理优势。(4) 无聊。群里总是只有几个人热闹，群员感到无聊乏味，失去新鲜感。(5) 蒸发。当新成员不断涌入群无限制地开放聊天时，群中最有价值的成员会发现群成员平均水平的降低失去了继续待在群里的意义，选择离开后恶性循环就开始了，越来越多高价值的成员选择离开，直至群彻底沦为平庸的聊天群。

为避免陷入社群复制陷阱，在创建群之前，首先应当通盘考虑群的主题、定位、分享机制，再在入群时告知群员加群的价值和交流机制，对群的生命力更好。

社群需要提前声明规则，发现不遵守规则的人，管理员要及时治理。有民意支持的、有组织纪律的群寿命更长，群规形成最好是经过群员的一致讨论才容易得到遵守。社群想有声有色，不让群员感到无聊乏味，就必须定期举办活动，固定的参与感会让群员产生身份认同，愿意留在社群当中，有时新人的进入也会给群带来新的冲击力和活动，让群里气氛不会变得无聊。入群阶段筛选门槛越高，加入群后的流失率反而越低，群员更愿意遵守规则、维护社群秩序。

7.3 有效开展社群运营

社群是类似松散团队的存在，社群内，大家通过网络聚集；社群外，成员各自有工作、生活，社群运营就是要让这个组织产生凝聚力、拥有活跃度并顺利运转。企业开展社群运营涉及品牌、产品、定位，更涉及企业是否有能够驾驭社群运营的人才。

7.3.1 打造社群运营团队

社群运营需要专门的执行团队，分别承担拉新、促活、互动、内容、活动策划、客服等一个或多个职能。管理社群必须在现有社群成员基础上发现人才，社群并非中心化组织，但必须有人花费时间组织，而这种组织不需要正式的场合来运营。

1. 搭建基本架构

运营团队的生命力在很大程度上决定了社群的发展，与线下组织一样，社群组织应该尽量层级精简、权责分明，并依据社群所处发展阶段进行设计。社群初期规模较小时，组织架构相对简单，具备基本运营功能后再逐步完善，在此阶段，社群灵魂人物可以直接参与社群；随着社群规模扩大，就必须将管理群和普通群分开，部分问题在管理群进行充分沟通后再在普通群里得到扩散；社群规模再扩大就有必要建立多层级运营团队：（1）核心运营团队。社群发起组织者与社群发展息息相关的利益方，关于社群发展方向、运营模式等问题，首先应在核心运营团队内达成一致。（2）大脑运营团队。主要是社群核心活跃成员，有影响力且认同社群，从各个分群里挖掘出来的管理者。大脑运营团队辅助策划，对核心运营团队的建议提出反馈意见，并负责落实分社群的实施。（3）小助手团队。主要是对社群认同的活跃成员，虽然不全面参与管理，但有一技之长，可利用碎片化时间负责某个专门职能，如监督打卡等。

2. 发现优秀人才

当社群团队架构组建完成后，具有一定规模的社群运营团队必须定期引入新鲜血液。社群运营者要积极主动挖掘新人、培养新人、不断为新人提供机会，让其尽快和老手融入一个团队。选择新人可以参考以下衡量标准：（1）才华出众。网络运营人才需要的才华包括三种，即可以打造网络爆款内容、具有网络项目协调运营与沟通组织能力、具有天然开心果性质的黏性社群成员。（2）效率出色。社群运营需要选择有才华并且行动力、执行力较强的人员，具备反馈意识和快速响应能力，能够成为整个活动的发起者和组织者。（3）产出稳定。通过分配任务判断成员工作的质量和稳定性，评估成员的创造才华和创作周期。（4）文化认同。社群文化动态发展，愿意认同新文化，并与社群主流观念一起进化。（5）自带资源。诸如人脉资源并不是后期培养就一定能够得到，社群团队很难抗拒自带资源的新人。迅速筛选优秀人才有多种途径，如通过设置任务、老人推荐、制度激励、社群活动、招募等发现人才，挖掘新人不但可以激活内部团队的灵感，还能带动外部社群成员的参与，节省社群管理者精力。

3. 吸引人才聚集

社群吸引优秀人才最有效的办法就是修炼内功，不断让社群可以连接更高能量的资源和平台，当社群持续有优秀人才加入后，就会产生多米诺骨牌效应，其他优秀人才和资源都会向其倾斜，核心成员也很珍惜留在社群的机会。有节奏的曝光能够保持社群品牌的存在感：（1）内容曝光。定期对核心产品或内容适度曝光，优化升级的内容代表持续进步，能够吸引旁观者的求知欲和好奇心。（2）团队曝光。社群团队内部管理运营的闪光点，如优秀标杆、丰厚福利、团队精神面貌等，可以通过曝光使成员对团队有更多的了解。（3）话题曝光。好的话题可以引发点评和思考，心灵鸡汤、书评影评、特点事件都是好的话题素材，找准点切入话题能迅速引爆传播。此外，还应完善激励机制。由于不同用户群体对激励的反应和预期不同，因此社群激励机制设置需要因人而异，吸引新生代力量源源不断加入社群的同时，也要促使元老们精益求精、不断进步。

4. 重点培育新人

适合被培养的社群新人通常具有几类特质，即积极主动、踏实上进、团队至上，具有这些特质的人通常能够根据反馈及时调整行动，实现自我螺旋式进步，能够独立思考、自主学习、乐于分享，积极参与社群内的讨论和活动，能很好地连接社群，使社群凝聚力得到加强。社群管理者需要明确新人定位，采取不同的培养方案，也需要对新人进行基本素质和技能的培养，以提高新人的综合能力；对于新人，社群管理者要敢于提倡试错文化，新人通过复盘迭代改进完善，形成并通过社群不断扩大自己的能量辐射圈，与社群的连接关系才会变得稳定和持续深入；社群管理者需设置运营教练，在关键点给予新人提醒协助，并适时指导新人在升级考核机制中更快进步。考核机制的引入可以使新人看到在社群中付出的量化指标，对比差距寻找努力方向，也便于社群管理者观察新人参与度。

5. 留住核心成员

核心成员是社群的管理者和运营者，熟悉社群流程、制度，维系社群正常运转，对社群归属感、成就感比普通会员更强，对社群贡献大、参与程度高。核心成员的存在是社群良性发展的重要条件，但工作透支、缺少认同、成长停滞、团队不和、前途不明等原因往往会使核心成员发生逃离。这就需要管理者在社群运营中做好如下工作：（1）持续完善社群运营流程，将工作逐步标准化，减少核心团队成员在沟通和产出比例低的琐事上耗费精力；（2）不追求大而全的运营规模，将正确的人放在正确的位置，采取“核心群＋多讨论组”的模式合理分工，防止信息过载负担；（3）逐步建立社群核心成员的情感联系，连接都建立在关注对方真正的关切点上；（4）设置有弹性的组织架构，使成员根据工作时间安排有回旋余地；（5）建立合理的回报机制，社群为核心成员提供清晰的未来发展规划，不断有机会让团队成员学习，进行自我提升；（6）及时清理不同频的人，对社群核心成员给予足够的信任和尊重，发挥核心人员主观能动性，增强其在社群的参与感。

7.3.2　提升社群活跃度

有价值的社群才能长久发展，社群运营者需要不断摸索规律，持续为社群注入新鲜的血液，刺激用户的审美体验，让用户对于所在的社群充满好奇，永远保持新鲜感，才能抓牢用户的心。

1. 社群分享

社群分享是提高社群活跃度最有效的方式，做成功的分享需要思考以下环节：（1）提前准备。专业知识或经验分享模式需要邀请分享者，要求分享者就话题准备素材，特别强调分享者应分享对成员有启发的内容。（2）反复通知。确定分享时间，提前在群内发布消息，提醒成员按时参加。（3）强调规则。每次分享开场前需要温馨提示分享规则，避免有新成员进入不清楚规则影响嘉宾分享。（4）提前暖场。正式分享前，制造轻松的话题引导成员上线，营造交流氛围。（5）介绍嘉宾。分享者出场前，需要主持人介绍分享者的专长或资历，使成员进入正式倾听状态。（6）诱导互动。为避免冷场，分享者或话题主持人需要提前设置互动诱导点，热场带动气氛。（7）随时控场。若在分享过程中遇到干扰或提出与主题无关的内容，需要主持人私聊提醒，引导成员服从分享秩序。（8）收尾总结。分享结束，鼓励成员及时做出总结，并在社交平台分享心得体会，形成口碑扩散效应。（9）提供福利。对总结出彩和用心参与的成员赠送各种小福利，吸引其参与下次分享活动。（10）打造品牌。分享内容整理后，通过新媒体平台发布、传播，形成势能聚合。

2. 社群讨论

社群分享一般是一对多的形式，由一个主角主导输出，其他成员学习。而社群讨论则是寻找一个话题，让每位成员都参与进来，通过相互讨论获得高质量输出，可以从三个阶段准备社群讨论：（1）准备时。话题设计要简单、易讨论，有情景感及参与感，能够结合热点话题。话题确定后，撰写预告通知成员参加互动时间，提前调研群成员关注的焦点问题并写好互动稿。（2）讨论进行中。做好充分准备，按照互动稿内容进行并适当调整变动。讨论中会出现大量发言，管理者需要提前锻炼阅读能力，以便快速分辨优秀发言并多群分享。（3）讨论结束后。对本次分享发言进行汇总，及时总结优势与不足，为下次主持积累经验，获得不断进步。

3. 社群打卡

社群打卡是群成员为了养成某个习惯所采取的某种行动，社群打卡活动的作用主要体现在：第一，社群打卡意味着对许多人的公开宣誓和承诺，这比实际生活中接受同事监督更贴近心灵深处，作用更大；第二，社群打卡代表一种态度和执行的认真程度，这也就决定了事情的结果；第三，习惯培养和客服具有自身的规律，社群打卡有助于养成良好习惯。

人们往往容易被惰性征服，要想让社群成员具有坚持打卡的欲望和激情，需要关注：（1）打卡任务设置应尽量周期短、消耗时间短，活动设计要简单且实施性强，可以借助群打卡工具简化部分操作；（2）打卡任务分解成小任务后，还要设置任务奖励，使成员每完成小周期都能获得反馈，这种反馈不仅仅是金钱奖励，还是积累下来的学习收获和对自己坚持下来的正向评价；（3）成功的社群需要明确集体目标，布置共同的任务就是明确社群集体目标的过程，成员完成任务不断升级和进化，整体营造社群浓厚学习氛围。

4. 社群福利

群内发红包通常为了活跃气氛、宣布喜讯、激活群员或新人入群介绍、打广告前，群里单独或群体打赏也常常因为某件事做出贡献的成员，让大家看到激励效应。在正确的时间发红包效果会最大化，如节假日闲暇时间段，发红包人气会比较旺。

社群本身的基金或与赞助商合作争取到的福利也是帮助社群激发活跃度的利器，通常包括合作商赞助的小礼品、红包类鼓励、提升技能的学习类课程、经考核颁发的各种荣誉、虚拟类积分及优惠券等。在社群运营过程中，需要思考成员的长期收益和短期收益，根据社群目标和成员入群动机，设定好群内各个时期的福利，与群内成员一同成长。

5. 线下交流

好的社群运营慢慢从线上走到线下，只有在线下面对面的过程中，人和人之间交叉多维的联系才会建立。线下聚会一般分为核心群大型聚会、核心团队小范围聚会、核心＋外围社群成员聚会，社群线下发展不但能够扩散社群知名度，提升社群影响力，还能验证社群核心理念，打造特色品牌，深度拓展用户，增强用户黏性。社群成员从线上到线下的互动连接可以完成二次扩散，辐射更多的人群、资源，并将其转化到线上，持续将社群的辐射范围从网络到现实生活的循环扩展，形成良好的闭环。

7.3.3 组织社群线下活动

有些社群是公司化运营，线下活动资源、资金较为充足，并由有经验的专业团队负责运作，线下活动成功率很高，但是有些社群并没有公司化运营，其线下团队由社群用户组成，缺乏活动筹办经验，需要了解、熟悉线下活动流程，以推动活动顺利开展。

1. 活动策划期

开启线下活动前，撰写完整清晰的活动策划方案能帮助组织方有节奏、有计划地把控整场活动，保证团队执行信心。线下活动策划书通常包括如下重要部分：活动策划团队名单、工作权责与任务分配、活动内容（名称、主题、目的、时间、地点、参与人数、活动环节等）、宣传方式与报名方式、费用说明、奖品设置、后续推广安排。由于社群类型不同，线下活动内容相异，团队分工也会有所区别，应做好人员分工配置。对线下活动时间、成本和质量的把控，体现了团队的效率和专业性，可制定项目进度图。

阅读知识

伏牛堂举办的线下活动“世界第二辣牛肉粉挑战赛”被《华尔街日报》《纽约时报》、BBC竞相报道，伏牛堂还专门出具了一份报告，描述世界各国人民吃辣战斗力的排名，坐实了伏牛堂“辣牛肉粉”称号。如今，“世界第二辣牛肉粉挑战赛”已成功举办多届，挑战赛与时俱进、打破常规，利用人人都是拍客的时代特征，在微博、抖音两大社会化媒体平台，刮起了一股狂辣飓风，请扫图7－6二维码查看相关报道。

图7－6 “世界第二辣牛肉粉挑战赛”报道

2. 活动筹备期

活动筹备期是对活动策划、构想的阶段，线下活动需要预留适当的筹划准备周期，通过厘清活动策划步骤提升工作效率，保证活动顺利开展。在这个过程中，有以下主要筹备因素。

（1）邀请嘉宾。与各类名人合作能够为社群带来更多有活力、有质量的分享和关注。负责人可通过新媒体与名人建立连接，如名人在微博上较为活跃，积极通过微博互动留下印象，再通过微博私信邀请；主动为名人提供帮助建立连接，如加入名人发起的活动、创造与名人交流的机会、通过熟人引荐、提升名人信任度等；邮件真诚邀请建立连接，邮件较为正式，可以建立与名人的直接连接；做出影响力吸引他人主动连接，从长远角度看，社群运营者需要扩大自身影响力，提升专业度，具有同等话语权，能够给予名人同等的回报、反馈及资源互换，才能吸引更多优质合作方。

（2）与赞助方合作。首先，筹备活动要善于寻找赞助，通过合作弥补短板，放大活动效应，共享回报，这就需要发掘对方的真正需求，采取合适的沟通方法开展接洽；其次，以真诚用心的态度严格把控细节，从合作方的角度撰写方案，使合作方产生代入感；最后，同步播报跟进活动进度，保障活动流程和细节沟通的顺畅。善于复盘总结，能够为未来活动优化提供经验。认真挑选合作伙伴，珍惜合作机会，用心打磨合作事宜是良好合作的最佳途径。

（3）活动场地。线下活动一定要以实体场地为载体，可通过申请或租赁的方式获得。寻找活动场地参照以下思路：1）寻求身边的场地资源。线下团队可以寻找身边有丰富活动经验的人员咨询，更加快速、有效地获得优秀场地，也可以参加其他社群活动考察活动场地，投资自身同时获取嘉宾资源。2）寻找免费场地。通过本地活动发布网站，寻找免费活动举办场地进行洽谈，若主办方提出其他回报要求，需要明确主办方运营理念与宗旨是否与社群相契合。3）寻找公益组织活动场地。公益组织活动场地一般由政府或企业提供，可以寻找当地政府或企业支持项目场地，根据指引进行申请。活动成本主要由活动场地和物料构成，为此，要提前确定好物料清单，确认带有社群标识的标准物料和活动需要的其他物料。

3. 活动宣传期

在此阶段，线上宣传主要包括设计活动海报、接受报名，同时在各个平台如微信、微博等发布活动信息、邀请媒体参加活动，增加后续报道；线下宣传设计好线下报名渠道和报名方式。如有收费项目，还要确定收费渠道和支付方式。线下活动的影响力、辐射范围有限，必须通过整合线下工作内容，在互联网平台上有效传播，以点带面引爆扩散，吸引更多人参加线下活动，同时刺激线上社群话题二次传播，引发更多人关注社群。流量和关键意见领袖的引流，能够提高线下内容在线上的传播效率和影响力。线下活动结束后，对活动进行真实还原，输出有质量的总结，能引发人们对下次活动产生新的期待。

4. 活动进行期

活动进行期主要包括招募活动当天志愿者、与活动主持对接活动流程、整理活动物料、确认邀请函发送结果、会场布置和设备调试等。策划方案做好后，需要把活动当天的整个流程梳理成跟踪表，查漏补缺，明确活动各关键时间节点，并列出详细时间清单。嘉宾是活动当天的重要因素，一定要重视在活动前、活动中、活动后各阶段对嘉宾的接待，以有机会与嘉宾达成长期的合作。能够保证活动有效落实的最佳方法就是形成标准执行手册并不断优化。

阅读知识

2015 年 8 月，伏牛堂做了一次史无前例的、基于微信的线上发布，最终有近 60 万人参与了线上直播与发布。

活动事前发布“约 YY 女主播，来伏牛堂 50 万人线上发布会”的文案，伏牛堂自有平台加其他合作平台的传播，粗略统计大约吸引了 150 万人阅读。活动中，俞敏洪、罗振宇、董明珠、王小川等近 100 位嘉宾和 50 万观众参与了全过程，而在发布会中途很多观众又自动组建了新的微信群和分会场，实际微信直播人数将近 60 万人。发布会结束后，团队发布了两篇文案：一篇是发布会演讲内容的文字稿，另一篇是关于本次发布会的总结，再加上话题产生的讨论文章与媒体报道，阅读量约为 100 万。伏牛堂用一周时间，没有花一分钱，组织了一场传播面在 300 万人左右的发布会，这在过去是根本不可能想象的。

这是一次战略性发布会，最大意义是通过微信实现了体验场景、社交网络、传播场景的合一。人即媒体，伏牛堂团队期望发布自身对品牌战略和定位的最新理解，并将其透过案例传达给大众，演示伏牛堂是如何从一碗米粉逐步融入感知和文化内涵的，也希望这种思路变迁能够带给观众启发。简单来说，就是伏牛堂≠米粉，伏牛堂＝霸蛮＝年轻人的生活方式和态度。

5. 活动复盘期

经常性总结能够形成结构化思考，学会运用流程框架纵观全局。对外宣传主要通过官网新闻、新媒体形式，宣传内容应当有深度、更有质量；内部总结通常在线下活动结束后，通过梳理和优化流程，细化和明确每阶段环节，整理出工作指导手册，提高效率，使下次活动开展更加顺畅。线下活动举办成功后，在复盘总结经验基础上，社群可以依据自己发展情况确定是否需要快速复制，使社群发展获得更大空间。

阅读知识

2016 年 3 月，张天一入选中欧创业营第四期学员。当时伏牛堂已经拿到多家机构融资，团队核心成员也快速扩展到 30 多人。伏牛堂的野蛮生长让张天一始料未及，他惊觉自创的野路子必须“完善一下”。为了中欧创业营 12.8 万元的学费，张天一在伏牛堂的各类传播渠道发起众筹（扫图 7－7 二维码获取相关内容）。14 个小时后，筹款高达 51.6 万元，超出原定筹款计划近 300%。

张天一在复盘过程中发现一些有意思的传播规律：个人性质的学费众筹，严格遵循“强关系带来强支持的原则”，也就是说强关系比较容易实现预期目标，微信转化率高于微博；没有意见领袖，小额支持者是主要传播策动者；为支持者回馈一份中欧商学院的学习笔记，即知识分享设置对众筹很关键，大笔支持款来自二级、三级传播。但在这次众筹里，让张天一比较苦恼的问题在于，开始为了众筹方便，开设了银行、支付宝、微信支付三条渠道，但还有很多朋友直接发送微信红包，使得近千笔支付信息统计和后期工作产生混乱，损伤个人信用，风险较高，今后一定要加以避免。

图 7－7 张天一众筹学费

7.4 实现社群商业变现

社群经济成为一种新的商业模式，引起社会广泛关注。进入后期，在社群运营较为稳定的状态下，企业及社群运营人员就需要面对依托社群实现营销精准转化和商业变现的问题。

7.4.1 社群商业变现内涵

现实中，没有产品的社群较为关心阅读量和活跃度，但就商业运营而言，更多关注转化率，主要体现在低退群率、高付费率及高复购率等。提升社群服务满意度是实现社群粉丝付费的基础条件，在有限周期内完成高质量的服务能够为后期商业变现奠定良好的基础。

1. 商业社群演化

社群活跃度并非社群营销的核心，因为社群活跃的同时质量不易把控，相应会产生灌水和闲聊，只会降低群的质量，带来部分成员的屏蔽和退群。2012 年 8 月，微信公众号发布后，一直到 2013 年上半年，所有人关心的话题都在于如何在微信上找到适合的定位做运营；自 2013 年下半年到 2014 年，绝大部分运营者更关注如何快速实现微信粉丝增长；至 2015 年，人们突然意识到微信公众号活跃度开始下滑，为了避免粉丝流失，微信公众号运营者开始建立与粉丝的多维连接，慢慢尝试将活跃粉丝导入微信群，希望通过这种方式把活跃粉丝保留下来，在这种背景下，微信群运营开始慢慢地成为新媒体运营的重点。

2015 年下半年，许多运营者发现群建立难度不大，无非就是找名人做分享，然后把喜欢这些名人的粉丝导入微信群，请嘉宾在群里跟大家做在线分享。如果分享的内容受欢迎，就整理成原创微信文章扩散，形成二次传播。有些微信公众号一下开了几百个甚至上千个群，甚至在每个城市都设置分群，看似能量很大，但问题也显现出来：很多群由于没有运营，慢慢地走向沉寂，这仅仅是建立群而不是社群，缺乏长期的整体规划。从这个角度出发，社群应该更多关注服务满意度而不是活跃度，运营者应追求在有限的服务周期内保证社群的活跃度，以达到社群的服务满意度。保持社群活跃度的最佳方法是建立“产品型社群”，先有产品，然后把产品卖给潜在用户，再把付费用户建一个群，利用群和付费用户建立多维连接做好服务，创造二次购买的可能性。

2. 社群营销实质

包括社群营销在内，网络营销的本质是要做“关联”，间接付费属于“弱关联”，直接付费属于“强关联”。弱关联主要表现为：微博、微信，不管加入多少粉丝，本质上是一个导购路径，在微信上要推介产品还得考虑写篇软文，羞涩而隐晦。强关联主要表现为：直接就是卖产品，部分 App 做到强关联但成本略高，因此最常见的强关联还是社群。

弱关联不太容易做口碑，博主说得再天花乱坠，在用户眼中依旧是广告、营销、索取钱财；但在诸如社群的强关联中，学员提出的问题、提交的作业、获得的表扬、对新课程的咨询……都是天然的、毫无痕迹的、最真实的口碑。口碑就是广告，众多学员相互间更容易信任，效果显著加上群体效应会造成冲动型消费，这就是复购率高的核心原因。为此，社群营销的核心是做强关联，即关联有产品、关联有口碑。建群不是目的，达成商业转化才是目的；建群不是见效最快的商业模式，而是长远大计，运营者不仅要做好有产品、有口碑的强关联，还要想方设法让口碑不会随着时间流逝而轻易被淡忘。

7.4.2 社群商业变现模式

对于不同的社群来说，由于产品种类和运营特点的差异，商业变现模式各不相同，运营者可以借鉴具有代表性的变现模式，根据自身情况进行社群深度运营，进而实现商业变现的最终目的。

1. 自建社群商业变现

自建社群商业变现有对内和对外两种途径：对内主要是从社群内部获取经济回报，往往拼规模，主要有产品式、会员式、咨询式、电商式、流量式、服务式、众筹式等；对外是组织社群群员共同创造出无穷的价值，利用价值换取回报，通常拼的是社群集体输出质量，如智库式、抱团式、跨界式等。

（1）产品式。这种模式的前提是要有产品，社群也是因为产品而聚集在一起，所谓“社群未建，产品先行”，如霸蛮社，先有伏牛堂，再有粉丝社群。

（2）会员式。会员既是门槛也是变现渠道，是许多兴趣、理念型社群的主流变现形式。会员式中最常见的是年费制，即一年缴纳一定费用享受某些权益，这是最易于操作的付费模式。

付费模式对不同支付能力的用户心理暗示和激励效果完全不同，与会员付费相类似的运营方式还有：奖励返还型，收取费用根据情况对加入的人群进行奖励或返还；递增递减型，收费标准随着时间或人数的递增递减变化；身份分级型，收费标准随着身份属性不同而变化。

（3）咨询式。实践证明，很多广告软文的效果并不理想，用户看到软文后还是对产品怀疑或困惑，处于犹豫徘徊的心理状态。如果软文后放置群二维码进行咨询，转化率会非常高，用户不仅可以在群内获得答疑解除疑惑，还可以看到已购顾客反馈，增强信任感。

（4）电商式。移动互联网最大的特征就是碎片化，在碎片领域，社群电商模式兴起，如罗辑思维。通过做好群主，让群成员相信社群专业度，再购买相关的产品或服务带来收入。这种模式最关键的就是引入或生产高复购率的优质产品。

（5）流量式。社群流量做大后可以收取广告费，社群是某同类属性人群的集合，因此，对于很多商家来说，就是精准用户的聚集体，其推广效果不言而喻。

（6）服务式。商家建立社群是为了给用户提供更好服务，在这个过程中，更大程度地与用户构建了接触点，具备时刻交易的可能。这种模式通常用来进行企业品牌塑造，不需要在短期内直接带动销售，维系品牌社群就已经具有了核心竞争力。

（7）众筹式。近年来，通过社群发起众筹有逐步增加的趋势，利用社群聚集精准人群的特性，便于一些小众类型的产品在内部发起众筹。

（8）智库式。社群成员自身就是各行各业的专家，完成各种形式的社群任务，利用群成员的集体智慧为前来咨询的商家提供营销服务，高质量的输出得到客户认可后获得奖金。

(9) 抱团式。部分手工艺人具有良好的技术，但是因个人能力有限难以获得大量订单，只能凭借口碑扩散和行业经验的积累。如果众多手工艺人迅速报团组成社群，就可以像经纪公司一样运作，大家相互切磋技艺，介绍定制任务。

(10) 跨界式。通过两种不同定位或类型的社群，或者社群与品牌相互之间的跨界合作，相互导流产生经济回报，共同受益，如趁早社群与中信银行合作打造趁早磨砺认同信用卡。信用卡是“趁早”会员卡，用户可以通过坚持打卡的方式换授信，还可以享受中信银行的部分专享功能。

2. 承包社群商业变现

对于明星而言，粉丝会自发地组建社群，而经纪公司会有专人对接粉丝群群主。在完整的职业粉丝团中，有一位经验丰富、能力强的群主是关键。群主通常受雇于明星本人、亲友或是职业粉丝团中有经济实力和组织能力的粉丝。群主没有收入但工作量巨大，需要安排好各部门的工作，如每天在贴吧发帖、顶帖；组织粉丝参与接机、见面会等活动；向节目组的宣传公关汇报动向；定制会服、灯牌、宣传板；组织会员街头拉票等。粉丝团群主表示，可以为喜欢的偶像效力乐此不疲，作为回报，群主能在普通粉丝中拥有一呼百应的声望，还时不时可以与偶像接触。明星并没有直接建立社群，而是有人带头建立，明星直接通过与群主的联系，就可以影响粉丝，这种类型就属于承包社群。这对现实中的很多企业也同样具有借鉴意义，如果目标用户群体能够基于某个特征聚集，用经济或影响力直接承包也是一种手段。

3. 打入社群商业变现

如果没有自建社群，打入社群就是瞄准特定目标客户社群，找到社群的所在地、熟悉社群结构、了解社群偏好、从社群成员的心理和行为入手深入探究，顺势完成营销。以往的销售通常是一对一的，找到符合产品定位的人需要消耗大量成本，而社群化趋势带来了一种可能，就是找到一个用户，打入跟他具有一样特征的社群，以此为入口，通过了解与互动找到更多定位相仿的社群，大大提升效率和成交率。

寻找社群的第一种方法是搜索，可以使用QQ群、相关明星或核心人物的微博、论坛等平台，从中寻找线索，平台下经常会有很多活跃分子，手中掌握众多群；第二种方法是参加线下活动，活动聚集中会建立新的群或将新人拉进现有群。线下活动可以结识许多社群铁杆成员，有其引荐更易加入。平时，可以关注各个平台发布的活动信息，也可以自行发起某主题线下活动。打入社群需要时刻谨记作为专业信息的分享者而不是硬广传播者，要通过有价值的载体在社群内引起关注，进而诱导购买。

7.4.3 社群商业变现基础效应

媒介一直改变着商业生态和营销方式。媒介决定信息的传达，而商业本质大多建立在信息不对称的基础上，因此，商业经济的变化是媒介进化的结果。互联网普及后依然会出现各种信息不对称、误导化问题，此时，社群具有更全面、更信任、更多元的经济效应。

1. 信任效应

当下年轻一代追求个性和自我，并希望找到同类部落一起玩耍，而科技发展特别是社交媒体的日趋成熟打破了时间和空间，不但让个体连接成为可能，也让信息扩散的速度大幅提高。因为信任购买，也因为信任而转告，基于情感认可纽带产生了消费行为。

随着年轻一代逐渐成为社会中坚力量，他们的独特观念变成普通观念，他们不再观看媒体广告，也不再相信明星代言，而是关注朋友圈的赞美或批判，相信社群领袖在分享中的推荐等。商业经济转变基于媒介寻求考证信息的过程，社群的信任和口碑传播的能量被商家看重，成为营销传播中的一环。

2. 连接效应

自互联网诞生，连接就是贯穿始终的主线，将连接与商业模式结合的企业都获得了惊人的利润，如将车主与乘客相连接的优步。社群也是典型的连接之一，连接顶层优质资源和对资源感兴趣的所有人。

BetterMe 社群不断让成员从线上走到线下，在每个城市开发丰富的训练营活动，不同城市成员可跨城参与。突破地理时空的连接，让社群成员体验到更多不同个性的人和不同能量的嘉宾，丰富人生厚度，也自然为企业和嘉宾提供了面对面营销的机会，如成员参加读书训练营，购书、高质量完成读书笔记分享，引发其他人阅读，产生直接的导购效应。

3. 标签效应

标签是最简化的认识一个人的方式，年轻一代消费者通过标签在互联网上相互结识，从而形成圈子和社群，好的社群身份正是彰显自己在互联网上的个性标签。

个性标签意味着人群在互联网时代会被重新分割、重新聚拢，形成新的人口族群，形成细分的圈层文化。如果消费者很难通过使用产品说明自己是怎样的一群人，那么产品就无法成为消费者的个性标签，正如现在很多企业面临品牌老化，虽然知名度高，但对于年轻用户而言，无法通过使用品牌体现出自己的生活价值观，这个时候，产品和服务仅被消费者视为一种功能或应用的解决方案。社群是为群体贴标签的一种最好的解决方法，一旦社群身份标签得到认同，大家愿意为身份标签付出溢价费用，如果商家的产品或服务能与社群标签建立连接，也可能享受到社群的溢价效应。

4. 羊群效应

在群体氛围下，大家更容易形成相互感染的冲动购买效应。心理学中的“羊群效应”就是比喻人们都有一种从众心理，从众心理也很容易导致盲从。商家努力做到超出预期，就是为了激活小组织，将信息从一个人扩散到一个社群。通过社群，个人也可以扩展圈子、拓展人脉，通过在社群中产生连接，在社群中提升能力，进而成为一个具有影响力的人。

现时期，各种类型的线上训练营活动十分火爆，以知识分享型社群为例，其变现路径通常为：文章→微课→训练营形式的付费课程→线下深度课程和培训。文章用来获取大量读者流量和关注度；微课一般为免费性质，保证持续性曝光；训练营形式的付费课程体系除了提供课程内容，还提供各种深度互动问答等服务；线下深度课程和培训针对前期累计用户和粉丝，重新设计课程，增加实践练习环节并获得现金流，使参与者在短期集训中得到快速提升。

本章小结

通过阅读本章内容，读者将了解社群内涵与构成完整社群的关键要素；熟悉社群营销的特点与优势价值，知晓社群营销基本方式；洞悉社群时代商业经济的发展趋势；学习遵循同好→结构→运营→输出→复制流程，掌握快速构建核心社群的行动方式以及有效开展社群运营的方法，能够打造基础社群运营团队，提升社群线上活跃度并开展丰富多彩的线下社群活动；了解社群商业变现内涵，熟悉社群商业变现模式，在掌握社群商业变现效应的基础上，使社群具有更全面、更信任、更多元的经济效果。

第 8 章 直播营销与运营

学前提示

网络直播已经从文字直播、图片直播、秀场直播、游戏直播发展到移动直播，开启了人人都可以参与的“全民直播时代”。本章主要介绍企业直播营销与运营相关理论，通过本章学习，需要了解直播营销的概念与前期策划思路，掌握直播营销的具体流程和中期执行细节，熟悉直播营销的后期传播路径与总结提升方法，从而帮助企业通过直播方式，达到营销目标、实现品牌提升的目的。

案例导入

龙虾激战夜直播，京东和斗鱼玩转网红经济

电商自造节日进行网络大促已成为常态，若想脱颖而出变得尤为困难。京东生鲜的用户大数据及行业报告显示，生鲜电商目标受众大多集中在一线城市的年轻白领，讲究生活品质，在新鲜社交网络上较为活跃，但社会化媒体让他们信息过载、注意力稀缺，这种环境下催生的网红经济成为吸引眼球的利器。

2016 年被认为是“中国网络直播元年”，视频直播节目的收视率超过以往任何时代。京东生鲜在同年“618”品质狂欢节期间与斗鱼合作的“龙虾激战之夜”直播活动，不仅创新了“电商＋直播”模式，引发众多消费者的深度互动，还有效拉动了产品销售。大促期间（6 月 1 日 0:00—6 月 18 日 24:00），京东生鲜自营产品订单量为上年同期的 6 倍，移动端占比高达 88%。

作为电商平台，京东生鲜在“618”大促期间需要解决的核心问题为：如何将促销利益点准确且直接地传递给消费者并转化为购买？网络直播的超高收视率、互动性强的形式成为首选，而斗鱼强大的用户基数和日

活跃用户正是促销信息直达消费者的关键。双方强强联手，在端午节期间举办了“直播烹饪大龙虾”的网友招募赛，3 天内超过 50 位主播争相参与直播，并通过唱歌等各种形式传递京东生鲜“618”大促信息。

在“618”大促前夜的“龙虾激战之夜”，斗鱼知名主播红人先后在北京安定门、798 艺术区、簋街、望京等知名地标处，借助煎饼摊、烧烤店等地，现场直播龙虾制作全过程，迅速引发海量网友围观。在直播过程中，京东生鲜的广告植入更加场景化和多元化，除了口播软性植入，更有京东桌牌二维码、在线购买链接等“所见即所得”的采购引导，推动京东生鲜“618”大促步入高潮。

在整个合作期间，京东生鲜和斗鱼充分利用各自站内资源互相输送流量，同时，在活动开始前的造势阶段，京东生鲜和斗鱼就提供高达万元的礼物及斗鱼首页资源位等奖品，并利用社交平台的天然优势直接吸引各大主播、用户的参与和观看。

京东生鲜“龙虾激战之夜”堪称“电商＋直播”营销的经典，实现了多方共赢。首先，创新性的“网红直播＋平台销售”组合给消费者带来了“所见即所得”的直观新鲜体验，更是通过主播直播龙虾烹饪的技艺和乐趣，激发了消费者的购物欲望；其次，美食赛事直播的新尝试，加深了斗鱼在用户心中多领域直播平台的印象，为其扩展为综合娱乐性直播平台增加了筹码；最后，京东生鲜通过广告、公关与社交的营销组合，以场景式植入令购物变成了节目的一部分，传递全民“吃好一点”的主旨，提升品牌形象并实现销量的提高，真正做到凭借“电商＋直播”的创新模式玩转网红经济。

8.1 直播营销概述

移动网络提速和智能设备的普及使企业获得了更为立体的营销平台，直播营销是企业营销形式上的重要创新，也充分体现出互联网视频的特色。目前，直播行业仍处于高速发展阶段，直播营销对于企业实现品牌提升及销量增长目标具有极大的优势。

8.1.1 直播营销内涵

“直播”形式由来已久，在传统媒体平台，早有基于电视或广播的现场直播。网络直播发展已有十余年，由于直播营销具有自身独特的优势，企业渐渐开始借助直播进行营销推广。

1. 直播营销概念与特点

建立在网络直播基础上的直播营销是指企业以直播平台为载体进行营销活动，达到品牌提升或销量增长的目的。现阶段提及的直播营销在多数情况下均默认为基于互联网的直播。

直播营销之所以受到诸多企业的青睐，主要是因为直播具备以下特点：(1) 即时事件。由于直播完全与事件的发生、发展进程同步，因此可以第一时间反映现场状态。(2) 常用媒介。观看直播无须专门购买昂贵的设备，使用手机等常用设备即可。受众之间的相互推荐便捷，更有利于传播。(3) 直达受众。直播节目不会做过多的剪辑与后期加工，所有现场情况直接传达给观众或网民。与传统媒体（电视、广播）直播营销相比，互联网直播营销的参与门槛降低，网络直播不再受制于固定的电视台或广播电台，无论企业是否接受过专业训练，都可以在网上创建账号进行直播；除了传统媒体平台的晚会、访谈等形式外，利用互联网可以进行户外旅行直播、网络游戏直播、发布会直播等多样化内容展示。

基于互联网的直播营销，通常包括场景、人物、产品、创意要素。企业需要用直播搭建销售场景，让观众仿佛置身其中；主播或嘉宾是直播的主角，其定位需要与目标受众相匹配，并友好引导观众互动、转发或购买；企业产品需巧妙植入主持人台词、道具等，从而达到将企业营销软性植入直播中的目的；网民对于常规的歌舞晚会等已经审美疲劳，新鲜的户外直播、互动提问、明星访谈等都可为直播营销加分。

【课堂讨论】

某装修公司新媒体团队打算尝试直播营销，搭建出一个带有公司标识的微型客厅，邀请某明星到场分享自己的装修心得，并现场邀请观众互动提问。尝试分析这场直播中的四个要素分别是什么。

2. 直播营销优势

在传统市场营销活动中，企业呈现产品主要依靠户外广告、新闻报道、线下活动等，实现价值交换则是借助推销员销售、自动售货机贩卖等方式。互联网直播给企业带来了新的营销机会（见图 8-1）。

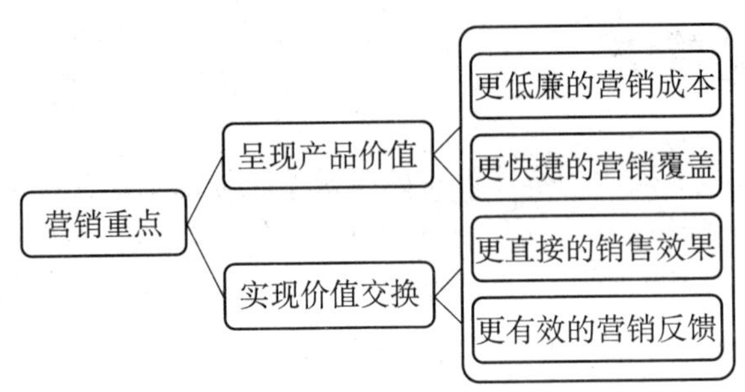

图 8-1 直播营销优势

（1）更低廉的营销成本。网络营销刚刚兴起时，企业可以使用较低的成本获取用户、销售产品；但随着淘宝、百度等平台用户增加，无论搜索引擎广告还是电商首页广告的营销成本都开始增加，而直播营销对场地、物料等需求较少，是目前成本较低的营销形式之一。

阅读知识

2016 年 5 月 25 日晚，小米公司举办了一场直播新品发布会，创始人雷军在办公室，通过十几家视频网站和手机直播 App，以及自家“小米直播”发布了生态链产品无人机。采用线上直播的形式，无须租借会议酒店进行会场布置和准备户外宣传，也能够增强粉丝黏性，获得更高的曝光度。借助直播 App 热潮的小米无人机发布会，开创了颠覆传统的全新发布形式，即将成为未来企业争相追逐的发布方式。

(2) 更快捷的营销覆盖。用户在网站浏览产品图文或在网店翻看产品参数时，需要在大脑中自行构建场景，直播营销完全可将主播试玩试用过程直观展示在观众面前，更快捷地将用户带入营销所需场景。

(3) 更直接的销售效果。消费者在购买商品时会受环境影响，企业可通过策划主播台词、优惠政策、促销活动等对直播形式进行设计，反复测试优化在线下单页面，通过主播现场展示收获更好的销售效果。

(4) 更有效的营销反馈。为了持续优化产品及营销过程，企业需要注重营销反馈，了解消费者意见。主播将直播内容呈现给观众的同时，观众也可以通过弹幕分享体验，企业借助直播一方面可以收到已经用过产品的消费者的使用反馈，另一方面能够收获现场观众的观看反馈，便于下一次直播营销时修正。

8.1.2 网络直播发展历史

自2016年后，国内网络直播大潮迅速崛起，各类视频直播App层出不穷，不仅吸引了众多投资者的关注，也聚集了个人直播用户。随着政府部门介入监管，网络直播逐渐进入回归理念的平稳发展期。

1. 互联网直播平台

网络速度和硬件水平是影响互联网直播发展的主要因素，受这两个因素的制约，互联网直播的发展大致经历了以下四个时期。

(1) 图文直播（1998年开始）。拨号上网与宽带上网刚兴起时，网速普遍较慢，网民上网活动以聊天、看新闻、逛论坛为主，直播受众面较窄。这个时期的直播形式仅支持文字或图片，网民通过论坛追帖、即时聊天工具分享等形式，了解事件的最新进展。

(2) 秀场直播（2005年开始）。随着网速提升，视频直播开始出现，但计算机运行速度及内存容量限制了网民只能通过网页或客户端进行观看。“秀场”是公众展示自己能力的互联网空间，秀场直播是主播展示自我才艺的最佳形式，观众在秀场直播平台浏览直播间，类似走入不同的演唱会或才艺表演现场，新兴的直播答题更是以知识的名义，对秀场直播的内容升级。

(3) 游戏直播（2008年开始）。随着计算机硬件发展，网民可打开计算机进行多线操作，边听语音直播边玩游戏的形式开始出现，游戏直播渐渐兴起。游戏类直播平台主要提供针对游戏赛事的实时直播服务，游戏爱好者通常会较为规律地登录游戏直播平台，甚至追随某位游戏主播。

(4) 移动直播（2015年开始）。随着智能手机硬件不断升级，移动互联网逐步提速降费，网民进入移动直播时代，直播内容覆盖生活的方方面面，这其中有综合类直播平台、商务类直播及教育类直播平台。

【课堂讨论】

继移动直播后，有人预测下一个直播时代将是虚拟现实（VR）和增强现实（AR）的时代，可穿戴设备将成为下一个直播时代的主要观看入口。你觉得是这样吗？为什么？

2. 个人直播与网红

如今，互联网给个人提供了更多的低成本曝光机会，特别是随着直播的发展，部分具有鲜明特点的“草根”利用互联网成为网红。网红是在网络环境中，因为某事件或某行为被网民关注从而走红的人，其“走红”通常因为自身某种特质在网络作用下被放大，与网民的审美、审丑、娱乐、刺激、偷窥等心理契合，刻意或无意间受到网民的追捧。网红与互联网发展密不可分，每个时期都有具备鲜明特征的网红活跃在互联网上。

（1）1.0时期。网络文学作者成为网红。由于带宽限制，中国互联网的初期体验停留在文章发表与阅读上，文学论坛随之兴起。这个时期，众多文学作者通过互联网发表连载文学作品，成为被网友追捧的网络偶像。代表人物：著有《第一次的亲密接触》的“痞子蔡”等。

（2）2.0时期。特立独行、个性敢表达的人成为网红。随着互联网带宽增加，图片流畅传输，互联网从充满想象的文字时代进入丰富视觉的阅读时代。在此时期，充满个性、通过网络展示自我的人受到网民追捧。代表人物：在论坛上传夸张照片的“芙蓉姐姐”等。

（3）3.0时期。由于名人效应，意见领袖式网红出现。意见领袖是在人际传播网络中经常为他人提供信息，同时对他人施加影响的活跃分子。在此阶段，言辞犀利、见解独到的用户更容易成为意见领袖，获得粉丝的关注。代表人物：北京普思投资有限公司董事长王思聪等。

（4）4.0时期。网红进入IP时代，变现能力获得显著提升。网民对于网红的认识不再局限于搞怪等行为，个人通过互联网分享生活、传授知识经验，都有机会成为网红。代表人物：凭借原创短视频内容而走红的papi酱等。

8.1.3 直播营销整体思路

企业直播需要以结果为导向，实现品牌宣传或销售转化。企业直播营销整体思路围绕直播前、直播中、直播后展开，直播现场的营销效果取决于开场的吸引程度及进行中的互动程度，直播结束后的营销效果则取决于收尾的引导程度。

1. 直播营销整体设计

每场直播活动背后都具有明确的营销设计，或是通过直播营销提升企业品牌形象，或是利用直播营销促进产品销量。将企业营销目的巧妙设置在直播如下环节，即直播营销整体设计。

（1）思路梳理。在拟订营销方案之前，企业数字新媒体团队必须先将整体思路厘清，包括目的分析、方式选择和策略组合，然后才能有目的、有针对性地策划执行。

对于企业而言，直播只是营销手段，企业直播营销不是简单的线上才艺表演或互联网游戏分享，而是需要综合产品特色、目标用户、营销目标，提炼出直播营销的目的；在确定直播目的后，数字新媒体团队需在诸多直播营销方式中选择一种或多种进行组合；最后，则是对场景、产品、创意等模块进行组合，设计出最优的直播策略。

（2）策划筹备。直播营销需要提前撰写并完善方案，直播开始前，测试直播过程中用到的软硬件，尽可能降低失误率，防止因为筹备疏忽而引起不良的直播效果。为了确保直播当天的人气，运营团队还需要提前预热宣传，鼓励粉丝提前进入直播间，静候直播开场。

（3）直播执行。前期策划筹备是为了现场执行过程更流畅，为了达到已经设定好的直播营销目的，主持人及现场工作人员需要尽可能按照直播营销方案，将直播开场、直播互动、直播收尾等环节顺畅有序地推进，并确保直播的顺利完成。

（4）后期传播。直播结束并不意味着营销结束，运营团队需将直播涉及的图片、文字、视频等，继续通过互联网进行传播，抵达未观看现场直播的粉丝，让直播效果最大化。

（5）效果总结。后期传播完成后，运营团队需要进行评估总结。一方面，统计直播数据并与直播前的营销目的做比较，判断直播效果；另一方面，组织团队讨论，提炼本场直播的经验与教训，为下一次直播营销提供优化依据或策划参考。

2. 直播营销目的分析技巧

任何一场直播营销都必须围绕营销目的展开，直播营销目的可以通过产品分析、用户分析、营销目标三个层面进行提炼。首先，通过产品分析梳理出产品的优势和劣势，着力突出优势，尽量避免在直播平台暴露产品劣势；其次，借助用户分析挖掘用户需求，在直播策划时，围绕直播需求设计互动环节及主持人台词；最后，在企业自身的年度或月度目标中，找到与直播最契合的关键点。

（1）直播产品分析。直播活动产品通常分为两类：实物产品，如手机、衣服等；虚拟产品，如音乐、游戏等。对直播产品进行“形态与成分”“功能与效果”的维度分析，有助于理解产品价值并提炼出产品优势，加深屏幕前观众对产品的认识。产品形态与成分包括产品形状、尺寸、主要结构、构成成分等；产品功能与效果包括产品口味、容量、操作性能等。

【课堂讨论】

以下是同款产品的同一特点，在哪些场景属于优势，哪些场景属于劣势？例如：手机超大屏：观看视频时更清晰，属于优势；出门携带不便于放在口袋里，属于劣势。

✓ 鸭脖辣味十足。

✓ 衣服面料超薄。

✓ 酒店位于郊区。

✓ 手动挡汽车。

数字新媒体团队在进行产品分析时，必须结合直播平台环境提炼出产品关键词、亮点、特性，在策划时将产品信息巧妙植入直播环节，才能便于向直播观众传达。产品关键词通常会出现在主播口播或直播道具上，需要用 3～5 个简练的词组概括产品；产品亮点往往出现在嘉宾试用分享、直播预热活动、直播后期发酵中，需要将产品在直播场景下的优势进行提炼；产品特性需与主持人或嘉宾的人物设定一致。

（2）直播用户分析。直播平台的可选择性强，不吸引用户注意力的直播会直接导致用户关闭窗口，选择观看其他直播；数字新媒体团队必须想方设法让用户按照主持人的引导去下单或分享，而巧妙的引导来自对用户的分析与判断。用户属性特征是用户分析的基础，而用户属性特征又包括固定属性，即伴随用户一生的固定标签，如“汉族”，以及可变属性，即短时间内用户的特定标签，如“未婚”。策划一场好的直播营销，还需要分析用户在直播场景下的行为特征，反向模拟用户行为路径，并在用户的每一步行为过程中设计营销卖点，从而达到期望的效果。

（3）企业营销目标。直播营销对应的企业营销目标并非一成不变，运营团队在每次直播活动策划前都要进行目的分析，以期为企业带来实际效益。结合SMART原则（见表8-1），梳理企业自身营销目标时要尽可能科学化、规范化、明确化。

表8-1　基于SMART原则的企业直播营销目标制定

原则/目标	反面示例	正面示例
具体性	用直播营销提升口碑	借助直播营销提升企业大众点评星级
可度量	利用直播实现销售额猛增	利用直播平台实现100万元销售额
可实现	100万人参加（基于上次3万人参加直播）	5万人参加（基于上次3万人参加直播）
相关性	产品生产合格率由85%提升至90%	网站流量24小时内提升80%
有时限	借助直播实现新品销售5万件	直播结束48小时内新品销售5万件

3. 直播营销基本方式

为了吸引网友观看直播，企业数字新媒体团队需要设计最吸引观众的直播吸引点，并结合前期宣传覆盖更多网友，直播营销的常见方式有如下7种。

（1）颜值营销。在直播经济中，“颜值就是生产力”的说法已经得到多次验证。颜值营销的主持人多是帅气靓丽的男主播或女主播，高颜值的容貌吸引着大量粉丝的围观与打赏，而大量粉丝围观带来的流量正是能够为品牌方带来曝光量的重要指标。

（2）明星营销。明星经常会占据娱乐新闻头版，明星的一举一动都会受到粉丝关注，当明星出现在直播中与粉丝互动时，会出现极热闹的直播场面。明星营销适用于预算较为充足的项目，尽量在预算范围内寻找最贴合产品及消费者属性的明星进行合作。

（3）稀有营销。稀有营销适用于拥有独家信息渠道的企业，包括独家冠名、唯一官方渠道等。在直播中，稀有营销不仅仅体现在直播镜头为观众带来的独特视角，更有助于利用稀有内容直接增加直播室人气。

（4）利他营销。直播中常见的利他行为主要是知识型分享和传播，旨在帮助用户提升生活技能或动手能力。与此同时，企业可以借助主持人或嘉宾的分享，传授关于产品使用技巧、分享生活知识等。利他营销主要适用于美妆护肤类及时装搭配类产品。

（5）才艺营销。直播是才艺主播的展示舞台，无论主播是否有名气，只要才艺过硬，都可以带来大量的粉丝围观，获取该才艺领域的忠实粉丝。才艺营销适用于围绕才艺所使用的工具类产品。

（6）对比营销。有对比就会有优劣之分，消费者会偏向于购买更具优势的产品。当消费者无法识别产品的优势时，企业可以通过与竞品或自身上一代产品的对比，直观展示差异化，以增强产品说服力。

（7）采访营销。主持人采访名人、路人等，以互动形式，通过他人立场阐述对产品的看法。采访名人，有助于增加观众对产品的好感；采访路人，有利于拉近他人与观众间的距离并增强信赖感。

企业数字新媒体团队需要从消费者角度挑选或组合出最佳的直播营销方式。消费者从初次接触某企业或某产品直到产生购买行为，通常经历听说、了解、判断和下单四个过程。与此对应，企业直播营销的重点工作需要环环相扣，即在消费者可能会听说的渠道进行新品推介，在消费者了解产品的平台重点描述产品，在消费者判断的平台优化口碑与评价，在消费者下单的平台设计台词及促销政策从而促进订单达成。

对应上述 7 种不同的直播营销方式，直播活动中的重点各有不同（见表 8－2）。将这 7 种直播营销方式进行组合，可以强化营销重点，达到“1＋1＞2”的效果。

表 8－2　不同直播方式下的营销重点

方式/重点	推新品	讲产品	提口碑	促销售
颜值营销	√	√		
明星营销	√		√	√
稀有营销	√	√	√	
利他营销	√			√
才艺营销	√			√
对比营销		√		√
采访营销			√	

4. 直播营销策略组合

为达到更好的直播效果，设计直播营销策略组合时，需要将场景、人物、产品、创意四个元素根据实际情况进行有机结合，组成万能的策略模板，即什么人（消费者）在何场所（销售渠道）购买了该产品（直播中展示的产品），并在何场所（使用场景）使用后获得了什么样的效果（产品功能及效果），而这个人（消费者）正在通过直播的形式把以上环节展示给屏幕前的观众看，让更多的人知道或购买（实现直播目的）。

万能直播策略组合的优势在于能够迅速在脑海中搭建一个直播模型，其中，“创意”对直播效果的影响更为关键。趣味性内容的策划同样有章可循，利用或者放大产品的亮点及功效，通过直接展示或间接对比的方式，可以增加直播活动趣味性和可看性。

【课堂讨论】

你所在学校打算进行一场直播，向高三毕业生展示学校实力，鼓励考生报考。请参照本节知识点，设计直播营销的策略组合。

8.2　直播营销策划与筹备

直播是一种新的信息媒介，能够快速将信息全面立体化地传播给所有观众，企业若希望通过直播创造有价值的内容，将品牌正面曝光效果无限放大，就需要对直播营销进行细致规划，做好前期筹备工作。

8.2.1 直播营销方案

完整的思路设计是直播营销的灵魂，在直播营销思路及目的敲定后，企业数字新媒体团队还需以方案形式准确表达，使所有参与人员，特别是直播相关项目负责人既了解整体思路，又明确落地方法及步骤。

1. 直播方案要素

直播方案需要将抽象概述的思路转换成明确传达的文字，目的是用最精练的语言让直播相关的所有人员熟悉活动流程及分工，通常包括如下要素：(1) 直播目的。方案正文首先需要传达直播目的，告诉团队成员，通过这场直播需要完成的销售目标、需要提升的口碑关键词、现场期望达到的观众数量等信息。(2) 直播简述。方案正文需要对直播的整体思路进行简要描述或展示，包括直播形式、直播平台、直播亮点、直播主题等。(3) 人员分工。直播需要按照执行环节对人员进行项目分组，包括道具组、渠道组、内容组、摄制组等。每个项目组的负责人姓名、成员姓名等，需要在方案正文中予以描述。(4) 时间节点。时间节点包括两部分：一是直播的整体时间节点，包括开始时间、结束时间、前期筹备时间、发酵时间段等，便于所有参与者对直播有宏观印象；二是项目组时间节点，方案正文清晰传达每个项目组的任务截止时间，防止由于某项目组在某环节延期而导致直播整体延误。(5) 预算控制。方案正文中需要简要描述数字新媒体团队整体预算情况及各环节预期需要的预算情况。当某个项目组有可能会出现预算超支的情况时，需要提前知会相关负责人，便于整体协调。

2. 直播方案执行规划

直播方案执行规划具有更强的针对性，需要各项目组参与者熟记于心。直播方案的执行规划一般由项目操盘规划、项目跟进规划、直播宣传规划组成。项目操盘规划主要用来保障项目推进的完整性。为保证方案的落地并能与最终直播目的契合，需要将好的想法以可视化、可监督跟进的形式展示出来；项目跟进规划是在方案的执行细节上进行细化；由于直播平台在线人数有限，为了达到更好的营销效果，在直播活动开始前，需要设计有效的直播宣传。

企业营销直播与个人直播不同，追求的不是简单的在线人数，而是在线的目标用户数。设计直播宣传可以借助以下三个关键点策划，宣传工作必须围绕关键点的交集进行设计。

(1) 活动平台，即用户出现或活跃的平台。不同网民在互联网上具有不同的活动平台，如喜爱读书的人一般会在豆瓣分享读书心得。新媒体种类繁多，而每种新媒体又包含大量的网站或账号，如果不在用户活跃的平台进行直播宣传，很有可能事倍功半。

(2) 喜爱形式，即用户喜欢观看或阅读的新媒体形式。数字新媒体团队需要针对不同的用户喜好，设计不同的宣传形式。例如：如果用户喜欢看视频，那么需要拍摄或剪辑相关视频，以便于用户浏览。

(3) 接受频率，即用户能承受的最大宣传频率。由于用户在上网时可选择的余地很大，因此过于频繁的刷屏推广，很有可能会被大量用户取消关注甚至拉入黑名单。在用户承受的最大宣传频率基础上，数字新媒体团队需要设计多轮宣传。

上述关键点的重合部分，即直播前期宣传规划，如用户活动平台是微博、用户的喜爱形式是短视频、用户接受的频率是一天一次宣传，那么数字新媒体团队可以将直播前期宣传表述为“以短视频形式，在新浪微博进行连续 6 天的宣传预热”，然后分工执行。

【课堂讨论】

假如你要为一款以城市女白领为主要受众的面膜设计直播，请参照本节知识点，做出前期宣传规划。

8.2.2 直播宣传与引流

厘清直播宣传关键点后，企业数字新媒体团队需要将宣传与引流落实到具体细节中，直播前期主要包括引流物料的筹备，如图文、H5 等；物料根据直播具体内容来设计，一般需在引流宣传开始前三天就绪；将引流物料布局在自媒体文章、视频网站等。引流方式包括以下几种：

1. 硬广引流

企业数字新媒体团队可以利用官方媒体平台，直接进行直播宣传推广。官方媒体平台属于企业的自有媒体，可以直截了当地将直播时间、直播账号、参与嘉宾、抽奖与惊喜等详细列出，完整告知粉丝，并邀请其传达给自己的好友。

2. 软文引流

从用户角度，在标题、开头、正文等部分看不出任何广告迹象，阅读到结尾后才能发现直播的宣传信息。软文引流需要关注相关性与目的性细节，即软文需要投放到目标用户活跃的平台或账号，在文末引导用户点击直播间网址或下载直播软件，否则推广效果就会大打折扣。

3. 视频引流

视频比文章更容易理解，降低了受众的认知门槛，特别受到用户的喜欢，于是越来越多的企业开始利用视频进行宣传推广。在新浪微博、今日头条等平台，优秀的短视频可达到上百万甚至千万级曝光效果。

4. 直播引流

直播平台通常有“推送”“提醒”或“发布”功能，直播开始时，可将直播消息直接推送给关注直播间的粉丝，企业在直播开始前可以在同一平台进行预热，一边鼓励观众关注直播间，积累原始粉丝；一边调试软硬件，争取在直播正式开始前达到最佳状态。

5. 问答引流

用户可在传统问答网站，如百度知道、搜索问问等获得问题答案，企业也可以将知乎问答、头条问答等作为企业宣传与引流的渠道。例如：手机新品推广直播开始前，企业可以在问答网站回复“请推荐一款好用的手机”等问题，引导网友前往直播间。

6. 线下引流

虽然直播营销属于数字新媒体营销的一部分，但传统渠道的引流效果也不容小视。如果企业拥有线下渠道，如产品体验店、营业厅、线下门店等，完全可以借助线下渠道，以海报、宣传单等形式，宣传直播内容，引导线下消费者关注直播。

【课堂讨论】

某家书店计划筹办“读书日”，邀请3～5位作者参与当天的读书会并现场直播。假如你是本次活动的负责人，请设计前期推广策略。

8.2.3 硬件筹备与软件测试

直播营销与直播工具密不可分，为了呈现更好的直播效果，企业数字新媒体团队必须关注最新工具发展状态，对相关硬件设备进行投资或借助软件功能持续优化。

1. 直播硬件筹备

为了确保直播的顺利进行，首先需要对硬件部分进行筹备。直播前期硬件筹备主要包含直播场地、道具，以及直播设备。

（1）直播场地踩点。直播活动场地一般分为户外场地和室内场地。常见的户外场地有公园、商场、景区等。根据活动策划需要，街头采访、导购直播可选择人流量充足的户外场地，增加直播节目的互动性；而户外直播，如真人秀游戏等适合户外封闭场地，避免活动进行过程中出现不必要的麻烦造成活动中止。

通常产品体验、产品演示等直播内容比较适合在室内进行，常见的室内直播场地有咖啡馆、住所、发布会场地等。室内场地进行直播前，为营造直播氛围并突出宣传产品，可以对室内进行简单装修。由于室内较为封闭，为保障直播质量，现场不宜出现较多围观群众，以避免杂音对直播造成影响。

进行场地筛选时，需要优先选择消费者购买与使用产品频率较高的场所，拉近与观众间的距离、加深观众观看直播后的产品印象。当直播活动需要长时间占用场地时，场地负责人需要提前与管理方及相关部门进行沟通报备。户外直播场地需要提前考虑当地的天气状况，避免在直播中遭遇极端天气导致直播延期。

（2）直播道具准备。直播道具由展示产品、周边产品及宣传物料组成。产品作为直播活动的主角，需要在各个方面均有所展现，包括直播时使用的产品、展示架、产品玩偶等系列以产品为中心的物料。宣传物料范围较广，包括企业定制化的海报、台标、贴纸等能够出现在直播镜头中的物料。提前对场地进行考察和测量，有助于制作规范适用的产品物料。

（3）直播设备筹备。直播设备是确保直播清晰、稳定进行的前提，企业可根据直播实际需要采购。在直播筹备阶段，需要对手机、电源、无线网络、直播支架、补光灯、摄像头、外接收音、提词器等设备进行反复调试，以达到最优状态。目前，直播的主流设备是手机，但受电池电量、网络信号等因素制约，还需要借助直播辅助设备进行优化。

2. 直播平台设置与软件测试

硬件调试的同时，企业数字新媒体团队需要对直播网站、直播软件等进行初步设置及反复测试，以免由于操作不熟练或软件自身问题而在直播现场出现失误。

（1）直播平台设置。企业在平台端的直播活动有两种：一是自建直播间，通过企业官方自建账号进行直播，优点在于每次直播都有粉丝互动，劣势是较难形成粉丝聚集效应；二是入驻直播间，企业在主播所建的直播间进行直播，优点是直播开始就能带来较高的粉丝覆盖，但不利于品牌方做长期粉丝沉淀。

为了提升观众的留存率，选择直播间类别后，企业数字新媒体团队需要对直播间封面、直播第一幕画面进行设置，以满足直播需求。直播封面是观众进入直播前了解直播内容的窗口，当直播活动与直播平台方有推广合作时，直播开始前封面就出现在直播平台的显眼位置，为直播活动做预告，提升直播活动关注度。直播封面信息包括直播主题、时间、产品名、主播等，具体根据直播平台规则及活动需求设置，以达到能够让观众准确抓住直播核心信息的目的。企业需保持直播封面与直播第一幕画面的相关性，这其中包含主播妆容与穿衣风格保持一致、封面图色调与直播场地装修保持一致。

(2) 直播软件测试。直播开始前，企业数字新媒体团队需要对直播软件反复测试，确保熟练操作、不发生操作失误。直播软件测试主要由两部分组成：一是主办方视角，熟悉直播按钮、镜头切换、声音调整等操作；二是观众视角，企业数字新媒体团队需要以个人身份注册账号观看，从普通观众角度观察直播界面，如果测试发现问题需要及时优化。观众视角测试较为简单，进入直播间后看画面、听声音、发弹幕都正常，测试就可以结束，而主办方视角涉及相关操作，需要反复操作，做到熟练为止。

8.3 直播活动实施与执行

从细节层面来看，直播活动的实施与执行可以进一步拆分与细化，而直播活动执行模型与要点、直播开场技巧、粉丝互动方法、收尾核心思路，正是对直播活动实施与执行模块的延展。

8.3.1 执行模型与注意事项

常规直播活动通常较随意，要么对着摄像头聊天（如室内直播），要么进行计算机屏幕分享（如游戏直播等），这类直播活动以主播的随机应变能力为主，但企业为了达到营销预期目标，还必须关注重点细节，并进行专门的开场、互动、结束等设计与演练。

1. 直播活动执行模型

直播活动执行环节需紧扣营销目的，而营销目的需要围绕效果预期来设定，直播活动的执行模型见表 8-3，直播活动执行就是将企业营销目的友好地植入开场、过程、收尾环节，达到预期的效果。

表 8-3　直播活动执行模型

执行环节	开场	过程	收尾
营销目的	获取感知	提升兴趣	促成接受
效果预期	快速引入	产生沉浸	引发留恋

在直播活动执行层面，需要利用开场让观众第一时间了解直播内容、形式、组织者等信息；过程中既使观众对直播本身产生兴趣，又使观众对直播所倡导的理念、推荐的产品提升兴趣；好的收尾具有画龙点睛的作用，让观众接受企业产品、

喜欢企业品牌，在其他媒体平台也会继续追随。从效果预期角度继续设计执行模型，需在第一时间将观众引入直播场景；利用过程中的内容与互动，让观众喜欢本场直播、在直播间停留；最后收尾时，让观众产生依依不舍的感觉，发出“产品不错，我要买一个”等感慨。

2. 直播重点与注意事项

网络直播完全即时地呈现在观众面前，它不是一次生硬的演讲，一场好的直播活动需要做到两方面的平衡：一是前期策划，主播需要按照策划好的流程与台词完成直播；二是观众互动，主播需要友好地引导网友参与直播环节。在直播活动中，特别需要注意下述事项。

(1) 反复强调营销重点。对于一台晚会或一场球赛，现场观众在开始前就已落座，重点部分只需在开场点明即可，但网络直播随时都有新人进入，主播需在直播过程中反复强调营销的重点内容（见表 8-4）。

表 8-4　　直播中的营销重点

类别	营销重点
介绍	主播介绍、主办单位介绍、现场嘉宾介绍、产品介绍等
关注	引导关注直播间、微信公众号、微博等
销售	现场特价产品、观众专属商品、近期促销政策等
品牌	邀请点赞、邀请转发、邀请点评等

(2) 增加互动，减少自娱自乐。在直播过程中，观众会将自身感受通过弹幕发送出来，且希望主播予以回应。只顾自己侃侃而谈，不与网友及时互动的主播往往不被观众所接受。直播新人往往过于关注计划好的直播安排，生硬地结束子话题进入新话题。实际上，几乎没有百分之百按照规划完成的直播活动，任何直播都需要在既定计划的基础上随机应变。为了带领观众跟随自己进入直播环节，主播需要多利用过渡性语言引导，如“时间有限，我们再挑选 3 条弹幕问题进行回复吧！3 条之后，我们一起进入下一个环节。”

(3) 注意节奏，防止被打扰。网友弹幕不可控制，部分观众可能对主播做出指责或批评，如果主播过于关注负面评价就会影响整体的直播状态，主播必须注意直播节奏，有选择性地与网友互动：对于表扬或点赞，主播可以积极回应；对于善意的建议，主播可以酌情采纳；对于正面的批评，主播可以幽默化解或坦荡认错；对于恶意谩骂，主播可以不予理会，特别需要避免与部分观众现场争执而拖延直播进度。

8.3.2 直播活动开场技巧

无论企业数字新媒体团队设计了多么丰富的直播内容，倘若没有好的开场，所有的策划工作都可能劳而无功，为此，直播开场至关重要。

1. 直播开场设计要素

开场是直播留给观众的第一印象，观众进入直播间后，会在 1 分钟之内判断直播是否有趣、主持人是否幽默，并决定是否离开。平淡无奇甚至让人厌恶的开场通常会让网友立即关闭页面，直播活动的开场设计需要从五个层面出发。

(1) 引发观众兴趣。直播开场的观众来源分为两部分：一是粉丝通过直播开始前微博、微信等自媒体平台宣传，点击链接来到直播间；二是在该直播平台随意浏览的网友，看到有趣的直播会点击进入，主播需要利用语言、道具、音乐等充分调动观众的观赏积极性。

（2）促进观众推荐。前期宣传及平台流量带来的观众是有限的，甚至部分观众会因为临时有事、网络故障等情况而退出。在开场时，主播需要主动引导观众邀请自己的朋友加入直播间，促进直播间的持续火爆。

（3）带入直播场景。观看一场直播，观众所处的周边环境各不相同，有的正在办公室里加班，有的在赶往飞机场的路上。主播需要利用开场，在第一时间就将不同环境下的观众带入直播所需的场景中。

【课堂讨论】

为了使观众迅速进入直播场景，主播需要在开场时提到场景关键词，如美食直播的主持人在开场时常用的关键词包括“好吃”“解馋”“色香味俱全”“流口水”“饥肠辘辘”等。请试着列出以下直播在开场时需要提及的关键词：

✓ 深圳华强北街头采访。

✓ 火锅店开业直播。

✓ 手机新品发布会直播。

✓ 电影发行前点映直播。

（4）渗透营销目的。在开场时，主播可以在三部分进行营销目的渗透：将企业广告语、产品名称、销售口号等穿插植入台词中；充分利用现场道具（产品、旗帜、玩具、吉祥物等）对企业品牌进行展示；提前声明利他的营销信息（特价产品、独家链接等），促成销售。

（5）平台资源支持。各大直播平台通常会配备运营人员，对资源位置进行监控与设置。资源位置包括首页轮转图、看点推荐、新人主播等。除事先购买广告位置的资源位置外，一部分资源位置会安排给当日直播表现好、口碑佳的直播间，为此，利用开场迅速积累人气并引导互动，会带来良好的资源位置。

2. 直播活动开场形式

开场是整场直播活动的开始，其重要作用就是奠定基调，使观众观看直播时处于直播设定的环境氛围中。常见的直播活动开场包括以下六种形式。

（1）直白介绍。主持人可在开场时直接告诉观众直播相关信息，包括主持人介绍、主办公司简介、直播话题介绍、直播大约时长等，抽奖等较为吸引人的环节也可以在开场中提前介绍，促进观众留存。

［举例］某 3 人篮球赛决赛直播，开场设置：“大家好！欢迎来到由××公司赞助的户外篮球直播，我是主持人××。现在我们正在北京市工人体育场，为大家带来大约一个半小时的直播。比赛马上就要开始了，会有 8 支 3 人篮球队参与，先获得 15 分者就算胜出。在比赛结束后，我们会邀请冠军球队在直播间抽取 3 位幸运观众，你们将获得由××公司提供的篮球服一套。欢迎大家持续关注。”

（2）提出问题。开场提问是制造参与感的较好方法，不仅可以引导观众思考与直播相关的问题，也可以让主播更快地了解本次观众所处地区、爱好、对于本次直播期望等基本情况。

［举例］某心理研究分享直播，开场设置：“大家好，欢迎来到××的直播间！

不知道大家有没有遇到过一些奇怪的事情，比如你不坐公交车的时候经常会遇到公交车，你去坐公交车等的时候它又不来了……如果你遇到过这些事儿，不妨在弹幕里打一个‘1’告诉我。类似的事情，你还遇到过哪些呢？大家也可以在弹幕发出来，咱们一起看看还有多少这样的事情。”

（3）抛出数据。数据是最有说服力的，直播主持人可以将本次直播要素中的关键数据提炼出来，在开场时直接展示给观众。特别是专业性较强的直播活动可以充分利用数据开场，第一时间令观众信服。

［举例］某理财直播，开场设置：“欢迎大家来到我们的直播间！今天要和大家聊的是基金理财。不少人都遇到这样的情况：每个月工资 5 000 多元、生活花销 4 000 多元，按理说年底能攒下万把块钱，可是到了年底却发现自己没攒下什么钱；实际上，每月拿出 500 元～1 000 元去购买一些基金理财产品，你完全有可能在工作五六年的时候，靠理财理出人生中的第一个 10 万元。同样的工作、同样都干了 5 年，账户里的资金却是 0 元和 1 000 000 元的区别。具体怎么做？大家可以关注我们的这次直播。”

（4）故事开场。相对于枯燥的介绍分析，故事更容易让不同年龄段、不同教育层次的观众产生兴趣。通过一个开场故事带领听众进入直播所需场景，能更好地展开下一步环节。

［举例］某公益活动直播，开场设置：“欢迎大家来到我们的直播间！有这样一个唯美的故事，一个生命垂危的病人从房间里看见窗外的一棵树，在秋风中树叶一片片掉落下来。病人望着眼前的萧萧落叶，身体一天不如一天。她说：‘当树叶掉光时，我也要死了。’一位画家得知后，用彩笔画了一片叶脉青翠的树叶挂在树枝上。最后一片叶子始终没掉下来，只因为生命中的这片绿，病人竟奇迹般地活了下来。今天我们要做的这次公益活动，也是要去帮助一些孩子，帮他们挂上一片一片的树叶，让他们看到希望。”

（5）道具开场。主持人可以借助道具辅助开场，开场道具包括企业产品、热门卡通人物、标语、场景工具等，其中，场景工具可以根据直播内容而定，知识分享直播可以借助书籍作为场景工具。

［举例］某户外旅行直播，开场设置：“大家上午好！我现在正在动物乐园为大家带来这场直播。我刚才路过小羊、小狗的住处，现在来到了鸽子乐园。哇，你看，好多鸽子围着我啊！来，我们把摄像头对着这只可爱的鸽子，让鸽子和我们直播间的观众打个招呼吧！”

（6）借助热点。参与直播的观众普遍对于互联网上的热门事件和热门词汇有所了解，直播开场时，主持人可以借助热点拉近与观众之间的心理距离。

［举例］某美食直播，开场设置：“大家好！这两天有条新闻特别火：美国鲤鱼泛滥，破坏了当地水域生物链。为解决鲤鱼泛滥的问题，美国自然资源部悬赏 100 万美元寻求解决之道。有中国网友感慨：‘很简单，吃呗！’那么，鲤鱼怎么做才更好吃，而且更有营养呢？今天我就来教大家一种鲤鱼的新做法。”

【课堂讨论】

学校义工联计划举办一场直播，在网上进行图书义卖活动，所有义卖收入捐给希望小学。作为直播主持人，你认为以上六种开场形式中，哪些适合本次直播？应该如何设计话术？

8.3.3 直播互动玩法

与传统电视直播相比，互联网直播更具参与感。观众可以发弹幕与主持人互动，参与评论或者质疑，主持人根据弹幕内容做出回应，具有互动性的直播会使观众留存率提升。

1. 直播互动四象限

直播活动中的互动由发起和奖励两个要素组成，其中，发起方决定了互动的参与形式与玩法，奖励则直接影响互动的效果，直播活动的互动分类见图 8-2。

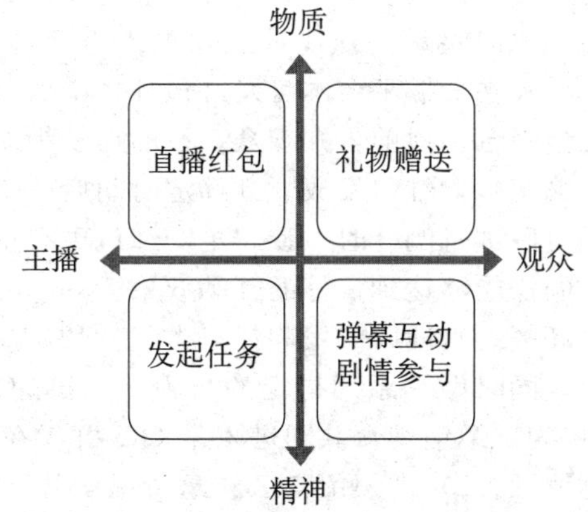

图 8-2　直播活动互动分类象限图

图中所示的横轴为发起轴、纵轴为奖励轴，分隔出四个象限：第一象限，即观众通过直播平台的礼物系统送给主播礼物，礼物形式根据平台而定，包括“游艇”“玫瑰”等；第二象限，通常由主播现场赠送红包或抽奖后快递寄送等价礼物；第三象限，主播可以在直播中邀请观众一起完成某项任务后，统一授予称号、截图感谢或口头念出观众名字予以感谢；第四象限，在直播中通过弹幕参与讨论、参与直播发展都代表观众对主播或主办方的支持，良性的参与及互动对直播活动大有裨益。

2. 直播互动五玩法

在互联网环境下，主播与观众的紧密互动能够调动观众的参与热情，提升企业品牌关注度，常见的直播互动包括弹幕互动、剧情参与、直播红包、发起任务、礼物赠送。

（1）弹幕互动。弹幕，即大量以字幕弹出形式显示的评论，在屏幕上飘过时所有参与直播的观众都可以看到。目前，直播弹幕包括两类：第一类是网友相互间的评论，如“给刚才这条弹幕点赞”等，主播对这类弹幕无须处理；第二类是网友与主播之间的互动，如“一会儿该抽奖了吧，主播”等，这类弹幕需要主播与其及时互动，幽默地回应网友的质疑或详细地帮助网友解答相关问题。

2016 年 7 月 11 日，原创视频博主 papi 酱直播首秀，直播现场约 2 000 万人在线观看，不断涌来的网友甚至一度造成直播间服务器瘫痪。这场直播的火热不仅基于 papi 酱的前期积累与推广，也归功于 papi 酱的全程互动。根据网友的提问，papi 酱分享了自己的毕业季、大学生活、家庭生活等，她甚至应网友要求展示了“北京瘫”，直播弹幕瞬间被刷屏，互动气氛一度达到高潮。

（2）剧情参与。主播可邀请网友参与策划直播下一步的呈现方式，多见于户外直播。这类互动能使观众充分发挥创意，令直播更有趣，也可以让被采纳建议者获得足够的认可。

2015 年 4 月，宝洁旗下男士沐浴品牌 Old Spice（欧仕派）在游戏直播平台 Twitch 上发起了一个不同寻常的参与剧情式直播：一个人将在野外丛林里生活三天，其行为完全由用户控制。就像打游戏一样，用户通过聊天输入按键控制人物下一步动作，然后统计所有用户选择，票数最高的动作就会成为这个人的下一步行动。

（3）直播红包。为了聚集人气，主播可以利用第三方平台，进行红包发放或者等价礼品发放，与更多的观众进行互动。直播红包发放具有以下几步：第一步，约定时间。主播可以告诉观众“20:00 我们准时发出红包”，一方面通知在场观众抢红包时间，另一方面暗示观众邀请朋友加入直播等待红包，促进直播人气。第二步，平台说明。除在直播平台本身发红包外，主播可以选择支付宝、微信、微博等平台作为抢红包平台，提前告知观众，目的在于为站外平台引流，便于直播结束后的效果发酵。第三步，红包发放。到约定时间后，主播或其他工作人员在相应平台发红包。主播可以进行倒计时，让“抢”红包更有氛围。除红包外，主播可以用礼物回馈观众，同样能够达到良好的互动效果。

（4）发起任务。直播中的发起任务类似“快闪”活动，即在一个指定的板块，在相同的时间，同时做一系列指定的行为然后迅速离开。直播中可以发起的任务有：1）建群快闪。邀请观众共同进入某 QQ 群，在群内喊出自己不敢说的话，直播结束后此群解散。2）占领留言区。邀请观众共同在某论坛的帖子下方或微信公众号评论区留言。3）晒出同步动作。号召粉丝一起做出相同的动作，随后大家分别晒在社交网站等。

2016 年初，宜家联合 Skype 进行了发起任务式互动：3 月 21 日起连续 5 天晚间，部分英国用户的 Skype 上会弹出活动广告，邀请他们参加宜家的“护照挑战”。倒计时开始后，参与者有 30 秒迅速找到护照，并回到摄像头前拿着护照合影。在 30 秒内找到护照的人，即那些证明了自己重要文件收纳能力的人，将获得一次价值 450 英镑的旅行机会。没有在规定时间内找到护照的人，宜家会赠送一个收纳盒。

（5）礼物赠送。在直播中，观众出于对主播的喜爱，会进行礼物赠送或打赏，“感谢打赏”已经成为各大直播平台默认的规矩，对打赏无动于衷的主播，会被观众打上“没礼貌”的标签。在以营销为目的的直播中，主播形象与企业形象挂钩，当有观众送上“跑车”等礼物时，主播需要第一时间予以感谢。

8.3.4 直播收尾核心思路

直播结束后的营销效果取决于收尾的引导程度。直播结束时的核心思路，就是将直播间产生的观众流量引向销售平台、自媒体平台和粉丝平台三个方向，相对应的收尾方式如下。

1. 销售转化

流量引导至销售平台，收尾即引导进入官方网址或网店，促进购买与转化。通常留在直播间直到结束的观众，对直播都比较感兴趣。对于这部分网友，主播可以充当售前顾问的角色，在收尾时引导观众购买产品。但需注意，销售转化要有利他性，能够帮观众省钱或帮观众抢到供不应求的产品，否则，植入太过生硬的广告只会引来观众的弹幕。

［举例］某电商平台直播，收尾设置："感谢大家来到我们的直播间！直播结束后，大家可以找到我们的在线客服，告诉她一段暗语，她就会引导你以 9 折的价格买到我们的爆款 U 盘，作为今天直播间的小福利。这段暗语是××，大家千万别打错字了啊！拜拜了各位！"

2. 引导关注

流量引导至自媒体平台，收尾即引导关注自媒体账号。在直播结束时，主播可将企业的自媒体账号及关注方式告诉观众，以便直播后继续向观众传达企业信息。

［举例］某商场开业直播，收尾设置："今天的直播就到这里，欢迎大家关注我们的微信公众号××，以后最新的打折和新品信息都会通过这个公众号发出来。关注后回复'惊喜'两个字，你会获得一张 50 元代金券。记得告诉你的亲戚朋友，一起省钱啦！再次感谢大家！"

3. 邀请报名

流量引导至粉丝平台，收尾即邀请粉丝加入平台。在同场直播中积极互动的网友，通常比其他网友较易与主播或主办单位"玩"起来，也更容易参加后续直播，在直播收尾时，邀请此类观众入群，通过运营该群，逐渐将直播观众转化成忠实粉丝。

［举例］某鸭脖厂商直播，收尾设置："这次直播就到这里，如果大家喜欢啃鸭脖，也喜欢和我们的小团队一起玩接下来的直播，可以添加我们的微信群小助手，她会拉你入群，她的微信号是××。与今晚一样，我们会在每周五晚 20:00 在群里发红包，同时也会邀请群里的小伙伴试吃新品，每年还会邀请群里的小伙伴来我们湖北参观。一起来玩吧！"

8.4 直播营销传播与发酵

完整的直播活动包括传播与发酵，当主播与观众告别后，直播相关工作并未结束，企业新媒体团队需要在直播网站外的微博、微信、论坛等平台继续宣传，将直播效果放大。

8.4.1 传播计划与粉丝维护

直播结束后，企业数字新媒体团队为了维护粉丝，可以对直播进行图片、文字、视频等多维度传播，这就需要拟定传播计划以保证传播的有效性和目的性。

1. 直播传播计划拟定

直播活动的传播计划包括确定目标、选择形式、组合媒体。目标确定是直播后续传播的基础，直播传播的目标通常包括增加产品销量、提升产品知名度、提升产品美誉度、促进品牌忠诚度等，直播传播的目标应与企业整体市场营销目标相互匹配。目前，较为常见的传播包括视频、软文、表情包，这三种形式可以独立推广也可以任意组合。不同的传播形式所需求的媒体平台各不相同（见表 8－5）。

表 8-5 不同传播形式下的媒体组合

传播形式	媒体组合	媒体示例
视频	自媒体+视频平台	官方微博、微信公众号、优酷等
软文	媒体+论坛	虎嗅网、36 氪、知乎、百度贴吧等
表情包	自媒体+社群	官方微博、微信公众号、微信群、QQ 群等

完成上述直播活动传播思路整理后，企业数字新媒体团队需要将直播后期传播工作细化到人、精确到时间进行整体推进，直播营销的传播计划才可以开始执行。

2. 直播粉丝维护方法

观看同场直播有共同体验的观众更容易与主办单位或主播长期互动。直播结束后，运营者可以定期维护粉丝群体，通过策划线上活动、分享最新信息、邀请直播参与、专属线下活动四种方式，实现"观众→粉丝→客户→忠实客户"的变化。以上方式根据粉丝程度逐层递进：首先，在粉丝社群刚成立时，企业数字新媒体团队主要通过策划一系列线上活动制造熟悉感；其次，企业数字新媒体团队可以定期在群内分享专属信息，让群内粉丝优先得到最新的折扣、促销信息；再次，逐步邀请粉丝一起参与下一场直播，良好的参与感是粉丝对社群产生好感的前提条件；最后，定期发起线下活动，让线上聊天变成线下互动。

（1）策划线上活动。与线下活动不同，线上活动不会受到地点、天气等限制，发起更为便捷，运营者可以将线上活动作为常规性活动定期举办。

（2）分享最新信息。企业直播粉丝群要营造好玩、有趣的氛围，但与此同时，运营者也需将企业相关信息友好地分享在群内。企业对外发布的广告、购买提示等，尽量不要直接发到群里，否则粉丝群逐渐会演变为广告群，群成员的参与度将逐渐降低；相反，群外网友无法第一时间获取的最新资讯，可以定期在群内分享，促进群成员好感。可分享的信息包括专属折扣链接、爆款产品提前购、企业红包口令等。

（3）邀请直播参与。激发直播粉丝群参与感的最佳方式是邀请群友共同加入下一次直播中，这样既可以缓解企业运营压力，从粉丝群发现设计、文案、推广等人才，又可以让粉丝得到充分的尊荣感，更愿意在下一场直播中自觉扮演"自己人"的角色，主动参与到直播宣传、直播现场秩序维护中。运营者可以邀请粉丝参与很多直播环节见表 8-6。

表 8-6 不同直播环节可参与的项目

直播环节	群友可参与项目
直播筹备	选题探讨、场地选取、文案策划、图片设计、主持人票选等
直播进行	直播间互动、线下助威等
结束发酵	微博转发、朋友圈分享、论坛传播、视频网站推广等

（4）专属线下活动。面对面交流容易产生更多的思想碰撞，企业数字新媒体团队可以组织粉丝线下聚会，借机邀请粉丝试用新品、反馈建议、回馈粉丝，增加粉丝归属感与参与感。例如：从 2011 年开始，小米公司每年年终都会组织一场盛大的"爆米花年度盛典"，把陪伴小米一同成长的"米粉"们从全国各地请到北京。这场"爆米花年度盛典"就好像一场晚会，小米公司的所有创始人和团队主管都会亲临现场，与"米粉"们聚在一起拍照、玩游戏，还可以吃到专门为活动定制的爆米花。

8.4.2　直播视频剪辑与传播

在线直播只能在规定时间内参与，未及时参加的网友无法在直播后了解直播的内容与理念。目前，网民的浏览需求已经由“无图无真相”过渡到“无视频无真相”，为此，直播结束后，企业数字新媒体团队需要将直播内容进行整理并推送到其他平台。

1. 思路确定

企业数字新媒体团队需要在视频传播前敲定视频编辑思路，以便进行相应的实施与推广。直播活动后的视频传播有三种思路：(1) 全程录播。时间较短（30 分钟内）且全程安排紧凑的直播，可以采用全程录播的制作思路，将直播全程录像作为视频主体，利用片头与片尾对直播名称、参与人员等进行简要文字介绍。(2) 浓缩摘要。时间超过 30 分钟且存在大量等候内容的直播，可以采用浓缩摘要的思路，录制旁白作为直播摘要或解读，整体与电视新闻相似。(3) 片段截取。整体特色不明显仅部分有趣的直播，可以采用片段截取的视频制作思路，仅截取与拼接直播中“好玩”“温暖”或“有意义”的片段，其他片段不予处理。

2. 视频制作上传

目前，操作简便的视频制作软件众多，PC 端的直播视频可以利用格式工厂、爱剪辑、会声会影等软件实现剪辑、格式转换等功能；手机视频可以使用美拍大师、快手等软件直接编辑，具体使用方法可以在软件官网查看并进行学习与操作。视频制作完成后，可以上传至爱奇艺、腾讯视频等视频网站便于网友浏览。视频上传之前，需要阅读网站上传注意事项，特别是网站对视频大小、视频时长、视频格式、视频清晰度、视频二维码等内容的限制，防止因违反网站规定而无法上传或审核不通过。

3. 视频推广

为使直播活动效果持续发酵需要进行视频推广，网友主要通过视频网站推荐、主动搜索、自媒体平台推送三种途径浏览互联网视频，针对视频的推广也需围绕这些途径开展。

(1) 视频网站推荐。视频网站首页、内页通常有推荐栏目。为了增加视频浏览量，运营负责人需要与视频网站充分沟通，了解推荐规则，按照推荐规则优化视频并提交视频推荐申请。

(2) 提升主动搜索流量。网友通常会在搜索引擎网站（百度、搜狗、360 搜索等）或视频网站搜索关键词，获取希望看到的内容。排名靠前的视频会获得更多的点击量，为了让网友搜索关键词时能够发现企业的直播视频，企业数字新媒体团队需要对视频文字进行优化，将关键词植入视频标题、视频描述等文字内容中。

(3) 自媒体平台推广。企业直播活动需要与自媒体平台相结合，一方面利用直播宣传企业微博、微信公众号等；同时，企业在直播后利用自媒体平台推广直播视频，便于未参加直播的平台粉丝了解直播内容。

8.4.3　直播软文撰写技巧

企业营销部门通常会在重要活动（发布会、周年庆、促销节等）后进行媒体宣传，包括电视报道、报纸宣传、网络新闻等。在互动性更强的数字新媒体时代，网友可选择性加强，通过软文将活动细节以网友感兴趣的形式呈现，更有助于提升企业品牌的曝光量。

1. 行业资讯

行业资讯类软文常见于严肃性主题（新闻发布会、媒体推介会等）直播后的推广，主要面向关注行业动态的人群。通过行业资讯，将直播活动以“本行业最新事件”“业内大事”等形式发布于互联网的媒体平台，吸引业内人士关注，请扫描图8-3二维码示例。

2. 观点提炼

观点提炼类软文需要提炼直播核心观点并撰写成文。软文中可以提炼的核心观点包括企业新科技、创始人新思想、团队新动作等，请扫描图8-4二维码示例。

3. 主播经历

主播经历类软文是以主播第一人称角度对直播进行回顾，文章更有温度，更容易拉近与读者之间的距离。在主播文章中植入企业核心信息，可以更有效地将核心内容传递给读者，请扫描图8-5二维码示例。

4. 观众体验

观众体验类软文完全以第三方语气讲述一场直播。由于和主办方、主播都没有关系，因此文章撰写可以更随意、更博人眼球，请扫描图8-6二维码示例。

5. 运营心得

运营心得类软文是从组织者的角度分享一场直播幕后的故事，主要面向直播从业人员及相关企业策划人员，文章可以在知乎、策划交流网站等平台发表与推广，请扫描图8-7二维码示例。

图8-3 行业资讯示例

图8-4 观点提炼示例

图8-5 主播经历示例

图8-6 观众体验示例

图8-7 运营心得示例

8.4.4 直播表情包制作步骤

表情包，即通过趣味图片（包括明星、动漫、影视截图等）加上相匹配的文字，用来表达特定情绪的一种形式。在直播活动中，有趣的图片也可以通过截图的形式保存下来，配上文字成为直播经典表情包。

1. 发现截取表情

直播活动结束后，在整场活动视频中遇到合适的表情，可以记录位置，便于统一制作表情。通常可用作表情包的直播表情有经典同步型、夸张表情型、动作表情型。

（1）经典同步型。互联网上已经有广为流传的表情，如微信表情、暴走漫画表情等，直播中与经典表情同步的表情可以作为表情包素材（见图 8-8）。

图 8-8　经典同步表情

（2）夸张表情型。当直播参与者无意中出现“皱眉”“噘嘴”等面部表情时，可以标记并保存。2016 年里约奥运会女子 100 米仰泳半决赛，中国选手傅园慧接受采访后，以傅园慧为原型的夸张型表情包在微博走红（见图 8-9）。

（3）动作表情型。直播中的人物动作可以作为人物情绪的体现，尤其是与台词、口语或流行语相关的动作可以保存作为表情包素材（见图 8-10）。

图 8-9　夸张表情

图 8-10　动作表情

制作表情包时，对静态图片表情及动态表情的截取方法不同。截取静态图片可以直接将视频暂停，并使用 QQ 截图等辅助工具获取相应表情；制作动态表情可以借助 QQ 影音等工具截取。

2. 添加文字与使用

静态表情图片可直接打开 Photoshop，新增图层并添加文字即可。动态表情图在 Photoshop 里以图层形式出现，每一帧即一个图层，点击“创建新图层”，选中新建的图层并添加文字。企业名称、品牌名称等可以水印的形式，增加在图片一角。

直播表情包制作完成后，直播活动负责人需要将直播表情进行推广，推广平台包括：企业自媒体，如企业官方微博、微信公众号等；官方群组，如粉丝群等，由管理员带动在聊天中应用表情包；表情包开放平台，如微信、QQ 等，引导陌生网友查看与使用表情。

8.5 直播营销复盘与提升

“复盘”一词最早应用于股市，指股市收盘后利用静态数据浏览市场全貌，总结股市情况，以便对下一步操作做出更好判断。为了持续提升营销效果，企业直播营销活动结束后通常也需要进行复盘，总结经验教训，为下次更好的直播营销活动效果提供参考。

8.5.1 直播复盘核心思路

对于超预期的直播活动，企业数字新媒体团队需要分析各环节的经验，将有效的经验应用于下次直播；对于未达到预期的直播活动，企业数字新媒体团队也需要总结失误之处并思考改善方式，避免在后续直播活动中反复出现相同或类似的失误。直播营销复盘的核心包括数据分析与经验总结两部分：数据分析主要是利用客观数据进行复盘分析，经验总结则是在主观层面对直播过程进行剖析与总结。

1. 数据分析

进行直播复盘，需要从数据层面着手：第一，将品牌口碑数据与直播目的中的产品进行对比，分析直播是否有效传递了产品理念，让观众对产品感兴趣、对产品优势有所了解。第二，将目标用户比例与直播目的中的用户进行对比，分析直播是否精准地覆盖用户，吸引目标用户进入直播间。第三，将效果数据与直播预期目标进行对比，分析直播是否实现了新品销售目标、店铺利润目标或软件下载目标等。

2. 经验总结

数据分析与总结仅体现了直播的客观效果，而流程设置、团队协作、主播台词等主观层面内容无法用数据获取，需要企业数字新媒体团队通过个人、团队讨论等方式总结并整理结果，为后续直播营销提供参考。

【课堂讨论】

某手机创业品牌的直播目标是当晚销售 3 000 台手机，直播结束后销售 500 台手机，同时微博晒单好评超过 800 人。请同学们讨论：本次直播营销是否实现了企业的直播目标？

8.5.2 复盘指标数据分析

直播数据分析包括品牌口碑效果分析、目标用户比例分析、直播效果数据分析。单纯的直播数据分析只是片面地对结果进行总结，但直播营销还需要将数据结果与预期目的进行比较。

1. 品牌口碑效果分析

在直播活动策划前，企业数字新媒体团队已提炼出直播中出现的产品特色与卖点，而在直播结束后，企业数字新媒体团队可以利用百度指数、大众点评星级、相关问答数量等数据，检验直播对于产品品牌与口碑的效果。

（1）百度指数。百度指数是以百度海量网民行为数据为基础的数据分享平台，借助百度指数可以研究关键词搜索趋势、洞察网民兴趣需求、监测舆情动向、定位受众特征。百度指数体现了网民的搜索数据，在针对某款产品的直播活动结束后，如果百度指数曲线出现大幅上涨，说明本次直播活动对产品宣传有效。

（2）新浪微指数。新浪微指数是基于微博用户行为数据、采用科学计算方法统计得出的反映不同事件领域发展状况的指数。百度指数展示的是网民对某事件或某品牌的搜索热度，而新浪微指数展示了网民对某事件或某品牌的讨论热度。

（3）微信指数。微信指数需要在微信手机客户端查询。在微信最上方的搜索窗口输入“微信指数”并点击“搜索”按钮，即可在搜索结果页面中出现“微信指数”进入指数首页。在微信指数搜索企业名称、创始人姓名、产品名称等，就可以查询相关指数情况。微信指数是微信官方提供的基于微信大数据分析的移动端指数，其计算范围不只包括微信搜索数据，还包含公众号文章及朋友圈公开转发的文章，因此，微信指数可以更为综合地显示一家企业或一款产品的口碑情况。

（4）头条热度指数。头条热度指数是根据今日头条热度指数模型，将用户的阅读、分享评论等行为的数量加权求和，得出相应的事件、文章或关键词的热度值。在展示中，以小时或天为单位绘制成趋势图，表现出热度随时间的变化情况。

（5）大众点评。线下服务行业（如饭店、美发店、酒店、电影院等）的品牌口碑情况，通常可以借助大众点评的星级数据进行分析，企业数字新媒体团队可以统计直播前后的大众点评星级分值计算直播效果。需要强调，如果企业计划通过直播提升大众点评的口碑星级，那么就需要在直播过程中设计台词，引导网友前往对应的大众点评店铺进行评价。

（6）问答。一场有效的直播在结束后，通常会继续吸引对产品感兴趣的网友在互联网中进行讨论。特别是科技类新产品发布会结束后，网友会在百度知道、知乎等渠道提问了解关于产品的更多信息，为此，企业数字新媒体团队需要在各类问答类网站进行广泛搜索，统计发布会后网友的提问数量及回答质量。

2. 目标用户比例分析

个人直播仅关注直播人气即可，参与直播的观众越多越好；而企业需要借助直播实现营销目的，需要关注的不只是参与人数，更重要的是观众的精准度及有效性。企业数字新媒体团队可以通过自媒体互动数据分析、页面浏览数据分析、问卷抽查数据分析，综合计算直播渠道数据并分析渠道推广效果。

（1）自媒体互动数据分析。微博、微信等平台在粉丝关注后可以直接推送一条自动回复的欢迎词，直播开始前，可以提前在“被添加自动回复”功能处设置关键词，友好地引导粉丝回复其来源渠道。直播结束后24小时内，统计后台回复数据，企业数字新媒体团队就可以分析得出更有效果的直播平台及更精准的推广渠道。

（2）页面浏览数据分析。网站或网店通常都具有页面浏览数据统计功能。进入网站或网店后马上退出的用户，往往对企业产品不感兴趣，这类用户并不是企业的目标用户；进入网站后浏览页面并翻看其他页面的用户，可认定其对企业或对某款产品感兴趣，这类用户是企业营销活动所期望获取的目标用户。在进行页面浏览数据分析时，主要关注“访问时长”数据。某一时间段内，所有访问时长大于5秒的访客数量除以访问总数，即可得出精准用户的大致比例，比例越大，说明访客有效性或精准度越高。

（3）问卷抽查数据分析。借助问卷工具抽查调研方法适用于直播结束后建立粉丝社群的企业。企业数字新媒体团队可以在设计问卷后发在粉丝群，对粉丝来源渠道、最感兴趣的直播环节等进行调研。为了增加粉丝填写数量，增强问卷调研的有效性，企业数字新媒体团队可以利用红包、积分或礼物等形式鼓励更多粉丝参与。

3. 直播效果数据分析

企业数字新媒体团队要将直播转化情况与营销目标做比较，直播转化情况根据行业特点及营销目标而定，可以是销售数量、下单比例、成交比例、咨询数量、下载/安装/注册数量等。

（1）销售数量。以提升网店销量为目的的直播，可以通过店铺后台的下单数量观察直播效果。一场有效的直播，在直播期间及直播后的发酵期会有明显的销量提升。

（2）下单比例。统计方法为店铺当日下单人数除以当日浏览人数。如果店铺浏览人数激增而下单人数较少，说明直播向网店引流的目的已经达到，但是页面吸引程度不够等原因导致下单人数少，后续则需要重点提升网店页面设计水准。

（3）成交比例。统计方法为店铺当日付款人数除以当日下单人数。如果下单人数多而成交比例小，说明店铺支付功能可能存在问题，后续需要改进支付功能或更换销售平台。

（4）咨询数量。传统教育、工业设备等行业通常不在线直接成交，仅通过互联网咨询达成初步意向，随后在线下实现销售。这类行业可以综合直播期间，以及直播后的 QQ 咨询数量、网站咨询数量、微信咨询数量等各渠道整体咨询数据，分析得出直播的咨询转化率。

（5）下载/安装/注册数量。信息行业的营销目标有时为游戏下载数量、软件安装数量、新用户注册数量等，对此类数字进行前后对比，可计算出直播对下载/安装/注册数量的贡献。

【课堂讨论】

某企业在直播后统计了店铺浏览人数、下单人数、成交人数（见表 8-7），请同学们讨论：影响直播的主要因素是页面设计、在线客服台词还是其他因素？

表 8-7　　某企业店铺数据统计

统计指标	数据
浏览人数（人）	32 000
下单人数（人）	8 800
成交人数（人）	200

8.5.3 直播经验总结技巧

直播的客观结果可以通过挖掘对应的数据，并对照直播前的营销目标获得，但台词、道具、协作等方面的经验通过数据无法获取，只能通过企业数字新媒体团队的内部总结形成。直播活动管理属于现场管理，可以参考“人、机、料、法、环”鱼骨图（见图 8-11）进行全面总结。

鱼骨图是一种透过现象看本质的分析方法。问题特性总是受到某些因素的影响，通过头脑风暴法找出这些因素，并将它们与特性值一起，按照相互关联性整理成层次分明、条理清楚、标识清晰的图形就是鱼骨图，采用鱼骨图对直播活动的总结如下：

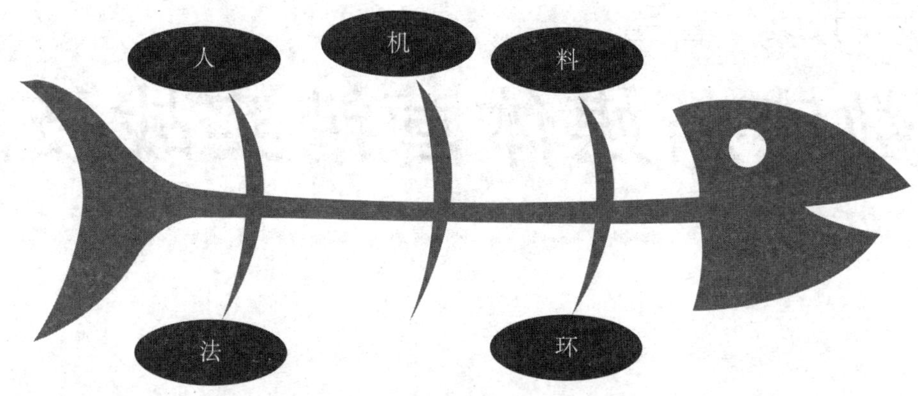

图8-11　直播活动鱼骨图分析方法

(1) 人。在团队协作过程中，不同性格的团队成员会呈现不同的做事风格。作为完整的团队，需要将成员优势充分发挥、成员劣势尽量避免，在团队沟通环节尽量减少人为失误。在总结过程中，除了要对企业数字新媒体团队成员进行总结外，对主播、嘉宾等也需要展开总结。

(2) 机。数字新媒体团队需要对直播硬件设施，即对场地的布置、直播手机的性能、电池的耐用程度、道具的尺寸设计等进行讨论与总结。

(3) 料。直播活动不涉及原材料或半成品加工，此处的"料"主要指直播台词、直播环节设置、直播互动玩法、直播开场与收尾方法等提前设计好的内容。虽然这些内容已经提前设计好，但是需要总结内容是否有效发挥、有无未考虑到的环节而导致现场混乱等。

(4) 法。数字新媒体团队需要对直播前的方案正文等各类资料进行总结，尤其是重新评估项目指导方案是否具有实际指导价值、项目跟进表是否有效引导团队成员进行直播相关运作等。

(5) 环。新媒体团队对直播环境的总结主要是针对现场声音清晰度、灯光亮度、现场屏幕流畅度等方面进行讨论与回顾。此外，还需要在直播网站进行环境评估，特别是直播现场画面在网页及移动端的适配程度。

上述五类因素分析结束后，能够形成诸多回顾与总结，随后需要按照经验、教训、问题、方法进行归类与整理。只有不断总结、汲取经验，才有可能使每次直播都不断优化与提升。

本章小结

通过阅读本章内容，读者将领会直播与直播营销的内涵，了解网络直播发展历史，熟悉直播营销整体思路；学习在前期策划与筹备过程中，直播营销方案制定、直播宣传与引流及软硬件测试方法；掌握中期实施与执行时期，直播开场技巧、互动玩法与收尾思路；具备后期视频、软文、表情包传播基本技能；明晰直播后续阶段，营销数据分析流程与直播效果提升手段。直播行业现仍处于高速发展阶段，新平台不停涌现、新规则陆续调整、新玩法持续升级，只有在实践中不断磨砺，才能有所积累。

第9章 数字新媒体营销实战技能

学前提示

新媒体营销内容是关键，新鲜、炫酷和有趣的内容更受用户欢迎，这就对企业提出全新的挑战。本章主要介绍企业在营销实践中的新媒体基本操作技能，通过本章学习，需要了解数字新媒体技术发展历程与平台策略，掌握数字新媒体静态与动态效果开发方法与技能，熟悉新媒体应用小工具，能够借助适当的媒体平台推动，实现更有效的数字新媒体运营效果。

案例导入

C位出道，PP体育让世界杯好看更好玩

作为最具全球影响力的超级IP，每届世界杯都是各内容平台全力争抢的流量蛋糕。2018年世界杯与往届最大的变化，就是内容竞争的焦点已经越来越多地从PC端向移动端转移。在众多内容平台竞争中，PP体育依托自身足球基因，充分发挥内容和视频优势，打通线上线下，使用最优质的资源满足用户全场景及多维度世界杯需求，将俄罗斯世界杯升级为一场全民参与的足球狂欢，引爆了一场全场景足球盛宴。

✓ 打造全新互联网体育服务平台

基于体育赛事特性及用户需求变化，PP体育不断打造除直播外第二落点的综合能力，致力为用户提供集海量信息、内容定制、社交分享、游戏互动、体育消费于一体的互联网体育服务平台。世界杯期间，PP体育前方报道团队和后方编辑运营团队持续深耕内容，最大限度地满足用户对世界杯的多维度观赛需求。

PP体育与体坛传媒派出近百人前方报道团，为后方输送了大量内容素材，在决赛

前 PP 体育对克罗地亚的两位核心球员莫德里奇和曼朱基奇进行了独家专访。依托头部足球版权资源，PP 体育产出世界杯参赛球员名单《736 将》短视频，推出 200 余人的自媒体创作者矩阵，包括明星大咖、资深媒体人记者、草根写手，日均产出 800 篇文章，全方位解读世界杯，为 PP 体育提供更有深度和宽度的内容报道。本届世界杯 PP 体育通过图文资讯、短视频、自媒体、社区等方式，不断丰富内容矩阵，由此前的体育视频直播平台转变为体育媒体平台，期望为用户提供最专业、最优质的内容服务。

✓ 多种玩法让用户和品牌积极参与

PP 体育通过技术升级，在世界杯期间为用户带来更多互动玩法，通过竞猜活动及服务等，向用户呈现多种世界杯参与方式，突破观看赛事局限，开启从“看”到“玩”世界杯的全新体验时代。PP 体育重磅推出 2 亿元总奖金的世界杯球星集卡活动，这款整合营销产品不仅打通了 PP 体育自身内容、社区、运营等业务，还打通了苏宁集团的苏宁易购、苏宁金融、PP 视频等各个产业，真正实现了多产业联动。

世界杯期间，频频刷屏的还有 PP 体育即时推出的创意海报（见图 9－1）。PP 体育凭借领先的互联网内容生产能力，以智能化为基础，使用海报为 PP 体育带来了品牌的好感度与黏性。

图 9－1　PP 体育创意海报

PP 体育制作“我是场上第 12 人”等多款趣味性和互动性极强的 H5，以更新颖的场景化形式，增加用户对世界杯的参与度，吸引用户参与世界杯球星卡收集活动（见图 9－2）。

图 9－2　“我是场上第 12 人”H5

✓ 强档自制引爆多元内容矩阵

世界杯期间，PP 体育以内容为王，以体育为根本，立足运动项目的特性，剖析、借鉴综艺节目制作手法，面向体育细分用户的同时兼顾大众用户，PP 体育为各形态球迷打造了不一样的世界杯。PP 体育和江苏卫视台网联动，打造了现象级的体育综艺自制节目《足球解说大会》，让体育综艺首次在体育专业性与大众娱乐性上进行高度融合，获得了较高收视率。

PP 体育多档自制节目让人们重新看到了体育综艺类节目所蕴藏的巨大潜能。世界杯期间，PP 体育接连推出了《世界杯点将台》《世界杯大猜神》等多档体育综艺类节目，将各种成功因素与不同节目有机结合。《足球解说大会》脱颖而出的优秀选手作为解说人才被 PP 体育吸纳，成为平台多元化、个性化的解说人才。《世界杯点将台》等节目在综艺方向的尝试，未来又将反哺赛事直播和节目制作。PP 体育尝试“体育＋综艺”模式，依托 PP 体育和苏宁集团强大平台，整合平台内优质资源，打造出明星学员、体育综艺栏目的内容生产体系，真正实现打造体育服务生态圈的目标。

在世界杯举办的 32 天里，PP 体育月活用户数增长超过 50%，PP 体育社区发帖量同比增长 93%，图文资讯 PV 增长率达到 110%，PP 体育资讯总量同比增长 163%。

凭借打通整个苏宁集团的平台资源，PP 体育联动线上线下，实现全场景覆盖，从资讯获取、短视频、深度内容、多元化自制节目到游戏社交，不断满足用户需求新变化，让用户以多种多样的形式参与到世界杯中来，引爆了一场全民参与的足球狂欢。

9.1 数字新媒体技术发展概述

数字新媒体技术是通过现代计算与通信手段，综合处理文字、声音、图形、图像等，使抽象信息变成可感知、可管理和可交互的技术。数字新媒体信息表现形式复杂，更具视觉冲击力和互动特性。

9.1.1 数字新媒体制作与传播

从专业性质来看，数字新媒体技术涉及信息获取、处理、存储、管理、安全、输出等流程与方法，基于人机交互、计算机图形和显示等技术的虚拟现实技术现广泛应用于娱乐、广播、展示与教育等领域。

1. 数字新媒体制作技术

数字新媒体发展超越互联网和 IT 行业，技术与艺术并重，成为全产业未来发展的驱动力和不可或缺的能量。数字新媒体技术通过影响消费者行为，深刻地影响着各个领域的发展。

（1）数字图像处理。为提高图像质量，从视觉上改善图像效果，将已存在的图像在计算机技术帮助下转换为相应的数字信号进行处理，常用软件包括：1）Adobe Photoshop。可以处理以像素所构成的数字图像，也为图形和 Web 设计、摄影及视频提供必不可少的新功能。2）Adobe Illustrator。专业矢量绘图工具，功能强大，界面友好，可与 Photoshop 实现良好兼容，在专业领域优势明显。3）CorelDRAW。操作较 Illustrator 简单，界面设计友好，空间广阔，操作细致，广泛应用于商标设计、标志制作、插图描画等诸多领域。

在移动互联网时代，对于非专业制作人员，手机端图像处理软件发展迅猛，除公认的专业级图像处理工具 Photoshop 开发手机版之外，诸如美图秀秀、光影魔术手、360 相机等，都是口碑较好的图像处理工具，界面风格简洁，操作直观，即学即用。

（2）音频制作工具。常用的音频文件有 wav、midi、mp3、wma 及 mp4 等格式。获取声音方式包括互联网下载、录制语音、从 CD 录取曲目、从视频文件中录取背景音乐、声音格式转换。制作人员可以根据需要可选择适合的软件制作、编辑音频，掌握好一款就可以触类旁通，如 Audition、Camtasia、Studio One 与 Pro Tools 等都具有强大的音频编辑处理功能。

（3）视频编辑工具。常见的视频文件有 avi、wma、rmvb、rm、flv、mp4、mid 及 3gp 等格式。爱剪辑、Camtasia、Adobe Premiere Pro CC 等都是功能完善、容易掌握的视频编辑软件，如视频拉伸、切割、加字幕等功能都易学易用，通过练习均可熟练操作，制作适合网络与移动媒体设备播放的视频类别。

2. 数字新媒体传播技术

数字传播技术为现阶段数字时代的信息交流提供了更为快捷、便利、有效的传播手段，是构建数字新媒体交流与互动服务平台的基础。数字新媒体传播完全遵循信息论通信模式，从通信技术上看，在数字媒体传播模式中，信源和信宿都是计算机，因此，信源和信宿位置可随时互换，这与报纸等传统大众传播相比，发生了深刻变化和革命。数字媒体的理想信道是具有足够带宽、可传输高比特率的高速网络信道。网络信道可以是电话线、光缆或卫星，实现多点间的传播。

在数字新媒体传播中，流媒体是随着网络技术发展而涌现出来的在线媒体传输技术，它运用可变带宽技术，以“流”（stream）形式进行数字媒体传送，使人们可以一边下载一边欣赏高质量音频、视频节目。流媒体系统要比下载播放系统复杂得多，需要将网络通信、数字媒体数据采集、压缩、存储以及传输技术很好地结合在一起，才能确保用户在复杂的网络环境下也能得到较稳定的播放质量。

9.1.2 数字新媒体商业运营方式

在社会分层日趋多元化、传播对象日益分众化的时代背景下，技术创新和发展带来了目不暇接的数字新媒体形式和终端。广告是传统的媒体模式，针对数字新媒体而言，诸如内容产品、二次销售、平台业务等盈利方式也需要进一步探索拓展。

1. 内容产品盈利

数字新媒体的内容产品盈利是指通过有偿提供内容产品而获得货币收入。目前，互联网主要围绕的是运营、销售、电子商务交易，基于线下消费是互联网的下游市场，即转化市场，因此，促进转化市场不仅仅需要好产品，更需要好的内容。

（1）有偿下载。有偿下载是指用户付出一定货币方可获得所需要内容的下载方式。有偿下载服务一般由数据库或视频服务网站提供：首先，通过自身渠道收集并分类上传相关资料，用户付费后可便捷地查询所需要的相关专业资料，如知网；其次，专业机构提供的调研报告，如艾瑞网等；最后是音乐网站，内容提供商通过受众有偿下载网站上的音乐产品获得收益，如虾米网等。

（2）有偿阅读。有偿阅读是指受众支付一定货币才能获得内容产品的阅读权。受众注册成为会员，通过支付一定货币成为相应级别会员，即可享受该级会员享受的所有权利，如中国经济信息网等，内容提供方通过网络插件实现对受众阅读权限的控制。

（3）有偿观看。提供视频服务的网站采用会员制方式实现收益。付费成为会员后，受众可以选择在线观看、下载内容提供商提供的成套影视片或其他视频内容。

（4）有偿参与。此类盈利模式主要适用于网络游戏，属于体验式消费。游戏商开发出游戏后，通过出售点卡的方式向用户收取相应货币，或者游戏商通过开发游戏装备等相关产品获得盈利。

2. 数字新媒体二次销售

数字新媒体二次销售是指媒体通过内容产品凝聚相当数量的受众资源后，吸引广告主向媒体投放广告。在媒体运作中，一次销售为二次销售奠定良好基础，而二次销售获得收益可促进内容产品的改善和升级。基于互联网的数字新媒体二次销售是根据其内容受众的点击率或下载率，通过 IP 验证方式确定有效的受众资源。随着网站数量增加与专业性增强，特别是网络受众消费观念的转变，基于互联网的二次销售将会成为数字新媒体增加盈利的重要途径。

3. 数字新媒体平台获利

平台获利是指数字新媒体搭建平台从事一定的商业活动，从而获得利润的行为。根据平台性质不同，可以分为中介平台和自建平台。中介平台内容产品由平台使用者构建，自建平台由搭建方组织安排内容。平台的提供方或者平台的使用方通过物流获得一定收益。物流对平台的使用通常以电子商务的形式呈现：一是企业与消费者间的电子商务，典型代表为亚马逊；二是企业与企业间的电子商务，典型代表为阿里巴巴；三是消费者与消费者对接的使用方式，平台提供方通过收取一定比例的交易金额作为费用，或者通过吸引一定人气和出售广告资源的方式获利，典型代表为闲鱼、转转等二手交易网。

4. 数字新媒体增值服务

数字新媒体增值服务是指基于数字媒体平台，在不影响主业运营业务的同时，向受众提供有偿服务的方式。增值服务根据数字媒体的类属不同，增值方式也不尽相同：第一，道具。道具是数字媒体运营商为生存在媒体上的虚拟形象开发的一类商品，如网络游戏商在提供网络游戏的同时，也向玩家提供一些品牌作为道具。第二，定向服务。数字媒体运营商根据自身服务内容、用户需要有目的地向特定用户提供特定的服务，如天气信息、即时新闻。

数字新媒体的出现给传统媒体带来了挑战，但也为传统媒体发展提供了新技术支持。就数字新媒体发展而言，可以通过与传统媒体的融合来获得一定收益。从众多数字新媒体的盈利模式可以看出，数字新媒体已经出现规模经济和范围经济的同步增长。随着新媒体模式的持续更新和新技术的不断运用，新媒体盈利模式也会随之变化，但其盈利的根本仍然依存于内容、平台、衍生产品等诸多方面。

9.1.3 数字新媒体技术平台策略

数字新媒体不仅是各种媒体形态、传播形式、媒介方式的叠加式整合，还是打破其边界和壁垒的互入式融合。要成为激荡澎湃的数字新媒体大潮弄潮儿，不但要有勇立潮头、敢闯敢试的勇气，更要有乘风破浪、得当运营的策略。

1. 围绕资源打造优势平台

在数字新媒体时代，数字技术、网络技术和传播技术的融合发展带来内容形式、传输渠道、传播方式的多样发展和信息生产、消费的爆炸式增长。技术进步突破了各种媒介间的界限，内容、渠道、终端各方关联度加深，并使相互间产生了更高的耦合性要求。由于传播渠道和接收终端的丰富，媒介消费碎片化和随机化特性逐步固化和凸显，平均每个用户增长对业务增长的拉动作用明显钝化，一味通过细分来满足用户偏好，或者瞄准现有市场用户群落以提供不同营销组合的市场策略效用锐减，媒体要想保持业务和收入的持续增长，需要整合代表潜在需求的受众需求，通过合并梳理细分市场。

面对新媒体时代的竞争新态势和新规则，媒体再不能继续以拥有内容或者控制渠道自得自满，而应该全力打造包括内容生产平台、业务运行平台、客户服务平台、决策管理平台和网络支撑平台的数字媒体综合运营平台。数字新媒体间的竞争是平台之争，媒体运营商不可或缺的是打造平台经济的战略思维，这种思维要求利用数字新媒体运营平台提供的支撑环境和市场机制，构筑一个多接口的数字化开放型系统，将社会上的内容生产组织、机构、企业吸附到这个系统中来，形成紧密型的产业运营联盟。

2. 优化生态注重产业协同

任何产业运营都离不开产业价值链的有效支撑，只有通过对内容、服务、市场、技术等多方面具有关联性和互补性的产业进行整合，打造出紧密合作、优势互补、利益同享、风险共担的产业链条，数字新媒体才能作为产业形态运营，并在市场上实现其服务和价值。数字新媒体运营商要深入思考产业价值链上每个环节的协调性和互联性，提高对用户需求的响应速度，减少价值链上非增值环节的时间占用和资金耗费，思考链上资源的优化配置和利用，增进协同配合、互动联动，才能更有效满足日益个性化的用户需求。

在数字新媒体驱动下，传媒产业链条迅速延伸和发展。伴随新业务和新媒体雨后春笋般涌现，整个传媒产业链已经由传统“内容供应商→内容消费者”单向垂直的线性封闭链条，演变成以数字媒体运营商为核心，网络平台供应商、内容供应商、终端供应商、应用开发商、用户等上中下游共同组成的立体网状开放链条。处于核心位置的数字新媒体运营商连接各方需求，沟通多方市场，不仅要做好自身建设，还要积极介入网络、内容、终端应用服务市场的培育，培养有利于自身发展的生态环境。

3. 打造通路提升服务质量

在数字新媒体运营模式下，前端生产链条融合，后端传播链条分化，海量媒体产品汇合再分流给多类终端，由用户自己进行个性化配置。数字媒体产品和服务的市场价值能否得到实现，在更大程度上取决于用户，为此，数字新媒体运营的核心是争取用户，深度挖掘用户价值。数字新媒体运营商要充分利用现有媒体资源，通过提供多种方式和多种层次的个性化聚合服务，满足用户细分需求，使用户获得更加及时、更多角度、更多听觉和视觉满足的媒体体验。

在数字新媒体时代，产品构成更加复杂、产业流程更加细化、技术难度不断增加，数字新媒体运营商要打通媒体之间的边界，使传媒获得更大市场，实现规模经济基础上更好的效益；通过增值业务的发展带动品牌延伸和衍生产品发展，为用户提供更多超值的增值服务和消费回报，增强媒体黏度；通过用户资源、服务资源的共享共用、互联互通来连接多元化的利益群体，锁定更多的用户群体，使用户对媒介产品的单一依赖转变为一种对生活方式和社会身份认知的依赖，从而不断提升数字媒体的核心价值。

9.2 数字新媒体静态效果开发技能

身处读图时代，作为视觉化呈现的重要一环，图片的重要性不言而喻，而优秀的文字处理与简洁的数据表单分析，可以使文章结构清晰、逻辑顺畅、优雅美观，便于用户快速扫读，让阅读成为一种享受。

9.2.1 数字新媒体图像处理

对于新媒体运营者而言，Photoshop 属于专业图片编辑工具，当用户对清晰度及 gif 动图编辑要求较高时，需要熟练掌握其功能。现阶段，各种图片处理工具很多，美图秀秀是大众普遍使用的修图工具，简单易学、操作方便，特别受到年轻群体的欢迎。

1. 文章封面图

封面图是进入读者视线的第一张图，图片搜索是制作封面图的必备技能。通过互联网进行图片搜索时，需要找到无版权、可商用的高清图片。

（1）搜索高清无版权图片。版权图片通常指经过图片的著作权持有人，即创作图片作者或机构授权，可用于商业、出版、展览等用途的图像作品。常规搜图可以通过搜索引擎，不仅搜索图片内容精准度与丰富度较高，还可以配合网站以图识图功能，大大提升搜索图片的效率；此外，运营者还可尝试在专业图片网站进行搜索，如 Gratisography、摄图网、freeimages 等高清图片类网站，图片无版权限制，可以用作商业用途。运营者需要注意，免费下载、可作商用的素材均禁止出租、转售、分割、注册商标等违反站方版权协议，违反当地法律法规的行为。

（2）制作封面图。不同平台对封面图的要求各不相同，通过搜索找到的图片通常适合各平台封面图格式要求，但高清图片往往会遇到文件过大以及尺寸不合适的问题。先进行图片尺寸裁剪、再进行图片压缩是较为合理的制图步骤。创客贴是一款极简的在线平面设计工具，只要计算机处于联网状态即可使用。

创客贴图片模板按照使用场景进行划分，如社交媒体、广告印刷、工作、生活等，每个类别又以不同平台的图片尺寸要求进行细分。单击图片场景，即可进入图片设计页面。

步骤 1：挑选模板。运营者可以选择合适模板套用，置顶模板根据时间节点等情况及时更新。由于模板素材没有对行业、时间节点、适用范围等维度进行分类，在挑选技巧上可以将模板根据背景图、文字、线条等元素进行拆分以更好地匹配查找。

步骤 2：元素修改。选好模板后，分别单击文字、线条、背景、图案图标等元素，可以对其颜色、透明度、样式等做出相应修改（见图 9－3）。

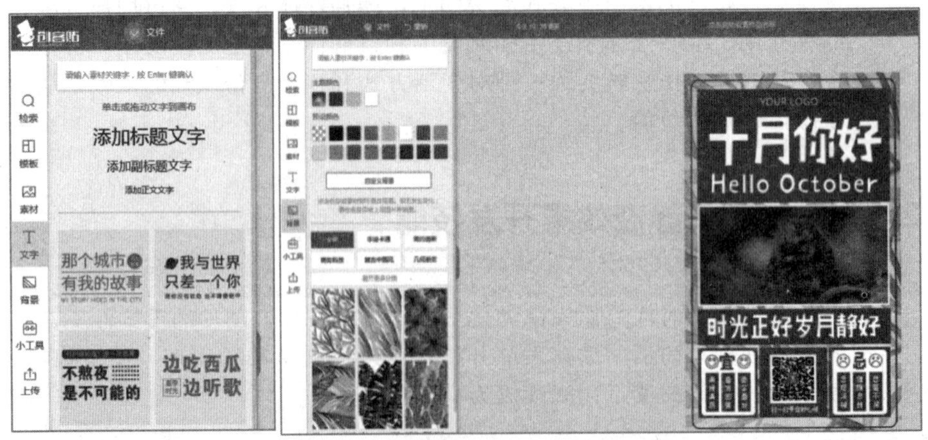

图 9－3　创客贴文字、背景元素修改界面

在图案图标中存在两种图像形式：1）位图，又称点阵图像，是由一个个像素点产生的。当放大图像时，颜色单一的像素点也被放大，位图会出现马赛克状。2）矢量图，根据几何特性，使用线段和曲线描述图像，可以自由无限制地重新组合。矢量图形与分辨率无关，将它缩放到任意大小和以任意分辨率在输出设备上打印出来，都不会影响清晰度。

步骤 3：预览及保存分享。图片设计完成后，可以对封面图进行预览，若无须修改则单击“保存/分享”并同时生成链接，可分享至各社交平台或发送到指定邮箱。

【实战训练】

学生科技社团下周将举办学院市场营销竞技对抗赛，需要在比赛前通过微信公众号发布通知，呼吁各班级踊跃报名。请使用创客贴为这条信息制作一张封面图。

2. 信息长图

信息图由来已久，新闻编辑经常使用信息图对一则新闻事件的来龙去脉进行解读。随着移动端用户量的增加，普通信息图已经不能满足手机屏幕尺寸的阅读方式，信息图渐渐演变成信息长图。创客贴同样具备设计信息长图的功能：（1）小图并接方案。参考上述封面图设计方法，使用创客贴进行多个单张图片设计，使用拼接功能获得并接后的长图。（2）直接设计长图。使用创客贴模板，进入模板设计页面，如前所述，依次选择模板、修改文字及图表，制作完成后点击下载高清图片。

由于创客贴对图表的可编辑空间不大，可以使用百度图说工具制作图表上传至创客贴。运营者根据数据性质选择不同的图表样式：折线图适合表现趋势；柱状图适合表现对比；饼图适合表现比例；地图适合表现地域；散点图适合表现相关性；雷达图适合表现全貌；漏斗图适合表现递进与对比；仪表盘适合表现指数，其数据编辑格式及功能与 Excel 操作类似并支持 Excel 的数据表格导入。

【实战训练】

请制作一张信息长图，介绍三本书。封面文字为“好书推荐”，内容至少包括三本书的基本信息如书名、封面、梗概等，封底文字为制作者姓名及制作日期。

3. 九宫格图

常规的九宫格图由 9 个方格组成，借用 9 个方格之间的关系，可以在海报设计及社交媒体配图设计方面发挥更多创意。当前，手机端设计海报能满足社交媒体便捷需要，功能强大、素材丰富的图片类应用可以让海报设计更加便捷与美观，如美图旗下针对海报风格照片处理的应用——海报工厂，除了九宫格图还能够制作多类型拼图。

以微博、微信朋友圈为代表的社交平台，均对配图数量进行了不超过 9 张的限制，这种限制却可以发挥更多图片创意，如将完整图片平均分割成九张小图，形成别具一格的配图方式（见图 9－4）。九格切图软件适用于在手机端发布九宫格图，使用应用打开一张图片，软件自动将图片切割为 9 张图，单击“保存/分享”，将自动按顺序进行编码并保存到手机相册（见图 9－5）。使用相册编辑功能，把目标图片裁剪为 1∶1 方图，发布九宫格图时，按照顺序选择 9 张图，并用目标图片 1∶1 方图替换掉 9 张小图即可。

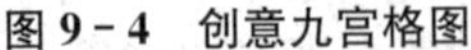

图 9-4 创意九宫格图

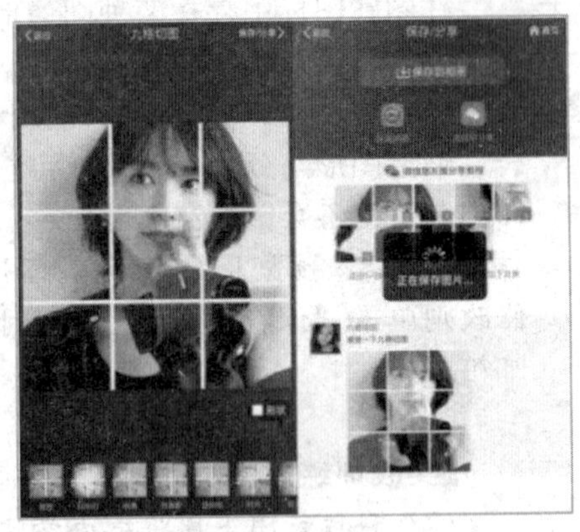

图 9-5 九格切图制作创意九宫格图

美图秀秀适用于在电脑端发布九宫格图。在软件顶部选择“九格切图”，选择一张图片，切图后单击“保存到本地”按钮。在弹出窗口中，按照从左到右、从上到下的顺序命名保存 9 张被分割成小图的图片（见图 9-6）。对目标图片进行 1∶1 裁剪得到目标方图，发布时依次选择 9 张小图，并用目标方图替换掉九宫格中的小图。

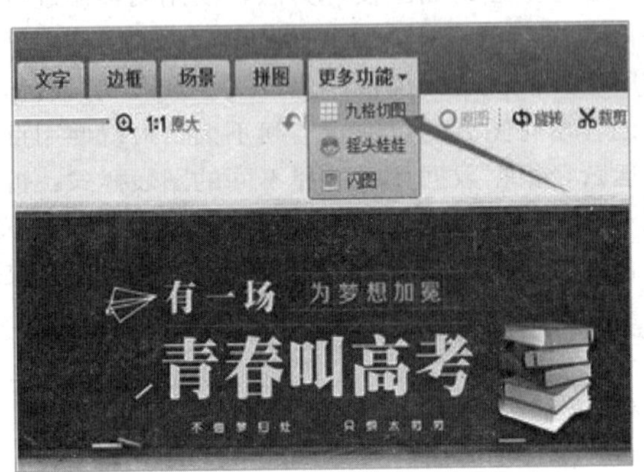

图 9-6 电脑端美图秀秀切割九宫格图

动态创意九宫格图在前述静态切割九宫格图的基础上，发挥创意作用，利用社交平台增加了图像动态效果，其呈现形式是预览为完整图片，单击每张图后变成一张长图或另一张图。以美图秀秀为例，阐述动态创意九宫格图的制作步骤。

步骤 1：切图。打开美图秀秀软件，在“更多功能”中单击“九格切图”，打开目标图片，自动切图后单击“保存到本地”保存 9 张切图，得到编号从 0 到 8 共 9 张图。

步骤 2：小图拼接。使用拼图模块下的图片拼接功能，拼接图片时可以选择任意奇数张图片，封面放在中间，如拼接五张图，将切割的小图放在第三个位置。

步骤 3：导出长图。参照以上步骤，分别对 9 张小图拼接、导出长图，并按照小图序号进行保存。发布动态创意九宫格图时，按照序号依次选择即可。

新媒体配图讲究简明有力、创意优美，将选题、灵感和画面完美结合。随着新媒体运营者对平台的了解和创意的施展，九宫格配图技巧也将变得更加丰富。

9.2.2 数字新媒体文字处理

文字是社交媒体内容的核心，排版则是内容呈现不可或缺的部分。用户除了关注内容质量外，更看重阅读体验。Office 软件是最基本、最常用的文字处理软件，对数字新媒体运营策划者来说，熟练掌握 Office 软件是职业必备基本要求。各种平台文字编辑方法与 Office 软件类似，下面以微信为例，阐述文字排版步骤。

1. 公众号文字基础排版

微信排版目的在于呈现内容，便于读者理解，即遵循基础排版规则，将文字以舒服、自然的状态呈现在读者面前即可。微信基础排版内容包括颜色、字号、行间距、段间距、字间距、页边距、文字链等。

√ 颜色。纯黑色字体相较于白色屏幕会形成强烈的对比冲突，反差太强显得刺眼，造成阅读体验不佳，因此，正文字体颜色尽量不用纯黑色（＃000000），而使用灰色较为适宜。

√ 字号。不同品牌手机屏幕尺寸不同，从视觉效果上看，字号大小会影响阅读体验。在微信编辑器内，常用字号为 14 号、16 号，15 号没有显示在字号选择区，可手动输入。

√ 行间距。由于默认行间距在手机上显示的文字上行与下行较为拥挤，可以将行间距设置为 1.5 倍或 1.75 倍，视觉体验更佳。

√ 段间距。段间距是上下段之间的距离，包括段前距和段后距。当字号为 15 时，正文段前距或段后距设置为 10 或 15 时较为明显，阅读体验较好。

√ 字间距。字间距是字与字之间的距离，微信自带编辑器并不支持对字间距进行直接编辑，需要类似于秀米等第三方编辑器编辑后复制至微信编辑后台。

√ 页边距。页边距是文字两端与屏幕边缘之间的距离。使用秀米工具进行图文排版操作时，将数值设置为 10～15 时较为适宜。

√ 文字链。文字链是以文字呈现的内容链接形式，单击文字实现链接跳转。从呈现效果上看，文字链比传统链接更简洁、更高效，可避免文字与长串网址混乱排版，实现文字链需如下代码：＜a href＝" 链接" ＞文字＜/a＞。文字链代码适用范围包括关注自动回复、消息自动回复、关键词自动回复、微信公众号与粉丝对话等界面。

2. 公众号文字优化排版

基于微信排版规则，可对文字排版进行适当优化，目的在于：(1) 突出品牌形象。统一使用独特排版，让粉丝产生亲切感，熟悉品牌风格。(2) 促进转化。好的文字排版重点突出，辅助内容能引导读者做出关注、转发、点赞、购买等相应动作。常见的文字排版优化内容包括顶部关注、底部引导、文字强调等。

√ 顶部关注。打开微信文章直接看到大量文字，容易让读者产生阅读压力，为使其得到缓解，可在文字顶端增加引导关注的图片或文字，友好提醒读者首先关注公众号，再向下延伸阅读（见图 9－7）。

√ 底部引导。与顶部关注类似，如果文章结束后直接收尾，会使微信文章太过突兀，因此需要在底部进行动作引导，包括提醒阅读原文、引导相关阅读等（见图 9－8）。

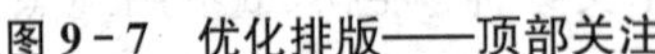

图 9－7 优化排版——顶部关注

图 9－8 优化排版——底部引导

✓ 文字强调。由于用户阅读微信文章的场景各不相同，需将文章中用于强调的文字突出显示，便于读者快速找到重点（见图 9－9）。常用文字强调方法包括加粗、变色、加文字框、加下划线等。

需要特别注意的是，经过优化排版会让读者阅读舒适，但过度排版会适得其反，引起读者反感，诸如过多运用动态背景吸引用户注意而忽略正文、文字颜色超过三种、阅读重点不突出、公众号风格不定、整体形象无法呈现、使用编辑器样式过于繁杂，这些情况应予以避免。

创意云文字是一种文字的呈现形式，以图形化排版表达某个概念或形象。创意云文字由文字与图形组成，文字是围绕表现主题展开的关键词，云文字中的字词对信息描述越详细越能突出表达主题；图形是以主题为核心的相关图片，包括形象照片、地图、标识等。文字与图形在表达内容和形象展示上互相补充、相得益彰，形成新型的文字处理技巧（见图 9－10）。

图 9－9 优化排版——文字强调

图 9－10 创意云文字

Tagul 是制作创意云文字的工具之一，可直接注册使用。Tagul 自定义功能丰富，进入网站注册并登录，单击"Create new word cloud"按钮进入制作页面，依次按照提示就可以创建所需的云文字。

3. 公众号文章整体排版

在微信公众号文章中，常常会插入与文字内容相关的图片、音频、视频等，在微信后台上传图片时遇到的常见问题与解决方式如下：（1）图片超过5MB不能上传。解决方法：使用QQ截图压缩图片。（2）图片不符合微信平台要求格式时无法上传。解决方法：通过美图看看实现格式转换。（3）正文信息长图推送被严重压缩，导致无法看清。解决方法：将长图切割成若干小图，使用秀米无缝拼接功能。（4）图片过多、篇幅较长，造成全文阅读体验不佳。解决方法：使用i排版等工具，实现固定区域滑动看图。

在微信公众平台素材编辑窗口右侧，运营者可以直接单击添加视频、音频，视频可以自行上传（大小不超过20MB，时长不超过10小时），也可以复制视频网址（但仅限腾讯视频）并添加；音频需要自行上传，要求大小不超过30MB，时长不超过30分钟，每篇图文消息只能添加一条音频。在公众号文章内部插入音频和视频排版方面，虽然微信后台编辑器提供了简单的添加方式，但内容美化不足，可以通过135编辑器等第三方排版工具，轻松实现对音乐和视频内容的美化，最后在微信后台进行粘贴使用。

【实战训练】

请编辑一篇文章，介绍你的学校，内容与素材可以参考学校官方网站。要求包括校园景观图片（包含无缝拼接长图、固定区域滑动图）、与大学相关的励志歌曲。

9.2.3　数字新媒体表单处理

数字新媒体表单是以新媒体为基础呈现的表单形式。与纸质表单及传统网络问卷相比，数字新媒体表单更适用于在微博、微信等平台传播，借助传播平台开放接口，可以使数据更加精准、数据分析更加多样化。

1. 表单结构与工具应用

调查问卷与投票是数字新媒体平台常见的表单形式，作为有目的的研究实践活动，表单设计质量的高低直接影响调查结果的准确性。表单结构分为表头、内容、结尾三部分，设计表单时需要关注表单设计主题与通过表单要获取的信息，并将其贯穿于表单结构中。

（1）表头：背景简要说明。表头作用体现在介绍表单的项目背景，表明收集表单意图，初步筛选填写表单的人群，以节省沟通时间，提升收集效率。

表头包括标题与导语两部分。标题遵循明确、简洁原则，在调查对象收到表单时，一定要让其了解表单设计主题，如调查问卷、招新报名等。导语内容撰写顺序如下：表单设计者身份介绍→表单目的介绍→填写说明→研究用途说明→表单设计者称呼和调查周期。如果填写内容涉及隐私，为打消填写者疑虑，还需保证信息不会泄露，展示表单设计者的研究素养。

（2）内容：上下逻辑清晰。问卷表单要为研究目的服务，问卷表单容量和填写者的时间均有限，理想问卷设计应通过最少的问题获取最多的研究信息。问卷表单的研究目的抽象、宏观，但设计问卷则需创造性地设计问题，问卷表单设计结构应循序渐进、板块化，通过具体提问将研究目的进行微观层的细致分解。

（3）结尾：留下联系方式并感谢。在问卷表单结尾，一定要对调查对象表示感谢。如果需要在后期追踪调查，则应设计在最后的收尾部分，降低调查对象的戒备心，调查者必须开诚布公地留下联系方式，再要求对方留下自己的联系方式。

表单设计完成后，先进行检查，斟酌每个问题提出目的是否紧扣问卷表单需求。调查者可以进行小范围内的预调研，这样做的目的在于发现形式上的错误，避免思维固化，进一步从内容到形式完善问卷。

【实战训练】

假如你是一家书店新媒体负责人，打算邀请进店的顾客参与满意度调查。请列出本次调查的表头、内容、结尾部分的文字内容。

制作表单问卷的工具有麦客网、金数据、问卷网、孤鹿等。其中，问卷网的优点是可以添加抽奖和红包等应用，有利于表单自传播；而与传统表单网站相比，孤鹿更专注于社群，进行平台发布、招募会员、管理票务等活动。以麦客网为例，进入网站，点击表单页面右上角的“＋创建表单”绿色按钮，可以选择从零开始创建一个空白表单，也可以进入“模板中心”，根据模板分类和用途，选择平台精心准备的表单模板，按照提示操作帮助用户加快创建表单的速度。

进入麦客网设计表单环节后，有“极简”与“专家”两种编辑模式可选。在极简模式下，通过快速添加和编辑组件，简单调整外观和设置项后就可以完成表单制作；在专家模式下，则有更多挖掘表单的可能，对表单从外观到功能的每处细节都做更详细、深入的设置，制作出功能更为强大的表单。麦客表单都是通过添加组件编辑设计表单内容，对表单外观和提交行为进行调整或设置后就可以发布表单获得访问链接，最后发送用户填写，收集反馈信息。

2. 表单应用场景

随着表单工具的不断完善，表单应用场景也越来越丰富，也让人们的工作效率越来越高。在实际应用中，表单可分为四大应用场景：报名汇总、投票调查、订单打赏、考试测评。

（1）报名汇总。在举办线上线下的活动时，时常需要参与活动对象填写相关报名信息，现在有了在线表单工具，只需设计表单将链接发送给将要来参加活动的对象，让其按照要求填写，就可以轻松收集所需信息了，这样既减少了沟通成本，也节省了时间，更重要的是标准化的表单填写，能够顺利地收集相对完善的信息。报名汇总型表单主要包括以下内容：

√ 表头：××活动报名，报名/会员信息登记；

√ 简介：活动介绍，包括主题、主讲人、时间、地点、人数、宣传海报、会员信息登记介绍等；

√ 内容：姓名、邮箱、联系方式；

√ 结尾：本活动负责人、负责人联系方式、解释权说明。

（2）投票调查。虽然微信后台设置有投票工具，但是微信公众平台工具具有局限性，只能在微信公众号内完成简单投票，无法进行大范围、多样化的投票，此时，通过第三方的表单投票功能可以顺利完成投票活动。投票调查型表单主要包括以下内容：

√ 表头：××调查问卷、××投票活动；

✓ 简介：说明问卷/投票活动背景、活动性质、投票原因、最终目的；

✓ 内容：性别、年龄、地域、其他根据活动需要设置必要的问题、联系方式；

✓ 结尾：致谢。

（3）订单打赏。微信订阅号获得原创标记后就可以开通赞赏功能，但微信赞赏只能针对某篇文章本身，并不能做到个性化赞赏；对于微信小店，需要开店资质，个体交易在不具备这些资质的情况下，开通微信小店进行订单支付并不现实。订单打赏类表单的出现，满足了不同场景下的打赏以及不同需求的订单支付功能。订单打赏型表单主要包括以下内容：

✓ 表头：订单内容、打赏活动对象；

✓ 简介：订单介绍、打赏活动说明；

✓ 内容：务必有图片，将订单内容以实物展示出来（特别是订餐类表单），诱人的图片能有效激发顾客的下单欲望，还应包含订单人姓名、联系方式、地址；

✓ 结尾：其他需求、改进意见。

（4）考试测评。通过问卷网的在线考试系统，可以方便地发起在线考试测评。考试测评适用于内部考核、培训效果测试、招聘考试等。考试测评型表单主要包括以下内容：

✓ 表头：关于考试名称，如“学生会纳新考试”等；

✓ 简介：描述本次考试的答题时间、批改形式、成绩类别等信息；

✓ 内容：依据需要测评的内容，设计判断题、单选题、多选题等，考试结束直接出成绩的考卷通常没有主观题，需要批改打分的问卷，可酌情增加主观问题；

✓ 结尾：填写答题人基本信息并强调填写正确，防止出现没有成绩的情况。

上述场景表单类型的共通之处是：表头要清晰，明确表达整个表单的主题；简介要对表头起到辅助作用，对整体表单起到解释说明的作用。表单设计可以根据具体需求进行调整，调整表单的过程中会涉及各种组件，包括选择型组件、填空型组件、联系人组件等。在线表单通常具备强大的模板工具及个性化修改功能，使用熟练后可以完全自定义空白模板，根据企业实际情况设计，使表单更有针对性。

3. 表单发布与数据分析

缜密的策划与落地制作属于表单的内核，但好的表单不止于此，需要有针对性地发布并获取数据，随后对数据进行梳理分析，常用的表单发布方法如下：

（1）定向发布。如果明确了需要调研的人群，则直接将表单发送给接收者即可。考试测评型与投票调查型表单通常会用到定向发布，如参加某次培训后，讲师可把培训效果调查问卷直接发送给学生。

（2）自媒体推送。企业调查粉丝满意度的表单可利用企业自媒体推送，主要借助三类渠道：在官方网站发布公告，邀请访客单击链接参与调研；利用微信公众号推送，在正文中插入问卷二维码或在阅读原文处设置问卷链接；使用官方微博，发布问卷方式与问卷链接。

（3）社群推广。数字新媒体团队可梳理自建社群及参与的社群，在相关社群内发布表单获取数据，如某大学创业协会需要了解本校学生的创业意愿，可以在创业协会内部、本校毕业生群等推广表单。

（4）论坛求助。在活跃度较高的专业论坛或社区，可以发布帖子进行问卷邀请。部分论坛内自带问卷功能，如果可以满足调研需求的话，可以直接采用自带问卷，与用户数据连接。

（5）活动推广。活动是数字新媒体平台制造参与感的最佳方式，如果希望获得更多用户数据，数字新媒体团队可以发起活动，在填写问卷后直接领取代金券，刺激网友积极参与。

通过表单发布有效获得数据后，表单负责人需要对表单进行数据分析。数据分析围绕两大部分：表单统计的数据及表单填写数据。表单统计数据包括用户性别、针对某问题的投票等，可以在表单网站后台直接查看，也可导出进行 Excel 汇总与分析；表单填写数据是为了总结表单工作，包括平均答题时长、表单浏览量、表单完成率等。表单浏览量过低，说明发布工作需要提升，需要在更多互联网平台推广；表单完成率低，表示表单设计过于复杂；表单填写数据异常，需要在下次设计时有针对性地改善。

9.3 数字新媒体动态效果开发技能

数字新媒体行业每天都有软件更新版本，每周都有平台调整规则，面对日新月异的新媒体环境，新媒体工具学习者必须具备敏感性，及时了解平台迭代规则变化，掌握软件新版本优化后的功能，勤于练习和实践，只有这样才能真正利用新媒体工具实现有效的营销效果。

9.3.1 新媒体音频与视频处理

为了美化并丰富新媒体推送的内容，新媒体编辑可以在内容中加入音频或视频，这不仅是对内容推送的创新，也更加符合受众观看习惯，是满足受众诉求的表现。音频、视频的编辑通常需要借助工具完成，数字新媒体从业者也需要学习如何使用基本软件。

1. 音频与视频下载

数字新媒体中的音频、视频的作用在于：一是解释内容，放置视频能更加形象地阐述活动玩法、奖品设置、评分规则等；二是增强内容表现力，通过视频补充，让读者更快进入情境。

（1）导出微信群语音。由于微信自身语音规则的限制，无法利用微信自带语音功能发送超过 60 秒的课程、歌曲等语音，且语音无法直接下载，需借助辅助工具解决以上问题。

步骤 1：使用手机 USB 线与电脑连接，可在“我的电脑”打开手机文件管理器；点击进入，路径为：/tencet/MicroMsg/，选择数字和英文结合经过加密的长名称文件夹。

步骤 2：选中进入后，选择 voice2 文件夹，即语音文件夹。微信语音放置路径比较混乱，若干个语音放置在不同文件夹中，需打开搜索功能，输入 *.amr 查找语音。

步骤 3：在“修改时间”里按倒序排列，直接找到所需要时间范围的语音，复制存放到本地计算机即可。由于语音格式是 .amr，一般播放器无法播放，可以利用软件工具，如 Cool Edit Pro、格式工厂等将其转化为 mp3 格式，也可以进行多个语音的合并。

【实战训练】

建立至少3人的微信群，每个人在群内用微信语音进行自我介绍，将语音导出并合并。

（2）获取微信文章内的视频链接。微信文章内的视频多数来自腾讯视频，最直接的获取方法是在腾讯视频搜索；若无法检索，可采用浏览器获取。以360浏览器为例，步骤如下。

步骤1：打开图文消息。将视频信息通过电脑端的360浏览器打开，进行访问。

步骤2：查看网页源代码。在网页任意地方右键单击，选择快捷菜单中的“查看网页源代码”或“审查元素”命令，即可进入代码窗口。

步骤3：搜索链接。按下Ctrl＋F组合键进行页面搜索，搜索关键词“v. qq. com”，图9－11选中的代码就是图文消息中的视频链接。

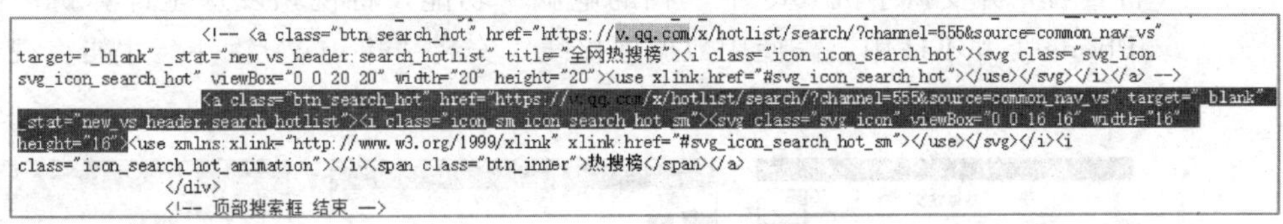

```
            <!-- <a class="btn_search_hot" href="https://v.qq.com/x/hotlist/search/?channel=555&source=common_nav_vs"
target="_blank" _stat="new_vs_header:search_hotlist" title="全网热搜榜"><i class="icon icon_search_hot"><svg class="svg_icon
svg_icon_search_hot" viewBox="0 0 20 20" width="20" height="20"><use xlink:href="#svg_icon_search_hot"></use></svg></i></a> -->
            <a class="btn_search_hot" href="https://v.qq.com/x/hotlist/search/?channel=555&source=common_nav_vs" target="_blank"
_stat="new_vs_header:search_hotlist"><i class="icon_sm icon_search_hot_sm"><svg class="svg_icon" viewBox="0 0 16 16" width="16"
height="16"><use xmlns:xlink="http://www.w3.org/1999/xlink" xlink:href="#svg_icon_search_hot_sm"></use></svg></i><i
class="icon_search_hot_animation"></i><span class="btn_inner">热搜榜</span></a>
        </div>
        <!-- 顶部搜索框 结束 -->
```

图9－11　视频链接标记显示

【实战训练】

搜索一篇包含视频的微信文章，提取视频链接并在新窗口中打开该视频。

（3）导出朋友圈视频至计算机。数字新媒体负责人需要养成随时保存素材的习惯。以安卓手机操作系统为例，将微信朋友圈视频导出至计算机留存备用的方法如下。

步骤1：保存视频。打开朋友圈视频，长按该视频或单击右上角“保存视频”，屏幕下方提示“保存视频”选项，选择该视频立即保存（见图9－12）；进入文件管理界面，可以看到手机保存的视频；进入相册，可看到已保存至相册的视频（见图9－13）。

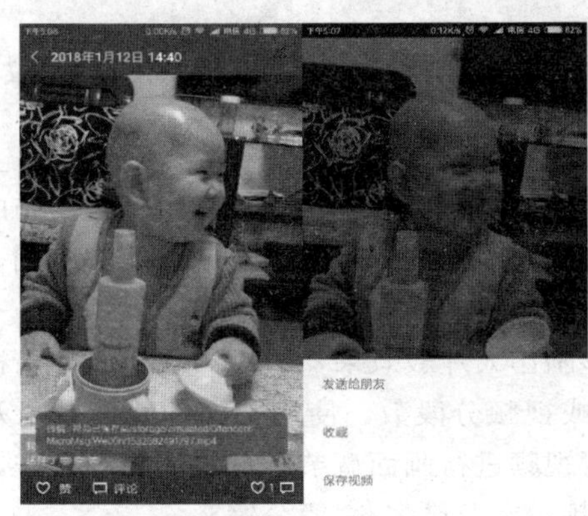

图9－12　微信朋友圈“保存视频”提示信息　　**图9－13　查看已保存视频位置**

步骤2：将视频发送至计算机。在电脑端和手机端同时登录QQ，通过在手机端“我的设备”下点击“我的电脑”，选择视频发送至计算机。

步骤3：保存视频。电脑端接收到视频后，单击右键选择“另存为”，即可将视频导出至计算机希望存储的位置。

（4）保存微博视频至计算机。无论是在移动端还是电脑端，微博都没有直接“保存视频”命令选项，需要借助其他应用，将微博视频保存至计算机的方法如下。

步骤1：复制包含视频的微博链接。在微博应用中，打开包含下载视频的微博，单击微博页面右上角“…”，在下方弹出的界面中单击“复制链接”（见图9-14）。

步骤2：下载视频。打开QQ浏览器，将微博链接粘贴到搜索框中跳转，点击视频观看，右下角有下载按钮“↓”（见图9-15），点击按钮即可完成下载（见图9-16）。

步骤3：查看并导出视频。安卓手机播放完视频后，可以直接在“图库”中进行查看，并支持手机QQ中“我的电脑”功能，将视频发送至计算机；该方法在iPhone上并不适用，需使用数据连接线，安装“iTools”软件，才能将视频导出至本地计算机。

图9-14 “复制链接”按钮

图9-15 “下载”提示

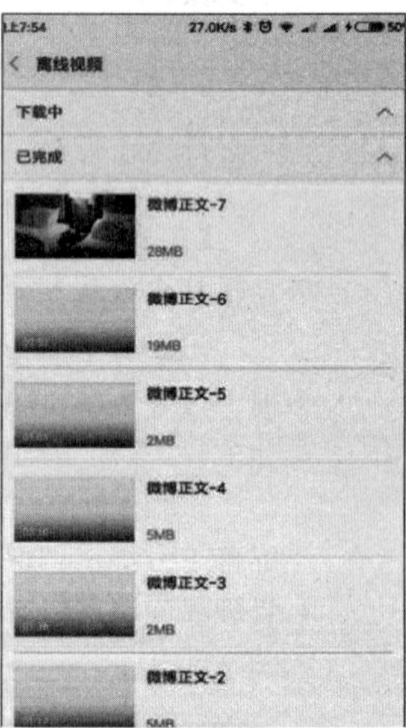

图9-16 已下载文件列表

2. 使用手机制作视频

数字新媒体视频与传统广告视频不同，目标为求快、求新。日常发布的视频完全可以利用手机进行拍摄，手机除自带摄像功能外，还可借助相机类应用，进行更具特色的视频编辑。

（1）VUE软件应用。VUE能够制作大片般效果，通过“从相册导入视频”或“拍摄”添加素材后，可以选择时长或视频分段数，使用不同的滤镜效果及画幅大小达到炫酷效果。拍摄完成后，可对视频进行画面调节、分镜编辑等操作，但可自定义的内容较少，最长支持60秒视频录制及最多60段分镜头。

（2）美拍大师。美拍大师作为美图旗下一款主打视频拍摄及编辑的应用，在滤镜、素材方面比VUE应用更丰富。在美拍大师中，自定义内容包含分段视频的剪辑、动态文字、背景音乐、转场动画、滤镜、字幕等，支持多个平台分享，其丰富的自定义功能让视频创作更加便捷、高效。

(3) 爱剪辑。爱剪辑是国内首款全能免费视频剪辑软件，操作简单、功能强大、符合国人习惯。爱剪辑因滤镜多、视频转场特效多、个性MTV字幕特效、缤纷相框、叠加贴图等多种特性而被广大用户青睐。用户可依据需要选择使用视频编辑工具，需要特别注意，微信公众号后台对推送的视频限制在20MB以内，当大于20MB时，需要通过腾讯视频上传。

(4) Shou手机录屏软件。Shou是免费的手机屏幕录制软件，不仅屏幕高清，支持分辨率修改，对视频录制时长也没有限制。Shou拥有顶级手机游戏、玩家和电子竞技赛事，用户可以通过游戏频道名称实现浏览，还拥有全功能聊天模式，用户可享受创新的浮动聊天，而在计算机端，常用屏幕录制编辑软件有Camtasia Studio，与Shou录制功能类似。

3. 音频与视频格式转换

部分平台对音频与视频格式具有特定要求，必须对原文件格式进行转换，才能顺利发布。格式工厂是一款能对所有主流格式音频、视频进行转换的工具，转换前需下载并安装“格式工厂”于电脑客户端。

(1) 音频格式转换。打开“格式工厂”，单击选择左侧“音频”切换为音频转换方式，选择最终需要的音频文件类型；选择输出格式进入转换窗口，通过“剪辑”按钮设置参数，根据实际需要对时间片段、音频流进行调整；在返回窗口单击“开始”按钮进行转换（见图9-17）；转换完成后右键单击“输出”，在快捷菜单中选择“打开输出文件夹”命令，即可找到转换后文件的存放位置（见图9-18）。

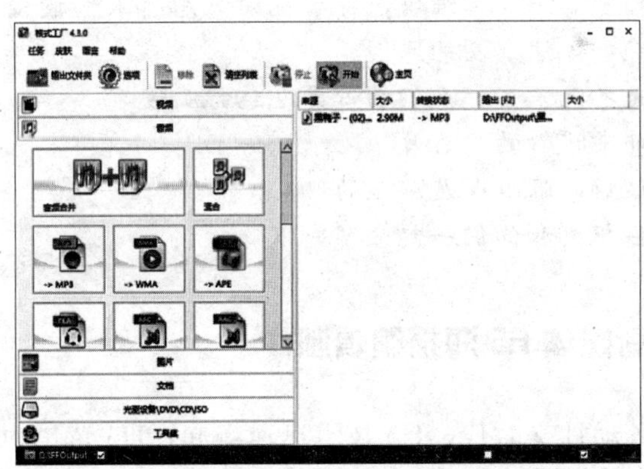

图9-17　“开始”按钮及转换结果

(2) 视频格式转换。与音频格式转换操作类似，选择视频目标转换格式；选择最终输出格式进入转换窗口，单击“添加文件”按钮，根据提示位置选择已有视频文件，单击“确定”后再单击“剪辑”按钮，剪辑开始，也可继续添加视频文件，对多段视频进行合并。

(3) 视频后期处理。Replay是一款专业视频后期处理软件，不仅为用户提供了各种不同的视频滤镜和编辑效果，也允许用户进行文字编辑、复制及删除等操作。用户不仅能插入相应背景音乐，也能对视频播放的速度和格式进行调整。视频制作完成后，既可保存在手机相册中，也可分享到各类社交平台。

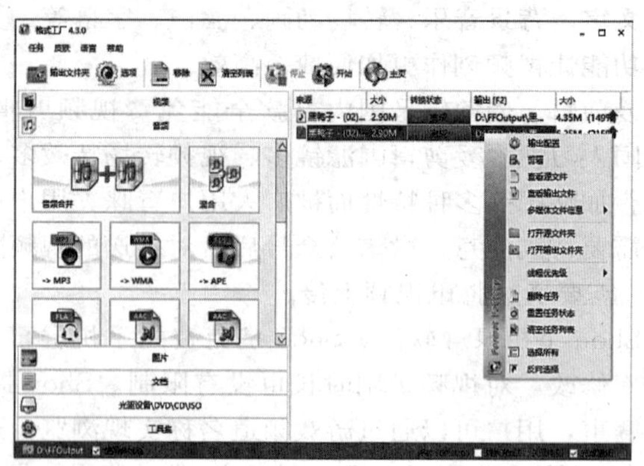

图 9－18　查看音频文件存放位置

视频是能够让企业广告更为直观的营销方式，有价值的视频不仅能够吸引受众观看与分享，还能制造病毒式传播效应。在数字新媒体时代下，快节奏的市场推动了微视频迅猛发展。微视频通常短小精悍、主题明确、生动有趣、成本低廉，利用病毒营销、事件营销等策略，可以提高受众参与度，扩大受众范围，为企业带来巨大的商业价值；相比于微视频，微电影拥有更加强大的功能，微电影制作简单，传播方式丰富多样，能够在无形中为企业建立强大的品牌势能。一般而言，微电影要对受众进行准确定位，淡化广告意识，内容有内涵、有深度才能引起受众共鸣，以达到情感营销的目的。

【课堂讨论】

请扫描图 9－19 二维码，观看视频《总有人偷偷爱着你》，分析该视频刷爆朋友圈的原因。

大概是冬天来了，人们的心灵也急需温暖

一支非常暖心的广告片

看完之后，眼眶也是湿湿的

忍不住想要和你们一起分享一下

图 9－19　《总有人偷偷爱着你》

9.3.2　新媒体 H5 海报编辑制作

进入移动社交时代，H5 技术迅速崛起，H5 营销也凭借其简单、快捷、灵活、酷炫的特点获得了大量用户的认可与支持，推动了移动营销的新热度和新发展。H5 海报一般包括文字、图片、声音、视频、链接等多种元素，拥有多种用户使用场景。

1. H5 发展历程与功能简介

H5 是指第 5 代 HTML，即用 H5 语言制作的一切数字产品。其中，HTML 是“超文本标记语言”的英文缩写，“超文本”是指页面内包含图片、链接，甚至音乐、程序等非文字元素，而“标记”则指超文本必须由包含属性的开头与结尾进行标记。

H5 为下一代互联网提供了全新框架和平台，包含免插件的音频与视频、图像动画、本地存储等，并将这些功能标准化、开放化，使互联网能够轻松实现类似桌面的应用体验。H5 的显著优势在于跨平台性，使用 H5 搭建的站点与应用，可兼容 PC 端与移动端、Windows 与 Linux、安卓与 iOS 系统。强大的兼容性显著降低了开发与运营成本，能够为企业带来更多的发展机遇；H5本地存储特性也给使用者带来了诸多便利。基于H5开发的轻应用比本地App拥有更短的启动时间、更快的联网速度，且无须下载占用存储空间，特别适合手机等移动媒体。H5让开发者不用依赖第三方浏览器插件即可创建高级图形、版式、动画及过渡效果，这也使得用户使用较少流量就可以欣赏到炫酷的视觉与听觉效果。

2. H5日常展现形式

趣味H5总是能够引起广泛传播，产生刷屏级现象。从转发动机来看，在日常生活中，能够引起网友们自主传播H5的主要原因在于好奇心、认同感、攀比及炫耀等方面。基于上述心理因素，目前H5共有展示型、互动型、场景型、游戏型和测试型五种形式。

（1）展示型。展示型是日常看到的H5海报形式，制作难度低，人人可参与。扫描图9-20所示二维码查看展示型H5样式，其主要形式是通过滑动方式进行展示，展示内容与页面互动效果相对简单。展示型H5常用到的场景有活动宣传、出游照片合集等。

（2）互动型。在内容展示方面，互动型H5与展示型H5类似，但展示型页面体验较差，而互动型则通过互动体验将所要表达的内容展示出来。扫描图9-21所示二维码查看互动型H5样式，其主要形式是通过在屏幕上各个方向的滑动、点击、拖曳等相关动作，完成一定设置才能顺利进行H5演示。手机摇一摇，将手机水平放置和倾斜放置等均属于互动形式。

（3）场景型。场景型H5更为注重H5展现形式的场景化，通过互动进入一定情景中，将要传达的信息植入场景，使受众较易接受硬广信息，其主要形式为以第一人称视角打开H5，跟随页面提示，一步步随着剧情探索下去。扫描图9-22所示二维码查看场景型H5样式。

（4）游戏型。游戏型H5最突出特点是展现内容本质就是游戏，不论通过屏幕互动还是手机感应器，其目的都是完成游戏，扫描图9-23所示二维码，查看游戏型H5样式，这些游戏传播诱因多在于简单易上手，比分值获奖激励明确。

（5）测试型。测试型H5是基于测试标准，通过H5对网友进行测试对比，互动形式较为简单。扫描图9-24所示二维码查看测试型H5样式，其主要形式有上传照片测试颜值、答题测试最近运势等，共同特点是对受众进行分值、等级等显性且有明显差异的排名。

图9-20　展示型H5

图9-21　互动型H5

图9-22　场景型H5

图9-23　游戏型H5

图9-24　测试型H5

3. H5 页面设计

初学者在无代码基础的情况下，可通过免代码平台方便快捷地设计 H5 作品。H5 制作工具包括搜狐快站、初页、MAKA、易企微等。搜狐快站是一款可视化建站工具，主要功能有拖拽页面、内容管理、一键生成 App 等；初页是类似于 PPT 的移动端设备展示与传播 H5 页面，能够帮助企业制作精致的海报；MAKA 是国内首家 H5 创作及创意平台，可以为用户提供表单收集潜在客户信息，方便用户随时创作、编辑、管理 H5 项目。免代码 H5 工具设计方法相近，下面以易企微为例，简要介绍 H5 的制作流程。

步骤 1：注册登录。在易企微官网，根据提示注册登录进入易企微营销平台首页，在热门应用分类中选择“H5 页面制作”，单击进入下一级页面。

步骤 2：选择模板。选择“创建场景”后进入 H5 场景模板创建界面，根据需要可创建空白模板或选择已有模板，通过“我要预览”或“我要模仿”等按钮，进行预览查看或模仿（见图 9 - 25）。

图 9 - 25　易企微 H5 场景模板创建、选择页面

步骤 3：背景图片、背景音乐修改编辑。选择模板并单击“我要模仿”按钮，进入 H5 模板编辑页面，对模板中不满意的元素进行修改编辑，如背景、音乐可上传新文件代替原有文件，其他页面编辑方法与首页编辑方法相似。

步骤 4：按钮、文本编辑。在按钮处单击鼠标可弹出快捷菜单，选择相应菜单，即可修改外形、样式和动画等，并可添加链接；同样方法可对文本做编辑处理（见图 9 - 26）。

步骤 5：发布操作及发布预览。如果模板所提供页面数较少时，通过单击“＋”号可添加更多 H5 页面，编辑方法同以上步骤。

以上是基于易企微平台的操作步骤，其他平台如 MAKA 等，操作相近，通过练习均能轻松掌握。现今，数字新媒体发展趋向于多元化，各大新媒体与自媒体也应积极尝试寻求与其他平台合作，以实现互推及资源互换。一般而言，新媒体都是通过互推对方热点图文，引导用户单击后，导入对方落地页面以实现转化。平台间的互推也是为双方快速增加新用户、实现共赢共享的有效方式。

图 9-26　按钮、文本编辑处理区域

9.3.3　新媒体第三方平台应用

与传统自媒体平台发布消息、回复私信简单操作不同，微信公众平台的功能更加多样化，运营者可以借助平台接口，实现查快递、查天气、查课表、自动聊天等功能。新媒体运营者必须掌握初级的开发技术，借助工具实现公众号更为丰富的内容。

1. 校园类平台：腾讯微校

腾讯推出“腾讯微校”开发平台，高度对接高校定制化需求。校园类公众号可直接利用腾讯微校进行功能搭建。进入腾讯微校官网登录页面，单击“微信公众号授权登录”后跳转到二维码，用绑定公众号的微信个人号进行扫描，选择要绑定的公众号即可实现绑定。目前，所有公众号均可接入该平台并使用部分功能，具体功能说明如下，但想使用该平台高校的特色工具服务，则要求账号分类属于高校类。

（1）基本功能。腾讯微校与微信公众平台功能类似，但个别功能只允许认证过的公众号使用，其基本功能包括群发消息、自动回复与自定义菜单。

ⅰ. 群发信息。目前，仅针对认证号开放接口。在此功能中，文本消息、图文消息、图片消息、语音消息、视频消息五项推送内容均与微信公众平台设置相似。此外，腾讯微校平台增加了“定时群发”和添加超链接功能，可在推送文本消息时使用。

ⅱ. 自动回复与自定义菜单。这两项功能目前对所有接入账号均适用，其操作界面以及操作流程与微信公众平台的操作界面类似。

（2）管理中心。腾讯微校管理中心与微信公众平台内容设置基本一致，主要包括素材管理、粉丝管理、消息管理等。

ⅰ. 素材管理。腾讯微校素材库包括图文消息、图片库、语音、视频，除了可以新建图文消息，还可以单击“同步图文”，一键同步微信公众平台图文素材到腾讯微校后台。

ⅱ. 粉丝管理。目前仅对认证号开放粉丝管理功能。通过此功能可以针对不同人群、不同互动参与者推送不同的内容。

ⅲ. 消息管理。与微信公众平台不同，此处添加了私聊消息的正负面评价信息，能够直观地看到后台消息的情绪趋向，同时也能够直接回复粉丝消息（见图 9－27）。

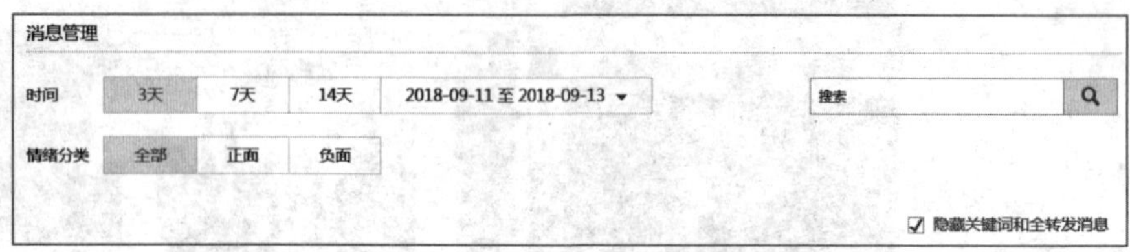

图 9－27 腾讯微校消息管理新添功能

（3）其他功能。除常用基本功能外，腾讯微校还提供爆文助手、红包悬赏、应用广场等功能，推动校园公众号不断成长壮大，在校园生活里成为一股不可或缺的中坚力量。

ⅰ. 爆文助手。在日常运营过程中，可以在爆文助手内查看优秀文章，寻找写作灵感或临摹优秀文案。爆文助手将公众号分为三类，分别是附近公众号、优质校园号、热门素材号，通过勾选感兴趣的公众号，单击底部“进入”按钮，就可以进入内容页（见图 9－28）。

图 9－28 腾讯微校爆文助手关注内容页

ⅱ. 红包悬赏。该功能类似微信公众平台的流量主，但门槛低于微信公众平台，无粉丝数要求，只要是腾讯微校用户就可以参与任务，实现影响力的变现。与红包悬赏系统挂钩的是公众号影响力，影响力与推送文章数、推送频率、消息互动率、原创率、文章点击数、公众号文章阅读率、红包悬赏任务推送效果等要素相关。若有任务在列表中，可以单击后面“立即参与”按钮进行任务的对接（见图 9－29）。

图 9－29 腾讯微校红包悬赏任务列表

ⅲ. 应用广场。腾讯微校平台具有现成应用，可以直接在微信公众号实现相应功能。这些应用以校园生活为主线，分为教务查询、活动互动、工具三大类。使用以上应用，单击进入并“开启应用”即可，如开启“早起打卡”应用后，就会出现在导航栏“我的应用”中，单击就可进入设置页面（见图 9－30）。

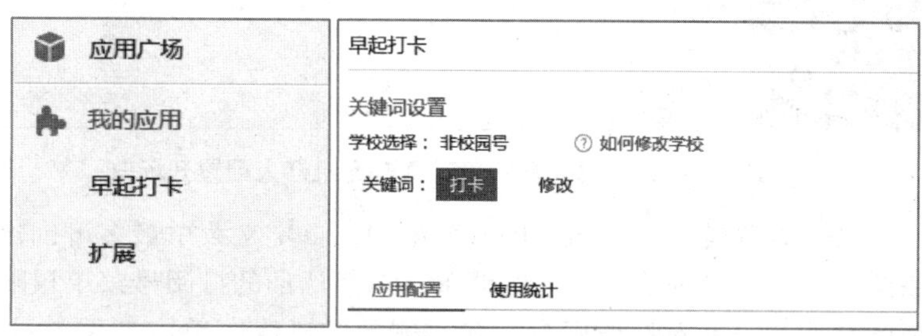

图 9－30　腾讯微校扩展应用

作为针对校园的公众号平台，腾讯微校以“让校园公众号丰富多彩”为宗旨，专门对接高校类微信公众号。腾讯微校还发起微校应用开发大赛，可以作为校园创业者的试验田，创业者先开发相关工具并验证市场场景，时机成熟再独立运营。

2. 企业类平台：V5KF

企业类公众号开发平台是为了帮助企业实现基础的微信公众号开发功能。目前，在企业类公众号开发平台中，V5KF 功能较为系统，集客服、支付、开发平台等功能为一体；除微信公众号外，V5KF 还支持微信企业号、网站、移动应用 App、支付宝服务窗、新浪微博、易信公众号、QQ 助手等账号的接入。下面以接入微信公众号为例，简要介绍 V5KF 操作流程。

（1）接入平台。注册后登录 V5KF 网站，进入管理后台，在左侧导航栏依次点击“系统接入”→“微信公众号”→“自动接入”（见图 9－31）。使用公众号管理员手机微信扫描二维码进行授权，通过个人微信向公众号发消息，若公众号有回复，即证明接入成功。

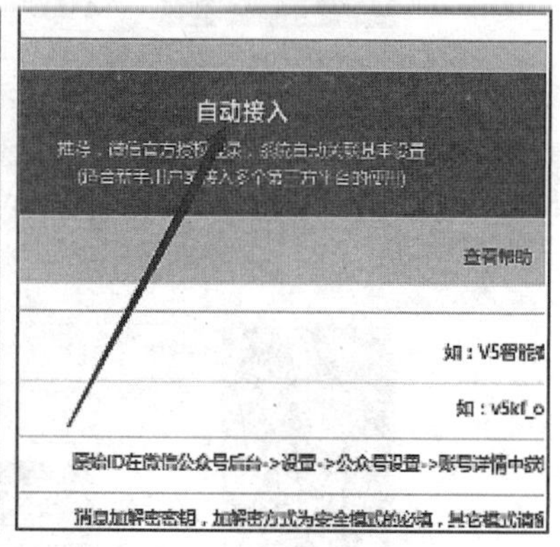

图 9－31　V5KF 微信公众号接入

（2）设置开场白。在 V5KF 管理后台，依次选择左侧导航栏“系统设置”→“机器人配置”→“编辑”，即可设置微信关注开场白（见图 9－32）。在“机器人配置”页面，可以设置机器人回复，类型支持文本、图文、语音、系统功能、人工客服或不回复。

查看帮助

名称	内容	操作
机器人_主人	智奋网络	编辑 删除
机器人_姓名	小五	编辑 | 删除
机器人_生日	2012-09-11	编辑 | 删除
机器人_地址	深圳市南山区西丽留仙大道众冠大厦606	编辑 | 删除
机器人_客服电话	4006555406	编辑 | 删除
机器人_客服QQ	1026699498	编辑 | 删除
机器人_公司网址	http://www.v5kf.com	编辑 | 删除

图 9-32　V5KF 机器人配置开场白

（3）设置自定义菜单。因微信限制，自定义菜单最多可创建三个一级菜单，每级菜单下最多可创建五个二级菜单。未经认证的订阅号菜单权限较低，仅支持图文或图片回复。进入管理后台，在左侧导航栏依次单击“系统设置”→“自定义菜单”→“添加菜单”按钮，根据右侧提示填写内容。自定义菜单添加完成后，单击“自定义菜单”右上角的“生成微信菜单”按钮即可。

（4）微网站设置。微网站是手机端网站通过关键词自动回复的一条图文消息。进入 V5KF 管理后台，在左侧导航栏依次选择“内容管理”→“微网站”，在“模板商城”中勾选模板，单击“导入”按钮，进行功能设置（见图 9-33）。

图 9-33　V5KF 微网站设置

（5）微商城。进入管理后台，在左侧导航栏“微信功能”中选择“微商城”，进入“店铺设置”，根据提示开通微信支付。在“营销功能”中启用“微信淘商城”功能。在“商品分类”中添加商品分类及产品名，根据提示设置店铺（见图 9-34）。

图 9-34　V5KF 微商城功能设置

除微信机器人外，V5KF产品还包括客服助手、客服机器人等，V5KF免费智能客服系统为微信、网站、App、QQ、微博、小程序和支付宝服务窗等公众平台提供自助服务，有助于企业开展数字新媒体营销时提高沟通效率，降低运营成本。

9.4 数字新媒体运营实用小工具

越来越多的企业关注到数字新媒体运营小工具的巨大潜力，无论是信息的有效传达还是用户黏性提升，小工具均具有绝对的优势。对于数字新媒体运营者来说，熟练掌握一些实用便捷的小工具，无疑会使日常工作事半功倍。

9.4.1 二维码：全新数字化媒体运营

二维码营销是通过二维码图案传播，刺激消费者产生购买行为的新型营销方式。二维码的使用范围日益广泛，为大众生活带来了诸多便利，可以快速、有效地提升企业形象，帮助企业赢得稳定而精准的客户群。

1. 二维码制作

二维条码/二维码是用按照一定规律在平面（二维方向上）分布的黑白相间的图形记录数据符号信息。二维码具有条码技术共性：每种码制有特定的字符集，每个字符占有一定宽度，具有校验功能，还具有对不同行的信息自动识别及处理图形旋转变化等特点。同样的内容，不做任何修改，反复生成的二维码图案并不一样，这是由于这些特定几何图形按照一定规律，随机分布在平面上。

数字新媒体运营者需要了解二维码的制作与美化方法，有许多家网站可以在线制作二维码，仅以草料网为例进行介绍。通过草料生成的二维码均永久有效，包括静态码和活码。

步骤1：打开电脑浏览器，输入草料网网址进入主页。

步骤2：进入草料网主页后，网站主页默认设置为文本信息的二维码制作，在主页提供的文本框内，输入需要制作的二维码内容，然后单击下方的“生成二维码”按钮，稍等片刻，就能在二维码生成框内看到含有所需内容的二维码图形。

步骤3：二维码生成后，将完整的二维码图片保存到用户电脑或下载至手机，经扫描就能显示出二维码内蕴含的信息。

除文本外，草料网还提供网址链接、个人名片、文件内容、图片信息、音频与视频等二维码制作，与文本二维码制作类似，只需点击相应按钮，按照提示步骤操作即可。在制作中，需要特别注意，二维码边缘有3个“回”字定位点，之所以使用这3个点是为了能够在倾斜条件下，甚至是镜像翻转也能阅读并识别。在视觉设计时，尽量不要破坏定位点，并且要保持3个定位点的颜色对比鲜明，方便软件快速搜寻。

2. 二维码美化

二维码通常以黑白为主，为了吸引用户关注，企业可以对二维码进行改造，其中最有特色的就是制作彩色二维码。彩色二维码不仅拥有黑白二维码的所有特征，更体现出了二维码的个性化。彩色二维码能够实现跨媒体链接功能，提升数字新媒体的创新价值，扫除营销活动盲区，重新定位广告核心消费者。使用Photoshop工具制作彩色二维码方法如下。

步骤 1：在 Photoshop 软件中打开需要编辑的二维码，在工具栏内选择“魔棒工具”，使用魔棒选中二维码中任意部分的黑色区域，并将“容差”设置为 15（见图 9－35）。魔棒是根据设定的容差值及两种颜色的色差进行选择，容差大于等于色差，则选择，反之则不选择。

图 9－35　美化二维码界面

步骤 2：右击鼠标打开下拉菜单，点击“选取相似”选项，则图片中与刚才选中的黑色区域的色调容差在 15 以内的区域都会被选中。

步骤 3：选择工具栏中的磁性套索工具，在选中区域右击鼠标打开下拉菜单，依次选择“填充”→“颜色”，选择好所需要的颜色后，点击“确定”（见图 9－36）。

图 9－36　草料二维码文本制作

步骤 4：操作完成后，就可以看到变换颜色后的二维码效果，按下“Ctrl＋D”按键，取消所选区域，扫描测试二维码是否能成功扫入。

二维码美化不仅体现在二维码的外观上，也可以在其内容上增加一些吸引用户的信息，如可以增加产品链接等，方便用户查看相关信息。二维码最初是为工业应用而设计的，线条硬朗规范，可加入一定的弧度使线条圆滑美观。设计者也可以加入手绘等各种艺术元素（见图 9－37）；二维码中允许存在 30％的冗余代码，可以加入企业标识或其他可以彰显品牌形象的标志（见图 9－38）。

图 9－37　加入手绘元素的二维码

图 9－38　二维码“疯狂动物城”

【实战训练】

请利用所学知识制作你的名片二维码，至少包括姓名、电话、班级、学号等。

3. 二维码推广与营销

数字新媒体运营者可以通过微博、微信、网站、百科词条、测评文章、名片、广告与活动等途径推广二维码。优质的二维码营销是以二维码为流量入口，在不同营销场景下让消费者与品牌商互动，品牌商通过赋值的二维码，快速收集消费者的数据，构建用户画像，建立品牌商用户账号体系，让企业更了解消费者需求，最终以数据为支撑，制定精准的营销策略。

通过二维码进行市场营销，非常适合现代社会渠道的销售场景，利用二维码吸引消费者眼球，让消费者扫描、了解进而购买产品，并通过消费者宣传产品，才是互动营销的真谛。企业在运用二维码进行营销时，不仅要掌握推广途径，也要熟知相应的营销技巧。

（1）提供扫描诱因。企业需要提供具有诱因的二维码让消费者扫描认识产品，诱因不是单纯指赠品或返利，真正的诱因泛指消费者感兴趣的东西、紧扣消费者核心需求的东西，如消费者好奇的事物、消费者想看的信息或者消费者觉得方便的服务等。

（2）提供实质诱饵。在二维码营销中，商家除了要提供吸引用户的诱因外，还要提供实质且分量充足的具体诱饵。图 9－39 所示的海报中清楚告知用户扫描二维码后，就能抢红包获得红包收入，这样将大大提高用户扫描二维码的概率。

（3）提供便利服务。企业利用二维码渠道，可以为消费者提供更多、更好的延伸服务，如界面登录、消息录入等。通过扫描二维码直接进入，避免了在手机屏幕上填写繁杂的信息，可快速进入企业提供的界面及窗口，为消费者提供更多的宣传与服务（见图 9－40）。

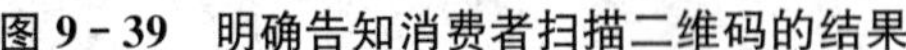
图 9-39　明确告知消费者扫描二维码的结果

图 9-40　京东利用二维码登录页面

对于企业来说，营销效益才是重点，引导消费者扫描二维码后，营销者需要掌握二维码的营销效果情况，评估二维码营销效益，以便于进一步推进二维码微营销策略。追踪二维码营销效益的重点是抓住消费者在活动页面的停留时间。若二维码扫描量过低，企业应当反思中间细节以做进一步改良。二维码蓬勃发展趋势的背后是整个世界的互联网化，未来，二维码还将被应用于更多的领域：二维码与 O2O 结合，利用二维码的读取将线上用户引流到线下商家；二维码与射频标签（RFID）结合，推动物联网可持续发展。

9.4.2　App：抢占媒体移动端入口

移动互联网的快速发展引发了 App 营销的热潮。App 营销作为一种新型营销模式，以其独特而巨大的营销价值，给社会各行业带来了更多的发展机会，开启了营销领域的新时代。

1. App 营销模式

App 是智能手机应用程序的简称。App 安装方便，使用简单，已成为移动互联网营销的主流入口。App 营销是以 App 应用程序为基础的推广营销方式，用户通过 App 移动应用在网络下单，企业通过 App 应用程序与用户交流，掌握用户喜好，收集用户意见。App 营销推广渠道广泛，包括线下预装、付费广告、口碑推广、资源置换等。App 是手机媒体的再次升级，传播更加快速有效，常见的 App 营销模式如下。

（1）创意广告营销模式。在 App 被人们广泛使用的情况下，向 App 植入广告是最基本的营销模式。广告植入一般通过动态广告链接实现，只要用户点击广告栏，就会进入指定的界面或链接，从而实现营销推广的效果。这种广告营销模式能够让用户主动关注广告、传播广告信息，通过用户自己的人际关系逐层传播形成影响，如"街旁"App 就是广告签到，通过用户签到传播广告和信息（见图 9-41）。

（2）用户体验营销模式。App 能够为用户提供各种信息，最大限度地便利用户的生活。企业将自己精心设计的 App 发布到应用商店中，用户在使用过程中会了解到企业的文化以及价值观等信息，这便是用户体验营销模式。这种营销模式能够吸引用户，加强用户与企业联系。例如：宝宝树育儿网设计小时光相册，用户体验式 App 各种个性化的功能设计，可以瞬间抓住用户的心，使用户具有较高的忠诚度。

（3）App 内容植入模式。一般而言，在付费与免费 App 中，用户会更倾向于选择免费的 App。为了实现 App 盈利，商家可以思考将应用中的广告做得更加有趣味性、更引人注目，如非常火爆的游戏“疯狂猜图”，就是非常成功的内容植入 App（见图 9-42）。

图 9-41　App 广告营销模式

图 9-42　App 内容植入营销模式

（4）购物网站营销模式。随着移动手机客户端的推广使用，网上购物已成为人们生活中不可缺少的一部分，商家们也逐渐地开发了属于自己产品的 App 程序。购物类 App 已成为当今商家盈利的主流趋势，其中，较为知名的购物 App 如淘宝、京东等。

App 营销成为当今商业盈利的主流模式，企业应关注消费者的内在需求与兴趣点，将品牌产品与 App 进行个性结合，将企业文化以及产品植入消费者心目中，使消费者建立对企业的好感与忠诚度。

2. 移动端企业 App 设计技巧

从 App 设计角度出发，企业通过打造自有风格的移动应用迎合大众口味，能够展示企业形象，提升用户转化率，为用户浏览产品信息提供更好的服务。

（1）专注用户体验。用户体验是用户在使用产品过程中所建立的感受，在 App 设计中尤为重要。通常来看，用户体验包括使用 App 前、使用 App 期间和使用 App 后的全部感受，集中在用户情感、信仰、喜好、行为、成就、认知印象、生理反应及心理反应八个方面，通过此功能提升用户体验，从而获得用户好感。

（2）界面操作便捷。根据不同产品层次深度和广度，App 软件采用的导航模式不同，但从整体而言，导航模式以简单明了为主，简单合适的导航框架能够直接决定产品信息的延伸和扩展。

在 App 中，由于移动端界面局限，往往很难直接体现出更多的内容，设计人员可借鉴 PC 端模式，增加界面滚动功能，使用户可以获得超出屏幕边界的内容，能够在同一界面中直接查看更多信息。例如：在优步打车软件界面中，个人中心界面可以由用户点击主界面的左上角按钮方式出现（见图 9-43）。

（3）字体色调和谐。背景虚化在 App 设计中往往作为配角存在，整体模糊背景通常应用于设计 App 登录界面，用来突出界面的登录框形象（见图 9-44）。在 App 中局部的模糊背景可以展示设计细节，使画面更为和谐、精致，同时也能够突出重点信息，提升可读性体验。

图 9-43 优步 App 主界面与隐藏滚动界面

图 9-44 App 登录界面背景虚化

在争夺用户注意力方面，醒目突出的字体效果仅次于画面带来的直接冲击感，简约模式也更能够获得现阶段用户的欢心。醒目的字体设计赋予界面层次，能够提升特定文字的影响力，统一的色系能够给用户留下深刻的印象。根据不同需求，醒目字体可以直接应用于 App 软件界面设计，也可应用于 App 宣传海报中（见图 9-45）。

（4）情景感知增强。随着智能手机和可穿戴设备功能的普及，情景感知需求成为 App 设计的重要考虑因素。情景感知属于智能化功能，设备将会主动收集用户附近信息，分析用户所处环境，运用触觉反馈等技术预见性地做出相应准备。目前，情景感知已普遍运用于智能家居、精准农业等方面。

拟物设计，又称扁平化设计，存在于诸多行业的软件设计中（见图 9-46）。拟物设计表现出产品设计的元素或自身风格，如对真实物体的质感、细节等方面进行模仿，对真实的交互方式进行模仿，传达丰富的人性化氛围，体现温馨感等。

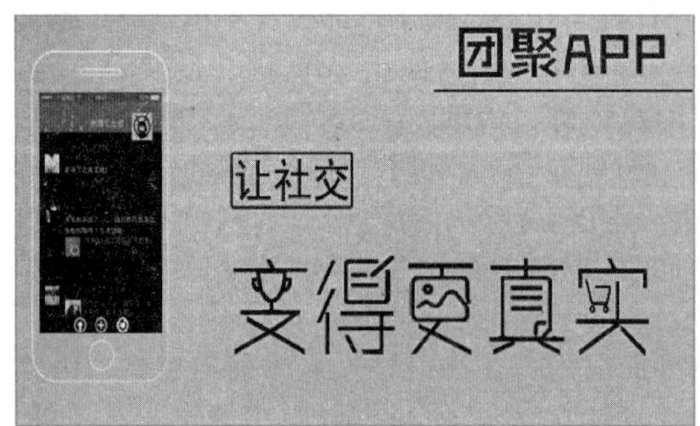

图 9-45 App 界面与宣传海报的醒目字体展示

图 9-46 扁平化设计 App

（5）延伸服务完善。App 设计中的分辨率通常是指图像本身的分辨率，高质量的分辨率提升了图片精细程度。对于用户而言，App 采用分辨率越高的图片，用户实际使用感觉越好。此外，App 软件升级除了功能更新，也将利用升级再次对用户造成存在感影响。过于频繁的 App 升级会给用户带来心理反感，因此 App 自身简洁的升级提示十分重要。

3. App 推广与营销

对于企业 App 而言，推广与营销通常是结合在一起的，推广能够吸引新用户群体，通过增加用户，扩大产品营销的利润空间和影响力；同时，产品的成功营销能够树立品牌形象与产品形象，促使老用户群体主动推广。App 可借助移动广告、插屏广告、手机预装、人气论坛、社交媒体、搜索引擎等渠道进行推广，成为吸引流量的利器，也能够促使商家达成产品销售的目标，将流量进一步有效转化为商机。

（1）网络营销新载体。与传统网络营销模式相比，App 宣传更为精准，商家可利用 App 打造企业形象，发布新产品，让传统的静止媒体转向更适合大众的移动媒体，如图 9 - 47 所示的 App 红包活动宣传界面，商家设置分享奖励机制，吸引大众从而宣传企业自身。

（2）搭建新型销售渠道。在互联网搭建的多种新型销售渠道中，App 的影响力和效果是最为明显的。作为内容销售产品，企业 App 的用户原本就是产品使用者，对产品具有一定认可度，属于精准客户来源，通过 App 上相关内容的展示更能够吸引用户购买；作为广告销售产品，用户在 App 上点击广告栏，进入广告界面或相关链接，进而了解活动或产品信息，购买相关产品，渠道影响力越大，效果越好；作为植入销售产品，在 App 中通常有企业品牌、产品形象、背景植入，也有用户锁屏界面等特殊植入（见图 9 - 48），所有植入内容需要具有一定创意，才能让用户认可；作为活动销售产品，企业通过 App 方式，用户能够更加快捷方便地了解活动信息，进而参与购买（见图 9 - 49）。

图 9 - 47　App 红包宣传

图 9 - 48　App 锁屏广告植入

图 9 - 49　App 客户端活动宣传

（3）完美运用社交元素。App 提供了信息即时分享、用户互动社交的平台，通过运用社交元素，企业同样可以达到吸引流量的效果。目前，国内社交类 App 非常多，常见类型包括校园社交、陌生人社交、婚恋社交、游戏社交、朋友社交等，这些社交 App 中的相关元素都可以融入 App 客户端，作为单独的功能形式体现，社交作为校园 App 主要功能，类似兼职、论坛等作为 App 的内容之一。运用社交元素，企业可以及时了解用户反馈，形成用户圈子，通过用户社交提高其活跃度，帮助企业培养核心用户。

（4）满足多元化服务。企业 App 往往具有丰富的产品功能，能让企业与用户进行互动，满足其多元化服务需求，进而提升用户黏性，如多数 App 提供在线订购功能与产品发布功能，直接满足用户和商家的需求。一些 App 除了提供产品信息外，还提供与产品相关的百科知识及其他活动、新闻资讯等功能。

App 营销优势在于用户黏性强度高、交互性强，能够进行全面立体的展示。未来，App 营销发展前景十分广阔，App 使用环境将更广、使用体验更好、用户规模更大、支付更加便捷。

9.4.3 小程序：微信生态圈新形态

随着网络快速发展和人们对工作、生活、娱乐等多方面需求的日益增长，各种移动应用程序 App 应运而生，但当太多 App 占据用户手机屏幕和内存时，手机容易出现容量紧张和运行速度变慢的情况。随着 App 日益丰富与手机运行速度之间的矛盾日渐加重，不需要下载即可使用的应用——小程序得以发展。

1. 小程序价值特性与功能对比

小程序是在微信内部运行的应用。微信的核心价值是连接一切：订阅号定位连接人与资讯，为微信用户提供优质和丰富的内容；服务号连接人与服务，建立企业和普通用户沟通的桥梁，将企业产品和服务更好地传达至用户，但服务号由于受限于开发权限与服务频次，无法提供更多的服务；小程序的诞生则弥补了订阅号和服务号的不足，连接了人和应用，企业能够为用户提供更复杂、更个性化的服务体验。小程序特性突出，从产品角度看，小程序免去下载、安装、注册、卸载过程，用户可以直接使用，触手可及，用完即走，拥有媲美 App 的用户体验；小程序内存小、运行快，操作便利快捷，随着快速更新迭代和更全面地放开，小程序将具有更为丰富的延展性；从平台分发角度来看，小程序采取去中心化的平台分发方式，微信官方已开放多个推广入口，运营者可以利用微信搜索入口、公众号入口、二维码入口、附近小程序入口等，对其小程序进行运营推广。

小程序对用户的价值在于：让线下服务更方便，减少手机内存，满足短时期个性化需求。对 App 开发者的价值在于：减少开发成本和获客成本，降低创业门槛，更容易获取用户，提供新的流量红利，产品开发迭代周期快、效率高，提供个人开发产品机会和更简单的运营模式。小程序对线下商家的价值在于：商家可以利用小程序低成本地获得海量流量，提供全新服务方式，提升效率。小程序对微信自身的价值在于：线上流量成本越来越高，小程序二维码可以激活线下闲置资源和用户，连接线上和线下，使用户使用微信的时间更长，弥补订阅号和服务号能力的不足，提升微信大数据能力。

小程序与原生 App 同步存在，根据定位不同，在适当场景下分别选择使用。

此外，小程序与服务号是并行体系，同属于微信生态圈，但小程序不是公众号体系的延伸，而是一种新的形态。小程序运营环境是非完整的浏览器，属于计算机程序，而 H5 运行环境则是纯浏览器页面。小程序与原生 App、H5、服务号的区别见表 9－1。

表 9－1　　小程序与原生 App、H5、服务号区别

比较项目	小程序	原生 App	H5	服务号
定位	连接人与产品/服务，弥补服务号不足	智能手机软件，完善原始系统不足	信息展示	连接人与服务
运行环境	微信内部	iOS、安卓等系统	浏览器页面	微信内部
功能	可使用较多硬件设备能力；用户资料可保存；不需要网络功能可离线使用；能唤起其他小程序	可使用各种硬件设备能力；用户资料可保存；不需要网络功能可离线使用；能唤起其他 App	可使用硬件设备与能力较少；用户资料可保存，但时间较短；离线网络不可使用	可使用硬件设备与能力较少；用户资料可保存，但时间较短；离线网络不可使用
体验	显示和操作流畅	显示和操作流畅	显示操作一般，每次运行需要重新加载	显示操作一般，每次运行需要重新加载
开发成本	一个版本可兼容多个系统，用户在微信内使用即可，开发周期短、成本低	针对不同系统开发，开发周期长、成本高	兼容多个系统，用户在浏览器内使用即可，开发周期短、成本低	兼容多个系统，用户在微信内使用即可，开发周期短、成本低
入口	发现栏主入口、小程序自身入口、搜索相关入口等多入口	应用市场、手机厂商、浏览器	链接	公众号搜索、文章链接、二维码名片等多入口
留存	被添加到桌面、被设为星标	下载至手机，需要安装、注册、激活	无法直接关注留存	可关注留存

企业主要是从用户需求的重要程度与频率方面选择小程序和 App：当面对高频率和重要需求，如社交和支付时，用户首选 App；当面对低频和不太重要的需求，如偶尔点外卖时，用户首选小程序；当面对高频但不太重要的需求时，企业可以以小程序为入口，为 App 导流；当面对低频和不重要的需求时，企业视开发实力，可优先选择小程序。

2. 小程序后台操作

小程序与微信服务号、订阅号后台管理入口相同，运营者只要进入微信公众平台输入账号登录，就可以进行后台管理。小程序开发由开发团队负责，运营者主要职责在于前期策划与后期运营推广，需掌握小程序基础设置、功能设置、数据分析等操作。

（1）基础设置。小程序基础设置包括基本信息设置、开发设置、第三方授权管理和成员管理，运营者在后台单击左侧“设置”按钮找到相关项目，随后可进行修改（见图 9－50）。

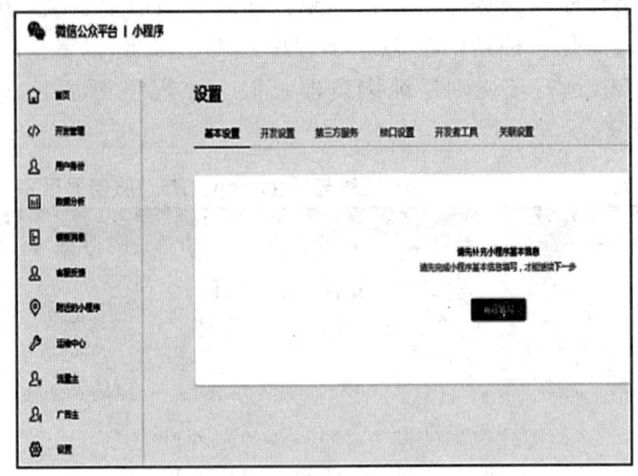

图 9-50　小程序基本设置后台操作

在基本信息设置中，小程序对部分选项修改次数做出明确规定，需要特别注意："小程序头像"与"介绍"1 个月内可申请修改 5 次；"服务类目"1 个月内可申请修改 3 次；"登录邮箱"1 个月内可申请修改 1 次；"微信认证"每年修改 1 次。小程序开发设置包括开发者 ID、服务器域名、消息推送、普通链接二维码等信息设置，若小程序由第三方平台搭建或提供部分功能，运营者则需要对第三方授权管理模块进行设置。运营者也可以统一管理项目成员，配置成员权限，并可更换账号管理员，绑定新的身份信息。

（2）功能设置。小程序功能设置包括开发管理、模板消息、客服消息设置、地点管理设置等。功能配置主要由小程序开发团队负责，运营者仅需要了解，以便与开发团队共同做好相关工作的配合。在"开发管理"模块，运营者可完成小程序版本查看提交审核、回退等操作，并在"模板消息"模块选择添加购买成功通知、订单发货提醒等消息模板。

客服信息功能正常使用的前提是已经启用"消息推送"，运营者可在小程序管理后台"开发设置"中点击"消息推送"并开启。当运营者需要管理客服人员时，可点击"客服反馈"→"客服人员"，进行相关管理操作。运营者可进行地点管理操作，为小程序推广工作奠定基础，如运营者在小程序后台成功添加地点后，小程序可在微信小程序入口内的"附近的小程序"中出现。

由于微信小程序依然处于快速发展期，新功能和新规则会不定期出现，因此，除了解后台操作外，运营者还需要关注平台右上角的"通知中心"与"文档"，以及首页下方"系统公告"功能，查看最新通知和更新的小程序规则与操作。

（3）数据分析。小程序后台数据具有六个类别，分别是概况、实时统计、访问分析、来源分析、自定义分析和用户画像。小程序数据分析能够帮助运营者查看各类数据，使各项运营数据更加健康，其意义在于：有利于运营者了解用户属性特征（包括性别、地域、终端机型等），构建粉丝群体画像；有利于新媒体运营者分析页面变化趋势，了解用户访问、留存数据，从而掌握用户喜好，指导页面布局，优化迭代；通过对用户来源渠道进行分析，判断精准用户来源途径，了解核心用户所在渠道，方便产品传播运营。微信在 2017 年推出"小程序数据助手"，运营者通过移动端可查看自己小程序的后台数据（见图 9-51）。

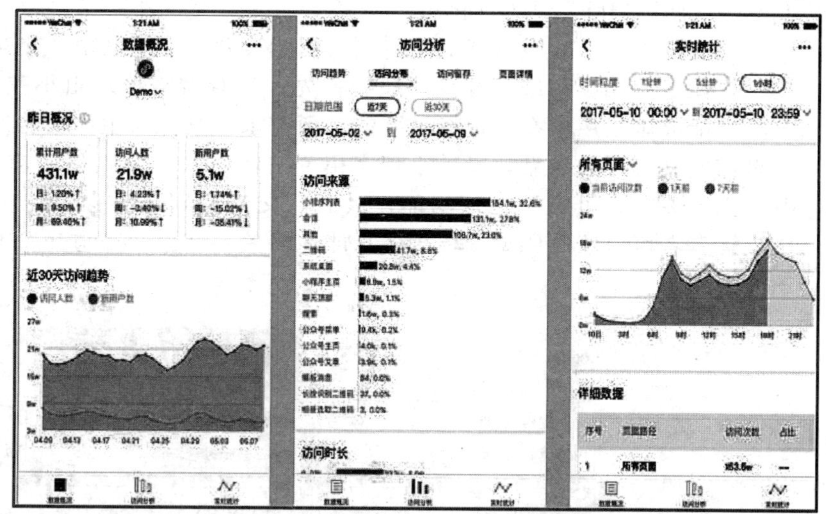

图 9-51 移动端小程序数据助手

目前，小程序后台仅支持查看小程序本身的原始数据，利用小程序后台查看的数据维度有限。为了更好地分析数据，运营者可使用第三方分析工具，掌握更多数据信息，如腾讯移动分析、TalkingData、阿拉丁指数等。腾讯移动分析具有足够强大的服务器支撑实时发送策略，查询数据更加迅速；TalkingData 是移动互联网大数据服务平台，运营者除了可以查看常规数据，还可以使用扫码分析、电商业务分析等功能；阿拉丁指数列出全网小程序排名指数变化情况，有效帮助运营者查找最新、最热的小程序。该平台支持免费收录小程序，利用阿拉丁指数，运营者可以上传自己的小程序，增加对小程序的曝光。

3. 小程序策划与推广

运营逻辑是运营工作中需要把握的思维规律，小程序的运营逻辑是“产品为王”，运营者的工作重点是进行有效的产品策划，通过小程序功能设计和玩法策略，引发用户主动分享与传播。

（1）小程序策划。小程序策划分三个步骤，即评估需求场景、差异化设计及细节策划。现阶段，对小程序需求最多的场景包括：低频类场景，如车辆购买、家政保洁；碎片类场景，如工作之余玩小游戏、乘坐地铁看视频；社交类场景，如群投票、好友红包；移动办公类场景，如日程查看、发票管理；服务类场景，如点餐、营业厅排号。

【课堂讨论】

请搜索小程序“转转二手交易”，讨论它解决了哪些线下服务需求。

小程序开发门槛低、周期短，大量开发团队涌入，部分场景下必然出现功能相似、界面相仿，运营者需要调研，搜索行业关键词并查看相关小程序，分析其基础功能，开展差异化设计。不同公司的产品、服务场景等完全不同，围绕自身独特性的业务进行小程序策划，可以使小程序具有差异化；小程序设计理念趋于简洁，在功能相近的小程序中，设计越简洁越能受到青睐，运营者可以细分场景，使小程序更聚焦；用户愿意选择有互动、更人性化的小程序，运营者可以尝试增加小程序的互动性，使用户感受到人性化。

细节策划属于落地执行工作，包括功能策划、导航策划、交互策化及原型图绘制，使小程序顺利进入开发阶段。首先，运营者需梳理出小程序的核心功能，该功能能够满足用户在特定场景下的某项需求；其次，主体功能设计完成后，运营者需要进行导航策划，设计小程序相关按钮，基本原则是快速直达核心功能，并且点击 3 次内可到达任何功能；最后，交互策划是小程序各功能间的逻辑设定，运营者可以绘制原型图梳理各功能逻辑关系，也便于与开发工程师沟通（见图 9－52）。

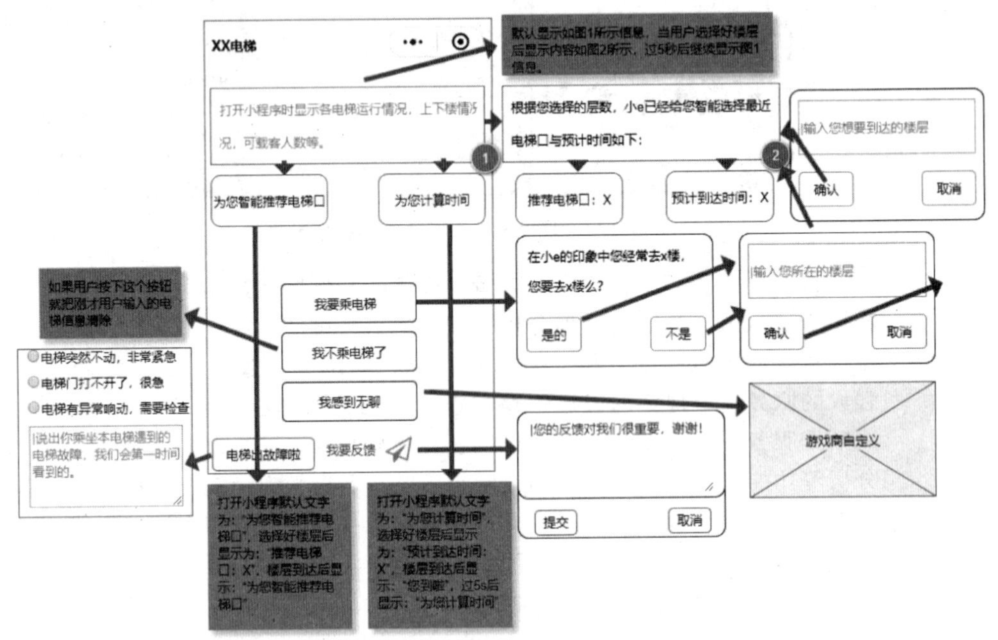

图 9－52　小程序交互策划及原型图绘制

原型图绘制完成后，运营者需要撰写相关需求文档，以文字形式阐述原型图背后的设计思路及各按钮的点击逻辑，第一时间与开发团队沟通，使小程序尽快进入开发调试阶段。

（2）小程序推广。小程序是基于场景的轻应用，所以很适合借助某个特定场景或事件进行传播，扩展小程序的最终用户覆盖面。小程序推广前，必须首先研究国家互联网信息办公室的相关规定及微信小程序官方规则，避免违反小程序原则而被下架。运营者需要特别注意：小程序推广避免诱导行为，模板消息尽量不打扰用户，功能避免过于单一，注意用户隐私保护，严禁设计多级分销，避免强制要求行为。

在微信搜索场景、浏览场景、地理位置场景、移动支付场景、线下场景下，常见的小程序用户传播方式主要分为：借助“社交立减金”，提升老用户忠诚度，实现社交裂变（见图 9－53）；设计比拼玩法引导社交互动（见图 9－54）；加入分享按钮提醒用户转发（见图 9－55）；设计同伴环境，鼓励社群传播（见图 9－56）；设计任务玩法，鼓励用户完成任务、领取奖励（见图 9－57）；设计加速规则，鼓励好友助力（见图 9－58）。

图 9-53　小程序社交裂变

图 9-54　小程序比拼玩法

图 9-55　小程序分享按钮

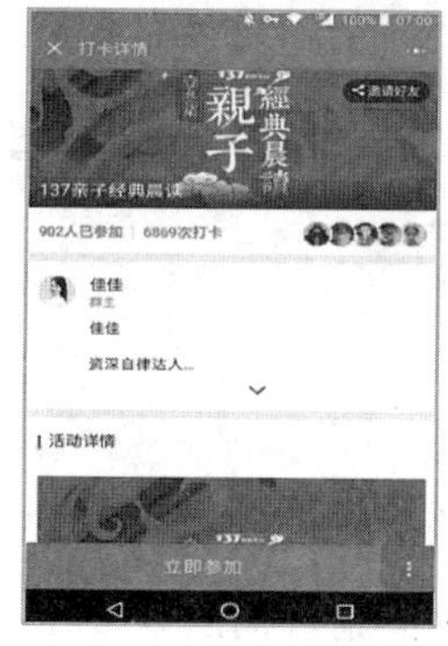

图 9-56　小程序打卡

图 9-57　小程序任务玩法设计

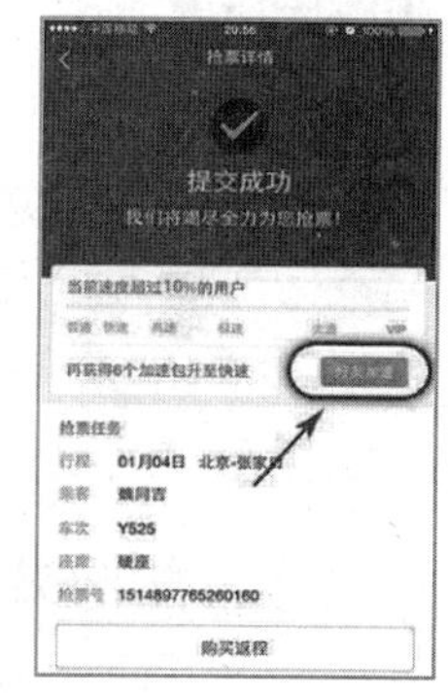

图 9-58　小程序好友加速

在日常生活中，用户普遍乐于将使用体验好的互联网产品推荐给家人或朋友，而接收者出于对推荐者的信赖，也更容易对该互联网产品产生好感。为此，微信小程序运营者可以聚焦其核心功能，使小程序成为特定人群或特定场景下的标配。

本章小结

通过阅读本章内容，读者将学习数字新媒体制作与传播技术发展历程；了解基于数字新媒体技术的内容产品、二次销售、平台业务等盈利方式与平台策略；初步掌握数字新媒体图像、文字、表单等静态开发方法，以及数字新媒体音频与视频、H5 海报、第三方平台应用等动态效果开发技能；熟悉二维码、App、小程序等新兴新媒体应用小工具，掌握新形势下数字新媒体传播渠道的变化趋势及新方向，能将数字新媒体与传统媒体相融合，推动数字媒体的运营，使受众具有更佳体验，借助媒体平台推动，实现更有效的数字新媒体运营效果。

第 10 章 数字新媒体营销实施与控制

学前提示

数字新媒体平台因其网络社交的丰富传播属性，已成为企业营销的重要平台。数字新媒体自有特征使新媒体营销与传统营销存在众多差异，本章主要以案例形式，阐述数字新媒体营销实施与控制方式。通过本章学习，需要了解数字新媒体公关与危机处理方法，熟悉数字新媒体环境下整合营销实施流程，具备数字新媒体营销风险控制意识，使数字新媒体营销平台成为企业与消费者直接沟通的良好营销方式。

案例导入

百事可乐，把乐带回家

2016 年是中国农历猴年，一切与猴相关的事物成为人们的话题中心，连续四年推出微电影的百事“把乐带回家”系列如期而至。此次，百事可乐请到一生都与“猴”有着莫大渊源的明星——六小龄童。六小龄童在 1986 年版《西游记》中扮演的孙悟空，因出神入化的演技深入人心，成为“70 后”“80 后”“90 后”童年记忆中对猴子特有的标识物。由六小龄童出演的微电影《把乐带回家之猴王世家》取材于其本人真实故事。广告从“猴王世家”切入，从章家四代对猴戏的坚持到年轻人心中的猴王形象，演绎他们各自把乐带回家的故事。

与前些年的“把乐带回家”系列电影相比，《把乐带回家之猴王世家》更多是通过传递像猴戏这种中国传统事物强调一种文化传承。6 分钟的电影用纪录片形式展现，以戏中戏为结局，李易峰作为彩蛋在电影最后出现，与六小龄童深度互动并引入品牌百事可乐，展开了一轮数字新媒体营销公关活动。

2015 年 12 月 21 日，@六小龄童在微博上晒出乐猴王纪念罐，并宣称将与百事可乐合作，希望通过乐猴王纪念罐将快乐传递给更多人。微博发出立即引起网友的热议和评论。在@六小龄童发出微博后不久，@百事中国转发其微博，并阐述了猴王纪念罐的意义，引出＃把乐带回家＃活动。2015 年 12 月 26 日，基于市场的深刻解读和人群的洞察，@百事中国选择微信朋友圈，首发由六小龄童亲自参与创作并演绎的微电影，与时下年轻人一起乐闹猴年。随后，百事可乐家族明星及微博关键意见领袖相继晒出收到乐猴王纪念罐的照片，并表示猴年一定要把乐带回家。在明星和微博意见领袖的号召下，话题热度不断提升，网民们纷纷评论、转发，询问如何买到乐猴王纪念罐，紧接着，@百事中国宣布把乐猴王纪念罐作为全球限量版，仅在京东平台作为赠品送出，购买指定产品即可获赠。

微电影《把乐带回家之猴王世家》播放次数累计超过 8.3 亿次，形成社会热点。关于＃百事＃、＃百事猴王影片＃等延伸话题搜索量在春节期间突破新高。＃把乐带回家＃春节营销获得了超过 700 家国内外权威媒体的自主报道，媒体价值超过 4.8 亿美元。5 万罐乐猴王纪念罐一经登陆京东平台便很快被抢购一空，在饮料品类连续周排行第一。根据调查，消费者对百事可乐的品牌喜好度提升 4%，通过这次＃把乐带回家＃春节营销活动，百事可乐让众多消费者重新谈论一个熟知的公众人物，成功唤起了人们对传统文化传承的思考。

百事可乐在快速消费品尤其是碳酸饮料市场占有较大份额，但竞争对手可口可乐依然领先。从品牌形象和地位来看，两者不相上下。近年，可口可乐开展的昵称瓶、歌词瓶等营销活动影响力巨大，百事可乐一直在寻求机会展开系列品牌营销战役。现时期，年轻人表达热爱及沟通交流的阵地已全面互联网化和社交化，如何在年轻人的媒介接触点，如社交平台上创造出能引起年轻人共鸣和认可的内容是品牌主的机会。

百事可乐跳离单纯借用生肖产生硬关联，将＃把乐带回家＃营销传播运动创意及媒体策略巧妙地与目标受众相连接，将传播效果最大化；社交媒体方面，百事可乐利用微博关键意见领袖推广乐猴王纪念罐，增加话题曝光；利用微信关键意见领袖，发表与猴王有关的回忆原创性文章，加强百事可乐猴王和消费者的情感联系与共鸣，整体活动执行分为三个阶段（见表 10－1）。

百事可乐并非停留在猴王形象本身，而是挖掘六小龄童一家四代坚持用猴戏将快乐带给千家万户背后的动人故事，传播百事可乐塑造的“乐猴王”精神，即向往经典品质，乐于传递快乐，呼应活动主题，引发网友对所熟知公众人物的重新讨论和对情怀坚守的情感共鸣。从六小龄童到明星互动再到纪念罐的传播节奏有条不紊，策略恰当、内容动人；后期传播及原创长文又引发网友的热烈讨论，面对微博“这年代，有谁愿意听一个老头叨叨呢”的质疑，发掘上万网民齐声回应“我愿意”，调动网友对情怀坚守的正面情绪，发起＃我愿意＃话题实现二次传播。百事可乐此次春节整合营销活动洞察到位，引发共鸣，传播激发情绪，引发大范围热议，最终极大增强了消费者和品牌之间的情感联系，提升了品牌好感度，拉动了产品销售。

表 10－1　＃把乐带回家＃活动执行方案

执行	第一阶段	第二阶段	第三阶段
目的	借用六小龄童形象为微电影预热	推广微电影和乐猴王纪念罐	持续为微电影创造社会话题
传播内容	预热百事可乐和六小龄童合作，热炒微电影背后花絮	传递百事可乐猴王精神，推广乐猴王纪念罐	品牌传承，中国传统文化
传播媒介	纸媒、主流网络新媒体	媒体及舆情意见领抽、原创自媒体、主流视频媒体	文化部“欢乐春节”活动、时政类纸媒、主流网络媒体

10.1 数字新媒体时代公共关系策略

公共关系是社会组织运用各种传播手段，使自身与公众相互了解、相互适应的一种活动和职能。公关要素包括社会组织、公众和传播。在互联网＋的滚滚浪潮下，企业作为特定的社会组织，传播目的更侧重于提升品牌形象、传播产品特点、控制负面信息。

10.1.1 数字新媒体营销公关方法论

自传统媒体至数字时代，传播业发生了翻天覆地的变化。数字新媒体将人们带入了信息爆炸的新时代，也为公关关系打开了新的传播途径。变革、融合、重构成为公关行业最热和最切实际的话题。数字新媒体时代，企业公关及整合营销活动基于以下六步思考模型展开。

1. 确定方向

在一场公关活动中，首先需要明确公关的方向。企业开展数字新媒体营销公关活动，必定希望达成某种结果，如改变产品在市场上的现状、获得更大的影响力或提高产品销量，但这在营销上分别归属商业目标与传播目标。商业目标以利润最大化为目的，传播目标以影响最大化为目的，两者根据企业的实际情况不同在公关传播中的侧重点也有所不同。

2. 定义目标

不论选择何种公关方向，企业都会面临挑战和机遇，这就构成了公关活动的具体目标。例如：某企业新品即将上市，想要增加该款新品的曝光及销量，企业的挑战在于如何在市面上从该款新品的同类竞品中脱颖而出，而企业的机会则是利用该款新品的主打特点，契合目标受众需求，赢得用户的喜爱和支持。

3. 洞察引爆点

洞察引爆点是企业基于对市场及消费者的深刻调查和理解，找到最有利于品牌或产品赢得消费者情感关联与认同的话题或事件，帮助企业更轻松、更迅速地感染受众。例如：小米新机 5X 主打人像拍照，小米从受众有关拍照的需求点出发，融入人们对性格的关注，邀请代言人吴亦凡打造了“12 星座照相馆”。

4. 创意活动策划

企业策划人员明确新媒体营销公关活动的目标后，分析挑战和机遇，洞察到目标受众的引爆点，基于此提出的公关活动创意思路或想法，在企业内部往往需要和外部顾问共同进行头脑风暴，并最终确定方案。

5. 执行方案

确认创意想法后，需要策划影响与改变受众的创意活动执行方案。执行方案由一种或多种营销方式及各种推广渠道组成。执行方案在创意想法的指导下，确定何时何地与受众沟通及互动，通过什么步骤、什么途径实现。执行方案包括营销执行实施路径、媒介计划、渠道、创意内容及活动、传播时间节点等。

6. 评估效果

公共关系活动是否成功，关键要看公众的反响。了解公共关系活动的社会效果和经济效果，即公共关系活动效果评估，这就涉及公关活动在实施后计划和期望达成的具体关键指标。通过表 10－2 对比预期与最终效果，便于后期方案总结。

表 10－2　公关评估关键指标与营销目标

<table>
<tr><th>步骤</th><th>关键指标</th><th colspan="2">营销目标</th></tr>
<tr><td rowspan="2">产出</td><td>营销新增用户</td><td>促进用户增长</td><td>商业目标</td></tr>
<tr><td>品牌知名度对比</td><td>提高知名度</td><td rowspan="7">传播目标</td></tr>
<tr><td rowspan="3">输出</td><td>媒体覆盖率</td><td>用户覆盖</td></tr>
<tr><td>转发、评论、点赞数</td><td>品牌自媒体的互动</td></tr>
<tr><td>媒体报道量、报道内容、内容质量</td><td>媒体报道</td></tr>
<tr><td rowspan="2">输入</td><td>意见领袖数量</td><td>意见领袖数量</td></tr>
<tr><td>参与人数</td><td>新闻发布会</td></tr>
</table>

数字新媒体营销公关的六步流程，可以作为企业开展新媒体营销公关活动的思考模型和实施工具。在企业实际操作中，公关活动和营销推广活动的界限并不是特别分明，一般认为不直接面向企业业绩提升的活动都属于公关范畴。

10.1.2　京东“618”品质狂欢节营销公关

京东“618”大型促销活动已经超出了平台、行业范畴，正在成为线上线下、各行各业争相进入的购物狂欢节。一年两场消费狂欢节，如果“双 11”属于下半场，那么“618”则是上半场。结合时下中国整体升级的消费及激烈的市场竞争环境，京东在 2016 年 6 月打造了一场全民关注的品质狂欢节。

2016 年 5 月 18 日，距离京东“618”还有一个月的时间，京东“518”数字营销峰会在北京举办，营销人员围绕“京腾计划”的社交电商营销、消费数据驱动营销模式变革、数字营销的最新趋势等方面展开激烈讨论。事件产生新闻稿件 186 篇，相继在《IT 经理世界》《新营销》等平面媒体进行刊登，整体曝光量 2 956 万，互动、阅读量达 38 万。

同日，京东宣布“618”品质狂欢节正式开启，各品牌商纷纷为京东“618”提升了关注度。通过对刘强东与几位企业高管对话内容的输出，凸显京东追求品质的理念及行业伙伴对京东的高度认可和信任，传递京东未来战略重点引发广泛关注，为“618”大型促销活动打响第一枪。新闻稿件传播量为 485 篇，累计曝光量超 1.43 亿，互动、阅读量超 840 万。

2016 年 5 月中旬，京东开始“618”宣传。首先，发布了一组广告片：“情侣吵架篇”“三口之家搬家篇”“青年离职篇”“母女隐私篇”。值得注意的是，京东针对不同媒体平台，将广告分为《奔跑吧》节目插播的版本和社交平台传播的版本，虽然与商业电视广告的内容相同，但是文案并不一样。故事调侃主角的另类工匠概念，风格化叙事，严肃化讲故事，最后迎来反转，强调品质生活。

2016 年 5 月 23 日至 5 月 25 日，京东在北京、杭州、广州、深圳投放城市楼宇广告，内容直接对标天猫“双 11”，倒计时海报迅速引发受众围观热议，具有很强的新闻价值。与此同时，京东在 50 个微博红人平台上投放微博相关内容，微信自媒体撰稿传播 13 条，传播覆盖总人数超 25 亿，其中，4 条微博内容登上热门微博

1 小时榜，1 条登上 24 小时热门榜。

2016 年 6 月 1 日起，@京东使用一组明星倒计时动图海报，以猜谜形式预告第二天的明星艺人和“爆款”福利，17 天 17 个不同圈层的明星为京东“618”代言，内容从明星艺人自身标签出发，讲述明星艺人对“品质”的不同诠释，从明星艺人角度理解的“品质”向受众进行扩散；2016 年 6 月 13 日，京东再发布“凑合的最高境界”病毒视频。

京东“618”品质狂欢节流程拆解：

（1）确定方向。在行业层面，将京东“618”打造为整个电商行业的重大节日，提升了京东在行业内的品牌影响力；从消费者层面来看，提高了消费者对京东“618”品质狂欢节的品牌认知，将“品质”与京东“618”进行强关联。

（2）定义目标。作为京东最大的竞争对手，天猫“双 11”狂欢节声势浩大的营销活动吸引了众多消费者前去消费，面对天猫“双 11”的强大宣传攻势，京东有意将“618”打造为自己的电商狂欢节。

（3）洞察引爆点。随着 2016 年“315”消费者权益保障日的结束及日益增长的物质需求，能够满足生活需求的产品越来越多，但是大量品质差的产品仍旧充斥着市场，人们对品质的需求日益增强，因此，京东在 2016 年“618”大型促销活动中，提出“品质 618”概念，其中包括：品质电商——京东在业界率先提出品质电商理念，与其他电商形成差异化；品质购物——秉承对假货零容忍的态度，确保高品质的产品与服务；品质生活——为众多家庭构建一个可提供品质生活的综合性电商平台，让品质生活触手可及。

（4）创意活动策划。高品质，拉销量——针对“品质”进行全方位扩散，将促销利益点以趣味互动形式进行呈现；强曝光，齐发力——持续保持“618”曝光热度，传统媒体、新媒体、直播等平台共同发力，提升京东商城影响力，在受众意识中将“品质”与京东产生关联。

（5）执行方案。合作方面，大牌云集，联合 34 家国际大牌、超 400 家优质品牌商加入“618”大促；促销方面，力度强劲，3C、家电、消费品、服饰家居、生鲜事业部打造花样促销；平台方面，移动端玩法丰富多样，手机京东、京东微信、手机 QQ 共同发力；营销方面，打造娱乐级消费，携手明星组成“品质学院”，向消费者传达“明星品质生活”观。

（6）创新。创新供应链——提升供应链效率是京东具备的核心优势，京东向合作伙伴开放物流功能；创新营销——利用流量、数据、平台优势为合作伙伴提供一站式电商营销解决方案；创新技术——京东致力于研究无人机技术，并在“618”期间开放智能卖场。

（7）评估效果。在传统媒体方面，围绕核心促销信息，从品牌、营销、技术、物流、区域特色等多角度发布 3 167 篇报道，逾亿人次阅读转发，获得了显著的关注度及舆论影响力；在意见领袖方面，撰写发表近 162 篇评论文章，发表于微信公众号、新浪微博、今日头条等一线自媒体平台，阅读量超过 400 万，成功对京东“618”进行了多维度的正面引导；在社交媒体方面，原创图文、视频、H5、攻略长图、网红直播等多种创意形式，安排超过 600 个优质大号、段子手等第三方资源推转，相关内容影响人群过 3 亿人次。

10.1.3　美团外卖三周年营销公关

外卖 O2O 行业在经历了补贴大战后，用户及消费单量均急剧增长，形成了美团外卖、饿了么、百度外卖（2017 年 8 月被饿了么收购）三足鼎立的市场格局。随着用户用餐习惯的改变和餐饮企业的互联网化，人们更加注重享受生活，用户对外卖的准时性、品质和服务提出了更高要求，外卖消费逐渐成为一种大众需求。

2016 年 11 月 13 日，天猫“双 11”电商节后，美团外卖及时跟进热点，以＃双十一后不吃土＃话题打响前战；11 月 14 至 18 日，联合 10 位顶级明星进行千万级肖像合作，拍摄祝福视频《美团外卖三周年，大波爱豆等你来嗨!》。与此同时，美团外卖联合 10 个知名商家、11 个超级品牌、8 家行业媒体、10 款国民美食、8 位优质资源引爆社交媒体平台，通过打造系列海报发起微博话题 ＃百万大咖约你开趴＃。在微博红人账号中，@吾皇万睡等微信通过制作活动延展 IP 形象海报，进行二次扩散传播（见图 10－1）。

2016 年 11 月 21 日，美团外卖深度联合 10 位 SNH48 成员，演绎 10 大品牌商家的招牌菜，与外卖小哥趣味互动，定制“撩味十式”视频（见图 10－2）。在视频推广方面，10 位 SNH48 成员先后在个人微博发声，美团外卖官方微博、微信顺势推出一个精简版视频，配合微博、微信意见领袖以及秒拍红人造势扩散，拉动更多用户参与其中。

图 10－1　美团三周年系列海报

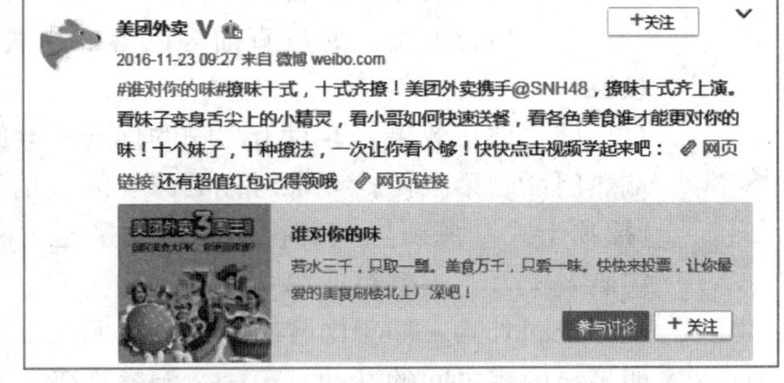

图 10－2　美团外卖“撩味十式”

2016 年 11 月 25 日，美团外卖微博发起 ＃谁对你的味＃投票 PK 活动，结合 SNH48 粉丝人群特征，匹配二次元、游戏、美食、段子手类意见领袖，以接龙形式二次扩散，扩大明星粉丝效应；2016 年 11 月 28 日，针对 App 用户使用习惯，打造魔性竖版音乐视频，从秒拍扩散至微博，同时匹配视频类、娱乐类、段子手类意见领袖扩散；2016 年 11 月 29 日，美团外卖又将“史上最快”MV 投放微信朋友圈再掀高潮，在哔哩哔哩平台出现了“史上最快 MV”衍生版，将“美团外卖，送啥都快”的概念深入传递，引发网友分享讨论。

美团外卖三周年流程拆解：

（1）确定方向。整体上，结合年轻人群关注的热点和内心喜好，打造一次全民关注热传的专项活动，加深与目标人群情感联结，提升品牌知名度，培育用户忠诚度，提升 App 使用频率，巩固市场占有率。在细化目标上，营造三周年娱乐传播氛围，沉淀与提升品牌影响力；利用社会化媒体，传递“快”的品牌核心理念，刺激大众积极参与分享活动内容；稳定现有用户群体，促使潜在目标人群转化并产生下单购买行为。

（2）定义目标。在碎片化、娱乐化的信息时代，如何打造优质娱乐内容吸引目标人群的关注，提升品牌知名度？面对竞品饿了么的疯狂追击，并以补贴强势抢夺消费者，美团外卖又如何实现品牌差异化，加深与目标人群情感联结，组合社会化媒体触达更多受众？

（3）洞察引爆点。外卖 O2O 平台的整体用户人群呈现出年轻化趋势，具有酷爱上网、乐于分享、注重实用、关注价格等特点，特别是上班白领用户居于大多数，呈现集中分布的特点。

（4）创意活动策划。利用互联网营销特性，以明星噱头吸引眼球进行粉丝圈层渗透，邀请 TFBOYS、佟大为、周冬雨、柳岩、包贝尔拍摄视频，同时邀请重量级商家、超级品牌、行业媒体、爆款美食、行业大佬等助威营造氛围，盘活全营销矩阵，营造三周年氛围。联合 10 位 SNH48 成员演绎商家招牌菜，打造 10 个短小有趣的“撩味”视频。用食物拟人化的亲和手法，综合调动艺人 IP 影响力＋品牌商家实力背书，传达美团外卖的食品和服务品质，与商家共同形成生态链互利共赢。

打造魔性的“洗脑”视频，采用消费者习惯的竖屏形式，并以产品形式作为视频创意搭载，凸显产品特点。整个案例传播充分做到精准粉丝营销，调动自媒体意见领袖、粉丝后援会等进行推广，以碎片化娱乐信息的形式渗透消费者日常生活的时时刻刻，实现理念传递和行动落地，最终将品牌核心理念——“快”，以娱乐化内容的形式实现渗透传播。

（5）执行方案。通过直播等内容，与线下餐饮机构展开与潜在消费者之间的接触。

（6）评估效果。＃百万大咖约你开趴＃阅读量 1.1 亿，一度占据 PC 端和移动端热门话题第一位；＃谁对你的味＃阅读量 1.4 亿，微博投票活动参与量超 28 万；“撩味十式”视频与 MV 视频总播放量超 1 500 万；美团外卖日均订单量活动期间突破 800 万，占据行业第一位。

美团外卖三周年内容有创意，将明星从注意力经济变成影响力经济，充分玩转明星与内容之间的互动。第一，洞察准确，视频创意独特。把控视频传播短小有趣的关键特征，看似简单的招牌菜视频，却达成洞察用户极佳的互动效果。第二，传播内容、形式新颖。视频采用竖屏模式，让内容与观众的互动更加深入。

10.2 数字新媒体环境下整合营销实施

整合营销是企业在市场营销中，运用数字新媒体传播媒介，努力达到营销目标最大化的一种方法。整合营销的核心是以消费者为中心，主要满足消费者的欲望和需求、考虑消费者获取满足的成本、实现消费者购买的方便性，以及达到企业与消费者的有效沟通。

10.2.1 整合营销传播策划与实施步骤

整合营销将消费者作为整个传播活动的出发点和终结点，以统一目标和形象传播一致的产品信息，迅速树立品牌形象，实现与消费者的双向循环沟通，达到消费者与企业共赢。整合营销活动是企业目前常常采用的高级营销活动，各种数字新媒体工具和传播方式协调应用，可以产生“1+1>2”的协同效应。

1. 整合营销传播策划

整合营销传播是使用公共关系方法对营销工作的推进，它既要求恰当地做好公共关系宣传，又要紧密配合营销工作，促进产品销售。整合营销传播策划具有以下步骤。

（1）分析企业态势，确定营销目标。以公共关系调查和市场调查结果为依据，分析并确定企业所处的内外部环境、竞争者状况等，明确企业所面临的市场态势，确定企业进行整合营销活动的目标。

（2）选择公共关系视角，制定传播方案。寻找恰当的公共关系主题，使之能直接与企业经营的产品具有某种联系，在活动中既能充分体现社会公益特色，又能切实在短期内为企业带来较好的营销收益。制定传播方案的关键在于媒体选择和传播内容的确定，要切实了解目标市场需求，使传播方案更具针对性。

（3）整合企业资源，发挥组合优势。以消费者为中心，综合利用企业的所有资源，实现企业的高度一体化营销整合。整合营销传播主要包括信息内容的整合、传播工具的整合、传播要素资源的整合、传播目标的整合、市场定位的整合、品牌形象的整合等。

（4）有效传播企业信息，扩大宣传范围。在制定整合营销传播方案时，重点在于把重组的营销策略与公共关系传播主题相结合，形成全新的整合营销传播方案，在更大范围内有效地将宣传内容传播出去，实现企业经济效益和社会效益的双赢。

（5）论证策划方案，完善传播策略。在制定整合营销传播方案后，要进行必要的可行性分析，对公共关系主题选择、活动宣传手法、营销组合方案等进行再推敲和考虑，特别是对于数字新媒体传播媒介的选择和使用，更应反复斟酌，努力使其更具操作性。

数字新媒体整合营销传播方案确定后，对于经费预算等情况，需要报送企业决策部门审查批准，再经过认真修正之后，选择恰当时机推向市场。

2. 整合营销实施步骤

数字新媒体整合营销传播方案被决策部门批准以后，营销工作进入实施阶段，主要包括以下步骤：成立领导组，将包括新闻传播在内的有关人员吸收进管理团队，以便于有效把握整合营销传播活动的实施；组织专门的新闻宣传团队，及时做好数字新媒体传播媒介的宣传工作；对营销组合各个环节进行安排，如产品展示、渠道配合、促销活动等；培训整合营销传播活动的所有参与人员，将营销活动变成在社会公众面前打造产品声誉、塑造企业形象的公共关系活动，强化对礼仪、人际沟通技巧等的训练；准备活动所需的各种设施和宣传资料等；设立专人接待媒体记者，并准备现场报道的一切设备。

以公共关系手段进行营销宣传，是整合营销传播不同于传统营销组合的地方，以此方式介入企业营销环境，能够最大限度地营造组织良好的生存环境，因为新闻宣传或传播媒介的多形式手法运用，可以调动现时期最有效的数字新媒体，展开全面的营销宣传攻势，在短时间内可在一定区域提高企业知名度、增强企业美誉度，最大化地实现企业营销目标。

10.2.2 滴滴代驾“桔色行动”整合营销

面对居高不下的酒驾现象，醉驾在 2010 年被纳入刑法定罪量刑。作为中国代驾行业的重要企业之一，滴滴代驾希望通过自身力量呼吁民众重视酒驾危害，并运用新媒体技术减少酒驾发生数量，捍卫道路安全。为让更多人意识到酒驾危害，减少酒后驾车事件的发生率，滴滴代驾发起“桔色行动”拒绝酒驾活动，以“多一次代驾，少一次酒驾”为主题，通过创意海报、VR 技术病毒视频、微博话题讨论等多种形式展开传播。

2016 年 6 月 20 日，@滴滴代驾发布酒驾后果对比照（见图 10－3），通过两种不同表情的强烈对比凸显酒驾危害，随后通过官方微博和微信新媒体平台进行预热。

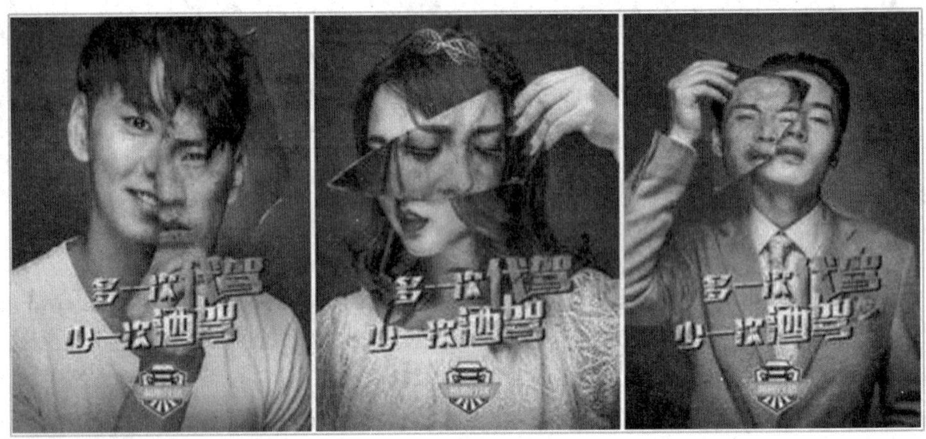

图 10－3　滴滴代驾发布酒驾后果对比照

在传播层面，@滴滴代驾利用娱乐微博、微信自媒体意见领袖，从女司机、有车生活等角度传播预热海报，建立＃多一次代驾，少一次酒驾＃话题，增加热度为后续引爆做铺垫；建立知乎话题，理性讨论酒驾场景，适时植入滴滴代驾品牌信息，话题阅读量达 5 966.8 万。

2016 年 6 月 20 日，@滴滴代驾发布《别用侥幸试探人生》视频，触及网友内心对于酒驾危害的深刻认知，引发口碑效应。视频以酒驾者侥幸心理作为切入点，从各类因酒驾引起的行车陋习中，让每位车主看到自己的影子，逐渐渲染观众情绪，将视频结尾落在侥幸心理引发的酒驾上，最后进行引导分享。通过社交媒体传播视频，播放量达百万。

2016 年 6 月 21 日，@滴滴代驾联合@暴风魔镜官微、@北汽新能源、@国密董酒、@辣庄餐饮管理有限公司、@酒仙网官方微博、@雪佛兰、@中国石油、@人保电话直销等企业共同呼吁“多一次代驾，少一次酒驾”。与此同时，多城政府、交警、公安部门线上发声，发布微博支持拒绝酒驾行动。

在媒体传播方面，滴滴代驾在电台深入讨论酒驾场景，连线滴滴代驾负责人，列举代驾数据，传播“多一次代驾，少一次酒驾”理念；在明星方面，@滴滴代驾请包贝尔在其经营的火锅店进行直播过程中，传递拒绝酒驾的观念，并与现场食客进行互动。

2016 年 6 月 26 日，滴滴代驾发布 VR 视频。通过 VR 技术，真实地模拟醉酒开车的危险之旅，视频伴随热烈的干杯声，车速越来越快，出现虚焦的效果，最终导致追尾事故发生。通过 VR 沉浸式体验，从第一视角感受酒驾危害；通过 VR 放大醉酒开车的危害，让体验者产生后怕心理。随后，滴滴代驾邀请自媒体意见领袖撰写原创内容传播 VR 视频。与此同时，滴滴代驾与餐饮企业线下门店合作进行 VR 眼镜体验，并且领取纸质代驾券宣传“桔色行动”，借此传达滴滴代驾“拒绝酒驾”的态度，再收集线下体验过程的照片，通过社交媒体及新闻媒体进行二次传播，扩大 VR 视频传播声量。

基于滴滴代驾调研数据，酒驾逐渐成为行车事故中的主要元凶。作为出行服务公司，滴滴需要通过系列营销活动确立其在代驾市场的地位，让用户逐渐接受并使用滴滴代驾。滴滴代驾从酒驾者前后对比和侥幸心理出发，利用对比海报表现形式，用直观视觉效果突出酒驾后果。从日常生活细节出发，抓住酒驾者侥幸心理让用户产生共鸣。借助明星影响力和当下热门的直播平台，将酒后代驾场景以直播方式展示，达到了非常大的影响力，共 791.5 万人次观看，峰值时 63 万人次观看。从公益角度，联合十大知名品牌和十城交警共同发声，同时结合线下普法活动，为本次营销活动注入公益力量。

10.2.3 百事可乐巨星演唱会直播整合营销

百事可乐一直主打年轻消费市场，通过邀请巨星代言的方式，树立其在年轻群体中的品牌影响力。2016 年，百事可乐延续其全明星战略及 2014 年推出的全新主题“Live For Now”（渴望就现在），瞄准年轻人喜爱的音乐领域，期望以此与年轻消费者建立对话。

（1）百事可乐巨星演唱会营销目标。通过营销活动，提高百事可乐在年轻消费群体中的品牌影响力，树立起百事可乐年轻化的品牌形象。

（2）策略与创意。百事可乐选择中国在线演唱会第一平台——腾讯视频 Live Music，作为本次合作的主要平台。Live Music 所拥有的明星演唱会资源，不仅与百事可乐全明星战略及其音乐营销不谋而合，它所涵盖的粉丝受众也更加多元化，既有受到年轻人追捧的“小鲜肉”，也有“70 后”“80 后”所熟知的大牌巨星。

（3）执行过程。第一步，百事可乐巨星集结，全年开启“Live For Now”。4 月 13 日—12 月 30 日，连续举办 11 场最受年轻人欢迎的明星演唱会、2 场当下最热的户外音乐节，以及 1 场 MTV 大赏，将大牌明星和当红“小鲜肉”一网打尽。第二步，百事可乐在 12 月 30 日，以一场千万粉丝关注的跨年巨献“幻乐一场”王菲演唱会直播收官。直播前，百事可乐携手微博“大 V”和微信公众号进行社交预热，并邀请孙坚、欧豪进行倒计时直播；百事可乐定制 TVC 更是从腾讯视频开机闪屏到视频第一贴片，全程追踪粉丝眼球，在演唱会现场，无处不在的百事可乐元素点燃全场激情。

腾讯视频 Live Music 为百事可乐打造 VR 专场，以当下最火爆的黑科技为上亿观众提供身临其境的直播观看体验，提升了年轻人的参与感。推出百事可乐“渴望就现在”品牌专题页面，整合视频、微信、微博等跨终端平台，联合海量站外媒体资源，从资讯、社交、娱乐等不同角度进行品牌联合推广。

本次合作 Live Music 首开“揭盖赢惊喜”互动奖品商业化先河。活动期间，用户访问官方活动页面参与"揭盖赢惊喜"活动，即有机会获得线下演唱会门票、VR眼镜、腾讯VIP会员7天激活码等奖励。本次活动共吸引374万用户参与互动，将明星的粉丝号召力有效地转化为粉丝对百事可乐的品牌好感度。

（4）营销效果与市场反馈。跨年晚会直播前，孙坚、欧豪倒计时直播，在线观众人数达160.8万；王菲演唱会直播，在线观看人数为2 149.6万，百事可乐定制道具曝光达到3 789.6万，实现了品牌在演唱会场景下的消费者沟通。定制TVC助力百事可乐品牌，巧妙绑定王菲IP，直播前、中、后贴片投放，持续曝光达1.1亿。除直播当晚，2016年，全球百事可乐"Live For Now"巨星演唱会直播共吸引近7亿人次观看；腾讯整合其全平台产品并联合海量域外媒体资源，实现21.3亿广告曝光效果。

【课堂讨论】

体育明星A、著名歌手B、微博大号C都是你的校友，三个月后即将举办校庆活动，由你来策划校庆直播，请谈谈你的策划思路。

10.3 数字新媒体营销危机管理

新媒体为公众提供了便利，也提高了企业危机系数，增加了危机应对难度。任何企业在日常运营中都可能遇到危机，新媒体不仅会在企业危机中推波助澜，甚至还会成为企业危机的策源地，企业危机公关就是要在危机出现的不同阶段，都有相应的防范和处理措施。

10.3.1 新媒体时代危机公关挑战与机遇

企业危机公关面临全新的媒体环境。与传统媒体相比，数字新媒体传播力量更为强大，这股强大的力量给企业危机公关带来了巨大压力，但也因新媒体具有便宜性、快捷性、互动性强等传播特点，使其成为企业危机公关的重要渠道和有效手段。

1. 新媒体环境下企业危机公关挑战

新媒体的传播力量借助互联网和移动通信技术的发展不断提升，其影响力也日益强大，媒体这把"双刃剑"比过去任何时期都要锋利，给企业危机公关带来了诸多挑战。

（1）危机源头无处不在。数字新媒体时代，媒体的进入门槛低，微博、微信等注册非常简便，用户可以通过任何终端随时随地上传和接收信息。任何人都可能触发一场危机，任何有意或无意的一篇博客、一条微博经过传播后都可能引爆企业危机，任何细节都可能直接诱使危机产生；同时，由于新媒体没有严格的审查，竞争者、消费者甚至毫无关系的人都可以借助新媒体平台发布对企业不利的信息。数字新媒体环境让危机的爆发更加难以预测，企业危机公关源头无处不在，加大了危机防范的难度。

（2）危机身影无所遁形。新媒体彻底颠覆了以往企业信息主操控模式，便捷多元的形式、互动开放的传播、畅通无阻的渠道使企业完全暴露在公众面前。当危机发生时，公众会对企业产生一种防范心理，担心企业会伤害自己，从而自愿担当传播者的角色。在高度透明化环境中，企业危机无所遁形，"封捂堵"式的传统企业危机公关不再适应新媒体时代的变化，网络舆论发酵致使企业危机监控难度增大。

（3）危机爆发速度加快。危机本来就有不可预测性和紧迫性，实时性强、传播迅速的新媒体又加速了危机爆发，使得危机反应的时间大为缩短。负面消息总能吸引大众的目光，而数字新媒体技术恰巧能够充分满足人们对信息的选择性关注，加速企业负面消息的扩散。吸引大众眼球的大型危机事件，一旦爆发就会呈几何式扩散，迅速在互联网上掀起滔天巨浪，引发全社会各界人士的关注，令企业措手不及。

（4）危机范围广破坏大。新媒体技术使得信息在没有边界的时空内自由穿梭，各方利益相关者基本能够"零时差"获知企业危机信息。单一性、局部性危机事件很可能会在短时间内扩展为全球危机。新媒体以前所未有的便捷性和广泛性扩大了危机事件的传播范围和影响程度，对危机具有放大作用，对管理者危机传播的掌控能力构成了极大挑战，而企业反应时间短、掌控难度大，无形中增强了企业危机的破坏性。

（5）危机信息辨识难度加大。数字新媒体提供了传统媒体所难以企及的超大量信息，开放的新媒体为所有人都提供了传播平台，任何人都是信息的发布者和传播者，任何人都可以是造成企业危机信息传播的信息中心，导致企业难以辨识和锁定危机信息的传播源。由于信息更替与传播速度的加快，人们没有时间去细致地分辨信息的真伪，无意中参与流言和谣言的传播，在某种程度上加大了企业处理危机的难度。

2. 新媒体环境下企业危机公关机遇

媒介融合的良好环境、数字新媒体不可忽视的力量为企业危机公关带来了很多机遇，而社交媒体等也成为企业舆情应对与危机公关的重要渠道和有效手段。

（1）传播实时性提高了危机处理效率。数字新媒体传播实时性强、速度快，企业可以在第一时间就发生的危机事件表明态度立场，并向公众发布初步解决方案，及时将关乎公众切身利益的信息传播出去，避免谣言和无端猜疑，为企业化解危机创造良好基础。通过官网、官微等传播渠道，企业能够实时更新事件发展和处理进程，提高了危机处理效率。

（2）多元化平台促进了危机沟通。技术发展为企业提供了合适和有效的平台，帮助企业快速回应危机，促进与消费者的有效沟通。企业在主流新闻网站发布系列新闻专题，保证公众可以获取比较全面的信息；在官网、官微、公众账号发布权威信息，为公众答疑解惑，保证即时有效的沟通；与公众互粉，进行良好的轻松、对等的互动，接收来自公众的反馈意见。

（3）对话式传播有助于正面舆论引导。社会化新媒体是公众舆论聚集地，也是品牌舆情监测和引导的重要阵地。企业通过博客、论坛等发布品牌、产品或服务的正面信息，与公众积极讨论，获取正面反馈，形成良好的口碑传播效果。在企业遭遇危机时，可以借助多渠道公布危机原因、处理措施；与消费者积极沟通，集结粉丝力量引导正面舆论，帮助实现改变公众反面态度，使舆论朝着对企业有利的方向发展。

（4）多对多传播模式扩大了危机接受面。社交网络、微博、微信等交互性强的新工具让每个人都可以是意见领袖，多对多的传播模式打破了传统媒体的二级传播机制，企业可以无障碍地进行信息发布、传递和共享，不仅能实现危机公关信息精准推送，还可以借助各级意见领袖的力量扩大企业危机信息影响面，拓展每条公关信息传播的范围。

10.3.2 新媒体环境下企业危机公关策略

就企业危机公关而言，数字新媒体时代“危”“机”并存，危机发酵快、应对反应更快，而对危机管理能力的要求也更高。强烈的危机意识、科学的危机预警机制、系统高效的危机处理机制和恰当妥善的形象恢复策略，对企业危机公关的成功非常重要。

1. 企业危机预警策略

很多企业对待危机存在侥幸心理，缺乏危机意识只会导致企业在突发事件中不知所措，而面对网民们的围堵更是无比被动。企业面对危机，首要目标是尽快结束危机，但更重要的是要做到防患于未然。

（1）意识先行。企业拥有的危机忧患意识程度与其抵抗危机的能力成正比，企业准确分辨出组织在运营过程中潜伏的危机因子，才能够真正做到未雨绸缪、长治久安。具有敏锐危机感知力的企业，能够以危机即将到来的态度发现征兆，并采取具有先见的举措。

对于企业而言，不论高层还是基层员工都应具备危机忧患意识。企业可利用内部网站与员工沟通，建立危机教育专区，为员工创建多形式的学习条件，做好应对危机事件的准备；建立危机案例库，定期进行全员危机培训，让忧患思想深入人心。企业可以开展各种危机演习，锻炼员工对危机的反应速度，检验危机培训效果，摸索出适合本企业的危机公关应对策略，才能在危机到来之时全员有条不紊、镇定应对。

（2）全时监测。数字新媒体带来方便的同时，也带来了传播速度快、自媒体信息发布难以控制的复杂局面，因此更加需要实时进行企业舆情监测，力求将事故或危机消灭在萌芽中。

1）全面监控。危机监测重在信息收集与关注，建立配备专职人员的监测部门，利用新媒体实现舆情全时监测。在危机预警阶段，舆情监测包括以下内容：收集、分析各类信息资料，跟踪了解客户、竞争对手、投资人、政府、媒体等各层面对企业的报道和意见，利用专业技术手段，对监测内容及研究结果进行归类统计，发现舆论发展趋势、来源分布、热门话题，对容易引发企业危机的信息进行判断和处理。

2）重点监控。出于资金预算、组织规模等考虑，企业未能成立专门舆情机构，24 小时监测小组就成为最佳选择。监测小组可以对重点网站和论坛进行全时段不间断监控，需要监测的媒体形式主要包括百度等搜索引擎、新浪等门户网站、豆瓣等论坛、微博等社交软件、人民网等传媒网络版、优酷等视频网站。

3）借助舆情监测工具。新媒体环境纷繁复杂，企业难以做到完全监测整个网络信息，这就需要运用与网络舆情监测相匹配的技术手段协助。例如：百度云提供大数据舆情解决服务，不仅节约了信息搜索成本，还能及时发现问题，杜绝负面信息发展成为企业危机，掌握控制主动权，为企业编织坚实的危机防范网。

（3）重在防范。危机具有不可预测性，企业根本预料不到危机爆发的时间、地点和规模，因此，建立适应新媒体环境的预警机制，通过预先制定好可能采取的措施、步骤和人员安排，可以减小新媒体给企业危机事件带来的负面影响，提高企业处理突发事件的能力及反应速度。

对互联网上被公众广泛使用的微博、微信传播平台，做好有针对性的危机预警方案，一旦出现网络负面新闻，并已经引起部分网民围观时，企业应立即启动预警方案，找出危机原因，争取第一时间控制负面信息蔓延；当信息已经扩散开来，引发大部分公众关注时，企业有必要迅速出击，针对事件做出说明，遏制危机的进一步发展，做好舆情监控，随时调整宣传服务策略，力求在第一时间接收公众声音，及时进行处理、化解矛盾、避免危机；企业可以通过网上投票、转发抽奖等方式，在传播自身产品的同时与大众积极互动，主动与用户产生亲密关系，培养品牌忠实粉丝，避免危机发生时孤立无援。

2. 企业危机处理策略

危机预警并不能完全排除危机引爆点，当企业运营问题凸显或偏离正常轨道时，危机势必爆发，企业需要采取相应的处理策略解决危机，降低损失。

（1）及时反应。坚持速度第一原则，收集与危机有关的事实，充分利用各种媒介与危机相关方交流。负责任的企业面对突发重大危机时，会在第一时间公布信息，解答公众各种疑问，获取公众支持和配合。微时代，短、平、快的文字风格更受公众欢迎，新媒体成为危机公关中最方便、灵巧的工具，企业在第一时间就可以通过官微、公众号等向全社会发布信息，公开回应外界种种质疑，防止事态进一步扩大。

（2）积极行动。数字新媒体时代，有效信息极其容易淹没，企业发生危机后，需要通过提高自身危机判断能力和信息处理能力，抽丝剥茧找出危机爆发的直接原因，才能有的放矢，采取准确有效的措施。

企业因产品、服务、管理问题等自身原因引发危机时，只有切实行动才能安抚公众、解决危机。如果发生产品质量问题，则必须召回问题产品；如果发生食品安全问题，则必须停业整顿；如果发生内部人员管理问题，则必须纠正管理漏洞、完善管理制度。企业因媒体不实报道和网络谣言等外界原因触发危机事件时，也需要找出危机始发地及传播原因，采取措施消除负面消息，以免不实消息酿成企业巨大损失。

（3）权威回应。新闻发言人是企业任命的新闻发布人员，每位新闻发言人背后是训练有素的舆论引导和危机处理团队，企业在危机爆发需对外发声时，一个经过内部沟通和训练的发声口，可以有针对性地发布实情，阐述企业的观点、立场，避免消息混乱给公众留下缺乏诚信的印象。

数字新媒体时代，新闻发言人的舞台也有所拓展，可以通过网络组织新闻发布会。对于公众而言，新闻发言人作为企业官方代表可信度高，这就要求新闻发言人回应时要准确，切忌含糊不清、表意不明，要通过积极诚恳的对话对公众舆论进行疏导，影响公众想法，化解外界对企业的敌对情绪，挽救企业形象。

（4）真相至上。危机事件发生后，企业应该通过官微、官网等公开权威的渠道，及时、准确地告知公众危机事件的真相，企业因为某些原因无法掌握全部真相时，也必须保证发布的信息真相属实，从而满足公众的知情权。数字新媒体时代，信息在公开透明的环境之下自由流通，企业的沉默只能导致信息真空，公众转而求助小道消息，导致谣言四起，企业负面消息漫天飞舞，使自身失去主动权。

（5）对等沟通。事件无法被改变，但公众对事件的看法是可变的，公关最终目的是要通过行动减少损失和消除负面影响。消除负面信息的关键在于改变公众态度，核心即利用媒体与公众进行信息对等沟通。

新媒体成为企业与公众直接交流的最佳平台，也保证了消息的有效到达率。危机传播过程是多方参与的动态信息调和过程，处理危机时，企业要透过各个新媒体平台倾听公众的声音，了解各方对事件持有的不同态度和看法，做出积极回复；企业可以与公众互动、对话解答公众疑问，化解公众因未知产生的焦虑。传统媒体影响力今时今日依然存在，危机发生时，企业要善于整合资源，重视传播媒体和新媒体的配合，利用各种媒体传播优势，保证与公众有效地沟通，主动导控舆论，提高公关传播效力。

3. 企业危机善后策略

危机过后的平静容易让企业忘却善后工作，如果此时采取的举措不恰当，则有可能诱发危机加重。成功处理危机后，企业最重要的就是恢复消费者、公众对企业的信任，借助危机造成的高关注度，对品牌形象进行宣传，为企业后续发展寻找机会。

（1）收拾残局。危机发展至后期，公众关注点会集中在两个方面：物质上，损失利益是否得到弥补；精神上，情感创伤是否得以抚慰。危机善后期，企业可以通过诚挚的道歉、补偿相关人员损失、恢复正常运营重拾公众对企业的信任。

虽然危机已基本解除，企业在公众面前依然要保持低姿态，站在受害者立场上表示同情和安慰，通过诚恳致歉，展现知错能改的企业形象，争取公众的理解和原谅；不管企业是否是主要责任方，都需要对公众遭受的损失进行适当补偿。作为危机主要责任方，更需要通过有序的赔偿机制，积极弥补损失以达到公众心理期望值，保证公众利益，降低公众的愤怒情绪；危机过后，企业要尽快收拾危机席卷过后留下的残局，恢复企业内部正常运作和对外经营活动，减少企业损失，赢得公众的重新理解和继续支持。

（2）热心公益。无论企业是否圆满解决危机，企业形象都会在不同程度上受到损伤，进行企业形象修复的一种重要方式是在危机后期，积极参与公益活动，凸显企业的社会责任和担当。在企业的公益行动中，慈善捐助策略无疑是最直接、清晰的社会责任行为。通过慈善捐助，企业向外界表明公司在追求经济利益的自利动机下，同时也在追求利他动机，表明企业利益与社会、公众的利益具有一致性。

（3）由危转机。善于挖掘危机中潜藏的成功因子是危机公关的精髓所在。危机中暴露出来的问题正是企业运营中的短板，将危机给企业带来的生存压力当作改革动力，去芜存菁，获得企业自身良性发展。

危机并不都意味着企业失败，它可以是在企业耳边敲响的警钟，也可以是孕育全新机遇的彩蛋。在形象恢复期，企业可通过在电视媒体、门户网站、微博等投放形象广告、推出全新产品等进行公关宣传，重新激发起大众对企业产品的消费热情。通过线上线下公关活动的配合展开，转移公众注意，淡化危机造成的不良影响，补救危机给营销活动带来的破坏。危机可能导致企业结构改变，这对于企业来说是进行转型的机会，通过对冗余机构和人员进行裁减、对产品和市场进行重组，实现企业更大的发展或新的崛起。

（4）后事之师。企业最重要的是要在危机解决后，懂得对自我进行全面审视和反思。通过同行、跨行对比，学习他人的公关经验及危机处理策略，不断改善自身的危机公关能力；同时，挖掘出隐藏在冰山下的更深层次的企业管理问题，从战略高度建立适应媒体环境的危机管理系统，促进企业可持续发展。

危机过后，企业需做好公关效果评估，通过监测大众意见和各媒体后续议题走向，了解公众对危机公关处理措施的看法，判断此次危机处理是否顺应民心，为企业在今后运营中改进产品和服务提供借鉴。

10.3.3　教科书般的存在：海底捞危机公关

2017 年 8 月，海底捞北京两家门店被视频曝光存在食品安全问题。在食品安全被日益重视的当下，海底捞后厨出现偌大的安全卫生问题没有上热搜，而“海底捞 3 小时危机公关”却神奇般地上了热搜。与以往该类事件迅速激起舆论风波不同，海底捞在受到网友谴责的同时，也因其致歉和整改态度赢得一些网友的宽容，甚至被称赞危机公关做得成功。

媒体曝光的消息发出 3 小时后，海底捞在其官网和新浪微博发布第一封致歉信，2 小时后又针对这一危机事件，发布了七条处理通报，同时在对涉事两家门店的处理通报中公布了整改措施，有网友称赞海底捞的行为“很负责，有担当”，甚至将海底捞的应对表现评价为“教科书级典范危机公关”。上午，海底捞沦陷；下午，海底捞逆袭。有人将海底捞的反应归纳为三句话：这锅我背、这错我改、员工我养。

在海底捞的致歉声明中，公众看不到“仅”或“只有”这样的字眼。首先，海底捞没有按照惯例，将事发的概率范围尽可能缩小，反而承认“每个月我公司也会处理类似的食品安全事件”；其次，海底捞进一步表示，往常该类事件的处理结果将会公告于众，消费者可以通过其官网或者微信平台对此进行查证——为自己对食品安全问题的重视找证据。“我们感谢媒体和公众对海底捞火锅的监督并指出我们工作上的漏洞，这暴露了我们的管理出现了问题。”公众无法容忍价值观错误，而管理是可以补救的。换句话说，海底捞强调它一直在坚守社会责任的底线，而对于管理漏洞深表自责。

区别危机公关和危机管理方法之一在于行动承诺。一切没有行动承诺的表态至多是漂亮的危机公关，而能够经得起检验的危机管理一般包含下面的具体行动陈述：

√“我们已经发现的问题有……”

√“我们正采取的行动是……”

√“我们还将落实……”

√“检验上述行动的时间节点在……”

√“如果没有做到，我们承诺的惩罚为……”

海底捞在最短的时间内，已经在处理通报中公布了具体的行动陈述：聘请第三方公司，对下水道、屋顶等各个卫生死角排查除鼠；与第三方虫害治理公司从新技术运用到门店设计等方向研究整改措施；公布一系列整改措施的具体负责人的职位、姓名甚至联系电话。这些细节的公布，不仅使传说中的“相关负责人”瞬间透明，呼应了下文中“主要责任由公司董事会承担”的表述，还用新科技解决了消费者无法监督的疑虑，让一场浮于表面的“危机公关”变为有迹可循的“公关管理”。

不需要“临时工”来顶包，海底捞在处理通报中明确指出，“涉事停业的两家门店的干部和职工无须恐慌，你们只需按照制度要求进行整改并承担相应的责任。该类事件的发生，更多是公司深层的管理问题，主要责任由公司董事会承担”。海底捞将事件根由衍生到企业管理制度，并在公众面前保全员工，体现了一直以来鼓励员工“双手改变命运”，主打“将员工当作顾客来服务”的企业文化。与此同时，海底捞并没有对员工进行偏袒和回避，表示涉事员工“需按照制度要求进行整改并承担相应的责任”。在社会形象几乎要崩塌的一刻，是海底捞长期的企业文化基因为它挽回了些许余地。

面面俱到，第一时间回应。越是千钧一发的时刻，管理者越需要明确企业必须保护的生存资源，在“消费者、员工、供应商、政府部门、媒体”中，确定最为关键的利益相关者，才能寻找到可以为己所用的转折机会。公众几乎可以在海底捞发布的致歉信和处理通报中，看到每一位利益相关者的身影。

√“今天，媒体的朋友也为我们提供了照片，这让我们十分惭愧和自责……”

√“我们感谢媒体和顾客帮助我们发现了这些问题……”

√“欢迎顾客、媒体朋友和管理部门前往海底捞门店检查监督……”

√“门店在此次整改活动中，应依据所在国家、地区的法律法规……”

√“涉事停业的两家门店的干部和职工无须恐慌……”

与以往企业危机公关不同，海底捞不抵赖、不狡辩，快速、坦率回应得有点令人措手不及。没有与媒体互怼，更没有推卸责任，相比其他企业遇事自保、互相推诿、丢车保帅的手段，海底捞选择坦诚认错，完美利用了同理心，从客户角度及员工角度，既解决问题又打感情牌，重心在于彻底解决问题。

由于海底捞的快速反应与之前几乎所有涉事企业面对此类事件推卸责任的态度形成鲜明对比，消费者认为海底捞是积极、坦率、可以原谅的。海底捞没有被打垮，真正让它从信任边缘死而复生的，绝不是使用技巧写一封道歉信，而是常年积淀下来的口碑和态度，让很多消费者愿意相信它们的真诚。

10.4 数字新媒体营销风险控制

虽然互联网技术不断发展，企业开展数字新媒体营销活动也日渐得心应手，但在纷繁复杂的经济变革形势下，营销决策仍然存在风险性。企业应充分把握营销活动时机，有效运用新媒体营销手段，规避营销实施风险、规范实施过程，进而提升企业经营业绩。

10.4.1 数字新媒体营销风险因素

企业只有通过市场调研对未来发展预期、行业走势、消费者需求动向及宏观环境做出合理判断，才能充分应对在数字新媒体营销实施过程中可能面临的经济风险与技术风险。

1. 经济风险

新时代，企业新媒体营销观念应被市场中的消费者所接受，新媒体营销活动在发展体系和规划上还需完善，否则营销策略将难以实施，导致高投入低回报的结果。数字新媒体营销涉及的经济风险如下：

（1）协作风险。企业实施数字新媒体营销活动，需要多个职能部门共同参与，包括市场部、产品部、客户服务部等，各部门相关人员分工不同，遇到问题时，可能由于职责不清而相互推诿，因此，相互协作成为实施新媒体营销面临的风险问题。

（2）绩效风险。新媒体产业发展与实体经济兴衰有着密切的联系。企业在实施新媒体营销活动前，通常会设置较为清晰的目标，但在实体经济逐渐衰退的情况下，新媒体的消费需求在慢慢降低，企业往往会为了减少成本而减少广告支出，加上新媒体营销过程的系统性和灵活性，导致实际所发生的成本和效益不一定符合前期目标，需要引起企业高度重视。

（3）组织风险。企业人员对于数字新媒体营销的接受程度是实施活动过程所面临的潜在风险。由于新媒体技术发展迅速，专业技术人才相对比较稀缺，企业在新媒体策划、新媒体市场开发及经营等方面的人才更是缺乏。此外，由于国内新媒体运营起步较晚，从事新媒体营销工作的人才流动性较大，人才及技术的流失比较严重也导致了企业风险的增加。

（4）政治风险。从宏观层面来看，企业开展数字新媒体营销活动都应该遵守政府政策、法律法规等，然而目前，数字新媒体尚未形成稳定的产业业态，其所涉及的有关社会、经济等各方面要素均具有较大的不确定性，致使新媒体营销在运作过程中存在一定的法律风险。当政策发生变化时，企业需要缓冲期以重新适应新规则的变化，在短期内，根据政策环境的变化调整也会给企业带来一定程度的风险。

2. 技术风险

技术风险是外界环境外，由人为破坏造成的风险，属于现阶段发生概率较高的类型。互联网技术发展速度飞快，当新技术刚刚被应用时，企业无法预知新技术是否存在漏洞，只有在行业中经过反复实践和修复的技术才能规避一定的风险。常见技术风险主要有终端病毒风险、网络黑客风险和网络侵权风险。

（1）终端病毒是指破坏台式机与手机等移动端正常运行的某些程序。终端病毒传播速度较快，影响范围较广，对消费者终端使用安全的危害非常严重。

（2）黑客，原意是热衷并擅长程序设计技术的人群或专家，现在更多地被称为利用计算科学技术编制程序、恶意破坏企业或消费者网络、盗取企业机密、劫取消费者银行账号、获取非法巨额资金的犯罪分子，企业与消费者都应当注意防范此类风险。

（3）互联网加速了知识扩散，而网络知识产权侵犯又为企业开展数字新媒体营销提出了新的要求。常见的互联网侵权形式包括：未经原创网站或作者允许，擅自转载或引用原文进行自我宣传，同时未标注信息出处；擅自引用版权图片、音像制品开展新媒体营销活动；著作权、域名和注册商标的网络侵权等。

10.4.2 数字新媒体营销风险防范

对于消费者而言，企业开展数字新媒体营销互动所面临的经济风险与技术风险，最终都将体现在互联网使用的保密性及安全性上。为了提高交易安全性，消除消费者疑虑，企业风险控制的范围集中在消费者保护与技术风险防范方面。

1. 数字新媒体营销消费者保护

企业在开展新媒体营销活动时，应加强对消费者的权益保护，这也是保护企业自身利益的表现。只有消费者利益得到了充分保护，企业的新媒体营销活动才能顺利进行。

（1）隐私信息保护。在通常情况下，消费者通过互联网参与促销活动或选购商品时，都会留下个人隐私信息。如果企业因私利透漏上述信息，消费者不可避免会受到伤害，企业不能只顾眼前小利而失去消费者的信任，要从长远出发，对消费者隐私信息进行保护。企业应避免收集消费者比较在意的隐私信息，为提高信息收集的准确度，向消费者承诺保护和不公开、不出售消费者隐私，仅用于企业内部分析研究。

（2）不侵扰消费者。企业进行数字新媒体营销推广的途径普遍多元化，企业可以有针对性地将各类信息通过社交应用定向发给目标消费群体，以提高企业推广的有效性，但如果消费者对信息内容不感兴趣或企业太过频繁地发送，则会引起消费者强烈反感。企业发送推广信息时，应以不侵扰消费者为前提，前期通过开展市场调研，征询消费者同意，定期向其推送，并伴随提供优惠券措施吸引消费者关注。

（3）保证信息发布的真实性。企业使用新媒体公开发布的所有信息都必须是真实可靠的，这是消费者对企业建立信任的诱因。一旦企业在开展营销活动时出现虚假信息或使公众信息接收不一致，企业在消费者心目中的形象就会受损。企业应精心准备数字新媒体营销传播活动，将公共关系主题与企业整体宣传及销售策略有机地协调统一起来，努力达到营造企业发展环境、实现企业销售任务的双赢目标。

企业新媒体运营人员素质参差不齐，会使营销推广活动的最终效果大打折扣，企业必须重视活动实施人员的培训工作，保证全员高质量完成新媒体营销活动任务。企业只有建立好全线贯通的服务渠道，才能使消费者不断累积信任，最终成为企业的忠诚顾客。

2. 数字新媒体营销技术风险防范

基于前述数字新媒体营销技术风险因素，企业可以围绕政策、技术、管理等方面，采取控制风险的措施，真正实现新媒体营销活动安全、有效地运行。

（1）遵守互联网政策法规。企业首先应遵守社会法律政策，其次应充分利用法律保障自身权益。数字新媒体营销的法律保障主要包括技术层面的计算机网络安全制度及消费者交易层面的民商法律法规。企业应自觉遵守互联网宣传、交易等相关政策法规，做好跟踪监督，对于可能出现的互联网侵权事件，通过相应措施予以制止，并严格按照法律条款指导企业数字新媒体营销活动全部环节的策划与执行。

（2）防范黑客入侵。目前，黑客入侵主要目的有两种：一种是证明实力，通过信息技术强行进入企业平台，但并不破坏或发生违法行为；另一种则是以窃取情报、商业机密或盗取非法经济利益为目的，利用技术手段入侵企业系统。企业开展数字新媒体营销活动涉及的商业信息繁多，包括产品促销方案、目标市场等，可采取防范黑客的主要措施是结合信息技术，综合选用多重防护网络安全的相关产品。

（3）做好营销系统维护管理。企业数字新媒体营销人员既需要了解电子信息技术及互联网操作技能，又要在营销策划方面具备丰富的知识和经验。与此同时，企业要将互联网系统维护作为重要任务并制定相关制度加以管理。为了达到最佳营销效果，新媒体团队需定期对所有相关软硬件进行反复排查与测试，不仅需要熟悉软件的使用及各环节配合，防止误操作，也要对网站、服务器进行反复测试，防范大批消费者涌入造成服务器瘫痪。为了防止突发事件发生，企业数据库应定期备份，以备不时之需。

10.4.3　直播答题野蛮生长风险管控

在疯狂“撒币”刺激下，直播答题不仅是一场全民狂欢，更是一轮“钱生钱”大赛。2018 年 1 月 3 日，王思聪发微博为直播答题类 App《冲顶大会》站台。随后，映客直播《芝士超人》、花椒直播《百万赢家》等接连入局。以知识的名义，直播答题“撒币”让用户疯狂拥入，庞大的流量又成为平台眼中的肥肉。左手把玩家往自己怀里揽，右手找广告商讨钱——这就是直播答题的野蛮生长逻辑。

直播答题的风靡并非偶然，早年间，《开心辞典》《一站到底》等国内综艺节目，早已为直播答题这类知识竞答 App 培养了成熟的用户基础。不同的是，之前大家只能围坐在电视机前为选手隔空叫好，现在公众却可以亲自上阵，与全国各地的玩家在同一时间聚集在同一个平台上“分钱”。

为了吸引更多答题用户，各平台都在持续不断地投入巨额奖金，迅速地把流量引入自家平台。行业的野蛮生长让奖金飞快地从单场 10 万元飙升至 500 万元，直播答题不断刷新用户对奖金的预期。但光撒钱还不足以打动用户，直播答题还加入秀场直播的元素，邀请明星、网红担任“明星出题官”。

在线直播答题仅用了一个多月的时间便吸引超过 5 000 万人参与，创造了同时在线人数突破 1 000 万的奇迹，打破了互联网最快的圈粉速度。在这当中，玩家们热衷于“知识变现”，但对于直播平台和资本来说，却是一桩低成本、高流量的生意。从直播平台展示的数据来看，一场 10 万元奖金的场次最多可以收获超过 50 万个同时在线的玩家。显然，“答题者”看到的是利益，“出题者”看到的则是效益。

如此巨大的网络流量和用户注意力涌入直播答题平台，这场“撒币运动”如何实现快速收割？惊人的用户流量自然由广告主来埋单。用最小的成本在短时间内迅速聚集流量，成为直播答题最大的优势，《芝士超人》《百万赢家》等直播答题平台纷纷推出广告合作专场。2018 年 1 月 15 日晚 8 点，《百万英雄》推出“广告狂人”专场，奖金高达 500 万元，更是直接喊话来“体验史上广告超密集的 15 分钟”，明确告诉玩家它就是来播广告的。玩家不仅不会反感，反而更认真，因为每个字都是题目，答题时间有限，必须认真浏览。于是，品牌就这样轻松地进入了用户的脑海。事实上，这是典型的“三赢”案例：广告主、直播平台、玩家，一个获得了用户关注，一个赚了钱，另一个靠“才华”分了杯羹，可谓皆大欢喜。

虽然直播答题入局者众多，但自“出生”起便一直饱受答案错误、流量数据造假、模式单等争议和质疑。2018 年 1 月 14 日，花椒直播的《百万赢家》因为在题目中错误地把香港、台湾列为“国家”，被北京市网信办依法约谈。此外，《芝士超人》《百万英雄》还出现过问题与答案不匹配的尴尬情况。

一边内忧一边则是外患，无孔不入的“羊毛党”迅速行动——在网上售卖各种题库、答题外挂，以及“复活卡”道具，就连搜索引擎公司也来凑热闹，推出语音搜题。虽然作弊产业链并不属于直播答题平台的主观行为，但在客观上已经伤害了整个行业规则。最受诟病的莫过于直播答题平台的在线人数、奖金总额涉嫌造假。2018 年 1 月某晚，《黄金十秒》在第 5 题时，显示有 12 万人答对了题目，但当时显示的在线人数只有 3 万多人。出题方和裁判方都是平台自己，注水现象已经成为圈内“公开的秘密”。

一旦“答题赢钱”的用户心理形成，如果平台公信力缺失、奖励金额越来越少、用户体验度下降，玩家的参与度势必会大打折扣。内忧外患之下，直播答题平台需做好应对。

（1）做好内容风控。直播答题作为内容产品，平台一方面要加强内容审查管理，另一方面相关部门要及时出台相关制度和规定，便于监管直播答题的规范化运作。2018 年 2 月 14 日，国家新闻出版广电总局发出通知，要求对网络视听直播答题活动加强管理，不得传播国家法律法规禁止的内容、格调品位低下的内容，不得宣扬拜金主义和奢靡之风；未持有《信息网络传播视听节目许可证》的机构和个人，一律不得开办网络直播答题节目，并且节目主持人应当具备广播电视节目主持人相应的条件。

（2）阻击“羊毛党”。面对“羊毛党”们的薅羊毛行为，许多直播平台推出了应对之法。如《百万赢家》在一次“三国专场”中，只用弹出框显示题目与答案，主持人不口播，那些语音搜题神器也自然没有了用武之地。还有平台借鉴高考英语考试的出题方式，推出多答案型题目，一道题有 3 个选项，每个人手机中出现的答案都是不同的，而总共的答案组合可能有数 10 个之多，这种方法能够有效地防止机器作弊。

直播答题是对秀场直播的内容升级，把直播答题作为导流工具将为企业的自有业务自动赋能，成为自由业务的重要组成部分。双管齐下，直播答题才会有更良性的生存环境。

本章小结

通过阅读本章内容，读者将学习数字新媒体公共关系六步思考模型，即确定方向、定义目标、洞察引爆点、创意活动策划、执行方案、评估效果的实践应用；掌握数字新媒体整合营销与传统营销差异，熟悉数字新媒体环境下整合营销传播策划步骤及实施流程；了解数字新媒体营销危机特征及处理方法，具备强烈的数字新媒体营销风险控制意识，使数字新媒体营销平台真正成为企业与消费者直接沟通的良好营销方式。

参考文献

［1］秋叶，刘勇．新媒体营销概论［M］. 北京：人民邮电出版社，2017.

［2］刘小华，黄洪．互联网＋新媒体：全方位解读新媒体运营模式［M］. 北京：中国经济出版社，2016.

［3］刘华鹏．互联网＋营销：移动互联网时代的营销新玩法［M］. 北京：中国经济出版社，2016.

［4］吴声．超级 IP：互联网新物种方法论［M］. 北京：中信出版社，2016.

［5］格拉德威尔．引爆点：如何引发流行［M］. 钱清，覃爱冬，译．北京：中信出版社，2014.

［6］西诺雷利．认同感：用故事包装事实的艺术［M］. 刘巍巍，孟艳，李佳，译．北京：九州出版社，2016.

［7］希思．让创意更有黏性［M］. 姜奕晖，译．北京：中信出版社，2014.

［8］惠特曼．吸金广告：史上最赚钱的文案写作手册［M］. 焦晓菊，译．南京：江苏人民出版社，2014.

［9］马楠．尖叫感：互联网文案创意思维与写作技巧［M］. 北京：北京理工大学出版社，2016.

［10］叶小鱼，勾俊伟．新媒体文案创作与传播［M］. 北京：人民邮电出版社，2017.

［11］谭贤．新媒体运营从入门到精通［M］. 北京：人民邮电出版社，2017.

［12］西奥迪尼．先发影响力［M］. 闾佳，译．北京：北京联合出版公司，2017.

［13］伯杰．疯传［M］. 乔迪，王晋，译．北京：电子工业出版社，2016.

［14］勾俊伟，张向南，刘勇．直播营销［M］. 北京：人民邮电出版社，2017.

［15］刘兵．直播营销：重新定义营销新路径［M］. 广州：广东人民出版社，2018.

［16］蒋楠．公共关系原理与实务［M］. 北京：中国人民大学出版社，2017.

［17］秋叶，萧秋水，刘勇．微博营销与运营［M］. 北京：人民邮电出版社，2017.

［18］秦阳，秋叶．微信营销与运营［M］. 北京：人民邮电出版社，2017.

［19］张向南．新媒体营销案例分析［M］. 北京：人民邮电出版社，2017.

［20］海天电商金融研究中心．玩转 App［M］. 北京：清华大学出版社，2017.

［21］张向南，勾俊伟．新媒体运营实战技能［M］. 北京：人民邮电出版社，2017.

［22］刘伟．App 营销实战［M］. 北京：中国铁道出版社，2016.

［23］谢雄，勾俊伟．微信小程序策划与运营［M］. 北京：人民邮电出版社，2018.

［24］勾俊伟，哈默，谢雄．新媒体数据分析：概念、工具、方法［M］. 北京：人民邮电出版社，2017.

［25］邵华冬，陈怡．广告主数字媒体营销传播［M］. 北京：中国传媒大学出版社，2016.

［26］勾俊伟．新媒体运营：产品运营＋内容运营＋用户运营＋活动运营［M］. 北京：

人民邮电出版社，2018.

[27] 马化腾等. 数字经济：中国创新增长新动能 [M]. 北京：中信出版社，2017.

[28] 张天一. 伏牛传：一个社群品牌的内部运营笔记 [M]. 北京：机械工业出版社，2016.

图书在版编目（CIP）数据

数字新媒体营销/林波主编．-- 北京：中国人民大学出版社，2020.1
21 世纪高职高专规划教材．电子商务系列
ISBN 978-7-300-27804-9

Ⅰ.①数… Ⅱ.①林… Ⅲ.①网络营销-教材 Ⅳ.①F713.365.2

中国版本图书馆 CIP 数据核字（2020）第 004216 号

21 世纪高职高专规划教材·电子商务系列
数字新媒体营销
主 编 林 波
副主编 康晓伟 刘鸿铭 王 娟
Shuzi Xinmeiti Yingxiao

出版发行	中国人民大学出版社		
社　　址	北京中关村大街 31 号	**邮政编码**	100080
电　　话	010－62511242（总编室）		010－62511770（质管部）
	010－82501766（邮购部）		010－62514148（门市部）
	010－62515195（发行公司）		010－62515275（盗版举报）
网　　址	http://www.crup.com.cn		
经　　销	新华书店		
印　　刷	北京密兴印刷有限公司		
规　　格	185 mm×260 mm　16 开本	**版　　次**	2020 年 1 月第 1 版
印　　张	17.5 插页 1	**印　　次**	2020 年 1 月第 1 次印刷
字　　数	413 000	**定　　价**	39.80 元

信息反馈表

尊敬的老师:

您好！为了更好地为您的教学、科研服务，我们希望通过这张反馈表来获取您更多的建议和意见，以进一步完善我们的工作。

请您填好下表后以电子邮件、信件或传真的形式反馈给我们，十分感谢!

一、您使用的我社教材情况

您使用的我社教材名称			
您所讲授的课程		学生人数	
您希望获得哪些相关教学资源			
您对本书有哪些建议			

二、您目前使用的教材及计划编写的教材

您目前使用的教材	书名	作者	出版社
您计划编写的教材	书名	预计交稿时间	本校开课学生数量

三、请留下您的联系方式，以便我们为您赠送样书（限1本）

您的通信地址			
您的姓名		联系电话	
电子邮箱（必填）			

我们的联系方式:

地　址: 苏州工业园区仁爱路158号中国人民大学苏州校区修远楼

电　话: 0512-68839320　　传　真: 0512-68839316

E-mail: huadong@crup.com.cn　　邮　编: 215123

网　址: www.crup.com.cn